Heidrun Pelz

Linguistik

Eine Einführung

campe paperback

Die Deutsche Bibliothek – CIP-Einheitsaufnahme

Pelz, Heidrun:
Linguistik: eine Einführung / Heidrun Pelz.
– 5. Aufl. – Hamburg: Hoffmann und Campe, 2000
   (Campe-Paperback)
   ISBN 3-455-10331-6

© Copyright 1975 by Hoffmann und Campe Verlag, Hamburg
Für die Paperback-Ausgabe neu bearbeitet und erheblich erweitert:
Copyright © 1996 by Hoffmann und
Campe Verlag, Hamburg
Umschlaggestaltung: Büro X, Hamburg
Satz: Dörlemann Satz, Lemförde
Druck und Bindung: Clausen & Bosse, Leck
Printed in Germany

Inhalt

ANHANG

Vorwort

Meine 1975 publizierte »Linguistik für Anfänger« hat, wie ich der großen Anzahl von Benutzern und auch deren ab und zu bei mir ankommenden positiven Reaktionen entnehme, in diesen gut zwanzig Jahren in mehreren Auflagen vielen treue Dienste getan: Studenten und Studentinnen der Romanistik, Germanistik, Anglistik, Slawistik in Einführungskursen oder zur Vorbereitung auf Zwischenprüfungen, zum Einstieg in die Linguistik durch selbständige Lektüre und sogar Staatsexamenskandidaten und -kandidatinnen zur Wiederauffrischung ihrer Kenntnisse aus dem Grundstudium. Im Laufe der Jahre, während derer das Buch von zahlreichen Kollegen und Kolleginnen, hauptsächlich in Einführungsveranstaltungen, benutzt wurde – u. a. auch in der interdisziplinären Einführung für Romanisten und Germanisten, die Herr PD Dr. Michael Schecker und ich regelmäßig zusammen abgehalten haben –, sammelte sich bei mir nach und nach eine Liste von Änderungs- und Korrekturvorschlägen – bis hin zu umfangreicheren inhaltlichen Ergänzungen und Abwandlungen – an. Das kam zum Teil durch positive Anregungen von Kollegen und Kolleginnen, aber auch durch kritische Hinweise und Nachfragen aufmerksamer Studierender und schließlich auch durch die für mich – durch die dauernde Verwendung des Buches mit immer neuen Studierenden – sozusagen permanent weiterlaufende »Erprobungsphase«.

Zum anderen ist die Linguistik in diesen zwanzig Jahren nicht stehengeblieben. Und dies bedeutet: Auch wenn eine Einführung nicht in erster Linie neue, noch in der Diskussion befindliche Tendenzen zu vermitteln braucht, sondern im wesentlichen auf die gesicherten Grundbegriffe und Methoden des betreffenden Faches ausgerichtet ist, so muß sie doch wichtigen Veränderungen und Verlagerungen von Interessenschwerpunkten Rechnung tragen.

Daher habe ich mich gefreut, daß der Hoffmann und Campe Verlag angeregt hat, die bisherige »Linguistik für Anfänger« in einer neuen Fassung, aktualisiert, stellenweise geringfügig, stellenweise deutlich abgeändert, unter dem Titel »Linguistik. Eine Einführung« als *campe paperback* neu herauszubringen.

Das Bessere ist bekanntlich der Feind des Guten – aber dieser Feind braucht ja nicht völlig andere Züge zu tragen; er kann sich das, was an dem Guten gut war, einverleiben, es weiterführen, ergänzen und zum Teil anders präsentieren.

11

Beibehalten wird natürlich die Grundkonzeption: Der Charakter einer Einführung soll gewahrt bleiben. Das bedeutet, daß nach wie vor das Hauptanliegen eine didaktisch durchdachte, kohärent nachvollziehbare Darstellung grundlegender Bereiche der Linguistik ist; das schließt den Anspruch auf Vollständigkeit, der vermutlich immer illusorisch wäre, von vornherein aus. Eine Auswahl – hier eben die von grundlegenden Themen und Bereichen der Linguistik – befriedigt nie alle jene, die an der Wahl nicht beteiligt waren; auch hier wird mancher manches vermissen. Bei der Entscheidung für die hier behandelten Themen habe ich mich, unter anderem und mit gewissen Abweichungen und Hinzufügungen (z. B. des Stilistik-Kapitels), an dem Lehrstoff orientiert, der in verschiedenen linguistischen Einführungsveranstaltungen (so z. B. in den am Romanischen Seminar der Universität Freiburg obligatorischen) zugrunde gelegt und als ein mögliches Grundwissen in synchronischer Linguistik angesehen wird, über das alle Studierenden bis zum Ende des Grundstudiums verfügen sollten.

»Linguistik. Eine Einführung« hat die Abfolge der Kapitel aus »Linguistik für Anfänger« beibehalten: Kapitel 1 versucht den Leser zunächst einmal durch literarische, nichtlinguistische Texte, in denen die Rolle der Sprache thematisiert ist, zu motivieren; außerdem umreißt es die Abgrenzung des Gegenstands Linguistik, wie er hier dargestellt werden soll.

Kapitel 2 behandelt die *Funktionen von Sprache* im Sinne von R. Jakobson und spricht die *Beziehung zwischen Sprechen und Denken, Sprache und Kognition* anhand der Sapir-Whorf-Hypothese an.

Kapitel 3 befaßt sich mit dem Zeichencharakter von Sprache, es stellt sprachliche *Zeichen- und Kommunikationsmodelle*, z. B. von de Saussure, Ogden/Richards, Bühler, Bloomfield, vor und geht auf die Eigenschaften sprachlicher Zeichen ein.

Kapitel 4 führt die *Grundbegriffe des Strukturalismus*, insbesondere de Saussures zentrales Begriffspaar *langue/parole* und weitere sich daran anknüpfende Gegensatzpaare, ein.

In Kapitel 5 – *Phonologie* (= Lehre von den Sprachlauten und ihrer Funktion) – werden einmal die Grundbegriffe der artikulatorischen Phonetik (Bildung der einzelnen Laute) behandelt, dann aber auch die in Kapitel 4 theoretisch vorgestellten Begriffe am praktischen Beispiel phonologischer Analysen verdeutlicht. In diesem Zusammenhang ist eine knappe Darstellung der *Norm* im Sinne von Coseriu (= als Sprachebene zwischen *langue* und *parole*) hinzugekommen. Außerdem sind bei der Auflistung des französischen

Vokalsystems die drei sog. Halbvokale nachgetragen worden. Des weiteren habe ich in Kapitel 5 die Beispiele mit dem deutschen Vokal *o* überarbeitet und ergänzt; ebenso die Schemata zu den französischen und deutschen Vokalen und zu den englischen und deutschen Konsonanten. Und schließlich ist dem Phonologiekapitel als Ergänzung ein *Orthographiekapitel* angefügt worden.

Gegenstand von Kapitel 6 – *Morphologie* – sind die nächstgrößeren sprachlichen Einheiten nach den Lauten (Morphologie = ›Formenlehre‹, auch Wortbildung u. a.). Auch wird hier parallel zur phonologischen Analyse (aus Kapitel 5) die morphologische Analyse erläutert. Gegenüber »Linguistik für Anfänger« ist sie um die Sonderfälle diskontinuierliches Morphem und Amalgam (Portemanteau-Morphem) vervollständigt. Außerdem hat das Schema über die Typologisierung von Morphemen neben den deutschen Beispielen durchgängig französische und englische dazubekommen.

Das relativ kurze Kapitel 7 behandelt die Rolle von Akzent, Intonation usw. – den sog. *Suprasegmentalia* oder *Prosodemen* – innerhalb der strukturalistischen Sprachbeschreibung. Was den Akzent im Deutschen, Französischen und Englischen betrifft, so ist jetzt das Wesentliche klarer herausgestellt als in »Linguistik für Anfänger«; außerdem wird die Behandlung der Junktur hier differenzierter vorgenommen als dort.

Kapitel 8 – *Syntax* – führt weiter, was Kapitel 5 mit der Beschreibung der Laute als der kleinsten Sprachelemente und Kapitel 6 für die nächstgrößeren dargestellt haben, und beschäftigt sich mit den noch größeren Einheiten der Sprache (Syntax = ›Satzlehre‹). Hier wird neben der im engeren Sinne strukturalistischen Syntax erstens die *Valenzgrammatik* von L. Tesnière behandelt, und zwar deutlich eingehender als bisher; und zweitens wird versucht, die *generative Grammatik Chomskys* darzustellen oder vielmehr: ihre Entwicklung von der gTG (= generative Transformationsgrammatik) von 1957 über ihre verschiedenen radikalen Änderungen, mit denen sie inzwischen eher im Bereich der Kognitiven Psychologie als in dem der Linguistik angesiedelt ist, andeutungsweise zu skizzieren. Es versteht sich, daß dieses Teilkapitel gegenüber »Linguistik für Anfänger« grundlegend abgeändert, zum großen Teil überhaupt erst neu geschrieben werden mußte.

Sprache umfaßt immer eine Ausdrucks- und eine Inhaltskomponente. In den Kapiteln 5 bis 8 wird gezeigt, wie die Linguistik sich auf verschiedenen Ebenen, der phonologischen, der morphologischen und der syntaktischen, mit der Ausdrucksseite der Sprache befaßt. Kapitel 9 – *Semantik* – fügt die Beschäftigung mit den Inhalten sprachlicher Zeichen hinzu. Es werden zum einen grundlegende Begriffe und Fragestellungen der Semantik, z. B. *Bedeutung* und *Bezeichnung* und *Semasiologie/Onomasiologie* (die sich u. a. in der Sprachgeographie konkretisiert) vorgestellt, zum anderen bestimmte Semantiktheorien: u. a. die *Wortfeld-Theorie*, die *strukturelle Semantik* und die *diachronisch-strukturelle Semantik*. Die Darstellung der strukturellen Semantik (Semanalyse nach Pottier, Greimas usw.) habe ich gegenüber »Linguistik für Anfänger« um die Kategorie der *Hyperonymie/Hyponymie* (begriffliche Übergeordnetheit/Untergeordnetheit; Oberbegriff/Unterbegriff) ergänzt.

Es werden ferner *Homonymie* (z. B. dt. *Kiefer*$_1$, *Kiefer*$_2$ oder frz. *son*$_1$, *son*$_2$), *Synonymie* und *Polysemie* – als Sonderfälle der Beziehung zwischen Ausdrucks- und Inhaltsseite – behandelt. Sodann ist ein Unterkapitel über die verschiedenen Typen des *Bedeutungswandels* und über *Dubletten* hinzugekommen.

Kapitel 10 – *Modifizierung der Homogenität des sprachlichen Systembegriffs* – formuliert Einwände gegen ein Grundaxiom des Strukturalismus: die Einheitlichkeit des Sprachsystems. Tatsächliche Uneinheitlichkeit manifestiert sich in sozial bedingten Subsystemen – sie sind Gegenstand der *Soziolinguistik* –, in regional bedingten, den *Dialekten*, und in unterschiedlichen *Stilniveaus*. Natürlich verändert sich ein Sprachsystem auch im Laufe seiner Geschichte, doch war es in dieser insgesamt synchronisch ausgerichteten Einführung nicht möglich, auf diese anders als in fast stichwortartiger Verkürzung hinzuweisen. (Zu Literaturangaben für ausführlichere Information s. Anmerkungen.)

Kapitel 11 – *Stilistik* –, neu hinzugekommen, geht der Frage nach, wie weit das Phänomen Stil, mit dem sich vor allem die Literaturwissenschaft beschäftigt, auch mit linguistischen Begriffen beschrieben werden kann.

Kapitel 12 – *Pragmatik* (Pragmalinguistik) – führt über die strukturalistische Sprachbeschreibung hinaus: Beschäftigte diese sich mit dem Sprachsystem und den Äußerungen der Sprecher, die sie in Übereinstimmung mit diesem System hervorbringen – also mit deren linguistischer Kompetenz –, so untersucht die linguistische Pragmatik die *kommunikative Kompetenz* der Sprecher, d. i. deren Fähigkeit, ihre Äußerungen nicht nur frei von lautlichen, grammatikalischen u. a. Fehlern zu konstruieren, sondern auch jeweils in ihrem sprachlichen Handeln der Redesituation (dem Anlaß, dem Kommunikationspartner usw.) adäquat zu sein. Den Handlungsaspekt von

Sprache; verschiedene Typen von *Sprechakten* (von der Sprechakt-theorie Searles und Austins ausgehend); die einzelnen Komponenten, aus denen sich eine *Kommunikationssituation* relativ komplex zusammensetzt – dies und andere Themen, bis hin zu der eher philosophisch als nur rein linguistisch zu fassenden »idealen Redesituation«, dem Habermasschen *Diskurs*, versucht das Pragmatik-Kapitel – zum Teil, zugunsten besserer Verständlichkeit, stark vereinfacht – darzustellen.

Zahlreiche Testaufgaben sind in die einzelnen Kapitel eingestreut; Lösungsvorschläge finden sich in einem eigenen, so betitelten Kapitel.

Schließlich ist noch zu sagen, daß der Anhang um etliche weitere Witze angereichert wurde.

Wie schon bei den früheren Ausgaben von »Linguistik für Anfänger«, so schulde ich auch, was »Linguistik. Eine Einführung« betrifft, verschiedenen Kollegen meinen Dank. An der endgültigen Fassung des Pragmatik-Kapitels, das ich weitgehend unverändert beibehalten habe, war Prof. Ernst-Ulrich Große mit kritischem Urteil und wertvoller Sachinformation entscheidend mitbeteiligt. Zu Dank verpflichtet bin ich auch den Professoren Hans-Martin Gauger, Wolfgang Raible und PD Dr. Daniel Jacob, die wichtige Literaturhinweise zu verschiedenen Kapiteln beigesteuert haben. Meinen Dank an Michael Schecker habe ich eingangs schon ausgesprochen; ebenso war von der wichtigen Rolle von Studenten und Studentinnen bereits die Rede.

Danken muß ich aber auch – last but not least! – dem Hoffmann und Campe Verlag für die ermutigende Motivation, ohne die ich das Projekt gar nicht in Angriff genommen hätte, für die verständnisvolle, gleichwohl sehr effiziente Betreuung und für die ausgezeichnete, bemerkenswert unkomplizierte Zusammenarbeit.

Freiburg, Februar 1996   Heidrun Pelz

1 Statt eines ›Relevanzkapitels‹

1.1 Was ist Sprache? Drei nichtlinguistische Möglichkeiten einer Antwort

1. Im Jahre 1726 schrieb Jonathan Swift seine Satire ›*Gulliver's Travels*‹, die den Helden in verschiedene fiktive Länder führt, so auch zu den Laputa-Inseln. In der dortigen ›Fakultät für Sprachen‹ macht er Bekanntschaft mit einem sehr interessanten ›Rationalisierungs‹-Projekt:

>»Darauf gingen wir in die Fakultät für Sprachen, wo drei Professoren darüber berieten, die Sprache ihres eigenen Landes zu verbessern.
>Sie hatten einen Plan zur völligen Abschaffung aller Wörter überhaupt, und man machte geltend, daß das außerordentlich gesundheitsfördernd und zeitsparend wäre. Denn es ist klar, daß jedes Wort, das wir sprechen, in gewissem Maße eine Verkleinerung unserer Lungen durch Abnutzung bedeutet und folglich zur Verkürzung unseres Lebens beiträgt. Es wurde deshalb folgender Ausweg vorgeschlagen: da Wörter nur Bezeichnungen für Dinge sind, sei es zweckdienlicher, wenn alle Menschen die Dinge bei sich führten, die zur Beschreibung der besonderen Angelegenheit, über die sie sich unterhalten wollen, notwendig seien. Viele der Gelehrtesten und Weisesten sind Anhänger des neuen Projekts, sich mittels Dingen zu äußern; das bringt nur die eine Unbequemlichkeit mit sich, daß jemand, dessen Angelegenheiten sehr umfangreich und von verschiedener Art sind, ein entsprechend größeres Bündel von Dingen auf dem Rücken tragen muß, falls er es sich nicht leisten kann, daß ein oder zwei starke Diener ihn begleiten. Ich habe oft gesehen, wie zwei dieser Weisen unter der Last ihrer Bündel fast zusammenbrachen, wie bei uns die Hausierer. Wenn sie sich auf der Straße begegneten, legten sie ihre Lasten nieder, öffneten ihre Säcke und unterhielten sich eine Stunde lang; dann packten sie ihre Utensilien wieder ein, halfen einander, ihre Bürden wieder auf den Rücken zu nehmen, und verabschiedeten sich.«[1]

Worin die fundamentale Leistung der Sprache liegt, macht diese satirische Skizze *e contrario* deutlich, indem sie durchspielt, wie die Interaktion innerhalb der menschlichen Gesellschaft vor sich ginge, wenn es die Sprache nicht gäbe. Sämtliche Mitteilungen könnten sich nur auf Gegenstände beziehen, die in dem Augenblick der Mitteilung im Wahrnehmungsraum von Sprecher und Hörer konkret anwesend sind. Man könnte sich über Dinge, deren Herbeischaffung technisch nicht möglich wäre, z. B. über den Himalaja oder über einen Eiszapfen mitten im Sommer, ebensowenig äußern wie über solche, die man aus seiner früheren Erfahrung kennt, aber im Augenblick nicht zur Demonstration zur Hand hat, und nicht über Dinge, von denen man gehört oder gelesen hat oder die man vermutet, erhofft, plant usw. Jeder Mitteilungsaustausch wäre gebunden an das Hier und Jetzt; die Dimensionen der Vergangenheit und der Zukunft wären ausgeschlossen.

Der Horizont der Gegenstände, auf die der Mensch sich in seinen sprachlichen Äußerungen beziehen kann, ist deswegen unbegrenzt (verglichen mit dem des Tieres), weil »Wörter Bezeichnungen für Dinge« sind. Sie sind stets verfügbar, auch für die für mich nicht greifbaren ›Dinge‹. In Sprachäußerungen ›ersetzt‹ man das gemeinte Ding einfach durch ein zugehöriges Wort: Statt einen konkreten Tisch oder einen Ochsen oder Herrn N. herbeizuschleppen, ›ersetzt‹ man ihn durch das Wort *Tisch, Ochse, Herr N.*

Diese Relation zwischen Wörtern und ›Dingen‹ nennt man den Zeichencharakter der Sprache; mit ihm wird sich Kapitel 3 beschäftigen. Er macht die Sprache, wie Swift satirisch illustriert, zum vornehmlichsten Instrument der Ökonomie menschlichen Daseins, das dem Menschen eine maximale Ausdehnung seines Bezugsbereichs unter minimalem physikalischem Aufwand ermöglicht.

2. Hayakawa (1939):

»Von dem Augenblick an, in dem Mister Mits am frühen Morgen die Nachrichten anstellt, bis er am Abend bei einem Roman oder einer Illustrierten einschläft, schwimmt er wie alle anderen Leute, die unter den Bedingungen einer modernen Zivilisation leben, in Wörtern. Zeitungsverleger, Politiker, Verkäufer, Radioansager, Leitartikler, Klubredner und Pfarrer; Arbeitskollegen, Freunde, Verwandte, Frau und Kinder; Marktberichte, Werbedrucksachen, Bücher und Reklameschilder – alle überfallen ihn den ganzen Tag mit Wörtern. Und Mister Mits trägt jedesmal zu diesem Niagarafall von Wörtern bei, wenn er einen Reklamefeldzug startet, eine Rede hält, einen Brief verfaßt oder auch nur mit seinen Freunden plaudert. [...]

Freilich denkt Mister Mits nur selten über die Sprache als solche nach. [...] Dennoch wird Mister Mits von den Wörtern, die er täglich in sich aufnimmt und die er täglich benutzt, stark beeinflußt. Wörter in Zeitungen lassen ihn mit der Faust auf den Frühstückstisch schlagen. Worte seiner Vorgesetzten erfüllen ihn mit Stolz oder fördern seinen Arbeitseifer. Worte, die hinter seinem Rücken über ihn gesprochen werden und ihm zu Ohren kommen, machen ihn krank vor Ärger. Worte, die er vor einigen Jahren vor seinem Pfarrer gesprochen hat, haben ihn fürs Leben an seine Frau gebunden. Wörter, die auf ein Stück Papier geschrieben sind, halten ihn an seinem Arbeitsplatz fest oder bringen mit der Post jeden Monat Rechnungen, die ihn immer wieder zum Zahlen anhalten. Wörter, die andere Leute geschrieben haben, veranlassen diese andererseits, ihm jeden Monat Zahlungen zu leisten. Da Wörter mit jeder Einzelheit seines Lebens verwoben sind, erscheint es erstaunlich, daß das Denken von Mister Mits über den Gegenstand der Sprache so beschränkt ist.

Mister Mits hat auch bemerkt, daß z. B. unter totalitären Regierungen große Bevölkerungsmassen, die nur sorgfältig ausgewählte Worte hören und lesen dürfen, sich nach und nach so seltsam verhalten, daß er sie nur als verrückt ansehen kann. [...]

Ob er es merkt oder nicht, Mister Mits wird [...] zu jeder Stunde seines Lebens nicht nur durch die Wörter beeinflußt, die er hört und verwendet, sondern auch durch seine unbewußten Annahmen hinsichtlich der Sprache. Wenn er zum Beispiel den Namen Albert liebt und sein Kind auf diesen Namen taufen lassen möchte, jedoch abergläubisch davon absieht, weil er einst einen Albert kannte, der Selbstmord beging, so handelt er, ob er es merkt oder nicht, unter bestimmten Annahmen hinsichtlich der Beziehung der Sprache zur Wirklichkeit. Solche unbewußten Annahmen bestimmen die Wirkung, die Wörter auf ihn haben – was seinerseits die Art bestimmt, in der er weise oder töricht handelt. Wörter – die Art, in der sie gebraucht werden, und die Art, wie er sie aufnimmt, wenn sie von anderen ausgesprochen werden, formen weitgehend seine Glaubensüberzeugungen, seine Vorurteile, seine Ideale, seine Ziele. Aus ihnen besteht die sittliche und geistige Atmosphäre, in der er lebt – kurz, seine semantische Umwelt.«[2]

Mister Mits: »The *M*an *I*n *T*he *S*treet« (von dem – nicht ohne Genugtuung – zu vermerken ist, daß er, wenn weiblich, Mrs. Wits = »*W*oman *I*n *T*he *S*treet« heißt; engl. *wits* = Intelligenz, Verstand), das ist der »Mensch wie du und ich«, der, auch wenn er nie über Sprache reflektiert, in seinem Alltag ohne sie nicht denkbar wäre. In ihm verkörpert sich die »Sprachbedingtheit der Gesellschaft«[3], die Sprachgeprägtheit, Sprachgesteuertheit sämtlicher Rollen, die er der Reihe nach an einem beliebigen Alltag manifestiert. ›Sprachgesteuertheit‹ heißt nicht nur, daß Mr. Mits dem ›Niagarafall‹ von Wörtern passiv ausgeliefert ist, z. B. als Adressat von Massenmedien, Reklame, politischer Propaganda, kirchlicher Verkündigung usw., sondern auch, daß er in anderen Rollen am Produzieren des sich wieder auf andere auswirkenden ›Niagarafalles‹ aktiv beteiligt ist. Mit diesen Feststellungen ist aber die Relevanz von Sprache im öffentlichen Alltag noch nicht vollständig erfaßt.[4] Zusätzlich nämlich konstituiert Sprache die Übereinkünfte und Institutionen, die dieser Gesellschaft ihr politisches und soziokulturelles Gepräge geben: Staatsverfassungen, politische Entscheidungen, Eheschließungen, Arbeitsverträge, Zahlungsaufforderungen, Gerichtsurteile und vieles andere mehr – sie alle beruhen auf einem sprachlichen Akt.

Einige dieser sprachlich fundierten Institutionen sind nur wirksam, wenn Mr. Mits als einer der von ihnen Betroffenen sie in Teilen sprachlich selbst aktiv vollzieht, wenn auch meist in mehr oder weniger ritualisiertem, festgelegtem Wortlaut (Eheschließung, Vereidigungen u. a.). Solche Sprachäußerungen bezeichnet die linguistische Pragmatik als ›institutionalisierte Sprechhandlungen‹. Von verschiedenen Typen von Sprechhandlungen, allgemein von dem Zusammenhang zwischen Sprechen und Handeln in der Gesellschaft, ist in Kapitel 12 (Pragmatik) die Rede.

3. Handke:

In seinem ersten größeren Schauspiel ›Kaspar‹ (Uraufführung 1968) stellt Peter Handke dar, wie ein der Sprache nicht mächtiger Findling mit Sprechmaterial konfrontiert wird und so zum Sprechen gebracht wird, und was er damit lernt.*

»Schon hast du einen Satz, mit dem du dich bemerkbar machen kannst. Du kannst dich mit dem Satz im Dunkeln bemerkbar machen, *damit man dich nicht für ein Tier hält* (1). Du hast einen Satz, mit dem du *dir selber schon alles sagen kannst, was du anderen nicht sagen kannst. Du kannst dir selber erklären, wie es um dich steht. Du hast einen Satz, mit dem du dem gleichen Satz schon widersprechen kannst (2).* [...]
Du kannst dich mit dem Satz dumm stellen. Dich mit dem Satz gegen andre Sätze behaupten. *Alles bezeichnen, was sich dir in den Weg stellt, und es aus dem Weg räumen. Dir alle Gegenstände vertraut machen. Mit dem Satz alle Gegenstände zu einem Satz machen* (3). Du kannst alle Gegenstände zu deinem Satz machen. Mit diesem Satz gehören alle Gegenstände dir. *Mit diesem Satz gehören alle Gegenstände dir* (4). [...]
Du kannst dir nichts mehr vorstellen ohne den Satz. *Ohne den Satz kannst du keinen Gegenstand sehen* (5). Du kannst ohne den Satz keinen Fuß mehr vor den anderen setzen. *Du kannst dich mit dem Satz erinnern, weil du beim letzten Schritt den Satz gesprochen hast,* und du kannst dich an den letzten Schritt erinnern, weil du den Satz gesprochen hast (6). [...]
Du lernst mit dem Satz zu stocken und du lernst mit dem Satz, daß du stockst, und du lernst mit dem Satz zu hören und du lernst mit dem Satz, daß du hörst, und du lernst mit dem Satz, die Zeit einzuteilen in die Zeit vor und nach dem Aussprechen des Satzes, und du lernst mit dem Satz, daß du die Zeit einteilst, so wie du mit dem Satz lernst, daß du woanders warst, als du das letzte Mal den Satz gesprochen hast, so wie du mit dem Satz lernst, daß du jetzt woanders bist, und *mit dem Satz lernst zu sprechen und mit dem*

---

* (Hervorhebungen von mir, ebenso die Numerierung jeweils am Ende der hervorgehobenen Zitate, um in den folgenden Abschnitten durch Angabe eingeklammerter Ziffern auf die Textstellen verweisen zu können.)

Satz lernst, daß du sprichst; und du lernst mit dem Satz, daß du einen Satz sprichst (7). [...]

Das Schuhband tut dir weh. Es tut dir nicht weh, weil es ein Schuhband ist, sondern weil dir das Wort dafür fehlt, und der Unterschied zwischen dem festen und dem lockeren Schuhband tut dir weh, weil du nicht weißt, was der Unterschied zwischen dem festen und dem lockeren Schuhband ist. Der Rock tut dir weh, und die Haare tun dir weh. Du, obwohl du dir nicht weh tust, tust dir weh. Du tust dir weh, weil du nicht weißt, was du ist. [...] Nichts tut dir weh, weil du nicht weißt, was weh tun ist, und *alles tut dir weh, weil du von nichts weißt, was es bedeutet* (8). Weil du von nichts den Namen weißt, tut dir alles weh, wenn du auch nicht weißt, daß es dir weh tut, weil du nicht weißt, was das Wort Wehtun bedeutet. [...] Jetzt bin ich aufgestanden und habe gleich bemerkt, nicht erst jetzt, daß mein Schuhband aufgegangen war. Weil ich jetzt sprechen kann, kann ich das Schuhband in Ordnung bringen. Seit ich sprechen kann, kann ich mich ordnungsgemäß nach dem Schuhband bücken. *Seit ich sprechen kann, kann ich alles in Ordnung bringen* (9). [...] Seit ich sprechen kann, kann ich ordnungsgemäß aufstehen; aber das Fallen tut erst weh, seit ich sprechen kann; aber das Wehtun beim Fallen ist halb so schlimm, seit ich weiß, daß ich über das Wehtun sprechen kann; *aber das Fallen ist doppelt so schlimm, seit ich weiß, daß man über mein Fallen sprechen kann;* aber das Fallen tut überhaupt nicht mehr weh, seit ich weiß, daß ich das Wehtun vergessen kann; *aber das Wehtun hört überhaupt nicht mehr auf, seit ich weiß, daß ich mich des Fallens schämen kann* (10). [...] Wenn du zu sprechen anfängst, wirst du zu denken anfangen, was du sprichst, auch wenn du etwas anderes denken willst. Sag, was du denkst. Sag, was du nicht denkst. *Wenn du zu sprechen angefangen hast, wirst du denken, was du sagst* (11). Du denkst, was du sagst, das heißt, du kannst denken, was du sagst, das heißt, es ist gut, daß du denkst, was du sagst, das heißt, du sollst denken, was du sagst, das heißt sowohl, daß du denken darfst, was du sagst, als auch, daß du denken mußt, was du sagst, weil du nichts anderes denken darfst als das, was du sagst.«[5]

Kaspar Hauser, der sprach-lose Findling, eine ursprünglich historische Figur, an der Handke exemplarisch die Relevanz der Sprache für den Menschen reflektiert, ist zwar in der Lage, eine bestimmte Wortkette zu äußern, aber nur in der Manier eines Papageis. Daß diese Wortkette ein Satz ist, und was er mit diesem Satz, d. h. mit dem aktiven Beherrschen der Sprachfähigkeit, alles machen kann, das erfährt Kaspar erst in dem schmerzhaften Prozeß, den die vier ›Einsager‹ an ihm vollziehen. Indem sie ihm Sprache vermitteln, statten sie ihn zugleich mit viel mehr aus: Erst durch die Sprache unterscheidet er sich grundlegend vom Tier (1). Die Sprache ermöglicht ihm, noch vor jeder Kommunikationsabsicht, seine eigene Lage kritisch zu reflektieren; sie gibt ihm die Möglichkeit, Für und Wider argumentierend abzuwägen (2). Ohne die sprachliche Benennung von ›Dingen‹, von Gegenständen, Vorgängen, Situationen einschließlich der eigenen, können wir sie gar nicht ›denken‹; Phänomene, für die unsere Sprache keine Bezeichnung anbietet, können von uns nicht registriert werden (5), (11). So jedenfalls stellen es Handkes Einsager im ›*Kaspar*‹ dar. Diese Antwort auf die Frage nach dem Verhältnis von Sprechen und Erkennen (Sprache und Kognition), die über den Bereich der Sprachwissenschaft hinausreicht, ist *eine* mögliche, deren Gegenposition sich unter den Sprachwissenschaftlern, Sprachpsychologen und Erkenntnistheoretikern ebenso vertreten findet (s. Kap. 2.2: Die Sapir-Whorf-Hypothese).

Wo ein Lebewesen der Umwelt nicht sprachlich begegnen kann, indem es ihre Phänomene »auf den Begriff bringt«, ist es ihnen als Objekt gleichsam wehrlos ausgeliefert, sie »tun ihm weh«, weil es sie nicht benennen kann (8). Es kann sich ihnen gegenüber dann nur – wie das Tier – reaktiv *verhalten*. Erst mittels Sprache macht es sich die Gegenstände der Wirklichkeit zum Objekt, über das es verfügt[6], das es »aus dem Weg räumen kann«, wenn es stört (3). Kurz, mittels Sprache kann der Mensch *handeln*, statt sich nur zu verhalten, d. h., er kann Wirklichkeit handelnd verändern. Das ist das Grundaxiom, von dem die linguistische Pragmatik ausgeht (s. Kap. 12). Sprache macht den Menschen nicht nur frei gegenüber den Gegenständen der Wirklichkeit und der Einwirkung ihrer Naturgesetze auf ihn, sie macht ihn auch frei von der Gebundenheit an das Hier und Jetzt (vgl. eingangs Zitat von Swift). Das Tier kann sich nur innerhalb einer gegebenen Situation verhalten, es ist nicht – oder nur in geringem Maße bzw. unter mehr oder weniger künstlich geschaffenen, von außen manipulierten Bedingungen (Dressur) – in der Lage, Erfahrungen aus vorhergegangenen ähnlichen Situationen in die jetzige einzubringen. Das Erinnern, das Speichern von Erfahrungen, geschieht in Form von Sprache (6). Damit ist Sprache die Bedingung für Lernfähigkeit beim Individuum, die Bedingung für das Weitergeben menschlicher Erfahrung von einer Generation zur nächsten, also für Tradition und Fortschritt innerhalb der Spezies.[7]

Symmetrisch zu der Dimension in die Vergangenheit eröffnet Sprache dem Menschen die Dimension in die Zukunft: Er kann sinnvoll, zielgerichtet handeln, weil er in der Lage ist, das Ziel seines Handelns im voraus sprachlich zu projizieren, einen Plan zu machen. Er kann »alles in Ordnung bringen«, weil er in Form sprachlicher Bezeichnungen weiß, wie diese Ordnung auszusehen hat (etwa, daß das Schuhband, das er im Moment als aufgegangen bezeichnen muß, so zu sein hat, daß man es zugebunden nennen kann) (9).

Sprache ermöglicht es nicht nur dem Individuum, eigene Erfahrungen zu machen. Das Individuum hat seine Sprache gemeinsam mit den anderen Mitgliedern der Sprachgemeinschaft, die zugleich eine Kulturgemeinschaft ist. Indem es in dieser Sprachgemeinschaft aufwächst, vermittelt sie ihm, sozusagen als Erbe der früheren Generationen[8], kollektive Erfahrungen und die aus ihnen erwachsenen sozialen Normen, z. B. bestimmte Bewertungsmaßstäbe (etwa, daß Mißerfolg in irgendeiner Form eine Schande sei, »daß ich mich des Fallens schämen kann«) (10).

Sprache macht es dem Menschen möglich, seine eigene Situation, seine eigenen Sinneswahrnehmungen, seinen Standort usw. zu benennen. Doch nicht nur das – sie macht ihm auch dieses Benennen bewußt. Nicht nur kann der Mensch sprechen, sondern zugleich ist er sich dieses Sprechenkönnens bewußt. Er kann über Dinge (oder über sich selbst) sprechen, aber darüber hinaus kann er über sein Sprechen über die Dinge (oder über sein Sprechen über sich selbst) und auch über sein Sprechenkönnen sprechen (7). Solche Äußerungen über Äußerungen bezeichnet man als metasprachlich (= wörtlich: »über das Sprachliche hinausgehend, sich jenseits des vordergründigen Sprachlichen vollziehend«). So sind an der Figur von Handkes Kaspar verschiedene von den Möglichkeiten literarisch demonstriert, die die Sprachwissenschaft unter der Bezeichnung *Funktionen von Sprache* untersucht (s. Kap. 2).

1.2 Was ist Linguistik? Abgrenzung des Themas

Was Linguistik ist, wird sich im günstigsten Falle vom Benutzer der »Linguistik. Eine Einführung« selbst beantworten lassen, wenn er das Buch durchgearbeitet hat. Hier soll nur kurz darauf hingewiesen werden, daß die Bezeichnung *Linguistik* im deutschen Sprachraum nicht immer mit der gleichen Bedeutung verwendet wird wie die englische und französische Entsprechung *linguistics* und *linguistique*. Diese bezeichnen stets Sprachwissenschaft ganz allgemein, während im Deutschen (dank der Möglichkeit zur Bedeutungsdifferenzierung, die der deutsche Wortschatz in vielen Fällen durch die Doppelformen ursprüngliches deutsches Wort/Fremdwort romanischer Herkunft hat) hier gelegentlich unterschieden wird: Der Terminus *Linguistik* wird dann nur auf die strukturalistische Sprachwissenschaft angewandt, der Terminus *Sprachwissenschaft* einerseits auf die vorstrukturalistische (weitgehend historisch orientierte) Sprach-wissenschaft, andererseits auf diejenigen Richtungen innerhalb der neueren Sprachwissenschaft, die in ihrem Ansatz nicht strukturali-stisch sind, insbesondere die sog. inhaltsbezogene Sprachforschung innerhalb der deutschen Sprachwissenschaft (s. Kap. 9: Semantik: die Wortfeld-Theorie).

Jedoch wird heute, wohl unter dem Einfluß der internationalen Terminologie, auch im Deutschen häufig *Linguistik* als generelle Be-zeichnung für jede wissenschaftliche Beschäftigung mit Sprache verwendet.

Was ist nun der Gegenstand der Linguistik?

– Sprache als allgemein menschliche Fähigkeit (frz. *langage*), die zur Erreichung verschiedener Zwecke eingesetzt wird bzw. ver-schiedene, ihren Benutzern nicht immer bewußte, Auswirkungen hat – dies führt zur Frage nach den *Funktionen* von Sprache: SPRACHE WOZU?

– Sprache in ihrem Aufbau, einerseits als Beschreibung der uni-versell für alle menschlichen Sprachen geltenden Merkmale (sog. sprachliche Universalien), andererseits vor allem als Beschreibung historischer Einzelsprachen (frz. *langue*), z. B. des Deutschen, des Französischen, des Japanischen usw., wobei auch soziolinguistische und sprachgeographische sowie, als Erklärungshintergrund, sprach-geschichtliche Fragestellungen mit inbegriffen sind;

– das Sprechen als einzelner Sprechakt (frz. *parole*), in dem psycho-logische, physiologische, physikalische (akustische) und im engeren Sinne sprachliche Komponenten zusammenwirken. Beschreibung von Sprache und Sprechen ließe sich zusammenfassen als Frage nach dem *Funktionieren*[9] von Sprache: SPRACHE WIE?

Damit ist der Fragenkatalog der Linguistik allerdings noch nicht vollständig: Die Frage nach der Herkunft der Sprache und die Fra-ge nach dem Spracherwerb (Sprache woher?), die Frage nach der Verwandtschaft einzelner historischer Sprachen untereinander (Sprachtypologie, Sprachgenetik, Sprachaffinität), der Sprach-vergleich (Komparatistik, Interlinguistik), das Gebiet der ange-wandten Sprachwissenschaft (Fremdsprachenunterricht, mensch-liche und maschinelle Übersetzung u. a.) seien hier nur genannt. Ihre Bearbeitung kann nicht von der Sprachwissenschaft allein gelei-stet werden, sondern in Zusammenarbeit mit Nachbardisziplinen wie Psychologie, Philosophie, Soziologie, Medizin und Naturwis-senschaften allgemein.

Die vorliegende Darstellung befaßt sich im wesentlichen nur mit den beiden Fragen nach der *Funktion* (den Funktionen) und nach dem *Funktionieren* von Sprache (langage)/Sprachen (langues). Auf die Frage nach den Funktionen – *wozu* dient Sprache? – haben uns die Zitate von Swift, Hayakawa und Handke, die eine subjektive, willkürliche Auswahl aus der Fülle vorhandener Texte zu diesem Thema darstellen, Möglichkeiten von Antworten mehr oder weniger pointiert gezeigt. In Kapitel 2 sollen sie von seiten der Sprachwissenschaft ergänzt werden. Die Frage nach dem Funktionieren von Sprache – *wie* funktioniert Sprache? – führt zu der Beschreibung von Sprache als *System*, wie sie kohärent von der strukturalistischen Sprachwissenschaft durchgeführt wurde, und von Sprache als *generativer Fähigkeit*, wie sie danach die generative Transformationsgrammatik (= gTG) unternimmt. Die Kapitel 3 bis 12 umfassen verschiedene Aspekte, die zusammengenommen eine Antwort auf die Frage nach dem Funktionieren von Sprache darstellen können. Kapitel 12 (Pragmatik) nimmt eine gewisse Sonderstellung ein: Die linguistische Pragmatik kann als eine Antwort auf beide Fragen angesehen werden, sowohl auf die Frage nach der Funktion von Sprache als auch auf die Frage nach dem Funktionieren von Sprache. Kapitel 12 ist zugleich eine Einführung in die Theorie der kommunikativen Kompetenz, die auch für die Muttersprachen- wie für die Fremdsprachendidaktik von großer Bedeutung ist.

2 Funktionen von Sprache

2.1 Funktionen von Sprache im Sinne des Prager Strukturalismus

Die strukturalistische Sprachwissenschaft, begründet von Ferdinand de Saussure in Genf, hat sich in verschiedenen Ausformungen weiterentwickelt, u. a. in der Prager Schule des Strukturalismus (Näheres zum Strukturalismus Kap. 4). Im Gegensatz zu den beiden anderen Schulen, die eine strukturalistische Beschreibung von Sprache anstrebten, sich also mit dem Funktionieren von Sprache befaßten, betonten die Linguisten des Prager Kreises, daß die so beschriebenen Sprachmittel nicht losgelöst von ihrer *Funktion* betrachtet werden könnten. War die Grunkonzeption der anderen strukturalistischen Schulen ›Sprache als System‹, so begriffen die Prager, die sich selbst auch »Funktionalisten« nannten, Sprache als ›*système fonctionnel*‹, als ›System mit Funktionen‹.

Die Frage nach den Funktionen von Sprache ist nicht eine linguistische im eigentlichen Sinne, sondern, je nach der Antwort, die man darauf geben möchte, eine psychologische oder eine soziologische, evtl. auch eine philosophische und sicher auch eine pragmatische.[1] In der Tat war der Prager Kreis die einzige der drei strukturalistischen Schulen, die die Psychologie nicht ausdrücklich programmatisch aus ihrer Konzeption von Sprachwissenschaft verbannt hat. (Zur ›*meaning*-Feindlichkeit‹ im amerikanischen Strukturalismus s. Kap. 9.) Der Sprachpsychologe Karl Bühler stand dem Prager Kreis nahe und beeinflußte ihn mit seinem sog. ›Organon‹-Modell der Sprache (s. Kap. 3), das ausgeht von der Kennzeichnung der Sprache als ›Werkzeug‹ (griech. *organon*).

Besonders Roman Jakobson hat sich vorwiegend in psychologischen Kategorien mit den Funktionen befaßt, die Sprache für den Menschen haben kann. Jakobson war nicht der einzige Wissenschaftler, der sich die Frage nach den Sprachfunktionen gestellt hat; seine Konzeption ist nur *eine* mögliche. Da sie jedoch relativ komplex ist, also recht verschiedene Funktionen sprachlicher Äußerungen abdeckt, beschränken wir uns hier auf sie.[2] Jakobson ging bei seiner Übersicht über die Sprachfunktionen von einer Übersicht über die konstitutiven Faktoren eines jeden Sprechaktes aus. Obwohl wir auf letztere in Kapitel 3 noch näher eingehen werden, sollen hier diejenigen, die für Jakobson zur Ableitung seiner Sprachfunktionen notwendig waren, schon genannt werden:

Ein *Sender* »schickt« (d. h. übermittelt mündlich oder schriftlich) eine *Nachricht* an einen *Empfänger*. Diese Nachricht ist nur sinnvoll, wenn es einen *Gegenstand* gibt, auf den sie sich bezieht. (›Gegenstand‹ meint hier ganz allgemein etwas Außersprachliches, den Gesprächsgegenstand, der eine Person, ein Ding, ein Sachverhalt sein kann, kurz alles, wovon in einer Sprachäußerung die Rede sein kann. Jakobson hat hierfür den Ausdruck *Kontext* vorgeschlagen, der aber evtl. mißverständlich sein kann, weil er stillschweigend eingeengt auf ›sprachlichen Kontext‹, ›Textzusammenhang‹ gedeutet werden könnte.) Damit Sender und Empfänger sich über diesen Gegenstand verständigen können, müssen sie über einen gemeinsamen *Code* verfügen, d. h., sie müssen die gleiche Sprache sprechen oder zumindest verstehen (Näheres zum Begriff ›Code‹ in Kap. 3). Damit die Nachricht, die der Sender aus Elementen dieses Codes zusammengestellt hat, beim Empfänger ankommt, muß ein *Kontaktmedium* da sein (auch *Kanal* genannt), bei mündlichen Äußerungen (von denen wir hier der Einfachheit halber ausschließlich ausgehen wollen) im allgemeinen bestehend aus der Luft, die durch die Sprechtätigkeit des Senders in Schwingungen = Schallwellen versetzt wird.

Jakobson stellt diese sechs unabdingbaren Faktoren sprachlicher Kommunikation schematisch dar:

Gegenstand
Nachricht

Sender———————————————————————————Empfänger

Kontaktmedium
Code

Durch jeden dieser sechs Faktoren wird eine andere Funktion von Sprache bestimmt. Doch ist einzuräumen, daß kaum jemals eine Sprachäußerung ausschließlich nur *eine* Funktion erfüllt, vielmehr wird sie von einer Hauptfunktion dominiert, neben der die untergeordnete Teilnahme anderer Funktionen zu beobachten ist.
An erster Stelle wird zumeist die *referentielle* (oder ›kognitive‹ oder ›denotative‹) *Funktion* von Sprache genannt – d. i. diejenige, bei der die Ausrichtung auf den Gegenstand dominiert. Sie kommt auch zum Ausdruck in Bühlers Kennzeichnung der Sprache als eines *organon didaskaleion*, eines ›Werkzeugs, mit dem einer dem anderen etwas mitteilt über die Dinge‹. Diese Funktion von Sprache wird manchmal als ›Mitteilungsfunktion‹ oder ›Kommunikationsfunktion‹ bezeichnet, doch scheint mir die Bezeichnung *referentielle Funktion* präziser (Sprache *referiert* auf einen Gegenstand, bezieht sich auf ihn), da der Terminus Kommunikationsfunktion nicht nur an das Bezugnehmen auf ›Dinge‹, sondern gleich vordringlich an

das Herstellen von Kommunikation als ein Zuwenden zu einem Hörer denken läßt; dem entspricht dann (s. S. 28) Jakobsons appellative Funktion.

Ausschließlich auf den Sender bezogen ist die *expressive* oder *emotive Funktion*: Die Sprachäußerung drückt die Haltung des Senders gegenüber dem Gegenstand aus, seine Stimmung, seine innere Verfassung. Jakobson hat einzelne Sprachfunktionen (wenn auch nicht durchgängig alle) in Beziehung zu bestimmten Wortarten gesetzt; die emotive Schicht der Sprache zeigt sich demnach in den Interjektionen. Daß in einer Äußerung zumeist nicht nur *eine* Sprachfunktion vorliegt, läßt sich bereits an der Emotivfunktion zeigen: Wenn ich in einer vorwiegend expressiv motivierten Äußerung z. B. meinen Ärger oder meine ironische Haltung ausdrücke, übermittle ich damit auch Information; ich informiere über meine derzeitige innere Einstellung bezüglich eines Gegenstands.

Die *konative* oder *appellative Funktion* ist ganz auf den Empfänger ausgerichtet. Sprache wird verwendet, um an den Empfänger einen Appell zu richten, ihn zu etwas aufzufordern, bestimmte verhaltens-, einstellungs- oder gefühlsmäßige Reaktionen bei ihm zu bewirken. Sprachverwendungssituationen, in denen die appellative Sprachfunktion im Vordergrund steht, sind z. B. kommerzielle (u. a.) Werbung, politische (u. a.) Propaganda mit sprachlichen Mitteln und nicht zuletzt das Theater (im Zuschauer sollen mittels Sprache bestimmte Vorstellungen oder Empfindungen hervorgerufen werden). Morphologische Träger der appellativen Sprachfunktion (= die Wortarten, die die appellative Sprachfunktion tragen) sind Vokativ und Imperativ.

Eine Sprachfunktion, die vor allem sprachgenetisch eine wichtige Rolle spielt, ist die *phatische Funktion*. Sie besteht im bloßen Kontakthalten mittels Sprache bzw. im Herstellen, Verlängern oder Unterbrechen eines sprachlichen Kontakts. Diese Funktion lautlicher (auch vorsprachlicher) Äußerungen liegt etwa vor, wenn die Mutter zu dem Kleinkind etwas sagt, das den Inhalt des Gesagten noch gar nicht versteht – und der ist ja bei der phatischen Sprachverwendung ganz unwichtig –, wohl aber intuitiv die Zusicherung der Geborgenheit entnimmt: die Mutter ist da. Diese »Sprach«verwendung ist die einzige, die auch bei Tieren festgestellt wurde: Das Muttertier und das Jungtier halten Lautkontakt, das Muttertier vergewissert das Kleine durch Lautäußerungen: »Alles in Ordnung, bin da.« Die phatische Verwendung von Sprache ist vermutlich in der Phylogenese (= Entwicklungsgeschichte der Spezies, hier des

Menschen) wie auch in der Ontogenese (= Entwicklung des Einzel-
lebewesens) die älteste; die letztere Behauptung zumindest läßt
sich durch Beobachtung von Kleinkindern am Beginn des Spracherwerbs bestätigen. Sie möchten Kommunikation herstellen, noch
bevor sie Information senden oder empfangen können.
Es handelt sich um eine als vorsymbolisch bezeichnete Sprachverwendung. In den meisten sonstigen Äußerungen (zumindest überall, wo referentielle Funktion mitspielt) soll mittels Sprache ein
Bezugsgegenstand symbolisiert werden (s. Kap. 1.1: Swift-Zitat) –
wenn ich das Lautgebilde / ʃtuːl / »Stuhl« äußere, steht es *symbolisch*
für ein Möbelstück aus Holz, Metall usw. von bestimmter Form und
Verwendung (zum Zeichencharakter von Sprache s. Kap. 3) –,
dagegen wird in der phatischen Sprachverwendung nicht auf einen
Gegenstand symbolisch hingewiesen, sondern nur sozusagen Rück-
meldung bezüglich des Funktionierens der Kommunikation zwischen Sender und Empfänger gemacht.
Jakobson bezieht allerdings die phatische Sprachfunktion nicht auf
Sender und Empfänger, sondern (vielleicht einer Schematisierung der
Zuordnung zwischen Kommunikationskomponenten und Sprachfunktionen zuliebe?) auf den Kanal: Sie diene dazu, zu prüfen, ob
das Kontaktmedium in Ordnung sei. Auf das Beispiel phatischer
Sprachverwendung, das er an erster Stelle nennt, läßt sich diese
Zuordnung auch zweifellos anwenden: das rückfragende »Hallo,
hören Sie mich?« oder einfach »Hallo?« am Telefon bzw. komplementär dazu das die Rückfrage vorwegnehmende »Ja« oder »Mhm«,
das der momentan Zuhörende von Zeit zu Zeit äußert. Die phatische Sprachfunktion bestimmt auch weitgehend das, was als mehr
oder weniger standardisierter Smalltalk auf Partys und in vielen
Alltagssituationen geäußert wird als »Geräusch um des Geräusches
willen«[3] – »Schöner Tag heute« – »So, auch schon auf?« – »Na,
auch mal wieder in der Stadt?« usw. –, Äußerungen, deren Daseinsberechtigung nicht in ihrem informativen (referentiellen), appellativen usw. Gehalt besteht, sondern einzig in der Herstellung
oder Aufrechterhaltung einer Gemeinsamkeit.[4] Hayakawa bezeichnet pointenartig als eine wichtige Funktion von Sprache »das Vermeiden von Schweigen«[5] als eines Verhaltens, das als befremdlich,
unüblich, ja unhöflich empfunden werden könnte. Die soziale Relevanz der phatischen Sprachfunktion veranschaulicht Hayakawa in
dem Ratschlag, einmal einen ganzen Tag lang auf jegliche phatische
Verwendung von Sprache zu verzichten und nur zu reden, wenn
man »etwas zu sagen« hat. Was er als voraussichtliche Folge dieses

Verhaltens andeutet, läßt keinen Zweifel daran, daß er seinen Vorschlag nur zu heuristischen Zwecken vorgebracht hat: Wem daran gelegen sei, die Sympathie seiner Angehörigen und Freunde noch eine Weile zu behalten, der möge von dem Experiment lieber Abstand nehmen.[6]

Die Sprachfunktion, die auf den Code, d. h. auf die für die Äußerung verwendete Sprache selbst gerichtet ist, wird als die *metasprachliche Funktion* bezeichnet. (Sie ist uns in Kap. 1.1 bei Handkes Kaspar schon begegnet: Er hat nicht nur die Fähigkeit zu sprechen, sondern auch diejenige, über sein Sprechen zu sprechen.) Die moderne Logik unterscheidet zwischen zwei Sprachebenen, der ›*Objektsprache*‹ – das ist die Sprache, die von Objekten spricht – und der ›*Metasprache*‹ – das ist die Sprache, die über die Sprache (also über die Objektsprache) spricht.[7] Insofern ist die Wissenschaft von der Sprache unik, als bei ihr Untersuchungsgegenstand und Instrument der Untersuchung der Substanz nach gleich sind.[8] Man vergleiche die Sätze:

1) *Wir haben ein Haus in Südfrankreich.*

2) a) ›*Haus*‹ *schreibt man groß.*

    b) *Das nennst du* ›*Haus*‹? *Das ist doch eine alte Bruchbude!*

In Satz 1) wird auf ein Objekt (der außersprachlichen Wirklichkeit) referiert; es handelt sich um den *Gebrauch* eines Ausdrucks. In den Sätzen 2a) und 2b) wird nicht über ein Haus als Objekt, sondern über das Wort ›Haus‹ gesprochen: *Anführung* eines Ausdrucks – in 2a) die *langue* betreffend, in 2b) die *parole*. Auch jede Fachsprache, die auf der Grundlage der Alltagssprache (= der Objektsprache) entstanden ist, indem sie Termini aus dieser übernommen und für ihre Zwecke definiert hat oder indem sie sich Termini geschaffen hat, die nur verständlich sind, wenn die ihnen zugrundeliegende Definition in der Objektsprache bekannt ist, wird als Metasprache angesehen.

Doch wichtiger ist die Rolle von metasprachlichen Äußerungen, auch von Metakommunikation, im Alltag: In all den Fällen, in denen Sender und Empfänger sich vergewissern müssen, ob sie sich desselben Codes bedienen (d. h.: ob sie mit ihren jeweiligen Ausdrücken das gleiche meinen), tun sie dies mittels metasprachlicher Äußerungen, etwa: »Wie meinen Sie das?« – »Das ist nur im übertragenen Sinn zu verstehen.« – »Jetzt sag mal genau, was für dich ›postmodern‹ bedeutet!« – »Ach so, das habe ich nur im Spaß gesagt.«

Wir erkennen hier Metakommunikation als wichtiges Mittel des

Konfliktmanagements (z. B. beim nachträglichen »Umwidmen« von Äußerungen, s. letztes Beispiel!) oder gleich, vorbeugend, der Konfliktvermeidung. Eine weitere wichtige Rolle spielt sie in den Prozessen des Spracherwerbs, des muttersprachlichen wie auch des Fremdsprachenunterrichts. (Z. B. wenn ich sage: »Frz. ›jardin‹ heißt ›Garten‹«, dann referiere ich nicht auf ein Stück bebautes Land o. ä., sondern spreche über Sprache.)

Wo die ›Nachricht selbst‹ im Mittelpunkt steht, spricht Jakobson von der *poetischen Funktion* der Sprache (auch *ästhetische Funktion* genannt.) Ein Beschränken dieser Sprachfunktion allein auf Dichtung – und, umgekehrt, ein Reduzieren von Dichtung auf lediglich diese eine Sprachfunktion – wäre nach Jakobson eine unzulässige Vereinfachung. Vielmehr erfährt ein gut Teil alltäglicher Sprachäußerungen durch die poetische Funktion der Sprache eine erhöhte Wirksamkeit der anderen in ihnen realisierten Sprachfunktionen.

Jakobson nennt Beispiele alltäglicher Sprachäußerungen, die sich in ihrer spezifischen Erscheinungsform als von der poetischen Sprachfunktion diktiert erweisen, z. B.: »»Warum sagen Sie immer *Joan und Margery*, doch niemals *Margery und Joan*? Ziehen Sie Joan ihrer Zwillingsschwester vor?‹ – ›Ganz und gar nicht, es klingt nur besser.‹« Offensichtlich haben rein ästhetisch-rhythmische Motive die Abfolge der beiden Namen bestimmt. Ähnlich in einem Fall, wo ein Mädchen immer vom ›horrible Harry‹ spricht. Nach dem Grund befragt, antwortet sie, sie könne ihn eben nicht leiden. Gewiß, wird weitergeforscht, aber warum immer *horrible* und nicht zur Abwechslung auch einmal *dreadful, terrible, disgusting*, die doch alle dasselbe bedeuten? »Weil *horrible* besser paßt«, ist die Antwort – kein inhaltliches Kriterium für die Wortwahl also, sondern ein rein ästhetisches, in diesem Fall das der *Alliteration* (= Gleichheit des Anlauts bei mehreren aufeinanderfolgenden betonten Silben), des *Stabreims* der germanischen Sprachen, der nicht nur in der Dichtung, sondern auch in vielen festen Redewendungen der Alltagssprache begegnet, z. B.: *Haus und Hof; mit Mann und Maus; Kind und Kegel; Geld und Gut; null und nichtig; auf Biegen und Brechen; bei Nacht und Nebel.* Andere poetische Komponenten, denen wir in der nichtdichterischen Sprache begegnen, sind z. B. der Endreim: *weit und breit; Stein und Bein;* die Wiederholung: *Mann für Mann; Auge um Auge, Zahn um Zahn; von Haus zu Haus; jahraus, jahrein.*

Die Werbung, von Jakobson als »angewandte Poesie« bezeichnet, bedient sich mehr oder weniger bewußt dieser poetischen Komponenten, z. B. des Stabreims: *Wir wollen Wulle; Milch macht müde Männer munter; … braun wie Bräten;* auch bei Namen von Produkten: *Kitekat, Liegelind, Wäscheweich, Schwip-Schwap* (eine Limonade); Endreim: *Schreibste mir, schreibste ihr, schreibste auf M.K.-Papier.* Auch bei Buch- und Zeitschriftentiteln, bei politischen, ideologischen und sonstigen Slogans, bei deren Formulierung werbepsychologische Überlegungen nicht unberücksichtigt bleiben, begegnen Stabreime: *Götter, Gräber und Gelehrte; Männer, Mächte, Monopole; Kinder, Kühe, Kapital; frisch, fromm, fröhlich, frei; Wirkendes Wort; Wort und Wahrheit;* und Endreime: *Irrungen-Wirrungen; Ostwind-Westwind; lieber tot als rot.*

Regeln für verschiedene Bereiche – allgemeine Lebens- und Verhaltensregeln, Wetterregeln, mittelalterliche Gesetze, Regeln innerhalb bestimmter Wissensgebiete (lateinische Grammatik, Mathematik usw.) – haben häufig die Form von Merkversen mit Endreim, vom gereimten Sprichwort *(Morgenstund / hat Gold im Mund; Hoffen und Harren / macht manchen zum Narren; Was ich nicht weiß, / macht mich nicht heiß)* und der Wetterregel *(Weihnacht im Klee, Ostern im Schnee; Märzenstaub / bringt Blatt und Laub; Januar kühl und naß / füllt dem Bauern Scheun' und Faß)* bis zum gereimten Gemeingut vieler Gymnasiastengenerationen wie: *Unus, solus, totus, ullus / uter, alter, neuter, nullus / diese Wörter haben alle / -ius in dem zweiten Falle, / und im Dativ enden sie / wie alius mit langem i.* Oder: *Machen Transversalen Qualen / denke an Diagonalen!* Oder: *In des Alten Bundes Schriften / merke in der ersten Stell' / Mose, Josua und Richter / Ruth und zwei von Samuel* usw. (Merkvers zur Abfolge der Bücher des Alten und Neuen Testaments). Sprachäußerungen, deren dominante Funktion nicht die poetische, sondern häufig eine appellative oder eine Informationsfunktion ist, erfüllen offensichtlich ihre Hauptfunktion besser, wenn ihre sprachliche Form zugleich ein poetisch-ästhetisches Bedürfnis befriedigt.

Wie die Beispiele belegen sollten, ist die poetische Funktion der Sprache nicht auf die Dichtung beschränkt; umgekehrt sind Werke der Dichtung nicht ausschließlich als Realisierungen der poetischen Sprachfunktion zu bezeichnen. Vielmehr ist je nach literarischer Gattung neben der poetischen Funktion die referentielle mitbeteiligt, so in der epischen Dichtung, die vor allem auf die dritte Person bezogen ist; oder die emotive Funktion, so in der Lyrik, die sich vor allem auf die erste Person richtet; oder die appellative Funktion, so in Dichtung, die sich, sei es persuasiv (= überzeugen wollend, überreden wollend), ermahnend oder bittend, an die zweite Person wendet.

Zusammenfassend ergänzen wir Jakobsons Ausgangschema von den Grundfaktoren der sprachlichen Kommunikation durch die hier referierten entsprechenden Sprachfunktionen:

	Gegenstand (REFERENTIELL)	
Sender————————Nachricht	(POETISCH)————————	Empfänger
(EMOTIV	Kontaktmedium (PHATISCH)	(APPELLATIV,
EXPRESSIV)	Code (METASPRACHLICH)	KONATIV)

2.2 Sprache und Denken: Die Sapir-Whorf-Hypothese

Eine Funktion der Sprache, die bei Jakobson nicht angesprochen ist, klang in dem Handke-Zitat aus Kapitel 1.1 an mehreren Stellen an, am deutlichsten in (5): »Ohne den Satz kannst du keinen Gegenstand sehen.« Hier paraphrasiert Handkes Kaspar die Quintessenz der sog. *Sapir-Whorf-Hypothese*, die sich mit der Frage nach dem Zusammenhang zwischen Denken und Sprechen, zwischen Sprache und Kognition befaßt. Ihre Entstehung und ihr Inhalt sollen in diesem Kapitel skizziert werden.

Die amerikanischen Ethnolinguisten[9] E. Sapir und B. L. Whorf, sein Schüler, erforschten nordamerikanische Indianersprachen, von denen besonders das Hopi[10] bekanntgeworden ist, weil Whorf es in seinen Schriften (1922) den von ihm so bezeichneten SAE-Sprachen (= *Standard Average European*) gegenüberstellt. Er beschreibt für das Hopi ein vom SAE völlig verschiedenes sprachliches Erfassen von Zeitabläufen: Statt einer Dreiteilung der Verbaltempora in Vorzeitigkeit – Gleichzeitigkeit – Nachzeitigkeit unterscheidet das Hopi nur zwischen einer gemeinsamen Form für schon Geschehenes (= unsere Vorzeitigkeit) und jetzt Stattfindendes (= unsere Gleichzeitigkeit) und andererseits einer Form für Zukünftiges, Erwartetes, Erhofftes, Befürchtetes usw.[11] Für die Verwendung des Plurals von Substantiven zeigt Whorf ebenfalls grundlegende Unterschiede zwischen Hopi und SAE auf.[12] Eine empirische Nachprüfung vor einigen Jahren hat Whorfs Feststellungen über das Hopi z. T. in Frage gestellt[13] – wie die Sapir-Whorf-Hypothese in ihrer gesamten Aussage, das sei vorausgeschickt, unter Linguisten sehr umstritten ist.

Die Aussage von Whorfs Hopi-Beispielen lautet: Verschiedene Sprachgemeinschaften erfassen die Wirklichkeit sprachlich in ganz verschiedener Weise.

Was Whorf für die Morphologie (= Formenlehre) belegt hat, gilt auch für den Wortschatz. Das bekannteste hierfür zitierte Beispiel sind die Farbadjektive:

deutsch	englisch	französisch	kymrisch[14]
grün	green	vert	gwyrdd
blau	blue	bleu	glas
grau	grey	gris	
braun	brown	brun	llwyd

Demnach würde z. B. bei der Angabe der Farbe zweier Gegenstände das Deutsche (und ebenso das Englische und Französische) den einen *blau*, den anderen *grün* nennen, das Kymrische jedoch hat für beide nur das eine Farbadjektiv *glas*.

Ebenso häufig werden als Beispiel die verschiedenen Wörter für Schnee in Eskimosprachen angeführt: Dort findet sich je ein eigenes Wort für fallenden Schnee, Schnee auf dem Boden, wässerigen Schnee, vom Wind getriebenen Schnee usw., denen im SAE nur ein einziges Wort *Schnee/snow/neige* gegenübersteht.[15]

Ein drittes Beispiel für die lexikalische Inkongruität (= Nichtdeckungsgleichheit im Wortschatz) zwischen verschiedenen Sprachen bieten die Bezeichnungen für verschiedene Arten von Reis im Japanischen und ihre Entsprechungen bzw. das Fehlen ihrer Entsprechungen in den europäischen Sprachen:

japanisch	deutsch, englisch, französisch
ine (›Reispflanze‹)	
momi (›Reissamen‹)	
kome (›geschälte Reiskörner‹)	Reis (rice; riz)
meshi / gohan / i-i / mama — (›gekochter Reis‹) —	
kayu (›weichgekochter Reis‹)	

Die Tatsache, daß die Sprachen die außersprachliche Wirklichkeit nicht alle in der gleichen Weise aufteilen, wird als das Prinzip der *sprachlichen Relativität* bezeichnet. Jede Sprache ist, nach einer hierfür gern gebrauchten Metapher, ein Netz, das über die Wirklichkeit geworfen wird; die Maschen dieses Netzes sind nicht in allen Sprachgemeinschaften (und auch nicht für alle Teilbereiche der Wirklichkeit) gleich groß und verlaufen nicht überall gleich, z. B. haben (s. o.) für den Bereich ›Reis‹ die europäischen Sprachen ein wesentlich gröbermaschiges Netz als das Japanische. Wieweit eine solche Relativität sprachlich und nicht etwa soziokulturell – also außersprachlich – gegeben ist, läßt sich bei Beispielen wie dem

»Eskimo-Schnee« und dem »Japaner-Reis« natürlich fragen; dagegen ist beim Beispiel ›Farbadjektive‹ die außersprachliche, physikalische Realität für alle Sprachgemeinschaften gleich, und erst die einzelnen Sprachen legen auf das amorphe Kontinuum des Lichtspektrums willkürlich ihre je verschiedenen Grenzen. Sprachen sind also »keine universellen Nomenklaturen«[16]. Das gilt es beim Übersetzen und beim Fremdsprachenunterricht zu beachten: ›Vokabelgleichungen‹ von der Art *aller = gehen, fleur = Blume; to take = nehmen, Glück = happiness* sind also nicht möglich.

Aufgabe:
1. Suchen Sie Beispielsätze, die die Unrichtigkeit der ›Vokabelgleichungen‹ *aller = gehen, fleur = Blume; to take = nehmen, Glück = happiness* demonstrieren.

Die sprachliche Relativität läßt sich in der Sapir-Whorf-Hypothese nicht trennen vom *sprachlichen Determinismus*, der in dem oben zitierten Satz von Handke zum Ausdruck kommt: »Ohne den Satz (d. i.: ohne die Sprache) kannst du keinen Gegenstand sehen.« Wilhelm von Humboldt hat erstmals die Hypothese von der sprachlich vermittelten »Weltansicht« geäußert[17], die von Whorf, seine Beobachtungen über das Hopi weiterinterpretierend, sozusagen wiederentdeckt wurde und auch von anderen, z. B. von Weisgerber[18], vertreten wird. Sie besagt, daß das Individuum nur Umwelt erkennen – und von daher: nur denken – kann in den Kategorien, die die Sprachgemeinschaft, in der es aufwächst, ihm anbietet.

Das Kymrische z. B. stellt seinen Sprechern keine sprachliche Unterscheidung zwischen den Farben Blau und Grün bereit, daher, so folgert die Sapir-Whorf-Hypothese, können die Mitglieder dieser Sprachgemeinschaft hier auch keinen Unterschied registrieren.

Das Individuum ist gezwungen, die Welt durch das Prisma seiner Sprache zu sehen.[19] Es kann nur die Erfahrungen machen, für die seine Sprache die Begriffe bereithält. Die außersprachliche Wirklichkeit ist zunächst ungegliederter Stoff, der erst durch die Sprachen unterteilt und strukturiert wird. Ein ›Ding‹ ist für uns erst existent, wenn unsere Sprache es durch eine eigene Bezeichnung aus der ungegliederten außersprachlichen Wirklichkeit herausprofiliert: Der Sprache kommt sozusagen gegenstandskonstituierende Funktion zu.

Aufgabe:
2. Interpretieren Sie das Quasi-Bonmot von Weisgerber: »Ob in einem Land Unkraut wächst, hängt von der Sprache seiner Bewohner ab.«

Die Sapir-Whorf-Hypothese setzt sich zusammen aus zwei Aussagen, die mit den Stichwörtern 1. sprachliche Relativität, 2. sprachlicher Determinismus etikettiert werden können. Vor allem die zweite Aussage, die eine Antwort auf die Frage nach dem Verhältnis zwischen Sprache und Kognition gibt, ist umstritten. Der Hypothese von einem einseitigen Primat der Sprache – »Sprache bestimmt das Denken« – steht die Hypothese gegenüber, daß Denken und Sprechen zwei sich eigenständig entwickelnde, wenn auch natürlich interagierende menschliche Fähigkeiten sind.[20]
Die Sapir-Whorf-Hypothese wurde hier unter der Überschrift ›Funktionen von Sprache‹ abgehandelt, was sich eben mit der Hypothese vom sprachlichen Determinismus rechtfertigen läßt. Aus ihm läßt sich auch eine weitere Funktion von Sprache ableiten, die gelegentlich, zusätzlich zu den bisher genannten, angegeben wird: die Funktion der *Strukturierung der Gedanken (élaboration de la pensée)*.[21] Argumentatives Entwickeln eines Gedankengangs ist nur möglich in sprachlichen Begriffen. Auch für jedes sinnvolle Handeln ist die Voraussetzung, daß das Ziel des Handelns zuvor, wenn auch nur mentaliter und häufig völlig unbewußt, in sprachlichen Termini ausgebracht sein muß. Planen kann immer nur eine sprachliche Angelegenheit sein (vgl. Handke [9]; [3]).

Umstritten oder nicht, sollte die Sapir-Whorf-Hypothese meines Erachtens in einer Einführung in die Linguistik nicht fehlen – fordert sie doch zumindest zum Nachdenken über die »Sprachbedingtheit« menschlichen Erkennens und Denkens und damit letztlich jeglichen menschlichen Handelns heraus. Außerdem ist auch eine Richtung in der Soziolinguistik (s. Kap. 10), die in den sechziger und siebziger Jahren eine wichtige Rolle spielte, als eine »Anwendung« insbesondere der Teilhypothese vom sprachlichen Determinismus zu sehen.

Aufgabe:
3. Welche Funktion(en) der Sprache steht (stehen) in den folgenden Situationen jeweils im Vordergrund?
a) »Donnerwetter, toller Schlitten«, meint Herr B. anerkennend, als sein Schwager ihm seinen neuen Wagen vorführt.
b) Bevor Anna mit dem Verfassen ihres Referats beginnt, formuliert sie eine Gliederung.

c) »Nun leck den Löffel schön ab, der Hustensaft schmeckt doch sooo lecker«, sagt die Mutter zu dem kleinen Felix.

d) Herr A. fragt seinen Nebenmann in der Straßenbahn, was er von dem Wahlergebnis hält.

e)   Zwei Trichter wandeln durch die Nacht.
        Durch ihres Rumpfs verengten Schacht
             fließt weißes Mondlicht
                still und heiter
                   auf ihren
                   Waldweg
                    u. s.
                     w.

(Christian Morgenstern ›Die Trichter‹, in: ›Galgenlieder‹)

f) Die Vermieterin schaut kurz auf, als der Student morgens die Küche betritt: »So, auch schon auf?«

3 Funktionieren von Sprache

Wie muß nun Sprache beschaffen sein, damit sie die ihr zukommenden Funktionen erfüllen kann?

3.1 Sprache und Semiotik

Daß Sprache Zeichencharakter hat, fanden wir, dichterisch gestaltet, bereits in dem Zitat von Swift (Kap. 1.1): Die Sprachbenutzer übermitteln einander Aussagen über ›Dinge‹, nicht indem sie diese konkret *vor*weisen, sondern indem sie mittels Sprache auf sie *ver*weisen. Die Definition von ›Zeichen‹, die auf die mittelalterliche Scholastik zurückgeht, besagt nichts anderes: *aliquid stat pro aliquo*, »etwas steht (stellvertretend) für etwas anderes« – das bedeutet: jedes Phänomen, das nicht nur als rein phänomenologisch Gegebenes aufzufassen ist, sondern etwas anderes ausdrücken soll, ist ein Zeichen. Demnach gibt es nicht nur Zeichen in sprachlicher Form, sondern auch andere, z. B. visuelle Zeichen, vom Verkehrsschild (das weiße Dreieck mit rotem Rand z. B. darf nicht einfach als »weißes Dreieck mit rotem Rand« aufgefaßt werden, sondern es drückt etwas aus, bedeutet etwas: »Vorfahrt beachten!«) bis hin zu Werken der bildenden Künste, ja gar zur Kleidung und äußeren Aufmachung einer Person.[1]

Die Wissenschaft von den Zeichen allgemein wird als *Semiotik* (auch *Semiologie*) bezeichnet; die Wissenschaft von den sprachlichen Zeichen, die *Linguistik*, ist eine von ihren Unterdisziplinen – so jedenfalls wird sie von de Saussure, dem Begründer der modernen Linguistik, verstanden.

Daher soll im folgenden (Kap. 3.1.1) zuerst eine Charakterisierung von Zeichen allgemein gegeben und dann erst auf die Besonderheiten eingegangen werden, die das sprachliche Zeichen von nichtsprachlichen Zeichen unterscheiden (Kap. 3.1.2).

3.1.1 Zeichen allgemein

3.1.1.1 Konstituierung von Zeichen

Der Gebrauch sprachlicher Zeichen ist eine der grundlegenden spezifisch menschlichen Eigenschaften; dagegen findet sich Gebrauch nichtsprachlicher Zeichen auch im Tierreich, passiv (als Zeichenverstehen) und aktiv (als Zeichenaussenden). Ein bekanntes Beispiel aus der ersten Gruppe soll zur Erklärung der Konstituierung von Zeichen dienen, d. h. die Frage beantworten, wie es kommt, daß ein bestimmtes visuelles, akustisches oder sonstiges Phänomen zum Zeichen (d. h. zum Ausdruck für etwas anderes) werden kann. Die Versuche, die der russische Forscher Iwan Pawlow mit Hunden durchgeführt hat, mögen diesen Prozeß der *Semiotisierung* (= Vorgang, durch den etwas zu einem Zeichen gemacht wird) erklären.

Wenn die Tiere gefüttert wurden, ließ Pawlow zur gleichen Zeit einen Glockenton erklingen. Der Gehörseindruck trat also in der gleichen Situation auf wie die übrigen visuellen, geschmacklichen, olfaktorischen usw. Eindrücke, die von der verabreichten Nahrung ausgingen. Eines Tages wurde nur der Glockenton erzeugt ohne Futterverabreichung – die Reaktionen der Hunde: gierig-ungeduldiges Herbeidrängen, freudiges, erwartungsvolles Kläffen usw. bis zur Absonderung von Speichel und Magensaft, waren die gleichen wie sonst bei der Fütterung. Die Assoziation, die sich durch die anfängliche Koppelung der beiden Reize eingestellt hatte, war stark genug, daß nun ein Teil des bisherigen Stimulus (= Reizes) genügte, um die üblichen Reaktionen auf den Gesamtstimulus hervorzurufen (sog. *Reizgeneralisation*): Der Glockenton, ein biologisch an sich irrelevantes Objekt, das erst durch den Lernvorgang seinen Wert erhielt (konditionierter Reflex), war zum *Zeichen* für Nahrung geworden.

3.1.1.2 Eigenschaften von Zeichen

Wie das Pawlowsche Beispiel – Glockenton ›steht für‹ Nahrung – zeigt, wird in dem Augenblick, da ein Gegenstand Zeichenfunktion erhält, von seinen physikalischen Eigenschaften abstrahiert: Das Zeichen ist *abstrakt*; wichtig ist nur noch seine Hinweisfunktion. Diese Funktion hätte statt einem Glockenton ebensogut einem Pfeifsignal, einem Lichtzeichen oder anderem auferlegt werden können: Das Zeichen ist willkürlich gewählt, *arbiträr*, muß aber nach einmal erfolgter Setzung so beibehalten werden; das Zeichen ist *konstant (»réutilisable de message en message«)*.[2] Es stellt eine Konvention dar (das Zeichen ist *konventionell*), an die sich die Zeichenbenutzer hinfort halten.
Einzelzeichen werden im Tierreich und in der menschlichen Gesellschaft benutzt. (Warnrufe der Vögel; lautliche Kommunikation von Delphinen untereinander; Tänze der Bienen zur Mitteilung von

Lagerichtung und Entfernung einer Futterquelle an die Artgenossen[3]; visuelle Zeichen beim Menschen: geballte Faust als Drohgeste; Winken beim Abschied, »Den-Vogel-Zeigen«, z. B. unter Autofahrern, und andere Gesten.)

Zeichensysteme bestehen aus mehreren aufeinander abgestimmten Zeichen[4] und scheinen dem Menschen vorbehalten zu sein, will man nicht die oben erwähnten Rund- und Schwänzeltänze der Bienen und die noch nicht genügend erforschten Äußerungen der Delphine auch als Systeme ansprechen. In einem Zeichensystem erhält das Einzelzeichen seine Bedeutung erst von seiner Stellung im System her, aus seiner Relation zu den anderen Zeichen.

Zur Verdeutlichung diene ein einfaches Beispiel: Die Verkehrsampel ist ein visuelles Zeichensystem, das sich aus den drei Elementen rotes Licht – grünes Licht – gelbes Licht zusammensetzt. Das grüne Licht z. B. für sich genommen hätte keinen objektiven Aussagewert, erst aus der *Opposition* zu Rot und Gelb bezieht es seine Bedeutung: Jedes einzelne Zeichen in einem Zeichensystem ist das, was sämtliche anderen Zeichen im System nicht sind. (Zu den Begriffen ›System‹, ›Funktion‹, ›Opposition‹ s. Kap. 4.)

3.1.1.3 Symbol vs. Zeichen im engeren Sinne

Unter dem Begriff ›Zeichen‹ werden zwei verschiedene Typen von Bedeutungsträgern zusammengefaßt. Den Unterschied mögen einige Beispiele aus unserer alltäglichen Umgebung illustrieren:

Wir sehen, daß beim Symbol zwischen der Form des Zeichens und dem, was es ausdrückt, noch ein gewisser Ähnlichkeitsbezug da ist. Beim Zeichen im engeren Sinne dagegen gibt es keine wesensmäßige Beziehung zwischen der Form und dem, was sie ausdrückt. Die Verbindung z. B. zwischen einem Rhombus und der Aussage ›Vorfahrtstraße‹ ist reine Konvention, willkürlich so festgelegt.

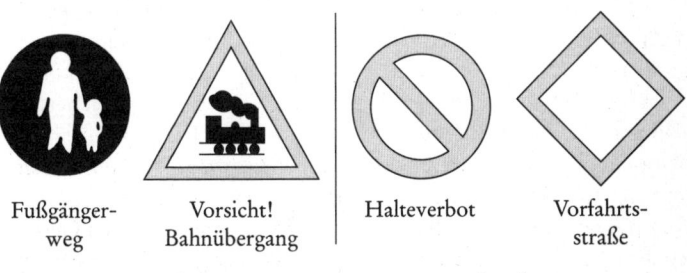

| Fußgänger-
weg | Vorsicht!
Bahnübergang | Halteverbot | Vorfahrts-
straße |

Symbole   *Zeichen*

41

Restaurant Damen Herren
            (an WC-Türen)

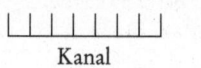

Kanal
(auf Landkarten)

Ruine

Klingel   Licht
(auf Knöpfen in Treppen-
häusern)

das sog. Woll-
siegel (als
Materialangabe
bei Textilien)

der Mercedes-
Stern (als
Kennzeichen
einer Auto-
marke)

Symbole   *Zeichen*

Die Begriffe ›Symbol‹ und ›(völlig willkürliches) Zeichen‹ sind hier im Sinne de Saussures gebraucht. Die amerikanische Linguistik und Semiotik dagegen bezeichnet – gerade umgekehrt! – mit *symbol*, ›Symbol‹, die willkürlichen, konventionellen Zeichen. Für die abbildenden Zeichen gebraucht sie den Ausdruck *icon*, ›Ikon‹.

Es könnte eingewandt werden, daß für Symbole die Eigenschaft ›arbiträr‹, die zu den Charakteristika eines Zeichens gehört, nicht zutrifft. Dem ist aber nicht so:

›Fußgängerweg‹ z.B. könnte ebensogut durch oder dgl. symbolisiert werden,

oder ›Restaurant‹ durch

usw.

Mit anderen Worten: Auch Symbole sind willkürlich, was die Auswahl aus den möglichen Zeichenformen betrifft, die von dem auszudrückenden Inhalt her motiviert sind.

Aufgabe:
4. Suchen Sie weitere Beispiele für Symbole und Zeichen im engeren Sinne!

3.1.2 Das sprachliche Zeichen

Die Charakterisierung von Zeichen allgemein auf sprachliche Zeichen anzuwenden, die in erster Linie akustische Zeichen sind, versuchen verschiedene Modelle des sprachlichen Zeichens. Hinzu kommen einige weitere Eigenschaften, die allein das sprachliche Zeichen – zusätzlich zu den Eigenschaften von Zeichen allgemein – besitzt.

3.1.2.1 Modelle des sprachlichen Zeichens
    (Vorbemerkungen zum Modellbegriff)

Modellierung (= Erstellen eines Modells) ist in allen den Wissensbereichen notwendig, deren Gegenstand nicht durch unmittelbare Beobachtung erfaßt werden kann. Zur Modellierung eignen sich nur Phänomene, »deren relevante Eigenschaften sich in ihren strukturellen (funktionellen) Merkmalen erschöpfen und in keiner Weise mit ihrer physischen Natur verbunden sind«[5].

Da auf die menschliche Sprechtätigkeit und Sprechfähigkeit zutrifft, daß sie in ihrem Ablauf nicht beobachtbar sind, und da jede Sprache nach de Saussure ein System, gekennzeichnet durch seine Struktur, darstellt, hat der Begriff des Modells in der modernen Linguistik große Bedeutung gewonnen. Ein linguistisches Modell ist stets ein sog. *›Black box‹-Modell*, d. h., es ist wie ein ›schwarzer Kasten‹, bei dem nur das Ausgangsmaterial und das Endprodukt (*Input* und *Output*) bekannt sind, nicht aber, was sich im Innern des Kastens vollzieht. Das Modell wird demnach ein ›logischer Mechanismus‹[6] sein, den ich aufgrund meiner Hypothese über die mögliche Konstruktion des Objektes geschaffen habe. Wenn das Modell hinsichtlich Input und Output dasselbe *leistet* wie das Objekt, kann es als adäquat angesehen werden. ›Black box‹-Modelle bezeichnet man daher als *Leistungsmodelle* im Gegensatz zu *Funktionsmodellen*, die zusätzlich abbilden, wie das Objekt funktioniert, d. h., in welchen einzelnen Schritten es die Umsetzung des Inputs in den Output besorgt. Im folgenden werden einige gängige Leistungsmodelle 1. des sprachlichen Zeichens (das von de Saussure, das von Ogden/Richards und das von Bühler) und 2. der sprachlichen Kommunikation vorgestellt.

3.1.2.1.1 Das Zeichenmodell von de Saussure

Ein Zeichen besteht aus Ausdruck und Inhalt. Die Ausdrucksseite hat beim sprachlichen Zeichen die Form einer Lautkette. Inhalt und Ausdruck sind durch Assoziation so unlösbar miteinander verbunden wie Vorder- und Rückseite eines Blattes Papier.[7]

Das bedeutet, am Beispiel des sprachlichen Zeichens *Stuhl* gezeigt: Wenn ich die Lautkette / ʃtu:l /[8] höre, so stellt sich bei mir unwillkürlich die Vorstellung eines solchen Möbelstücks zum Sitzen, mit Beinen, mit Lehne, für *eine* Person usw. ein; und umgekehrt, wenn ich solch ein Möbelstück sehe, kann ich nicht umhin, es zu identifizieren als ein durch das Lautbild / ʃtu:l / bezeichnetes.

Es besteht eine reziproke Evokation (= gegenseitiges Einander-ins-Gedächtnis-Rufen) zwischen Inhalt und Ausdruck eines Zeichens. De Saussures Zeichenmodell (das grundlegende Zeichenmodell, das in alle anderen letztlich miteingegangen ist):[9]

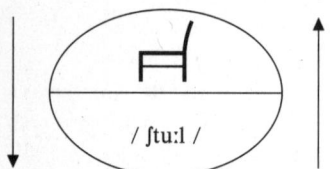

Die Pfeile unterstreichen die reziproke Evokation des einen durch das andere.

Die folgende Darstellung soll betonen, daß das de Saussuresche Zeichen rein psychischer Natur ist: »Das sprachliche Zeichen verbindet nicht eine Sache und einen Namen miteinander, sondern eine Vorstellung von einer Sache *(concept)* und ein Laut*bild (image acoustique)*.«[10] *Concept* ist nicht der Gegenstand selbst, z. B. ein wirklicher Stuhl, sondern der Begriff (also eine Abstraktion aus sämtlichen wirklichen Stühlen). *Image acoustique* ist nicht die wirkliche Lautkette, sondern die psychologische Spur der Lautkette, z. B. die Vorstellung von den Lauten ʃ-t-u:-l.

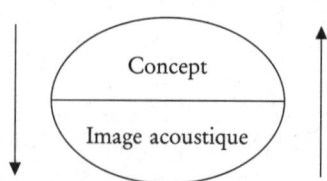

De Saussure wählte für die beiden Seiten des *signe linguistique* schließlich die Bezeichnungen *signifié* und *signifiant*, was deren engen Zusammenhang auch sprachlich zum Ausdruck bringt (wobei er dem einen das aktive – präsentische – Partizip, dem anderen das passive – perfektische – desselben Verbs zuteilt):

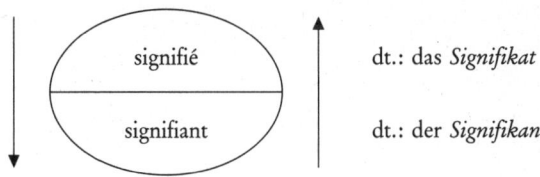

signifié   dt.: das *Signifikat*

signifiant   dt.: der *Signifikant*

3.1.2.1.2 Das Zeichenmodell von Ogden und Richards[11]

Gedanke (frz. *sens*, engl. *meaning*, die *Bedeutung*)

Symbol[12] (frz. *nom*, engl. *form*, das *Bezeichnende*)   Referent (frz. *chose*, engl. *referent*, der Umweltreferent, das bestimmte Objekt, das *Bezeichnete*)

Ein Unterschied zwischen diesem sog. *semiotischen Dreieck*[13] und dem de Saussureschen Zeichenmodell springt sofort in die Augen: De Saussures Modell ist zweiseitig (= dyadisch), das Ogden/Richardssche dreiseitig (= triadisch). Projiziert man gleichsam beide Modelle übereinander, so zeigt sich, daß das semiotische Dreieck als zusätzliche Komponente die ›Sache‹, den Umweltreferenten, die außersprachliche Wirklichkeit enthält.

Der Unterschied zwischen den beiden Modellen ist aber noch fundamentaler, sie müssen nämlich auch verschieden ›gelesen‹ werden: Das de Saussuresche Modell ist statisch, es stellt die Zusammengehörigkeit zwischen einem ›Namen‹ und einer Inhaltsvorstellung als festen *Zustand* dar.

Das Dreiecksmodell dagegen ist dynamisch, stellt einen *Prozeß* dar: Für Ogden/Richards läßt sich die Bedeutung eines sprachlichen Zeichens (z. B. eines Wortes) nur erfassen, wenn es (von einem Sprecher) benutzt wird, um damit auf einen Gegenstand der außersprachlichen Wirklichkeit hinzuweisen. »Wörter bedeuten nicht ›an sich‹ etwas, sondern nur, wenn sie von Menschen gebraucht werden.«[14]

So veranschaulicht auch die nichtdurchgezogene Basislinie des Dreiecks: Es besteht keine direkte, naturgegebene logische Verbindung zwischen ›Name‹ und Bezeichnetem, z. B. zwischen der Lautkette / ʃtuːl / und dem individuellen Umweltreferenten, dem bestimmten Stuhl, von dem jemand in einer konkreten Situation gerade sprechen möchte (und der beispielsweise einmal mahagonibraun mit korbgeflochtener Sitzfläche sein kann, ein andermal aus gebogenen Metallrohren besteht, usw.). Vielmehr wird die Zuordnung erst durch den Prozeß im Zeichenbenutzer geleistet, indem er den individuellen ›Fall von‹ Stuhl und den abstrakten Begriff ›Stuhl‹ (sozusagen den Oberbegriff für alle Einzelsituationen des Redens von / Hinweisens auf einen Stuhl) einander zuordnet.

Pointiert zusammenfassend gesagt ist de Saussures zweiseitiges Modell ein *Zeichenmodell*, Ogden/Richards' Dreiecksmodell ein *Bezeichnungsmodell*.

3.1.2.1.3 Das Zeichenmodell von Bühler (Organon-Modell)[15]

Bühler nimmt die Kennzeichnung von Sprache, die Plato im Kratylos gibt, wieder auf: Sie sei ein *organon didaskaleion* = »ein Werkzeug, womit einer dem anderen etwas mitteilt über die Dinge«. Gemäß dieser Definition ist Bühlers Organon-Modell als Zeichenmodell zugleich schon ein Kommunikationsmodell, da für ihn Sprache sich gar nicht unter Absehung von ihrer Funktion, hier: von ihrer Kommunikationsfunktion, betrachten läßt (s. Kap. 2.1; zu den sog. Funktionalisten der Prager Schule des Strukturalismus s. Kap. 4).

Die drei grundlegenden Funktionen, die jedes sprachliche Zeichen hat, nur mit verschiedener Gewichtung (Ausdruck-Darstellung-Appell), wurden schon in Kapitel 2.1 angesprochen. Bühler hat sie am Beispiel einer Kommunikationssituation verdeutlicht:

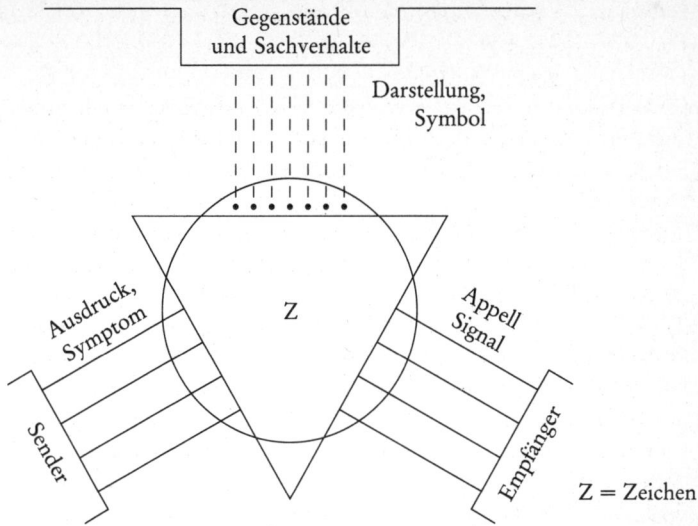

Gegenstände
und Sachverhalte

Darstellung,
Symbol

Ausdruck,
Symptom

Appell
Signal

Z

Sender

Empfänger

Z = Zeichen

Angenommen, zwei Personen befinden sich in einem Zimmer, und der eine stellt plötzlich fest, daß es draußen regnet. Er äußert das ›Schallphänomen‹ (wie Bühler die Lautkette bezeichnet) / es're:gnət /. Dieses ist als Zeichen (1) Symbol: Es stellt den genannten meteorologischen Sachverhalt dar; (2) Symptom (Anzeichen, Indicium): Es kann den inneren Zustand des Sprechers ausdrücken (z. B. Unmut, Verärgerung); (3) Signal: Es wird wohl den Hörer veranlassen, einen Schirm zu holen oder ein Taxi zu bestellen oder dergleichen mehr.

Die komplexe Darstellung des Zeichens für sich genommen ist noch zu erklären:
Der Kreis stellt den materiellen Zeichenträger dar, beim sprachlichen Zeichen das ›Schallphänomen‹. Das Dreieck bedeutet die Zeichenfunktion, die dieses Schallphänomen hat und die ja bei Bühler dreifach ist (nicht nur einfach, als bloße Referenzfunktion, wie bei de Saussure und wie im semiotischen Dreieck). Dreieck und Kreis decken sich nicht: Einerseits greift der Kreis über das Dreieck hinaus; das bedeutet, daß nicht alles am Schallphänomen mit seiner Zeichenfunktion zu tun hat und daß der Empfänger automatisch dieses Irrelevante unbeachtet läßt und nur das semiotisch (= zeichenmäßig) Relevante an dem ankommenden Schallphänomen verwertet. Dieses Prinzip nennt Bühler die *abstraktive Relevanz*. Sie gilt nicht nur für sprachliche Zeichen, sondern auch für andere, z. B. für die Verkehrsampel. Nicht alle Eigenschaften der Verkehrsampel sind für ihre Zeichenfunktion relevant; irrelevant sind z. B. ihre Höhe,

47

das Material (Metall, Holz usw.), der Durchmesser der drei Lampen usw. Von ihnen allen abstrahiert der Empfänger automatisch, um nur das Relevante, nämlich die Farbe – Rot oder Grün oder Gelb –, zu registrieren und ihrem Zeichenappell zu folgen.

Andererseits ragt das Dreieck über den Kreis hinaus; das bedeutet, daß der materielle Zeichenträger häufig defizient sein kann, daß bei Sprachäußerungen z. B. einzelne Laute für den Empfänger nicht hörbar sind (am Telefon grundsätzlich *s*, das aus elektrotechnischen Gründen stets als *f* übertragen wird), aber dennoch ist der Empfänger in der Lage, durch *apperzeptive Ergänzung* sich das Fehlende ›hinzuzudenken‹ (z. B. bei der Korrektur unleserlicher Klausuren), evtl. Fehler, die der Sender gemacht hat, bei der Apperzeption, der Aufnahme, automatisch zu berichtigen.

3.1.2.1.4 Zusammenfassung der sprachlichen Zeichenmodelle

De Saussures dyadisches Zeichenmodell beschränkt sich auf zwei rein psychische Größen *signifiant* und *signifié*, zwischen denen es eine rein statische Beziehung etabliert, die außersprachliche Wirklichkeit (die schließlich ein nicht unwesentlicher Grund für die Existenz von Sprache als Zeichensystem ist) hat in diesem Modell keinen Platz.

Das Ogden/Richardssche semiotische Dreieck ist ein prozessuales Modell; hierfür mußte es de Saussures Zeichenmodell um den dritten Pol Umweltreferent ergänzen und den Zeichenbenutzer mit implizieren.

Bühlers Organon-Modell als das komplexeste spricht dem sprachlichen Zeichen von vornherein drei Funktionen zu, nicht nur eine. Das Zeichen kann nur beschrieben werden unter Einbeziehung der Benutzer. Zudem werden gewisse psychische Prozesse beim Zeichenbenutzen miteinbezogen durch die Begriffe abstraktive Relevanz und apperzeptive Ergänzung.

3.1.2.2 Eigenschaften des sprachlichen Zeichens

Als Eigenschaften, die allgemein sprachlichen und nichtsprachlichen Zeichen zukommen, waren eingangs abstrakter Charakter und arbiträre konventionelle Zuordnung zu den Gegenständen, die dann aber konstant ist, festgestellt worden. Zur Willkürlichkeit des sprachlichen Zeichens ist noch anzumerken, daß sie zwar in der überwiegenden Mehrzahl der Fälle auf der Hand liegt – nichts im Wesen eines Tisches zwingt uns, ihn eher mit der Lautfolge t-i-ʃ zu bezeichnen als mit irgendeiner anderen; die Existenz verschiedener Sprachen, in denen derselbe Tisch statt *Tisch* etwa *table, table, tavola* usw. heißt, belegt dies zusätzlich –, aber eine bestimmte Gruppe von sprachlichen Zeichen wird gelegentlich als Gegenargument angeführt: die sog. *Onomatopöen (= lautmalenden Wörter)*, wie *Kuckuck, Kikeriki, Wauwau, murmeln, gurgeln, piepsen, klatschen* usw. Sie sind nicht Zeichen im engeren Sinne, sondern Symbole (s. 3.1.1.3).

De Saussure sieht jedoch die Willkürlichkeit des sprachlichen Zeichens durch sie nicht angefochten: Erstens machen sie einen zu geringen Prozentsatz des Wortschatzes aus; zweitens variieren auch sie von Sprache zu Sprache (z. B. sind die französischen Entsprechungen der oben angeführten Beispiele *coucou, cocorico, toutou, murmurer, gargariser, pépier* und *piailler, claquer*; und die englischen *cuckoo, cockadoodledoo, bow-wow, to murmur, to gargle, to cheep* und *to chirp, to clap*), sie sind von daher also auch arbiträr; drittens sind sie gelegentlich nur zufällige Produkte der Lautgeschichte einer Sprache, nicht bewußt gebildete, weil für besonders passend gehaltene Namen für Umweltreferenten: z. B. hat frz. *fouetter* ›peitschen‹ nur ›zufällig‹ seine onomatopoetische Form erworben; es kommt von lat. *fagus* ›Buche‹ (über ein Diminutivum = eine Verkleinerungsform: ›Buchenzweiglein‹).

De Saussure nennt die zusätzlichen Eigenschaften, die das sprachliche Zeichen speziell von den Zeichen allgemein abheben: Linearität, Unveränderlichkeit und Veränderlichkeit.

– *Linearität*: Wir können zwar mehrere visuelle Zeichen gleichzeitig hervorbringen und/oder gleichzeitig aufnehmen, jedoch nicht mehrere sprachliche Zeichen. Das sprachliche Zeichen ist an den linearen Ablauf der Zeit gebunden; man kann nur einen Laut nach dem anderen artikulieren und sie aneinanderreihen zu einer Lautkette *(chaîne, chaîne parlée)*.

– *Unveränderlichkeit*[16]: De Saussure stellt fest, daß es brüske Veränderungen sprachlicher Zeichen im allgemeinen nicht gibt. Als Gründe führt er an: 1. den willkürlichen Charakter des sprachlichen Zeichens – um eine Sache in Frage stellen zu können, muß sie auf einer vernünftigen Norm beruhen; 2. die Vielzahl der Zeichen innerhalb eines sprachlichen Zeichensystems; 3. die Komplexität dieses Systems – beide Faktoren würden eine Veränderung zu aufwendig machen; und 4. einen psychologischen Grund: die kollektive Trägheit der Sprachbenutzer, die in einer Neuerungsunwilligkeit resultiert.

– *Veränderlichkeit:* Wenn sprachliche Zeichen dennoch veränderlich sind – und ein Blick auf die Geschichte einer beliebigen Sprache lehrt uns, daß sie es sind –, so liegt die Ursache bei zwei Faktoren, die de Saussure in einer Skizze zueinander in Beziehung setzt:

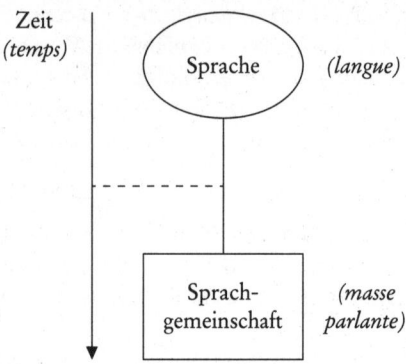

Die Angehörigen der Sprachgemeinschaft bzw. meist einzelne soziale Gruppen können im Laufe der Zeit Änderungen in der Sprache bewirken (s. dazu auch Kap. 5: synchronisch/diachronisch).

3.2 Sprache und Kommunikation

Als wichtigste Funktion von Sprache gilt die kommunikative. Die für jede Kommunikation, sprachliche und nichtsprachliche, notwendigen Elemente haben wir bereits in Kapitel 2.1 genannt: *Sender* (S), *Empfänger* (E), *Nachricht*, die S an E sendet; *Gegenstand*, auf den diese Nachricht sich bezieht; *Code*, über den S und E als gemeinsame ›Sprache‹ (oder ein anderes, etwa visuelles, Zeichenrepertoire) verfügen; *Kanal*, auf dem die Nachricht transportiert wird (bei sprachlicher Kommunikation: in Schallwellen versetzte Luft). Kommunikation bedeutet nicht notwendig die simultane Anwesenheit von Sprecher und Hörer; Kommunikation liegt beispielsweise auch vor, wenn ein Leser das Werk eines längst verstorbenen Autors liest.

3.2.1 Modelle der sprachlichen Kommunikation

Wie soll nun das Funktionieren von Sprache, deren Zeichencharakter wir in verschiedenen Modellen anylsiert gesehen haben, in ihrer kommunikativen Funktion vorgestellt werden? Verschiedene Kommunikationsmodelle schlagen Antworten auf diese Frage vor; vier davon wollen wir im folgenden skizzieren: das von *de Saussure*, das informationstheoretische von *Shannon* und *Moles*, das behavioristische von *Bloomfield* und das *Bühlersche* Organon-Modell als Kommunikationsmodell.

3.2.1.1 Das Kommunikationsmodell von de Saussure

De Saussures Kommunikationsmodell ergibt sich folgerichtig aus seinem Zeichenmodell:
De Saussure zerlegt den Kommunikationsvorgang in mehrere Schritte, die – seinem Zeichenmodell entsprechend – jeweils nach dem Kriterium psychisch/nicht psychisch klassifiziert werden.

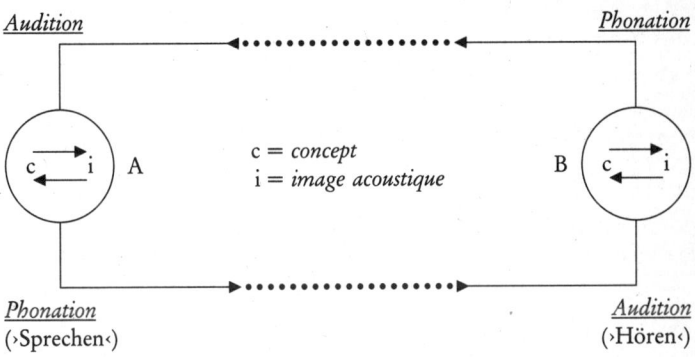

Audition   *Phonation*

c = *concept*
i = *image acoustique*

A   B

Phonation   *Audition*
(›Sprechen‹)   (›Hören‹)

1. Schritt: rein psychisch: Zwei Personen A und B wollen miteinander in Kommunikation treten. A hat eine Vorstellung (eine Mitteilungs- oder Äußerungsabsicht oder ähnliches: *concept*), mit der automatisch aus seinem Sprachzentrum im Gehirn das zugehörige Lautbild *(image acoustique)* abgerufen (evoziert) wird.
2. Schritt: psycho-physisch: Dieses Lautbild geht an die Artikulationsorgane als ›Befehl‹ zu entsprechenden Artikulationsbewegungen.

3. Schritt: rein physisch: A artikuliert und sendet dadurch Schallwellen aus, die an B's Ohr ankommen.
4. Schritt: psycho-physisch: Die Schallwellen werden von B's Ge-
hörorgan seinem Gehirn ›mitgeteilt‹.
5. Schritt: rein psychisch: Das Sprachzentrum in B's Gehirn registriert das zugrundeliegende Lautbild und evoziert automatisch die
damit gekoppelte Inhaltsvorstellung.

Nun kann B zum Sender, A zum Empfänger werden.
Sprechen und Hören vollziehen sich genau spiegelbildlich zuein-
ander; der gesamte Kommunikationsvorgang ist sozusagen an der
Symmetrieachse ›3. Schritt‹ gespiegelt.

3.2.1.2 Das informationstheoretische Kommunikationsmodell
von Shannon und Moles[17]

Shannon, ein amerikanischer Fernmeldeingenieur, stellte in seinem
Kommunikationsmodell (1949) zunächst klar, was sich am Telefon
zwischen den beiden Sprechern abspielt:

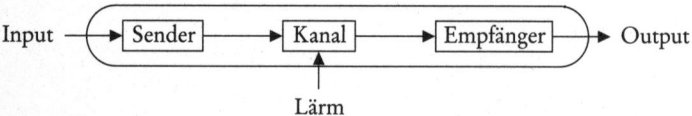

Moles (1963) hat das Shannonsche Modell um die notwendige
Komponente *Repertoire* (den *Code*) erweitert und damit zur Übertragung auf sprachliche Kommunikation geeigneter gemacht:

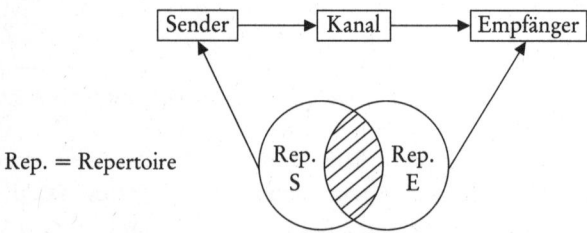

Der Sender hat eine Kommunikationsintention, eine Nachricht, die
er dem Empfänger mitteilen will; in Shannons Modell ist sie mit

Input bezeichnet. Er schöpft aus seinem Zeichenrepertoire die zur Übermittlung seiner Nachricht notwendigen Zeichen (z. B. um den Inhalt ›Möbelstück zum Sitzen, mit Lehne, für eine Person‹ zu übermitteln, nimmt er aus dem Repertoire die Lautkette ʃ-t-u:-l). Er *codiert* (= ›verschlüsselt‹) seine Nachricht, wie mit einem nachrichtentechnischen Ausdruck das Umsetzen von Inhalt in Ausdruck genannt wird. Er sendet die codierte Nachricht über den Kanal an den Empfänger, wobei der Kanal in realen Kommunikationssituationen Störungen ausgesetzt ist (*Lärm*, engl. *noise*, wird in der Nachrichtentechnik in einer erweiterten Bedeutung für Störungen jeder Art gebraucht): Möglich sind Geräusche oder, bei schriftlicher sprachlicher Kommunikation, unleserliche Schrift, beschädigtes Papier usw. (vgl. Bühlers Zeichenmodell, das die Gegenkraft gegen Kommunikationsstörungen explizit registriert in Form der apperzeptiven Ergänzung durch den Hörer). Der Empfänger *decodiert* (›entschlüsselt‹) die ankommende Nachricht, d. h., er ›übersetzt‹ den Ausdruck wieder in Inhalt, in den *Output*. Dies geschieht, indem er in seinem Repertoire sucht, welcher Inhalt unlösbar verknüpft zu der aufgenommenen Lautkette / ʃ-t-u:-l / gehört.

Hier wird die Relevanz des *Codes* oder Repertoires deutlich: Kommunikation ist überhaupt nur möglich, wenn Sender und Empfänger über einen (zumindest teil-)gleichen Code verfügen.

Auf der Basis der gemeinsamen Teilmenge von Sender-

und Empfängercode kann kommuniziert werden. (Sprachliche Kommunikation, wenn auch nicht visuelle, taktile usw., ist z. B. ausgeschlossen zwischen zwei Sprechern verschiedener Nationalsprachen, wenn sie nicht zusätzlich eine gemeinsame Sprache beherrschen.)

3.2.1.3 Das behavioristische Kommunikationsmodell von Bloomfield[18]

Die Schule des Behaviorismus in der amerikanischen Psychologie geht von der Annahme aus, daß »alles menschliche Handeln (einschließlich psychischer und sprachlicher Vorgänge) auf äußere, objektiv beobachtbare und nachprüfbare Fakten zurückzuführen«[19] ist. Menschliches Verhalten und Handeln beruht lediglich auf einem »Wechselspiel von Reiz *(stimulus)* und Reaktion *(response)*«[20]. »Mentalistische Aussagen und introspektive Untersuchungsmethoden«[21] sind daher für den Behaviorismus nicht zulässig.

Der daraus resultierende Begriff von Wissenschaftlichkeit wurde von Bloomfield und Harris[22] auf die Linguistik übertragen und hat sich dort in der sog. ›*meaning*-Feindlichkeit‹ des amerikanischen Strukturalismus niedergeschlagen (s. Kap. 4: Corpusanalyse; s. auch Kap. 9: Semantik: ›*meaning*-Feindlichkeit‹).[23]

Konsequenterweise kann auch ein Kommunikationsvorgang von den behavioristischen Linguisten lediglich mit den Kategorien Stimulus und Response erklärt werden, wie Bloomfield an folgender kommunikativer Modellsituation veranschaulicht:

Jack und Jill gehen spazieren. Jill sieht oben auf einem Baum einen Apfel und hätte ihn gern. Nun bestehen für sie zwei Möglichkeiten, auf den Stimulus Apfel zu reagieren: entweder, indem sie ihn sich holt oder indem sie Jack bittet, ihn ihr zu holen.

Das Modell für den ersten Fall wäre

$$S \rightarrow R,$$

ein nichtsprachliches Ereignis, der Stimulus S, führt unmittelbar zu einem nichtsprachlichen Ereignis, der Response R.

Wo dies nicht möglich ist, kommt es, wie bei Jack und Jill, zu dem Modell

$$S \rightarrow r \ldots \ldots \ldots s \rightarrow R$$

Ein nichtsprachliches Ereignis S, durch Sprache übermittelt, führt zu einem nichtsprachlichen Ereignis R. (»Practical events [...], mediated by speech, [...] lead to practical events.«[24]) Jill reagiert auf den Stimulus S nur mit einer Ersatzreaktion r, »durch kleine Bewegungen in Mund und Kehlkopf«[25], nämlich sprachlich, durch eine Bitte oder Aufforderung an Jack. Diese wirkt sich auf ihn als Ersatzstimulus s aus und führt bei ihm zu der ›wirklichen‹ Reaktion R (Erklettern des Baumes, Pflücken des Apfels).

Der sprachliche Kommunikationsvorgang umfaßt r ... s, er hat lediglich Vermittlerfunktion zwischen nichtsprachlichen Handlungen. Diese Tatsache kann man unterschiedlich bewerten. Einerseits kann man der Sprache darin lediglich Ersatzcharakter zugesprochen sehen: Sprechen sei *Ersatz* für unmittelbares Handeln. Die Daseinsberechtigung des Sprechens bestehe nur darin, daß es zu Handlungen führt. (Insbesondere bleibt ja die Darstellungsfunktion der Sprache – s. Kap. 3.1.2.1.3, Bühler – unberücksichtigt.)

Andererseits ist zwar S dazu da, letztlich zu einer nichtsprachlichen

R zu führen – aber doch zu einer Reaktion beim *anderen*, beim Hörer. Damit bringt das behavioristische Modell erstmals die kooperative Funktion der Sprache (die Voraussetzung der Arbeitsteilung ist)
ins Blickfeld.[26] (In Bühlers Organon-Modell ist sie als appellative
Funktion da, aber für Bühler war die Darstellungsfunktion das
Wichtigste und Charakteristischste an der Sprache.)

3.2.1.4 Das Kommunikationsmodell (Organon-Modell) von Bühler

Bühlers Organon-Modell in seiner ausführlichen Fassung haben wir
schon kennengelernt, da es zugleich ein Zeichenmodell ist. Bühler
hat das Organon-Modell aber auch in einer knapperen Fassung, sozusagen in weniger starker Vergrößerung, vorgestellt, wo es dann
nur den Kommunikationsvorgang abbildet und das dabei verwendete Sprachzeichen nicht näher analysiert:

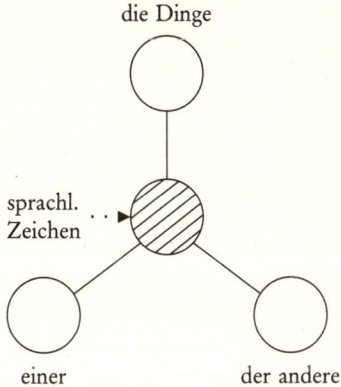

3.2.2 *Zusammenfassung der sprachlichen Kommunikationsmodelle*

Im de Saussureschen Kommunikationsmodell taucht der Code nicht
als eigene Komponente auf, da de Saussure davon ausgeht, daß die
langue das allen Sprachteilhabern gemeinsame Zeichensystem ist.
Die zweite Fassung des informationstheoretischen Modells trägt der
Tatsache Rechnung, daß nicht alle Sprachteilhaber in gleichem Um-

fang und in gleicher Weise über die *langue* verfügen, daß also der Code des Senders nicht gleich dem Code des Empfängers ist. Für Bloomfield stellt sich dieses Problem deshalb nicht, weil für ihn die Bedeutung der jeweils in einer Kommunikation verwendeten Zeichen lediglich gleich der Situation ist, in der sie geäußert werden. Ein Modell ist stets eine Idealisierung des modellierten (= durch das Modell nachgebildeten) Gegenstandes, d. h., daß es von allem Unwesentlichen abstrahiert. Zu allen hier vorgestellten Modellen muß jedoch kritisch angemerkt werden, daß sie auch von Wesentlichem abstrahieren, daß also Komponenten, die für die Beschreibung jeder Kommunikation notwendig sind, in ihnen fehlen. Deshalb können mit ihnen die Unterschiede zwischen verschiedenen Kommunikationsakten nur unzureichend beschrieben werden. Es läßt sich gegen sie einwenden, daß sie, mangels Komplexität, gleichsam zu statisch sind.

Hier ist auf die linguistische *Pragmatik* zu verweisen (s. Kap. 12): Sie bemüht sich um eine möglichst vollständige Zusammenstellung aller Faktoren, die für die Beschreibung von Redesituationen notwendig sind. Eine Liste dieser Beschreibungselemente von Kommunikationssituationen, der sog. pragmatischen Universalien, tritt an die Stelle der zu statischen, da nicht genügend komplexen Kommunikationsmodelle der Systemlinguistik.[27]

Solche pragmatischen Universalien sind z. B.: Person des Sprechers/Person des Hörers; gesamter situativer Kontext: Zeit und Ort der Äußerung; Voraussetzungen, die jeder der beiden Partner, Sprecher und Hörer, mitbringt, z. B. sein Wissen, seine Kenntnis der gesellschaftlichen Normen, seine Einschätzung des anderen; Rang der Kommunikationspartner untereinander u. a.

4 Grundbegriffe des de Saussureschen Strukturalismus

Mit dem Strukturalismus Ferdinand de Saussures beginnt die moderne Sprachwissenschaft als Abkehr von der im 19. Jh. herrschenden historischen Sprachwissenschaft. Ihre Grundlage ist de Saussures ›*Cours de linguistique générale*‹, posthum erschienen 1916 nach Nachschriften von Vorlesungen, die der Genfer Sprachwissenschaftler 1907 bis 1911 gehalten hatte.

Zunächst sollen hier die zentralen Begriffe des de Saussureschen Strukturalismus vorgestellt werden[1]; ihre Anwendung im sog. taxonomischen Strukturalismus folgt dann in den Kapiteln 5 bis 8 (bzw. ansatzweise auch in Kap. 9: Semantik).

4.1 Die Dichotomie ›langue/parole‹

(Dichotomie = Paar von einander inhaltlich entgegengesetzten Begriffen)

Wie wir in Kapitel 3 anhand der verschiedenen Kommunikationsmodelle gesehen haben, ist eine der unabdingbaren Voraussetzungen sprachlicher Kommunikation, daß Sprecher und Hörer über einen (zumindest teil-)gleichen Code verfügen. Auf das Wesen dieses Codes und auf seine Beziehungen zu dem, was wir als Äußerungen wahrnehmen können, zielen die Untersuchungen des sprachwissenschaftlichen Strukturalismus ab.

Die Tatsache, daß das menschliche Sprechen einerseits individuell, andererseits sozial bedingt ist, faßt de Saussure in das Begriffspaar *langue/parole*, das den Angelpunkt der gesamten strukturalistischen und nachstrukturalistischen Sprachwissenschaft darstellt. *Langue* ist nach de Saussure ein »soziales Faktum« (*fait social*), die Sprache im Sinne von Nationalsprache, historischer Einzelsprache; *langue* ist der gemeinsame Code, den alle Angehörigen einer solchen Sprachgemeinschaft kennen, gleichsam als sei er durch gemeinsame Absprache (*contrat*) vereinbart worden; es ist der gruppeneigene Zeichenvorrat. De Saussure vergleicht die *langue* mit einem Wörterbuch, von dem jeder Sprachteilhaber ein Exemplar zugeteilt bekommen hat. Wenn er als Sprecher in Kommunikation mit einem Hörer tritt, schlägt er – wenn wir das de Saussuresche Bild weiterführen wollen – in diesem Wörterbuch nach und entnimmt ihm diejenigen *images acoustiques*, die den *concepts*, die er ausdrücken möchte, entsprechen. (Zu *image acoustique* und *concept* s. Kap. 3: Zeichenmodelle: de Saussures Zeichenmodell). Der Hörer seinerseits verfügt (sonst wäre Kommunikation nicht möglich) über das gleiche Wörterbuch, in dem er nach Aufnahme der vom Sprecher geäußerten Lautketten ›nachschlägt‹, um die zugehörigen Vorstellungen daraus zu decodieren. Das ›Wörterbuch‹ ist nach de Saussure vorzustellen als Summe von Engrammen (= ›Eingravierungen‹, psychischen Spuren) im Sprachzentrum eines jeden Sprachteilhabers:

»La langue existe dans la collectivité sous la forme d'une somme d'empreintes déposées dans chaque cerveau, à peu près comme un dictionnaire dont tous les exemplaires, identiques, seraient répartis entre les individus. C'est donc quelque chose qui est dans chacun d'eux tout en étant commun à tous et placé en dehors de la volonté des dépositaires.«[2]

Für den individuellen Akt, in welchem von dem gemeinsamen Zeichenvorrat Gebrauch gemacht wird, also aus dem gemeinsamen ›Wörterbuch‹ bestimmte Elemente ausgewählt und geäußert werden, führt de Saussure die Bezeichnung *parole* ein. Hier ist sogleich auf die Ambivalenz dieses Terminus hinzuweisen:
parole ist: 1. der Akt der Sprachverwendung, des ›Äußerns‹,
          2. das Produkt dieses Aktes, die Äußerung.
Die deutsche Fachterminologie hat für das Begriffspaar *langue/parole* dt. *Sprache/Rede* vorgeschlagen, doch läßt sich das Beibehalten der französischen Termini befürworten aufgrund der Mehrdeutigkeit des deutschen Wortes *Sprache*. Sprache ist einmal die menschliche Sprechfähigkeit allgemein, das Charakteristikum, das den Menschen von anderen Lebewesen unterscheidet (frz. *langage*); zum anderen ist Sprache die Nationalsprache (frz. *langue*). Martinet fand für dieses Verhältnis zwischen Sprache$_1$ (= menschlicher Sprechfähigkeit) und Sprache$_2$ (= Nationalsprache) die Formulierung »*(les langues sont les) différentes modalités du langage*«[3] (»die Sprachen sind verschiedene Ausformungen dieser allgemein menschlichen Fähigkeit«).
Aus dieser grundlegenden Unterscheidung zwischen *langue* als dem Sozialen und *parole* als dem Individuellen leitet de Saussure weitere Begriffspaare zu ihrer Charakterisierung ab, die hier schematisch dargestellt werden sollen:[4]

langue	*parole*
sociale (das Überindividuelle)	*individuelle* (das Individuelle)
essentielle	*accessoire, accidentelle*
(das Wesentliche, Unabdingbare, d. h. das, was in jeder Verlautlichung der betreffenden Inhaltsvorstellung da sein muß, damit der Hörer sie identifizieren kann. Daraus folgt:)	(das Zufällige, Willkürliche, d. h. das, was in einer individuellen Verlautlichung der betreffenden Inhaltsvorstellung außer dem ›Essentiellen‹ noch da ist. Es kann in jedem *parole*-Akt anders sein, ohne daß die Verständlichkeit leidet, denn es wird vom Hörer automatisch nicht mit ausgewertet. Daraus folgt:)
homogène	*hétérogène*
psychique	*psycho-physique*
(Jeder Sprecher hat am überindividuellen gemeinsamen Zeichenvorrat in der Weise teil, daß er ihn engrammiert hat: Inhalts*vorstellungen* und psychische *Spuren* der zugehörigen Laute.)	(Dem physischen Artikulieren geht das psychische Abrufen des zur entsprechenden Inhaltsvorstellung gehörenden Lautbildes voraus. Dem physischen Hören der Schallwellen folgt das psychische Identifizieren mit dem zugehörigen Lautbild.)
système grammatical	
existant virtuellement	*côté exécutif*
dans chaque cerveau	
(grammatikalisches System, d. h. Zeichenvorrat *plus* Regeln für die korrekte Verknüpfung der Zeichen. Wieder: Betonung der psychischen Natur der *langue*.	

Die langue existiert im Bewußtsein jedes Sprachteilhabers, aber erst virtuell. Zu ihrer *Aktualisierung* bedarf sie des *parole*-Aktes, daher ist er der ›ausführende Teil‹ im Zusammenwirken von *langue* und *parole*.)

le produit que l'individu	
enregistre passivement	*acte* individuel *de volonté*
(Etwas Fertiges, was das Individuum schon vorfindet und passiv, ohne Einfluß auf dieses Vorgefundene nehmen zu können, registriert; ein Zeichenvorrat, der sich im einzelnen Sprachteilhaber dadurch konstituiert, daß er in seiner sprachlichen Umwelt die praktische Verwendung von Elementen dieses Zeichenvorrats erlebt.)	(Was jedoch das Individuum bei jeder einzelnen *parole*-Äußerung frei entscheidet, das ist die Auswahl aus dem ›ererbten‹ Zeichenvorrat: welche Elemente es wählen will und wie es sie verknüpfen will.)

Wie das Schema, das *langue* und *parole* einander gegenüberstellt, implizit zeigt, bedeutet ›Dichotomie‹ der beiden Begriffe zugleich Entgegengesetztheit *und* gegenseitige Bedingtheit des einen durch den anderen: zur Dichotomie *langue/parole* gehört auch die *Interdependenz* beider Begriffe.[5]

Das bedeutet, daß sich keine der beiden Ebenen als primär gegenüber der anderen postulieren läßt. Einerseits ist, zunächst rein logisch gesehen, *langue* primär: 1. *parole*-Äußerung und *parole*-Verstehen sind nur möglich nach Rekurrieren auf die zugrundeliegende *langue*. 2. Auch nach Verlust der Sprechfähigkeit (in Fällen von Aphasie) kann ein Sprachteilhaber die Kenntnis der *langue* noch besitzen.

Andererseits ist *parole* primär: Zeitlich geht die *parole* der *langue* vorauf. 1. Beim Spracherwerb des Individuums konstituiert sich das *langue*-System als Summe von Engrammen im Gehirn erst nach und nach durch Erfahrungen (= gehörte und verarbeitete *parole*-Äußerungen) aus seiner sprachlichen Umwelt.[6] 2. Das System der *langue* ist das Produkt von *parole*-Akten. Veränderungen der *langue* sind nur möglich auf dem Weg über die *parole* (s. Kap. 3: Eigenschaften des sprachlichen Zeichens). De Saussure nennt die *parole* zugleich Instrument *und* Produkt der *langue*.

4.2 ›Langue‹ als System

Langue als der Zeichenvorrat, der allen *parole*-Äußerungen zugrunde liegt, ist nicht eine »zufällige Ansammlung einzelner Äußerungen, sondern sie besteht aus dem System von Elementen und Beziehungen, das diesen zugrunde liegt«[7]. *System* wird definiert als »in sich geschlossenes, geordnetes Ganzes, in dem alle Teile eine Relation zueinander und zum Ganzen haben, zu einer Struktur (des Systems) verknüpft sind und dabei bestimmte Funktionen innehaben«[8]. *Struktur* ist die »Art und Weise der Verknüpfung von Elementen einer Menge; Gefüge der Teile in einem System«[9]. Eine Kursbuchkarte mit dem Netz der Eisenbahnstrecken eines Bezirks enthält z. B. keine Angaben über Größe, Architektur und Anlage der Bahnhöfe, über genaue Entfernungen zwischen ihnen, über die sie umgebende Landschaft und andere Einzelheiten ihrer tatsächlichen Umgebung, auf die sich die Kartendarstellung bezieht. Um so deutlicher aber informiert eine solche abstrahierende Darstellung über das für den Leser eigentlich Relevante: die Struktur des Streckennetzes: die Relationen (= Beziehungen) der einzelnen Bahnhöfe zueinander, über ihren jeweiligen Stellenwert im Zusammenhang des Gesamtsystems.[10] Die Struktur eines Sprachsystems ist zwar nur über die Analyse von *parole*-Äußerungen rekonstruierbar, aber sie ist nicht etwa nur die Summe sämtlicher bisher hervorgebrachter *parole*-Äußerungen, sondern – das ist wichtig – sie umfaßt auch bisher noch nicht realisierte Möglichkeiten. Jeder neue *parole*-Akt kann neue Verknüpfungsmöglichkeiten, die bis dahin virtuell (als Möglichkeiten des Systems) gespeichert warteten, aktualisieren.

De Saussure veranschaulicht den Begriff des Systems durch seinen bekannten Vergleich mit dem Schachspiel:[11] Was beim Schachspiel ausschlaggebend ist, sind die Regeln, d. h. die *Beziehungen* zwischen den einzelnen Elementen, und die *Funktion* jedes einzelnen Elements (König, Dame, Läufer usw.). Das Schachspiel entspricht der ›langue‹: Es stellt dem Spieler einen Satz von Elementen und Regeln für deren Beziehungen untereinander zur Verfügung; an sie ist er gebunden. Doch welche davon er wann und wie aktualisiert, ist sein eigener ›Willensakt‹ (»acte de volonté«, s. Kap. 4.1) – wie die *parole* als individuelle Verwendung der *langue*. Irrelevant sind sämtliche materiellen Daten der Schachfiguren wie Material, Größe, Konturen usw. Auch ein Holzklötzchen (oder eine Pappmarke) kann, nach entsprechender gemeinsamer Absprache zwischen den Spielern, beispielsweise als Läufer dienen, wenn es die Funktion des Läufers erfüllt, nämlich, ein bestimmtes Muster von Schachzügen ausführen zu können, durch das es sich von sämtlichen anderen Schachfiguren unterscheidet. Kraft ihrer Funktion steht jede Figur eines Schachspiels in *Opposition* zu sämtlichen anderen seiner Figuren. Sie läßt sich, wenn man von ihren materiellen Aspekten absieht, formalisiert beschreiben als das, was sämtliche anderen Figuren nicht sind. So ist auch jedes einzelne Element eines Sprachsystems (= einer einzelnen Nationalsprache) negativ zu beschreiben als das, was sämtliche anderen nicht sind. Eine Bedeutung hat es für sich allein genommen nicht, erst wenn ich seinen Stellenwert im System angebe, indem ich aufzeige, zu welchen anderen Elementen es in Opposition steht. Zum Beispiel kann ich im Französischen die Bedeutung der Form *il se tut* nicht identifizieren, wenn ich sie für sich betrachte, erst dann, wenn ich feststelle, daß sie in Opposition steht zu einer anderen Form *il se taisait*. Oder, mit zwei Beispielen von de Saussure:[12] Man kann nicht sagen, das dt. Wort *Gäste* drücke den Plural aus; das geschieht vielmehr erst durch die Opposition *Gast* : *Gäste* (Doppelpunkt zu lesen als »steht in Opposition zu«); das gleiche gilt z. B. für engl. *feet* und seine Opposition zu *foot*.

61

4.3 Synchronie/Diachronie

Wir haben de Saussures Schachbeispiel noch nicht zu Ende geführt. De Saussure verwendet es nämlich zur Veranschaulichung eines weiteren Grundprinzips des Strukturalismus: der *Synchronie.* Der jeweilige Spielstand beim Schachspiel läßt sich von einem Zuschauer, der nachträglich dazukommt, für diesen Augenblick genauso vollständig beschreiben wie von jemandem, der von Anfang an zugesehen hat. Es ist für die Beschreibung ohne jeden Belang zu wissen, durch welche Vorgeschichte der jetzige Zustand erreicht wurde.

»Ein Zug mit einer Schachfigur hat mit dem vorhergehenden Gleichgewicht und mit dem darauffolgenden Gleichgewicht überhaupt nichts zu tun. Die vorgenommene Veränderung gehört keinem der beiden Zustände an: die Zustände aber sind das einzig Wichtige.«[13]

Dies ist eine von de Saussures deutlichen Absagen an die historische Sprachwissenschaft des 19. Jahrhunderts, die rein diachronisch (= sprachgeschichtlich) vorging.

Er stellt das Verhältnis von Synchronie und Diachronie dar in einem Achsenkreuz, das trotz des eindeutigen Primats der synchronischen Ausrichtung bei de Saussure die gegenseitige Bedingtheit von Synchronie und Diachronie zeigt: Sprache ist in jedem Augenblick *»une institution actuelle et un produit du passé«* (»eine gegenwärtige Institution *und* ein Produkt der Vergangenheit«).[14]

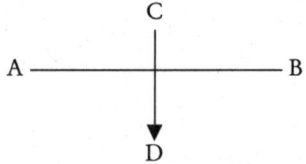

AB = *l'axe des simultanéités*
    = (›Achse der Gleichzeitigkeit‹)

CD = *l'axe des successivités*
    = (›Achse des Aufeinanderfolgens‹)

Das System einer Sprache ist zunächst nur *beschreibbar* zu einem bestimmten Zeitpunkt, sozusagen als statisches, unter Absehung von bereits durchlaufener und von potentiell noch zu durchlaufender Entwicklung. Zugleich ist es aber nur *versteh*bar als ein Gewordenes, als Produkt einer Entwicklung. Nur unter Berücksichtigung beider Achsen, der ›simultanen‹ und der ›sukzessiven‹, vom sog. *panchronischen* Standpunkt aus, lassen sich sprachliche Erscheinungen tatsächlich erklären.

Eines von de Saussures Beispielen: Im heutigen Französisch ist das Partizip Präsens bald veränderlich, bald unveränderlich: *une eau courante* (veränderlich, Verbaladjektiv), *une personne courant dans la rue* (unveränderlich, Verb). Erst die diachronische Frage nach den zugrundeliegenden lateinischen Formen erklärt diese Opposition: *une eau courante* geht zurück auf das lat. Partizip Präsens, also auf eine Form, die auch im Lateinischen schon adjektivischen Charakter hatte; *une personne courant dans la rue* auf das lat. Gerundium, also auf eine Form des Verbs (den sog. deklinierten Infinitiv des Verbs).

4.4 Primat der gesprochenen Sprache

Sprache *(langue)* als Gegenstand der Linguistik kann sowohl die gesprochene *(code vocal* oder *code oral)* wie die geschriebene *(code écrit)* meinen. Jedes der beiden Systeme ist zunächst unabhängig vom anderen zu untersuchen, wobei die Untersuchungen in vielen Punkten zu verschiedenen Ergebnissen führen.

Ein Beispiel: Eine Untersuchung des Lautbestands des Deutschen würde für die Wörter *Biene, zieht, Fibel, ihn* jeweils den gleichen i-Laut notieren, nämlich [i:] = langes i, während eine Untersuchung des geschriebenen Deutschen vier verschiedene i-Varianten notieren müßte.

Welches der beiden Systeme – *code oral/code écrit* – ist der primäre Gegenstand der Linguistik? Für de Saussure ist die gesprochene Sprache als das *primäre System (système primaire)* Grundlage der sprachlichen Strukturbeschreibung. Auf der Basis ihrer Beschreibung lassen sich dann auch die *Ersatzsysteme (systèmes substitutifs)* beschreiben. Diese sind: geschriebene Sprache als *Sekundärsystem (système secondaire)* und Morsealphabet und andere Codes, die auf der geschriebenen Sprache basieren, als *Tertiärsysteme (systèmes tertiaires)*.

Argumente für und gegen den Primat der gesprochenen Sprache lassen sich anführen: Es spricht dafür 1., daß Sprechen beim Spracherwerb vor dem Schreiben gelernt wird – ontogenetisch = in der Entwicklung des einzelnen, wie auch phylogenetisch = die Entwicklung der ganzen Spezies betreffend; 2., daß in der mündlichen Kommunikation dem Sprecher mehr und vielfältigere Ausdrucksmittel als in der schriftlichen, nämlich auch paralinguistische und extraverbale, zur Verfügung stehen; 3., daß bei mündlicher Kommunikation der Sprecher die Möglichkeit sofortiger Rückkoppelung hat; 4., daß sich die mündliche Kommunikation die Versprachlichung des Situationellen ersparen kann.

Dagegen hat die geschriebene Sprache der gesprochenen voraus, daß sie, technisch gesehen, wesentlich leichter konservierbar und tradierbar ist, und das ist, historisch gesehen, Grundlage jeder Kultur. Außerdem ist die geschriebene Sprache in den Fällen leistungsfähiger als die gesprochene, wo es um die Disambiguierung (= Eindeutigmachung) von Formen und Äußerungen geht, die homophon (= gleichklingend), aber nicht homograph (= gleich geschrieben) sind.

Beispiele: dt.: *Wir wollen nicht die wahre Kunst, sondern die Ware Kunst; die Lehre, die Leere;* frz.: *si, six, scie* ›Säge‹; *cent, sang, sans, (je) sens (und il sent); auteur, hauteur; maître, mettre, mètre; mai, mais, mes, mets* ›Gericht (Essen)‹, *(je) mets (und il met);* engl.: *to meet, meat; to die, to dye* ›färben‹; *hole* ›Loch‹, *whole* ›ganz‹.

Im Deutschen sind die Fälle von Homophonen, die in der Schreibung lediglich durch die Opposition Groß-/Kleinschreibung differenziert werden, zahlreich.

Beispiel: (Das kleine Fritzchen schreibt): *Liebe Tante, Mami sagt, es würde dich Ungeheuer freuen, wenn ich dir schreibe; sie kamen in das Gebiet, wo die Wilden Leoparden jagen / ... die wilden Leoparden ...; selten wohl hat eine Akademie so viele Originale zu meistern gehabt / ... zu Meistern gehabt; die alten Sagen / die Alten sagen; mit den Arbeitenden teilen / mit den arbeitenden Teilen; sein Leben war nur Treue und selbstlose Pflichterfüllung / ... nur treue und selbstlose Pflichterfüllung.*[15]

Es ist verständlich, daß die über Jahrzehnte andauernde Debatte um eine Rechtschreibreform des Dt. sich vor allem in ihrer früheren Phase (unter dem Stichwort *gemäßigte Kleinschreibung*) inhaltlich konzentrierte auf die Frage der Groß- und Kleinschreibung (die inzwischen, in der ab 1998 vorgesehenen Form, nur am Rande eine Rolle spielt).[16]

Nach dem Argument für einen Primat der geschriebenen Sprache soll die entgegengesetzte Erscheinung nicht verschwiegen werden: Es gibt – und das spricht dann für den Primat der gesprochenen Sprache – auch Homographe, deren Differenzierung erst durch die verschiedene Aussprache vollzogen wird.[17]

Beispiel: dt.: *modern* [moˈdɛrn] / *modern* [ˈmoːdərn]; *umfahren* [umˈfaːrən] / *umfahren* [ˈumfaːrən]; ebenso: *übersetzen / übersetzen* und andere Präfixverben; frz.: *indulgent* [ɛ̄dylʒɑ̄] / *(ils) indulgent* [ɛ̄dylʒ]; ebenso: *négligent* / *(ils) négligent* u. a.; *est* [ɛst] ›Osten‹ / *(il) est* [ɛ]; engl.: *lead* [liːd] ›führen‹ / *lead* [led] ›Blei‹; *analyses* [əˈnæləsiːz] ›Analysen‹ / *(he) analyses* [ˈænəlaiziz].

4.5 Weitere Grundbegriffe des Strukturalismus

Der de Saussuresche Strukturalismus ist, außer durch die Dichoto-mien *langue/parole* und synchronisch/diachronisch, zu kennzeich-nen durch weitere Dichotomien, die hier aber erst im 5. Kapitel dargestellt werden sollen, weil sie dort durch Belegen mit Beispielen aus der Phonologie anschaulicher gemacht werden können.
Diese Dichotomien sind: 1. deskriptiv/präskriptiv (s. Kap. 5.3.3) – die strukturalistische Sprachwissenschaft versteht sich als deskriptiv, nicht präskriptiv; 2. relevant/redundant (s. Kap. 5.3.4); 3. syn-tagmatisch/paradigmatisch (s. Kap. 5.3.5) – jedes Element eines Sprachsystems steht zu anderen Elementen dieses Systems einer-seits in einer paradigmatischen Beziehung, andererseits in syntagma-tischen Beziehungen.

4.6 Kurzer Überblick über die Schulen des Strukturalismus

De Saussures Lehre wird in verschiedener Weise weitergeführt: di-rekt in der Prager und in der Kopenhagener Schule; die Amerikani-sche Schule stellt einen Neuansatz dar (wiewohl Bloomfield, ihr Begründer, de Saussures Werk kannte).
Allen drei Schulen des Strukturalismus ist gemeinsam die Absage an die vorhergegangene Epoche der Sprachwissenschaft, die Jung-grammatiker. Deren Beschäftigung mit Lautgesetzen, mit Einzelent-wicklungen sprachlicher Laute und Formen, wird als atomistisch abgelehnt, denn: Grundaxiom ist für alle drei Schulen die System-haftigkeit der Sprache, die die autonome Untersuchung einzelner Systemelemente untersagt (*autonom* meint hier: ohne Berücksichti-gung ihrer Relationen im System).
Die *Prager Schule* definiert in den 1929 von Trnka u. a. verfaß-ten ›*Thèses*‹ des Prager Zirkels die Sprache als »ein System von Ausdrucksmitteln, die geeignet sind für (die Erreichung) ein(es) Ziel(es)«[18]. Bei der Beschreibung des Systems ist demnach der funktionale Gesichtspunkt wichtig, der dem Prager Strukturalismus die Bezeichnung *Funktionalismus, funktionale Linguistik* eingetragen

hat. Fragte der Genfer Strukturalismus lediglich nach dem Funktio-
nieren von Sprache – wie funktioniert das System? –, so fragt der
Prager Funktionalismus[19] darüber hinaus nach den Funktionen von
Sprache – wozu dient Sprache? Ein Sprachsystem kann nicht be-
schrieben werden ohne Beziehung auf die Funktionen von Sprache.
So ist die Untersuchung dieser Funktionen eine der Leistungen des
Prager Kreises (s. Kap. 2).

Das eigentliche Kernstück der Prager Schule jedoch ist die Phonologie, die von Trubetzkoy erarbeitet, von Jakobson weiter ausgeführt
wurde. Phonologie, als »funktionale Phonetik«, ist die Anwendung
von de Saussures Lehre auf die Laute: Sie geht aus von der System-
haftigkeit des Lautbestands einer gegebenen Sprache. Damit sind de
Saussures theoretische Begriffe auf der lautlichen Ebene für die Pra-
xis nutzbar gemacht worden.

Die *Kopenhagener Schule*, gegründet 1933 durch Hjelmslev und
Brøndal, versteht sich als die einzige konsequente Weiterführung
der de Saussureschen Gedanken, genauer gesagt: eines vielzitierten
Satzes im ›*Cours*‹: »La langue est une forme, non une substance.«[20]
Sprache wird begriffen als reine Form, die sich deduktiv beschreiben
läßt als ein System von »Abhängigkeiten (Funktionen) zwischen
Begriffen, die allein durch ihre wechselseitige Abhängigkeit charakterisiert sind«[21]. Von dieser Beschreibung wird gefordert, daß sie
»widerspruchsfrei, vollständig und so einfach wie möglich«[22] sein
soll. Wie de Saussures Strukturalismus in erster Linie eine »linguistique de la *langue*«, nicht eigentlich eine der *parole* ist, so noch extre-
mer die Kopenhagener Schule, die sich auch als *Glossematik* bezeichnet (nach griech. *glossa* = Sprache). Das Ziel der Glossematik
ist eine »immanente Algebra der Sprache«, eine formalisierte Beschreibung unter Absehung von der »konkreten materiellen Fül-
lung«[23] und unter Vermeidung aller metaphysischen Spekulation.
(Solche Spekulation bestünde in der Einbeziehung nichtlinguisti-
scher, etwa psychologischer Gegebenheiten.) Dieser hohe Grad von
Abstraktheit führte dazu, daß die Glossematik bisher ohne fruchtbare Auswirkung auf die Erforschung sprachlicher Erscheinungen
geblieben ist.

Die Prager und die Kopenhagener Schule distanzieren sich voneinander:

»Die Prager Schule möchte lieber funktionalistisch als strukturalistisch genannt werden, um nicht mit den Kopenhagener Strukturalisten verwechselt
zu werden; und die Kopenhagener Schule möchte lieber glossematisch als
strukturalistisch genannt werden, um nicht mit den Prager Strukturalisten

verwechselt zu werden. Hinter dieser scheinbaren Paradoxie verbirgt sich nichts als die Tatsache der großen Differenziertheit dessen, was man allzu global als Strukturalismus oder strukturelle Linguistik bezeichnet.«[24]

Der *amerikanische Strukturalismus* basiert auf Bloomfields Werk ›*Language*‹ (¹1933); als andere wichtige Vertreter sind Harris, Bloch, Fries u. a. zu nennen. Bloomfields Strukturalismus ist geprägt von der behavioristischen Psychologie, die nur untersucht, was der direkten, intersubjektiven Beobachtung zugänglich ist; die Vorgänge des menschlichen Bewußtseins werden als mentalistisch aus der Betrachtung ausgeschlossen. Wie die Kopenhagener Schule versteht der amerikanische Strukturalismus sich als streng wissenschaftlich – wenn auch unter geradezu entgegengesetzten Vorzeichen: Er arbeitet induktiv, von der konkreten *parole* ausgehend, beschreibend, weshalb er auch als *Deskriptivismus* bezeichnet wird. *Meaning*, der Inhalt einer sprachlichen Form, läßt sich nach Auffassung der Bloomfieldianer nicht intersubjektiv nachvollziehbar beschreiben. Die Antwort auf die Frage nach dem Inhalt eines sprachlichen Zeichens, z. B. *Tisch*, wäre stets abhängig von subjektiven Vorstellungen, Erfahrungen, Vorkenntnissen und fiele daher bei verschiedenen Sprachforschern verschieden aus. (Über die ›*meaning*-Feindlichkeit‹ des amerikanischen Strukturalismus s. Kap. 9: Semantik.) In objektiver, also wissenschaftlicher, Weise möglich ist nur 1. die Beschreibung der Ausdrucksseite als Abfolge bestimmter Phoneme, z. B. [tiʃ], und 2. die Angabe darüber, in welchen lautlichen Umgebungen diese Form vorkommt, z. B. in den Umgebungen ... *der* – ..., ... *den* – ..., ... *ein* – ..., ... *mein* – ..., ... *dieser* – ..., ... *welcher* – ... usw. Die Summe aller Umgebungen, in denen eine bestimmte sprachliche Form angetroffen wurde, bezeichnet man als ihre *Distribution* (= Verteilung). Da die Distribution einer sprachlichen Form für den amerikanischen Strukturalismus ein wesentliches Element ihrer Beschreibung ist, nennt man ihn auch *Distributionalismus* (zur Distribution s. auch Kap. 6.6).

Die Funktion der Sprache in der Gesellschaft besteht für Bloomfield lediglich darin, zwischen nichtsprachlichen Stimuli und nichtsprachlichen Responses zu vermitteln (zu Bloomfields Modell der sprachlichen Kommunikation s. Kap. 3).

5 Phonetik / Phonologie

5.1 Phonetik

Die Phonetik ist die Wissenschaft von der materiellen Seite der
Sprachlaute, während sich die Phonologie mit der funktionellen
Analyse der Sprachlaute befaßt. (In amerikanischer Terminologie ist
phonology der Oberbegriff für Phonetik und Phonologie, *phonetics* =
Phonetik, *phonemics* = Phonologie.)

Gegenstand der Phonetik sind die Bildung, die Übertragung und die
Wahrnehmung der Sprachlaute; entsprechend unterscheidet man
drei Zweige dieser Wissenschaft: die artikulatorische, die akustische
und die auditive Phonetik.

Die *artikulatorische* Phonetik beschreibt die Lautproduktion, und
zwar *Ort* und *Art* der Lautbildung. Diese sind auch ohne spezielle
Meßinstrumente der Beobachtung zugänglich; die *akustische* Phonetik dagegen braucht spezielle Meßgeräte, um ihre Fragen nach der
Dauer, der Frequenz und der Intensität der Sprachlaute beantworten zu können. Die *auditive* Phonetik geht den Vorgängen bei der
Analyse von Sprachlauten durch Ohr, Gehörnerven und zugehöriges Gehirnzentrum nach und untersucht deren Möglichkeiten zur
Aufnahme, Differenzierung und Identifizierung der Laute.

Wissenschaftsgeschichtlich war vor allem die artikulatorische Phonetik von Bedeutung, in geringerem Umfang auch die akustische, deshalb soll hier nur auf diese beiden Zweige eingegangen werden. Auf
der Basis der artikulatorischen Phonetik entwickelte der klassische
Strukturalismus seinen Begriffsapparat und – das vor allem im amerikanischen Strukturalismus – seine praktischen Vorgehensweisen.

5.1.1 Artikulatorische Phonetik

Der Luftstrom, der beim sprachlichen Kommunikationsvorgang
den Kanal darstellt, kommt aus der Lunge und wird durch Mund
und/oder Nase herausgedrückt. Dabei erfährt er charakteristische
Ausprägungen durch die verschiedenen Engen, die er passieren
muß. Besonders wichtig ist der Kehlkopf, dessen Stimmlippen entweder beim Durchgang der Luft schwingen, was zu *stimmhaften*
Lauten führt, oder die Luft ohne zu schwingen durchlassen →
stimmlose Laute.

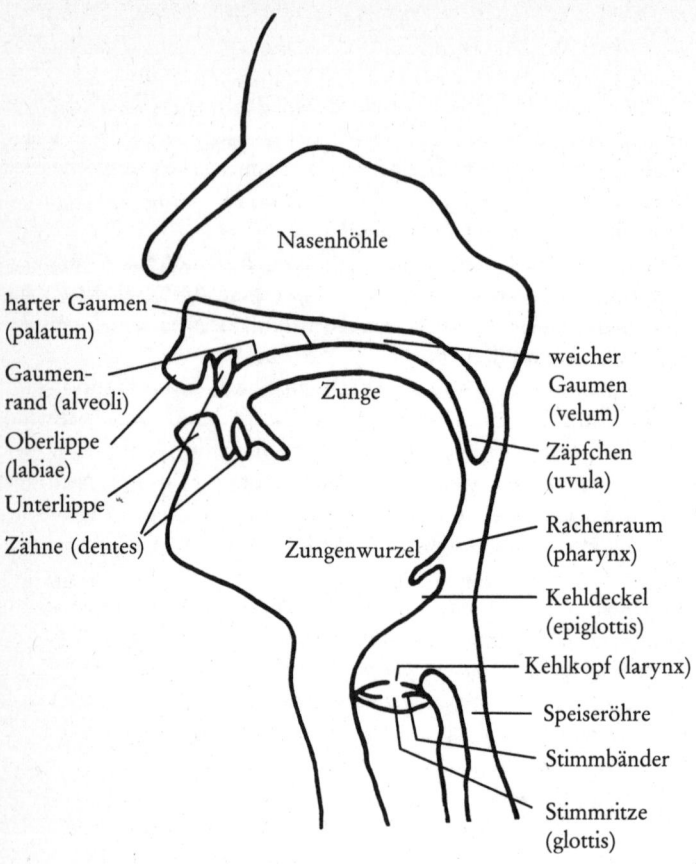

Nasenhöhle

harter Gaumen
(palatum)

Gaumen-
rand (alveoli)

Oberlippe
(labiae)

Unterlippe

Zähne (dentes)

Zunge

weicher
Gaumen
(velum)

Zäpfchen
(uvula)

Zungenwurzel

Rachenraum
(pharynx)

Kehldeckel
(epiglottis)

Kehlkopf (larynx)

Speiseröhre

Stimmbänder

Stimmritze
(glottis)

Die lat./griech. Bezeichnungen sind in Klammern beigefügt, soweit von ihnen weitere phonetische/phonologische Fachtermini abgeleitet sind, zu deren Verstehen man sie braucht (z. B. *dentes – dental*, s. S. 72).

Passiert der stimmhafte Luftstrom ohne Hindernis, so entstehen *Vokale*, wird er durch Verengung oder Verschluß beeinflußt, so entstehen *Konsonanten*. Von Ort und Art dieser Hindernisse ist die endgültige Ausprägung des Konsonanten abhängig. Über nasalen oder nicht nasalen (= oralen) Charakter eines Lautes entscheidet das Gaumensegel: Hängt es schlaff herab, so kann ein Teil der Luft durch die Nase entweichen → *Nasale*; sorgt es für Verschluß des Nasenraumes, so entweicht der gesamte Luftstrom durch den Mund → *Orale*.

Es folgt exemplarisch die artikulatorische Beschreibung der Konsonanten des Deutschen und des Französischen und der Vokale des Deutschen. Durch Orientierung an der Längsschnittdarstellung der Artikulationsorgane werden sich die Beschreibungstermini ohne nähere Erläuterungen verstehen lassen.

Zur Notierung der einzelnen Laute gibt es verschiedene Transkriptionssysteme, von denen das der API (= Association phonétique internationale), das wir hier verwenden werden, das verbreitetste ist. Es ist zu unterscheiden zwischen phonetischer Transkription (zwischen eckigen Klammern) und phonologischer (oder phonematischer) Transkription (zwischen Schrägstrichen). Die phonetische Transkription notiert, wie in einem einzelnen konkreten Fall gesprochen wurde, die phonologische notiert ein Zeichen so, wie es im Code, in der *langue*, fixiert ist, d. h., sie notiert nur Phoneme, keine Varianten (s. Kap. 5.2).

Graphie	phonetische Transkr.	phonolog. (= phonemat. Transkr.)
	parole-Äußerung$_1$: [kɔm]	zugrunde
	parole-Äußerung$_2$: [kom]	liegende
komm!	parole-Äußerung$_3$: [kõm]	*langue*-
	parole-Äußerung$_4$: [k^{h}ɔm]	Einheit: /kɔm/

: hinter einem Lautzeichen bedeutet ›lang‹.
Manchmal wird Länge durch ¯ , Kürze durch ˘ über dem Lautzeichen angegeben (z. B. ā; ă).
~ über einem Vokal bedeutet ›nasal‹.
Ein kleines hochgestelltes h nach einem Konsonanten bedeutet ›aspiriert‹ (= stärker behaucht als üblich).

a) Artikulatorische Beschreibung der im Deutschen unterscheidbaren Konsonanten:[2]

		bilabial	labiodental	apikodental	alveolar	präpalatal	palatal	velar	uvular	laryngal
Plo-	sth.	b		d			g	g		
sive	stl.	p		t			k	k		ʔ
Frika-	sth.		v		z		j	ʁ		
tive	stl.		f		s	ʃ	ç	x		h
Nasale		m		n				ŋ		
Laterale				l						
Vibranten				r					R	

sth. = stimmhaft, stl. = stimmlos

Erklärung derjenigen hier verwendeten Zeichen der API-Umschrift, die von den gängigen lateinischen Schriftzeichen abweichen:

v = phonetisches Zeichen für den stimmhaften labiodentalen Frikativlaut, der im Dt. meist w geschrieben wird, z. B. in Wasser.

ʃ = phonetisches Zeichen für den sch geschriebenen Fikativlaut wie in Schule.

ç = phonetisches Zeichen für den palatalen Frikativlaut in ich, Furcht.

x = phonetisches Zeichen für den velaren Frikativlaut in ach, suchen.

ŋ = phonetisches Zeichen für den velaren Nasal in singen, bang.

R = phonetisches Zeichen für das gerollte Zäpfchen-r.

ʁ = phonetisches Zeichen für das frikative Zäpfchen-r (dem ch in acht, Wucht sehr ähnlich. Bei manchen dt. Sprechern hören sich wacht und wart ja fast gleich an.)

r = phonetisches Zeichen für das Zungenspitzen-r.

z = phonetisches Zeichen für das stimmhafte s in Sonne, leise.

g = phonetisches Zeichen für zwei verschiedene Laute:
1. palatales g = g-Laut in gelb, Gift, Güte, groß;
2. velares g = g-Laut in Garten, Fagott, gut.

k = phonetisches Zeichen für zwei verrschiedene Laute (entsprechend denen bei g):
1. palatales k = k-Laut in Keller, Kind, gekünstelt, klein;
2. velares k = K-Laut in Kalb, Kuh, Kohl.

ʔ = phonetisches Zeichen für den Glottisverschluß, auch Knacklaut[3] oder harter Vokaleinsatz genannt (frz. coup de glotte, engl. glottal stop), wie in dt. Theater, der Osten.

b) Artikulatorische Beschreibung der im Französischen unterscheidbaren Konsonanten:[4]

		bilabial	labiodental	apikodental	alveolar	präpalatal	palatal	velar	uvular	laryngal
Plo-	sth.	b		d			g	g		
sive	stl.	p		t			k	k		
Fri-	sth.		v		z	ʒ	j	ʁ		
kative	stl.		f		s	ʃ				
Nasale		m		n			ɲ			
Laterale				l						
Vibranten				r					R	

Erklärung der Zeichen, soweit nicht aus a) schon bekannt:

ʒ = phonetisches Zeichen für den *g* oder *j* geschriebenen stimmhaften
       Frikativlaut in *gilet, jardin*.

ɲ = phonetisches Zeichen für das sog. mouillierte n in *Bretagne, vigne*.

Das phonetische Zeichen g bezeichnet auch im Frz. zwei verschiedene
Laute:

   1. palatales g = g-Laut in *guérir, tigre*;
   2. velares g = g-Laut in *gare, gosse*.

Entsprechend bezeichnet das phonetische Zeichen k zwei verschiedene
Laute:

   1. palatales k = k-Laut in *question, qui, ancre*;
   2. velares k = k-Laut in *car, cou*.

c) Artikulatorische Beschreibung der im Deutschen unterscheidbaren Vokale:[5]

Zungenstellung

Öffnungsgrad	vorn		neutral	hinten
	ungerundet	gerundet		gerundet
geschlossen	i:	y:		u:
	ɪ	ʏ		ʊ
	e:	ø:		o:
	e	œ	ə	ɔ
offen	ɛ ɛ:		ɑ: a	
variabel		aɪ	ɔɪ aʊ	

Doppelpunkt nach einem Laut ist Zeichen für Länge.

i   = phonetisches Zeichen für geschlossenes i in W*ie*se, B*i*bel
ɪ   = phonetisches Zeichen für offenes i in B*i*tte, mächt*ig*
y   = phonetisches Zeichen für geschlossenes ü in *ü*ber, Anal*y*se
ʏ   = phonetisches Zeichen für offenes ü in L*ü*cke, S*y*mbol
u   = phonetisches Zeichen für geschlossenes u in t*u*n, R*u*he
ʊ   = phonetisches Zeichen für offenes u in M*u*tter, l*u*stig
e   = phonetisches Zeichen für geschlossenes e in *E*hre, schw*e*r
ɛ   = phonetisches Zeichen für offenes e in R*e*ttich, h*e*ll (kurz) und
      in *Äh*re, z*äh* (lang)
ə   = phonetisches Zeichen für schwachtoniges e in Ros*e*, sag*e*n
ɑ   = phonetisches Zeichen für dunkles a in S*aa*l, eins*a*m
a   = phonetisches Zeichen für helles a in B*a*ll, w*a*ckeln
o   = phonetisches Zeichen für geschlossenes o in M*oh*n, *O*fen
ɔ   = phonetisches Zeichen für offenes o in *o*ffen, M*o*tte
aɪ, ae = phonetisches Zeichen für Diphthong ei, ai in S*ei*fe, M*ai*
ɔɪ, ɔø = phonetisches Zeichen für Diphthong eu, äu in F*eu*er, bl*äu*lich
aʊ, ao = phonetisches Zeichen für au in s*au*er, B*au*m
ø   = phonetisches Zeichen für geschlossenes ö wie in böse
œ   = phonetisches Zeichen für offenes ö wie in möchte

Die Beispiele zeigen, daß im Deutschen die beiden Merkmale geschlossen
und lang im allgemeinen zusammen auftreten (z. B. o: in *Ofen*, i: in *biete*),
ebenso offen und kurz (z. B. ɔ in *offen*, ɪ in *bitte*). (Nur bei e gilt dies nicht.)

Für die Beschreibung der deutschen und für die der französischen Vokale
sind jeweils vier artikulatorische Kategorien relevant:

deutsch	französisch
1. *Zungenstellung:* palatal (= vorn) – neutral – velar (hinten)	
2. *Öffnungsgrad:* offen – neutral – geschlossen	
3. *Lippenstellung:* ungerundet – gerundet gespreizt – gerundet	
4. *Dauer, Quantität:* lang – kurz 4. *Luftstromdurchgang* oral – nasal	

Im Deutschen ist der Gegenpol zu *gerundet* lediglich *ungerundet,* im Französischen ausdrücklich *gespreizt:* man vergleiche z. B. [ɪ] in: *Wir bringen die Kinder nicht mit,* das vor allem im Norden Deutschlands deutlich zum geschlossenen [e] hin tendiert (*Wer brengen de Kender…*) mit dem frz. [i] in *Le Midi libre.* Das frz. [i] wirkt heller, spitzer.

Beim Fremdsprachenunterricht ist auf solche Laute, die artikulatorisch in den beiden Sprachen voneinander abweichen, besondere Sorgfalt zu verwenden, zumal die Graphie über den Unterschied hinwegtäuscht.

5.1.2 Akustische Phonetik

Die oben praktizierte Beschreibung der Laute hinsichtlich ihrer Artikulation (die artikulatorische Phonetik) ist die Grundlage der klassischen strukturalistischen Phonologie, wie sie vor allem von Trubetzkoy ausgearbeitet wurde. Daneben gibt es die akustische Phonetik, die die Laute in den Merkmalen beschreibt, die sie während des Übertragungsvorgangs aufweisen. Eine Phonologie auf akustischer Grundlage wurde vor allem von Jakobson und Halle entworfen. Sie stellten insgesamt zwölf Merkmalpaare, mit denen sich sämtliche Phoneme aller bekannten Sprachen beschreiben lassen würden, zusammen, und zwar: vokalisch / nicht-vokalisch; konsonantisch / nicht-konsonantisch; kompakt /diffus; gespannt / ungespannt; stimmhaft / stimmlos; nasal / oral; abrupt / kontinuierlich; scharfklingend / sanftklingend; gehemmt / ungehemmt; dunkel / hell; erniedrigt / nichterniedrigt; erhöht / nichterhöht.

5.2 Phonologie, Phonem, Variante (= Allophon)

Die Phonologie beantwortet die Frage nach der Funktion der Sprachlaute, deren rein physiologisch-naturwissenschaftliche Beschreibung ihr von der Phonetik zur Verfügung gestellt wird.

Funktion eines Lautes kann nur verdeutlicht werden als relationaler Begriff: Ein Laut für sich genommen, z. B. der Vokal *o*, kann keine Funktion haben, sondern nur innerhalb des Systems einer historischen Sprache, z. B. im System des heutigen Neuhochdeutschen, und nur im Vergleich mit anderen Lauten dieses Systems: Ich frage dann, ob er zu diesen anderen Lauten in *Opposition* steht oder nicht. Nach einer der Charakterisierungen, die de Saussure vom Sprachsystem gibt, ist das einzelne Systemelement, also z. B. ein Laut, nur negativ zu definieren als das, was alle anderen Elemente dieser Klasse (also alle anderen Laute dieser Sprache) nicht sind.

Nehmen wir als Beispiel das deutsche Wort *komm!*. Wir wollen feststellen, ob im Deutschen die Vokale [o] und [ɔ] zwei verschiedene Elemente des Systems sind, ob sie in Opposition zueinander stehen: Dann wären sie zwei verschiedene *Phoneme* des Neuhochdeutschen. Diese Opposition zwischen zwei Lauten des Systems – daß der eine das ist, was der andere nicht ist – läßt sich dadurch feststellen, daß ich in einem Wort den einen gegen den anderen austausche: Wird die Bedeutung des Wortes durch dieses Austauschen verändert, oder wird das Wort dadurch unverständlich, so handelt es sich um zwei verschiedene Phoneme. Ein *Phonem ist eine Lauteinheit, die bedeutungsunterscheidende Funktion hat.* Eine der zahlreichen Definitionen (die hier nicht alle angesprochen werden können): *Ein Phonem ist die kleinste bedeutungsunterscheidende Einheit innerhalb eines Sprachsystems.*

An unserem Beispiel: Wenn ein Sprecher (etwa, weil er aus Süddeutschland stammt) [kom] spricht statt [kɔm], so bleibt das Wort trotzdem verständlich. Wie wir bei der Darstellung der Vokale des Dt. gesehen haben, gibt es – schlicht gesprochen – von jedem Vokal einen langen und einen kurzen: Wir erinnern uns an die Beispielwörter *Ofen* (langes *o*) und *offen* (kurzes *o*), oder *biete* (langes *i*) und *bitte* (kurzes *i*).

Es wurde auch schon darauf hingewiesen, daß ein zweites Merkmalpaar damit gekoppelt ist: das Merkmalpaar geschlossen – offen. Die langen Vokale sind zugleich geschlossen (z. B. das *o* in *Ofen*), die kurzen zugleich offen (das *o* in *offen*). Wenn der süddt. Sprecher aus dem obigen Beispiel wie gesagt [kom] spricht statt [kɔm] – also auch ein kurzes *o*, aber mit einem anderen Öffnungsgrad –, so bleibt das Wort verständlich, da sein Vokal immer noch als ein kurzes *o* erkennbar bleibt. Ich kann also (beim kurzen *o*) ein [o] gegen ein [ɔ] austauschen, ohne dadurch die Bedeutung eines Wortes zu verändern – m. a.W. [o] und [ɔ] gehören im Dt. also nicht zu zwei verschiedenen Phonemen. Man nennt sie *Varianten* ein und desselben Phonems / ɔ / – gleich kurzes *o* – oder auch *Allophone* (wörtlich = »Andersklinger«: Sie ›klingen‹ nur verschieden, aber haben nicht verschiedene

Funktion). Der Unterschied zwischen [o] und [ɔ] ist nur ein phonetischer und läßt sich hier, was die verschiedenen Öffnungsgrade bei der Artikulation betrifft, phonetisch beschreiben. Er hat aber keine phonologische Funktion.

Wird nun aber der Öffnungsgrad des Vokals noch mehr vergrößert, von [ɔ] zu [a], dann erhalte ich [kam] – diese Lautfolge wird vom Hörer nicht mehr als *komm!* identifiziert, sondern er versteht statt dessen (der) *Kamm.* Durch diese größere artikulatorische Abweichung habe ich den Rahmen des Phonems /ɔ/, den Spielraum, den es der individuellen Artikulation läßt, überschritten und bin bereits in den Bereich eines anderen Phonems, des Phonems /a/, »hinübergerutscht«. Daß /a/ und /ɔ/ zwei verschiedene Phoneme des Deutschen sind, sehe ich daran, daß die Bedeutung eines Wortes sich ändert, wenn ich eines von ihnen gegen das andere austausche: *komm!* → *Kamm.*

Diesen Austausch zweier Laute gegeneinander, den man vornimmt, um festzustellen, ob sie zwei Varianten eines Phonems oder Varianten von zwei verschiedenen Phonemen sind, nennt man *Kommutation* oder *Kommutations*probe (*Kommutationstest*), da er zur Überprüfung einer Annahme dient, die den Ausgangspunkt des Analyseverfahrens darstellt; in wissenschaftstheoretischer Terminologie: da er zur Verifizierung / Falsifizierung einer Hypothese dient.[6]

Spricht nun jemand (etwa, weil er momentan Schnupfen hat) [kõm] statt [kɔm], also nasales *o*, so ist wie im Falle [o] und [ɔ] kein Bedeutungsunterschied eingetreten, also sind [õ] und [ɔ] nicht zwei verschiedene Phoneme, sondern Varianten desselben Phonems ›kurzes *o*‹, von dem wir nun schon drei verschiedene Realisierungen kennengelernt haben: [o], [ɔ], [õ]. (Von diesen dreien ist [ɔ] die standardsprachliche, also die, die frei von dialektalen oder anderweitigen »Färbungen« ist.) Allen dreien liegt ein und dasselbe ›Grundmuster‹ zugrunde, das Phonem /ɔ/ (gleich kurzes *o*). Wenn ein Sprecher [kõm] sagt, wird der Hörer beim Dekodieren sofort erkennen, daß er mit der Aussprache [õ] eigentlich [ɔ] ›gemeint‹ hat.

Jeder Sprachteilhaber hat durch seinen Besitz der *langue* in seinem internalisierten Lexikon (s. Kap. 4.2), bildlich gesprochen, eingetragen diese Grundmuster, die Phoneme, und wenn er von einem Sprecher eine individuelle Abwandlung dieses Grundmusters hört, so kann er diese Abwandlung, etwa das [õ], jederzeit als einen ›Fall von …‹, hier von /ɔ/, identifizieren. Jeder Laut, der in einem *parole*-Akt produziert wird, ist bereits eine ›individuelle Abwandlung‹; die Phoneme selbst, z. B. das Phonem /ɔ/, sind abstrakt, sie sind *Laut*vorstellungen in *bedeutungsunterscheidender Funktion.* Jede Realisierung einer solchen Lautvorstellung, also jedes Produkt ihrer

Umsetzung in *parole*, ist eine Variante. Das bedeutet, daß man in der empirischen Wirklichkeit nie einem Phonem begegnet, sondern nur seinen Varianten.

Ergebnisse einer strukturalistischen Sprachbeschreibung beziehen sich immer nur auf eine historische Einzelsprache und dürfen nicht ungeprüft auf andere Sprachsysteme übertragen werden. Es kann sein, daß im System einer anderen Sprache ganz andere Oppositionen herrschen. Auf das Lautsystem angewandt: Es kann sein, daß das, was in der einen Sprache Varianten ein und desselben Phonems sind, in der anderen Sprache zu zwei verschiedenen Phonemen gehört.

An unserem Beispiel [o]: Im Deutschen haben wir [o], [ɔ], [õ] als drei Varianten des Phonems / ɔ / identifiziert – gilt das auch für das Phonemsystem des Französischen und des Englischen?

Aufgabe:

5. Überprüfen Sie selbst,
1. ob [o] und [ɔ] a) im Französischen, b) im Englischen zu zwei verschiedenen Phonemen gehören oder Allophone (Varianten eines Phonems) sind,
2. ob [o] und [õ] a) im Französischen, b) im Englischen zwei verschiedene Phoneme oder nur Allophone sind! Gehen Sie dabei vor, wie oben bei dem Wortpaar *komm / Kamm*, d. h., suchen Sie im Französischen und im Englischen nach Wortpaaren, deren Glieder sich nur durch den einen Laut [o] / [õ] usw. unterscheiden!

Zwei Wörter, die sich nur in einem Laut (besser: in einem Phonem) unterscheiden, nennt man *Minimalpaar*.

Zwei Typen von Phonemvarianten (= Allophonen) sind zu unterscheiden: *kombinatorische Varianten (= stellungsbedingte Varianten)* und *fakultative Varianten*.

Kombinatorische Varianten (= stellungsbedingte Varianten):
Es gibt Phoneme, bei deren Realisierung nicht beliebig irgendeine ihrer Varianten vorkommen kann, sondern wo der lautliche Kontext bestimmt, welche Variante gewählt wird.

Ein Beispiel: das Phonem / x / im Deutschen (x = phonologische Umschrift für *ch*) begegnet in zwei kombinatorischen Varianten: dem sog. ich-Laut (palatal, phonetische Umschrift [ç]) und dem sog. ach-Laut (velar, phonetische Umschrift [x]). Die Variante [ç] stellt sich automatisch ein nach Vokalen mit dem Merkmal ›vorne‹ (i, e, ö, ü) und nach Konsonanten; die Variante [x] nach allen anderen Vokalen. Dies zeigt folgende *Distributionsanalyse*:[7]

	vorhergehender Konsonant Vokal	x	ç
dach, nach, ach	a	+	
dich, mich	i		+
frech	e		+
nächst	ä		+
früchte	ü		+
möchte	ö		+
kochen	o	+	
kuchen	u	+	
elch	l		+
mönch	n		+
lerche	r		+

Kombinatorische Varianten befinden sich, wie die Distributionsanalyse zeigt, in *komplementärer Distribution*: In den lautlichen Umgebungen, wo die eine Variante des betreffenden Phonems vorkommt, kommt die andere nie vor und umgekehrt.

Wie gehe ich nun praktisch vor, um in einem Fall wie dt. [ç] und [x] festzustellen, ob es sich um zwei verschiedene Phoneme oder um zwei Varianten eines Phonems handelt? Erstens besteht die Möglichkeit kombinatorischer Varianten nur dann, wenn die beiden zur Entscheidung stehenden Laute akustische bzw. artikulatorische Ähnlichkeit miteinander haben. Trifft diese zu, so ist zweitens eine Distributionsanalyse der beiden Laute durchzuführen (s. o.). Erbringt sie das Ergebnis, daß sich die beiden Laute in komplementärer Distribution befinden, so ist auch das zweite Kriterium für kombinatorische Varianten erfüllt. Nun muß nur noch drittens untersucht werden, ob es in der betreffenden Sprache Minimalpaare (d. h. mindestens eines) gibt, die nur durch den Unterschied der beiden Laute differenziert sind. Läßt sich kein solches Minimalpaar finden, so sind alle drei Kriterien erfüllt, die erlauben, die beiden Laute als kombinatorische Varianten ein und desselben Phonems zu verbuchen.

Beim Beispiel dt. [ç], [x] handelt es sich um kombinatorische Varianten, deren Wahl durch das vorhergehende Phonem determiniert ist; in anderen Fällen kann dies durch das nachfolgende Phonem geschehen, z. B. beim Phonem / k / in verschiedenen Sprachen: / k / hat eine palatale Variante, die automatisch eintritt vor vorderen Vokalen und vor Konsonanten, so in frz.

qui, quelque, reculer, clair, chrétien; dt. *kicken, Keller, verkünden, klein, Knie*; engl. *to kick, kettle, crack, claw*, und eine velare Variante vor dunklen Vokalen: frz. *car, cou, col*; dt. *Katze, Kuh, kochen*, engl. *car, coat, to call.*

Fakultative Varianten (= freie Varianten):
Wo nicht aus der phonologischen Umgebung vorhersagbar ist, was für eine Variante eintreten wird, sondern die Wahl der Variante von Sprecher zu Sprecher, ja von einem einzelnen Sprechakt zu einem anderen (desselben Sprechers) willkürlich ist, spricht man von fakultativen oder freien Varianten.

Beispiel: dt. [r], [ʀ], [ʁ] = ›Zungen-r‹, ›Zäpfchen-r‹ und velares r: Ihre Distribution ist beliebig. Das gilt für Dt., Frz. und Engl. – wenn auch in jeder dieser drei Sprachen natürlich eine Standardrealisierung vorliegt, neben der die anderen fakultativen Varianten ungleich seltener zu hören sind.

Aufgabe:
(nach Gleason, H. A.: Workbook in Descriptive Linguistics. New York 1955. Bei Gleason, einem der amerikanischen Strukturalisten, finden sich zahlreiche authentische Aufgaben aus indianischen, afrikanischen, asiatischen Sprachen.)
6. Im Koreanischen sind [s], [ʃ], [z] kombinatorische Varianten eines Phonems. Stellen Sie aus folgenden Beispielen deren Distribution fest:

[s]	[ʃ]	[z]
1. *satan* ›Teilung‹	8. *ʃeke* ›Welt‹	15. *tʃaŋza* ›Geschäft‹
2. *sœk* ›Farbe‹	9. *ʃekum* ›Steuern‹	16. *inza* ›Grüße‹
3. *sœe* ›neu‹	10. *ʃesuʃil* ›Waschraum‹	17. *inzwetʃa* ›Verleger‹
4. *sosəl* ›Roman‹	11. *ʃihap* ›Spiel‹	18. *paŋzək* ›Kissen‹
5. *su* ›Zahl‹	12. *ʃiktaŋ* ›Eßzimmer‹	19. *phuŋzok* ›Brauch‹
5. *sul* ›Wein‹	13. *ʃilsu* ›Fehler‹	20. *umziktʃəm* ›Restau-
7. *susul* ›Operation‹	14. *ʃinpu* ›Braut‹	rant‹
		21. *yeŋzutʃuŋ* ›Rezept‹

5.3 Exemplifizierung sprachwissenschaftlicher Grundbegriffe an der Phonologie

Wie schon oben bemerkt, hat die strukturalistische Sprachwissenschaft ihre Begriffe und Methoden zuerst an der Phonologie erarbeitet, bevor sie sie auf größere sprachliche Einheiten als das Phonem übertrug. Daher soll uns hier auch die Phonologie als konkretes Material zur Demonstration einiger weiterer Grundbegriffe (einer davon ist bereits bekannt: die Variante) und Methoden dienen.

5.3.1 Die Norm (im Sinne Coserius)

Die zentrale de Saussuresche Dichotomie *langue-parole*, wie sie von de Saussure mit verschiedenen gegensätzlichen Begriffspaaren charakterisiert wird[8], reicht als Beschreibungsmodell nicht für alle sprachlichen Phänomene aus.

Es gibt nicht einfach einerseits überindividuelle, distinktive (= jeweils in Opposition zueinander stehende, bedeutungsunterscheidende) Elemente = *langue*, andererseits individuelle, nicht distinktive = *parole*. Ein Beispiel für solche Elemente, die weder einfach der *langue* noch einfach der *parole* zugerechnet werden können, bilden die kombinatorischen Varianten: Sie sind – per definitionem – nicht bedeutungsunterscheidend (das teilen sie mit den Elementen der *parole*), aber dennoch nicht individuell, denn alle Sprecher wählen in einer bestimmten lautlichen Umgebung die gleiche Variante (also sind kombinatorische Varianten »sozial«, wie die *langue*).

Coseriu hat daher der de Saussureschen Dichotomie *langue – parole* eine dritte (Zwischen-) Ebene hinzugefügt: die *Norm*. Sie umfaßt alles, »was in der ... Rede nicht unbedingt funktionell (distinktiv), aber trotzdem traditionell (sozial) fixiert« ist, was »allgemeiner Gebrauch der Sprachgemeinschaft« ist.[9]

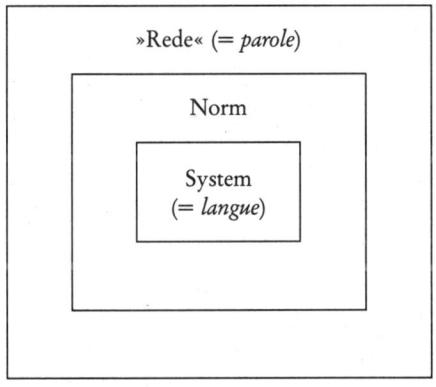

Zur Norm gehören die kombinatorischen Varianten (in der Phonologie und in der Morphologie), aber auch viele andere sprachliche Erscheinungen (so z. B. Kap. 5.4.3.4 und Kap. 9.3.1.3).[10]

Um Mißverständnisse zu vermeiden, muß betont werden, daß *Norm* im Sinne Coserius nicht verwechselt werden darf mit Norm im Sinne präskriptiven Sprachnormierens. Die zugehörigen Adjektive machen den Unterschied deutlicher: Coserius Norm umfaßt das, was in der betr. Sprachgemeinschaft *normal*, üblich, statistische Norm ist; die präskriptive Norm dagegen ist *normativ*.[11]

5.3.2 Synchronie/Diachronie (am Beispiel der Phonologie)

In Kapitel 4.3 wurde bereits darauf hingewiesen, daß die strukturalistische Sprachbeschreibung zunächst nur von der Synchronie ausgeht, die aber durch die Diachronie ergänzt werden muß.
Will ich z. B. einen Teilbereich des französischen Vokalsystems untersuchen, um festzustellen, welche Vokale verschiedene Phoneme, also bedeutungsunterscheidend, sind, und welche als Varianten demselben Phonem angehören, so ergäbe sich ein unzutreffendes Bild, wenn ich Äußerungen aus der altfranzösischen Literatur des Mittelalters, solche aus der französischen Klassik und solche aus dem heutigen ›français standard‹ wahllos zu einem Corpus (= Textsammlung, die sprachwissenschaftlich ausgewertet werden soll) vereinigen würde. In jeder Epoche der Sprachentwicklung ist das System durch andere Oppositionen gekennzeichnet.

Am Beispiel der französischen Nasalvokale: Im 11. Jahrhundert gibt es in diesem Phonembereich fünf, anfangs sogar sechs verschiedene Phoneme [ĩ], [ỹ], [ẽ], [(ɛ̃)], [ã], [õ], die alle in Opposition zueinander stehen. Im 13. Jahrhundert sind nach Zusammenfall von [ẽ] und [ã] nur noch vier Nasalvokale feststellbar; im 17. Jahrhundert sind die Nasale [ĩ] und [ỹ] zu [ɛ̃] und [œ̃] gesenkt worden. Die geschriebene Sprache ist konservativer als die gesprochene und entspricht noch der alten Aussprache, daher noch heute Schreibung *fin*, Aussprache [fɛ̃], nicht mehr [fĩ], Schreibung *brun*, Aussprache [brœ̃], nicht mehr [brỹ].

Häufig erklärt erst die Einbeziehung der diachronischen Betrachtungsweise die Orthographie, die bei rein sychronischer Betrachtung willkürlich erscheinen müßte.

Entphonologisierung: Im heutigen Französisch ist die Opposition / ɛ̃ / : / œ̃ / im Begriff, sich zu entphonologisieren: Die beiden Phoneme fallen in eines zusammen, und [ɛ̃], [œ̃] sind nur noch fakultative Varianten des Phonems / ɛ̃ /. Bald wird auch hier die scheinbar willkürliche Schreibung nur noch aus der Diachronie erklärbar sein.
Schematische Darstellung des Systems der französischen Nasalvokale in seinem geschichtlichen Wandel:[12]

ca. 11. Jahrhundert	ī		ȳ	ẽ	(ẽ)	ã	õ
ca. 13. Jahrhundert	ī		ȳ			ã	õ
	bzw. ẽ		bzw. ø̃				
ca. 17. Jahrhundert	ε̃		œ̃			ã	ɔ̃
Tendenz heute		ε̃				ɔ̃	õ

Ähnlich bei frz. / a / : / ɑ / in *la patte, la tache* u. a. und in *la pâte, la tâche* u. a. *patte : pâte* usw. war ursprünglich ein Minimalpaar, / a / und / ɑ / waren zwei Phoneme, für die die Merkmalsopposition palatal : velar distinktiv war. Diese artikulatorische Opposition /a/ : /ɑ/ wurde in einem nächsten Entwicklungsstadium ersetzt durch eine rein quantitative (= Länge : Kürze-)Opposition. Das Minimalpaar *patte : pâte* wurde ab jetzt nicht mehr /pat/ : /pɑt/ gesprochen, sondern /pat/ : /pɑːt/, mit zwei artikulatorisch neutralen, nur durch ihre Länge unterschiedenen a-Phonemen. Heute hört man daneben bei vielen Sprechern des Standardfrz. nur einen einzigen a-Laut, *patte* und *pâte* sind gleichklingend (= homophon) geworden. Die Verschiedenheit ihrer Schreibung erklärt sich auch nur diachronisch.

Andererseits läßt sich an den frz. Nasalvokalen auch der umgekehrte Vorgang zur Entphonologisierung zeigen: *Phonologisierung von Varianten.*
Im frühen Altfranzösisch waren die Nasalvokale nur Varianten der entsprechenden Oralvokale (genauer: kombinatorische Varianten vor nasalen Konsonanten), heute sind / o / : / õ /, / ε / : / ε̃ / usw. je verschiedene Phoneme. Im Dt. sind Nasal-/Oralvokale fakultative Varianten [s. Kap. 5.2].

An den Beispielen sollte gezeigt werden: 1. Die Ausgangsbasis der strukturalistischen Sprachwissenschaft muß einheitlich synchronisch sein. Auch Sprach*geschichte* ist Systemgeschichte und nicht Geschichte eines Einzellautes, d. h. auch die Diachronie kann nur dargestellt werden als Abfolge verschiedener synchronischer Querschnitte. 2. Die diachronische Achse darf aus der Sprachbeschreibung nicht ausgeklammert werden. Ein Sprachsystem läßt sich nur erklären als Ergebnis einer Entwicklung; *linguistique statique* (= synchronische) und *linguistique évolutive* (= diachronische)[13] müssen sich ergänzen.

5.3.3 Deskriptiv/präskriptiv

Ein weiteres Grundaxiom des Strukturalismus besteht darin, daß Sprachwissenschaft – als empirische Wissenschaft – nur deskriptiv vorgehen kann, d. h., sie beschreibt, wie Sprachbenutzer ihre Sprache tatsächlich sprechen, während präskriptive (oder normative) Sprachwissenschaft vorschreibt, wie sie sprechen sollen.[14]

Die traditionelle (vorstrukturalistische) Grammatik ging davon aus, daß die geschriebene Sprache – also die Sprache der Literatur – ›besser‹, ›korrekter‹ sei als andere, geschriebene oder gesprochene, Formen der Sprache und daß es die Aufgabe der Grammatiker sei, zum Gebrauch dieser einzig korrekten Norm zu erziehen.[15]

Die deskriptive Sprachwissenschaft geht aus von der gesprochenen Sprache; sie analysiert *parole*-Äußerungen, um das Gemeinsame an ihnen zu ermitteln und so daraus das zugrunde liegende System, die *langue*, zu rekonstruieren.

Exkurs: *Deskriptivismus, Corpusanalyse*

Deskriptiv wird auch vorgegangen beim Entschlüsseln unerforschter Sprachen. Von dieser Aufgabe, nämlich dem Entschlüsseln von z. T. nicht verschrifteten nordamerikanischen Indianersprachen, nahm der amerikanische Strukturalismus (Bloomfield, Harris, Hockett usw.) in seiner besonderen Ausprägung seinen Ausgang; man bezeichnet ihn auch als *Deskriptivismus* (s. Kap. 4.6). Seine Methode war die sog. *Corpusanalyse*.

Ein Corpus ist eine Sammlung von *parole*-Äußerungen, die zum Zwecke der Systemerforschung analysiert werden sollen. Ein Corpus kann aus schriftlichen Äußerungen bestehen – z. B. ist das literarische Werk eines Autors oder eine oder mehrere Nummern einer Tageszeitung und vieles andere ein sprachliches Corpus – oder aus mündlichen Äußerungen, z. B. auf Tonband mitgeschnittenen Gesprächen oder in phonetischer Transkription festgehaltenen Äußerungen eines oder mehrerer Informanten usw. Wichtig ist nur der Grundsatz der *Synchronie*: Das Corpus muß hinsichtlich der Entstehungszeit der Äußerungen homogen sein.

Die Vorgehensweisen einer Corpusanalyse (sog. *disvocery procedures*) werden dargestellt in Kap. 5.4.

5.3.4 *Relevant/redundant; das Merkmal*

Ein Sprachlaut hat nicht nur die Eigenschaften, die notwendig sind, damit er vom Hörer identifiziert werden kann, sondern auch noch andere, ebenfalls physikalisch feststellbare.

Will der Hörer das Lautkontinuum [kɔm] identifizieren, so genügt es, wenn er z. B. an dem Phonem / ɔ / die Eigenschaften registriert,

die es von dem Phonem / a / oder von dem Phonem / o: / oder letztlich von allen Phonemen des betreffenden Sprachsystems unterscheiden. Für / ɔ / wären das die Eigenschaften oder phonologischen Merkmale *vokalisch, hinten (velar), kurz.* Das sind seine
relevanten oder *distinktiven Merkmale*: Nur sie sind im Code gespeichert, d. h., sie genügen, um die Lautvorstellung = das Phonem / ɔ /
gegen alle anderen abzugrenzen. Zwei andere Merkmale, die / ɔ /
ebenfalls hat, und zwar die Merkmale ›offen‹ und ›stimmhaft‹, sind
redundant: Ihre Angabe fügt keine neue Information hinzu, denn
›offen‹ ist bereits in ›kurz‹ enthalten und ›stimmhaft‹ im Merkmal
›vokalisch‹. (Alle Vokale sind stimmhaft, d. h., die Stimmbänder
schwingen bei ihrer Erzeugung.)
Würde eines der relevanten Merkmale fehlen, so wäre die Identifizierung nicht möglich; würde z. B. die Angabe ›kurz‹ fehlen, so
wäre das / ɔ / nicht gegen das / o: / abgegrenzt usw.
Redundanz gibt es auch auf den anderen Ebenen des Sprachsystems; ein Beispiel aus der Morphosyntax (d. h. auf Satzebene):

frz. *Les animaux mangeront.*

Hier ist der Plural gleich viermal ausgedrückt:

[lezanimomɑ̃ʒrō]

Drei dieser Pluralmarkierungen können als redundant angesehen werden;
vgl. andere Sätze, die ohne Redundanz die gleiche Angabe ›Plural‹ enthalten,
z. B.:

frz. *Les garçont jouent*
[legarsõʒu]

Als redundant können alle die Teile einer Aussage bezeichnet werden, die keine neue Information hinzufügen, sondern nur die bereits
unabhängig von ihnen vorhandene ganz oder teilweise (meist in
anderer Form) wiederholen. (Zu dem Sinn, den die Redundanz für
die Kommunikation hat, s. auch Kap. 3: Bühlers Organon-Modell.)

5.3.5 Syntagmatisch/paradigmatisch

Ausgehend vom linearen Charakter von Sprachäußerungen
(s. 3.1.2.2) läßt sich feststellen, daß jedes Element einer Äußerung
eine Beziehung hat zu dem, was ihm vorangeht, und zu dem, was
ihm folgt. Dies gilt auf der Ebene der Phoneme (s. Kap. 5.2:
kombinatorische Variante) ebenso wie auf den anderen Ebenen der
jeweils nächstgrößeren Einheiten der Sprachbeschreibung (Morpheme, Syntagmen usw.). Man nennt diese Beziehung innerhalb der

Abfolge einer Äußerung, innerhalb der ›chaîne parlée‹, *syntagmatische Beziehungen*. Eine Distributionsanalyse (s. Kap. 5.2) gibt Auskunft darüber, welche syntagmatischen Beziehungen für das betreffende Element innerhalb seines Sprachsystems bestehen, d. h. mit welchen anderen Elementen zusammen es vorkommen kann.

Zugleich ist ein Sprachelement aber auch im System verankert durch seine *paradigmatischen Beziehungen*. Eine paradigmatische Klasse von Sprachelementen ist die Menge der Elemente, die in einem gegebenen Kontext gegeneinander austauschbar sind.

Beispiel auf der Ebene der Phoneme: *Ring* / rıŋ /: Für jedes der drei Phoneme dieses Wortes lassen sich paradigmatische Beziehungen = *Oppositionen* zu anderen Phonemen des Deutschen nachweisen, z. B. ließe sich / r / ersetzen durch / d /, / z /, / g /, / h / oder / f /; / i / durch / a /; / ŋ / durch / s /, / t / oder / f /:

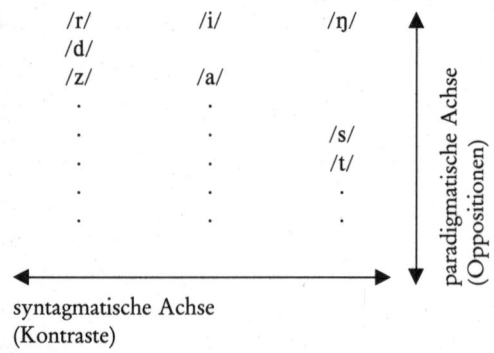

Zugleich steht aber jedes der Phoneme innerhalb der *chaîne parlée* in syntagmatischer Beziehung oder *Kontrast* zu dem, was ihm vorhergeht, und zu dem, was ihm folgt.

Am Beispiel dt. *sing!* / zıŋ /: Das / z / kann nur deswegen als stimmhafter s-Laut auftreten, weil ihm kein anderes Phonem vorangeht – dt. s wird nur am Wort- bzw. Silbenanfang als / z / realisiert –, insofern ist sein Auftreten an dieser Stelle einer Äußerung syntagmatisch bestimmt. Andererseits ist in dieser Umgebung nicht jedes beliebige Phonem möglich, sondern nur eines aus der Menge / r /, / d /, / g /, / h /, / f /, / z /, insofern ist sein Auftreten in der Umgebung – ... ıŋ paradigmatisch bestimmt.

Entsprechend ist das Phonem / i / in / zıŋ / einerseits syntagmatisch bestimmt: Es hätte nach den Silbenbaugesetzen des Deutschen in der Umgebung / z / ... / ŋ / kein Konsonant auftreten können; und es ist paradigmatisch bestimmt aus der Opposition zu / a / als in der Umgebung / z / ... / ŋ / ebenfalls möglichem Element des Systems.

Beispiel auf der Ebene der Morpheme:[16]

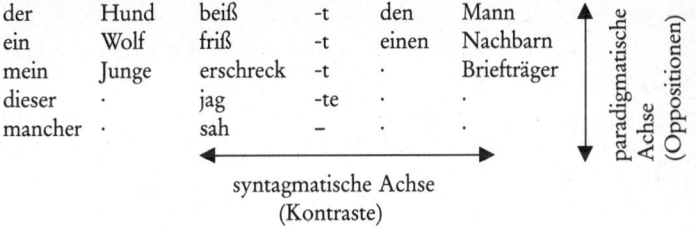

der	Hund	beiß	-t	den	Mann
ein	Wolf	friß	-t	einen	Nachbarn
mein	Junge	erschreck	-t	·	Briefträger
dieser	·	jag	-te	·	·
mancher	·	sah	–	·	·

paradigmatische Achse (Oppositionen)

syntagmatische Achse
(Kontraste)

5.4 Die strukturalistische Vorgehensweise (taxonomischer Strukturalismus)

Die strukturalistische Sprachwissenschaft will durch Analysieren von *parole*-Äußerungen zu einer Beschreibung des ihnen zugrunde-liegenden *langue*-Systems gelangen. Diese Beschreibung soll um-fassen

1. das Phoneminventar der analysierten Sprache,
2. das Morpheminventar sowie bei beiden Inventaren die Verknüp-fungsregeln der ermittelten Elemente.

Zwei Schulen des Strukturalismus haben für diese Zielsetzung ähn-liche Wege eingeschlagen, unterscheiden sich aber in der Gewin-nung ihres sprachlichen Ausgangsmaterials (vgl. Kap. 4.6). Der *amerikanische Strukturalismus* Bloomfieldscher Prägung (Distribu-tionalismus) sammelt Sprachäußerungen verschiedener Informan-ten und stellt sie zu einem Corpus zusammen (s. Kap. 5.3.3). Dieses Corpus ist sein sprachliches Rohmaterial. Bei genügend großem Umfang gilt das Corpus als repräsentativ für die gesamte Sprache, so daß die an ihm gewonnenen Ergebnisse auf diese verallgemeinert werden.

Der *Prager Strukturalismus* (Funktionalismus) geht aus von einer Sprache, die der Sprachforscher beherrscht und in der er jeweils die Beispiele sucht, die er zum Überprüfen seiner Hypothesen braucht. Der Sprachforscher ist also sein eigener Informant, der sich sein sprachliches Rohmaterial mittels Introspektion verschafft. Für ihn besteht das zu untersuchende Corpus aus sämtlichen Äußerungen, die er selbst für seinen Zweck aufgrund seiner Sprachkompetenz hervorbringt.

In den folgenden Schritten unterscheiden sich Distributionalismus und Funktionalismus nicht wesentlich.

Es folgt die *Corpusanalyse*, bei der nur zwei Operationen zugelassen sind: 1. *Segmentieren*, 2. *Klassifizieren* (daher ›taxonomischer‹ Strukturalismus).

Erinnern wir uns, daß der Distributionalismus sich entwickelte aus der Zielsetzung, die nordamerikanischen Indianersprachen zu entschlüsseln. Was bei Corpus-Aufzeichnungen aus diesen unerforschten Sprachen das einzig Gesicherte war, das war die Ausdrucksseite der Sprachäußerungen; über die Inhaltsseite wären höchstens Vermutungen möglich gewesen. Nun war der amerikanische Strukturalismus stark beeinflußt von der philosophischen Richtung des Behaviorismus, die im Verhalten, im von außen beobachtbaren, intersubjektiv Verifizierbaren ihren alleinigen Untersuchungsgegenstand sah. An einer Sprachäußerung konnte für den Behavioristen demnach nur der *signifiant* Gegenstand wissenschaftlicher Analyse sein; alle Versuche, sprachliche Inhalte zu beschreiben, wurden als subjektiv, als ›mentalistisch‹ abgelehnt.

Über ein Sprachelement, das bei der Analyse an einer oder mehreren Stellen innerhalb des Corpus festgestellt wurde, kann dann zunächst nur ausgesagt werden, in welchen Umgebungen (daher ›Distributionalismus‹) es vorkommen kann = seine syntagmatischen Relationen. Um es auch hinsichtlich seiner paradigmatischen Relationen zu kennzeichnen, muß festgestellt werden, gegen welche anderen Elemente es sich austauschen oder *substituieren* läßt (s. Kap. 5.2: Kommutationsprobe, die gelegentlich auch Substitutionsprobe genannt wird). Der Sprachforscher substituiert dem zur Untersuchung stehenden Element probeweise ein anderes, ebenfalls dem Corpus entnommenes Element und muß nun in Erfahrung bringen, ob sich dadurch die Bedeutung der Äußerung verändert hat. *Er* kennt die Inhaltsseite des betreffenden Zeichens nicht, daher muß er einen muttersprachlichen Sprecher (*native speaker*) befragen, ob beide Ausdrücke das gleiche heißen – aber nicht etwa, *was* sie heißen! Konsequent behavioristisch ist nur diese eine Frage erlaubt, ob die beiden Äußerungen, die ursprüngliche und die mit dem substituierten Element, gleich sind.[17] So bleibt das Vorgehen intersubjektiv nachvollziehbar.

Hat die Substitution zu einer Bedeutungsänderung geführt, so müssen die beiden Austauschelemente beim Klassifizieren zwei verschiedenen Elementen in dem zu erstellenden Inventar der Sprache zugewiesen werden; hat sich die Bedeutung nicht verändert, so muß ich die beiden Segmente als zwei Erscheinungsformen ein und desselben Elementes klassifizieren.

Die Corpusanalyse vollzieht sich also in den methodischen Schritten Segmentieren – Substituieren – Informantenbefragung – Klassifizieren.

5.4.1 Phonemanalyse

Was in Kapitel 5.4 als Corpusanalyse allgemein beschrieben wurde, also nicht nur für Phoneme, sondern auch für größere Systemelemente (Morpheme) gilt, soll noch kurz in seiner Anwendung auf die Phoneme im besonderen gezeigt werden.

Das Corpus wird segmentiert in kleinste Lauteinheiten; so erhält man *Phone* = Einheiten, die je einem bestimmten Phonem zugeordnet werden können. Ein Phon ist ein Lautsegment, das noch nicht hinsichtlich seines Status im Sprachsystem klassifiziert ist, d. h., es ist noch nicht entschieden, unter welches Phonem es als Allophon zu klassifizieren ist. Diese Entscheidung wird durch die Kommutationsprobe, also durch Aufsuchen von Minimalpaaren im Corpus, erbracht, bei Vermutung kombinatorischer Varianten durch Distributionsanalyse (s. Kap. 5.2).

Aufgabe:

7. Kreuzen Sie von den folgenden deutschen, französischen und englischen Wortpaaren diejenigen an, die Minimalpaare sind:

dt.	frz.	engl.
Rand / Rat[18]	mettre / lettre	book / books
bitten / bieten	aller / allez	sick / thick
Buch / Bücher	cher / cherchent	house / houses
Rasen / rasen	livre / ivre	then / than
Sache / Sachen[19]	beau / belle	hair / hare
blau / bau	mon / mes	live / leave
Weg / Steg	son / saut	whistle / will
	arbre / arbres	

5.4.2 Paradigmatische Beziehungen der Phoneme:
das Phoneminventar, Phonemnotierung

Wenn sämtliche Phone, die ich durch Segmentation gewonnen habe, klassifiziert sind, so ist damit das Phoneminventar der betreffenden Sprache erstellt. Es ist die Liste sämtlicher Laute, die in dieser Sprache bedeutungsunterscheidende Funktion haben.

An einem Beispiel soll zur Wiederholung des bisher Erarbeiteten nochmals vorgeführt werden, wie man bei der Erstellung eines Phoneminventars durch Corpusanalyse vorgeht: Nehmen wir an, eine Sprache besteht aus folgenden Wörtern:

fabe, lube, bare, lafe, fare, fibe, bafe, labe.

Nun soll das Phoneminventar dieser fiktiven Sprache erstellt werden. Hierfür werden folgende Operationen durchgeführt:
Kommutationsprobe durch Aufsuchen von Minimalpaaren im vorliegenden Corpus:

Minimalpaare	daraus festgestellte Oppositionen zwischen Lautsegmenten (= Phonen)
fabe / fare	b : r
fabe / fibe	a : i
fabe / labe	f : l
lube / labe	u : a
bare / fare	b : f
bare / bafe	r : f
lafe / bafe	l : b
lafe / labe	f : b

Die Segmentation des Corpus ergibt die Phone [f], [a], [b], [e], [r], [i], [l], [u].

Die Minimalpaarliste zeigt, daß sie nicht alle bedeutungsunterscheidend sind: Es ist kein Minimalpaar dabei, das durch den Laut [e] differenziert wird. Daher nehme ich an, daß [e] kombinatorische Variante zu einem der anderen aufgeführten Phone ist.
Zweites Kriterium für kombinatorische Variante ist die artikulatorische Ähnlichkeit. [e] ist artikulatorisch dem [i] am ähnlichsten (beide vokalisch, vorne).
Daraufhin drittes Kriterium: Distributionsanalyse der beiden artikulatorisch ähnlichen Phone (kann hier wohl ohne Matrixdarstellung geleistet werden).
Ergebnis: [e] erscheint nur im Auslaut, [i] nur im Inlaut, also komplementäre Distribution. Demnach sind [e], [i] kombinatorische Varianten *eines* Phonems.

Weiter zeigt die Minimalpaarliste, daß auch [l] und [r] hier nie ein Minimalpaar begründen. [l] und [r] stehen 1. (hier) nie in Opposition zueinander,
sind 2. artikulatorisch ähnlich (konsonantisch, apikodental) – haben sie auch
3. komplementäre Distribution? Distributionsanalyse:

	nachfolgende Konsonanten und Vokale	[l]	[r]
lube	u	+	
labe, lafe	a	+	
bare, fare	e		+

[l] nur vor /u/ und /a/,
[r] nur vor [e]
(Anders formuliert: [l] nur im Anlaut, [r] nur im Inlaut.)
Also: komplementäre Distribution. [l], [r] sind kombinatorische Varianten
eines Phonems. Das ergibt folgendes Phoneminventar:

/a/   /[e],[i]/   /u/   /[r],[l]/   /b/   /f/.

Aufgabe:
8. Lösen Sie in der gleichen Weise die folgende Aufgabe: Eine (fiktive)
Sprache habe neun Wörter (und *nur* diese) mit verschiedener Bedeutung:
lená, lemá, pebá, nedá, tená, pená, medá, pedá, pelá.
Erstellen Sie das Phoneminventar dieser Sprache.[20]

Innerhalb eines Phoneminventars lassen sich Gruppen von Phonemen feststellen, die artikulatorisch enger miteinander verwandt sind
als der Rest des Systems. Sie unterscheiden sich nur in *einem*
distinktiven Merkmal.

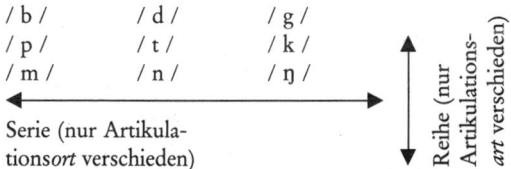

Jedes Phonem der ersten Serie unterscheidet sich von einem Phonem der zweiten Serie durch das Merkmal ›stimmhaft‹. Man bezeichnet auch Serie 1 als *merkmaltragend*, Serie 2 als *merkmallos*.
Phoneme, die den Artikulationsort gemeinsam haben und sich nur
in der Artikulationsart unterscheiden, wie b p m oder d t n, werden

als Reihe bezeichnet. Ein solches Teilsystem aus Serien und Reihen innerhalb eines Phonemsystems ist eine sog. *Korrelation.*

Das Erstellen von Phoneminventaren ist wichtig für die kontrastive Sprachwissenschaft und für ihre Anwendung im Fremdsprachenunterricht.

a) Konsonantensystem des Deutschen und des Englischen:[21]

Deutsch					Englisch			
p b	t d	[ ]	k g		p b	t d	[tʃ dʒ]	k g
f v	[ ]	[ç x]			f v	[θð]	[ ]	
	s z	ʃ (ʒ)				s z	ʃ [ʒ]	
m	n		ŋ		m	n		ŋ
l	r [ ]	j h			l r	[w]	j h	

[ ] (gestrichelt) = ein englisches Phonem, das keine Entsprechung im Deutschen hat;

[ ] (durchgezogen) = ein deutsches Phonem, das keine Entsprechung im Englischen hat.

Der Fremdsprachenunterricht wird in seinem phonetischen Aspekt besonderen Nachdruck auf solche lautlichen Unterschiede legen, die in der Fremdsprache Oppositionen zwischen Phonemen konstituieren, in der Muttersprache dagegen nur fakultative Varianten.

Beispiel: engl. [sik] ›übel‹ : [θik] ›dick‹ vs. dt. [fuːs], [fuːθ] (das unter bestimmten Umständen als individuelle fakultative Variante vorkommen kann) oder: engl. [vəːs] ›Vers‹ : [wəːs] ›schlimmer‹ vs. dt. [vɔrt], [wɔrt] (auch, wie oben [fuːθ], zumindest als eine die Bedeutung des Wortes nicht tangierende Variante denkbar) usw.

Aufgabe:

9. Das deutsche und das englische Konsonantensystem wurden hier einander kontrastiv gegenübergestellt. Stellen Sie in der gleichen kontrastiven Weise das deutsche und das französische Konsonantensystem nebeneinander! Verwenden Sie dazu die phonetischen Beschreibungen der deutschen und der französischen Konsonanten aus Kap. 5.1.

b) Vokalsystem des Deutschen und des Französischen:

Einzeldarstellung der dt. Vokale s. Kap. 5.1. Für die schematische Darstellung der frz. Vokalphoneme wird gerne folgendes Trapezschema gewählt:[22]

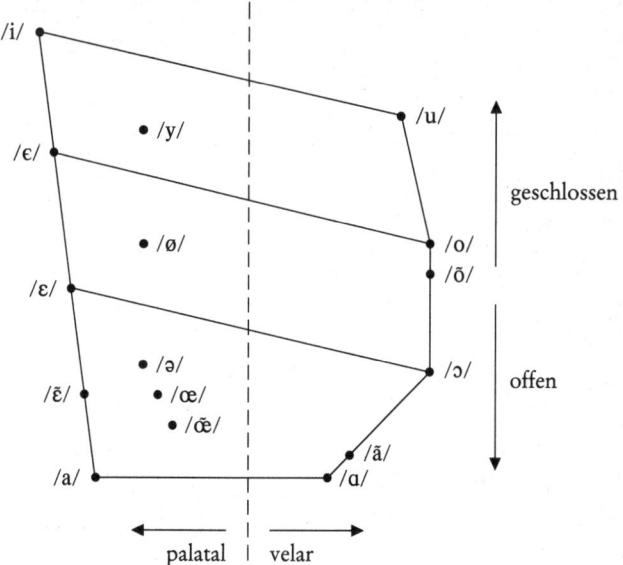

Dazu kommen die drei Halbvokale / j /, / w / und / ɥ /, die nur vor oder nach einem anderen Vokal auftreten können,

z. B. in *pied* / pje /, *œil* / œj /;

trois / trwa /, *coin* / kwɛ̃ /;

nuit / nɥi /, *juin* / ʒɥɛ̃ /.

Aufgabe:

10. In Kap. 5.3.2 war von frz. Wortpaaren wie *patte / pâte, la / las, mal / mâle* die Rede. Wie müßte nach dem dort Gesagten die Trapezdarstellung der frz. Vokalphoneme abgeändert werden?

Nach diesen beiden Einzeldarstellungen nun die kontrastive Gegenüberstellung:[23]

	Deutsch			Französisch	

Deutsch

i: [ɪ] y: [y] u: [ʊ]

e: ø: [ɔø] o:

ɛ [ae] ɔ

œ

a ɑ: [ao]

Französisch

i y u

e ø o

[õ]

ɛ [ə]

[ɛ̃] œ ɔ

[œ̃] [ɑ̃]

a ɑ

Die Tilde ~ über einem Vokal bedeutet ›nasaliert‹, z. B. *mont* [mõ], *pain* [pɛ̃] usw.

[¨] = ein französisches Phonem, das keine Entsprechung im Deutschen hat;

[ ] = ein deutsches Phonem, das keine Entsprechung im Französischen hat.

Dem Deutsch lernenden Franzosen wird – was das Vokalsystem betrifft – besonders die phonologische Relevanz der Vokalquantität (= -länge) bewußt zu machen sein: im Deutschen sind

['mitə] : ['miːtə]
['hytə] : ['hyːtə]
['bulə] : ['buːlə]
[fal] : [faːl]

Minimalpaare; im Französischen sind die Langvokale nur kombinatorische Varianten der kurzen; vor den sog. ›consonnes allongeantes‹ / r /, / ʒ /, / z / und / v / tritt automatisch die lange Variante auf: [paːʒ] ›Seite‹, aber [vaʃ] ›Kuh‹; [bluːz] ›Bluse‹, aber [mus] ›Schaum‹; [riːv] ›Ufer‹, aber [kanif] ›Taschenmesser‹.
Für den Französisch lernenden Deutschen ist das Einüben der Nasalvokale besonders wichtig, natürlich vor allem in Abhebung von den zugehörigen Oralen, daneben aber auch in ihren Unterschieden untereinander.[24]

[so] ›Sprung‹: [sõ] ›sein‹ (Possessivpron.), ›ihr‹ (Poss. Pron.); [pɛ] ›Frieden‹: [pɛ̃] ›Brot‹ usw. sind im Französischen Minimalpaare, während dt. [bɛ̃:r] für [bɛ:r] ›Bär‹ ohne Bedeutungsunterschied als individuelle Variante vorkommen kann.

Neben den Nasalvokalen muß der Deutsche besonders die verschiedenen e-Phoneme im Französischen beachten: [e], [ɛ] und [ə] sind drei verschiedene Phoneme[25], im Deutschen dagegen ist das [ə] kein eigenes Phonem, nur kombinatorische Variante des [e], die in unbetonten Silben eintritt.

Im Französischen sind [sel(ə)ve] ›s'élever‹ und [səl(ə)ve] ›se lever‹ ein Minimalpaar, deutsch sind z. B. [ˈro:zə] und [ˈro:ze] nur zwei verschiedene Varianten ohne Bedeutungsunterschied.

Ebenfalls Relevanz für den Fremdsprachenunterricht hat der Begriff der Korrelation: z. B. ist bei den Plosiven im Französischen gegenüber dem Deutschen die ganze Serie *p t k* weniger stark behaucht, mithin ist auch die ganze korrelierende Serie *b d g* stimmhafter als im Deutschen. Oder beim Vergleich Deutsch und Englisch: das englische [t] in *tea* ist stärker aspiriert als das deutsche [t] in *Tee*. Entsprechendes gilt für die ganze Serie *p t k* im Anlaut (oder nach s-) vor Vokal (vgl. z. B. die Aussprache von engl. *pun* gegenüber dt. *Panne* oder engl. *to spin* gegenüber dt. *spinnen*).

Phonemnotierung: Phoneme sind nicht strukturelle Letztgrößen, sondern lassen sich weiter analysieren in ihre Merkmale. Während der Amerikanische Strukturalismus Sprachbeschreibung vor allem als Aufstellen von Phoneminventaren und Morpheminventaren auffaßte, hat sich die Prager Schule besonders mit dem nächsten Analyseschritt, dem Zerlegen der Phoneme in ihre Merkmale, befaßt. Für sie ist ein Phonem ein *Bündel von Merkmalen* (= *Phemen*, Sing.: das *Phem*). Diese lassen sich in einer Matrix anordnen, mittels derer jedes Phonem in seinen distinktiven Merkmalen eindeutig beschreibbar ist. Bei den phonologischen Merkmalen der Matrix, die bei dem betreffenden Phonem vorhanden sind, ist ein + einzutragen, bei denen, die fehlen, ein −. Irrelevante Merkmale sind mit 0 zu kennzeichnen.

Das Wort *Wissenschaft* z. B. ließe sich phonologisch folgendermaßen beschreiben:

	vokalisch	kurz	offen	gerundet	konson.	stimmhaft	plosiv	frikativ	nasal	lateral	vibrant	bilabial	labiodental	apikodental	alveolar	präpalatal	palatal	velar	uvular	pharyngal
v	–				+	+		+					+							
i	+	+	–	–																
s	–				+	–		+							+					
ə	+	+	–	–																
n	–				+	+			+					+						
ʃ	–				+	–		+								+				
a	+	+	+	0														+		
f	–				+	–		+					+							
t	–				+	–	+							+						

Aufgabe:

11. Entziffern Sie die folgende phonologische Matrix. Welches deutsche Wort ist hier notiert?

vokalisch	kurz	offen	gerundet	konson.	stimmhaft	plosiv	frikativ	nasal	lateral	vibrant	bilabial	labiodental	apikodental	alveolar	präpalatal	palatal	velar	uvular	pharyngal
–				+	–	+											+		
+	+	–	–																+
–				+	+			+					+						
–				+	–	+							+						

Aufgabe:

12. Sie erinnern sich an K. Bühlers Organon-Modell der sprachlichen Kommunikation (s. Kap. 3) und an den dort eingeführten Begriff der *abstraktiven Relevanz*. Versuchen Sie, Phonetik und Phonologie gegeneinander abzuheben unter dem Aspekt dieser abstraktiven Relevanz!

5.4.3 Syntagmatische Beziehungen der Phoneme

Jedes Element eines Sprachsystems ist erst vollständig identifiziert, wenn man seine paradigmatischen *und* seine syntagmatischen Beziehungen beschrieben hat. Die paradigmatischen Beziehungen geben an, zu welchen anderen Elementen der gleichen Ebene der Sprachbetrachtung es in Opposition steht – paradigmatische Beziehungen sind »anstatt«-Beziehungen –; für ein Phonem ist die Summe sämtlicher mit ihm opponierender Elemente das Phoneminventar der betreffenden Sprache. Die syntagmatischen Beziehungen geben an, welche Elemente der gleichen Ebene ihm innerhalb der *chaîne parlée*

vorangehen können und welche ihm folgen können – syntagmatische Beziehungen sind »vor/nach«-Beziehungen.
Syntagmatische Beziehungen zwischen Phonemen äußern sich in Positionsbeschränkungen (die bestimmte Beschränkungen für den Bau der Silbe mit sich bringen), in Neutralisierungen von Phonemoppositionen in bestimmter Stellung und in Veränderungen von Phonemrealisierungen im Kontakt mit bestimmten anderen Phonemen.

5.4.3.1 Positionsbeschränkungen

Es gibt für bestimmte Phoneme in einem Sprachsystem Positionsbeschränkungen, sie können nicht an jeder beliebigen Stelle der *chaîne parlée* auftreten. So kann im Deutschen / h- / nur im Anlaut, / -ŋ- / nur im In- und Auslaut stehen. Für Deutsch und besonders für Französisch und Englisch gilt, daß Konsonantenhäufungen nicht beliebig möglich sind. / pfl / wie in dt. / pflɔk / z. B. gibt es im Englischen und im Französischen nicht. Kombinationen wie * / rtk /, * / pbms / sind auch im Deutschen unzulässig.

5.4.3.2 Die kanonische Form der Silbe

Die Beschränkungen in der Kombinierbarkeit von Phonemen, die für ein Sprachsystem charakteristisch sind, werden gelegentlich dargestellt in der sog. *kanonischen Form der Silbe*.[26] Im Deutschen hat die Silbe die Strukturformel (K) (K) (K) V (K) (K) (K) (K), wobei K = Konsonant, V = Vokal; fakultative Elemente stehen in Klammern. Eine minimale Silbe besteht also aus einem Vokal, z. B. / ae / ›Ei‹; -a- in / teˑaːtər / usw.; maximale Silben sind z. B. *Strumpf* / ʃtrumf /; (du) *springst* / ʃpriŋst /, (du) *schimpfst* / ʃimfst /.
Es sollen hier nicht sämtliche Kombinationsmöglichkeiten vorgestellt werden; zu unterstreichen ist nur, daß ›fakultativ‹ nicht bedeutet, jeder beliebige Konsonant könne zusammen mit jedem beliebigen anderen vor einen Vokal treten; vielmehr gelten die Kombinationsmöglichkeiten nur im Rahmen der Positionsbeschränkungen der einzelnen Phoneme.

Es kann z. B. im Deutschen einer Kombination / t / + Vokal als weiterer Konsonant nur / ʃ / vorangestellt werden: / ʃta /, / ʃte /, / ʃti / (plus jeweils fakultativer Konsonant oder fakultative Konsonanten am Ende) sind Silben des Deutschen, aber * / bta /, * / dta /, * / lta /, * / rta / usw. nicht. Kombinationsmöglichkeiten von drei Konsonanten vor dem Vokal beschränken sich auf die Gruppe / ʃ / + Plosivkonsonant + l oder r (plus jeweils fakultativer Konsonant bzw. fakultative Konsonanten am Ende), also / ʃtr / + Vokal, / ʃpr / + Vokal, / ʃpl / + Vokal, z. B. *streng, springen, Splitter.*

Für das Französische gilt die kanonische Form (K) (K) (K) V (K) (K), die häufiger als im Deutschen in ihrer minimalen Form realisiert ist, z. B. *à*, (il) *a* / a /, *et* / e /, *est* / ɛ /, *y* / i /, *eau, haut* / o /, *où, ou* / u / *eux* / ø / *eu* / y /, *an, en* / ã / usw. Die Realisierung der maximalen Form ist seltener als im Deutschen, z. B. *strict* ›streng‹ / strikt /, *sprint* ›(der) Sprint‹ / sprint / (das aber ein englisches Fremdwort ist und seine englische Aussprache beibehalten hat).

Für jede Sprache ließe sich eine detaillierte Strukturformel der Silbe aufstellen, in der sämtliche Positionsbeschränkungen mit eingetragen sind. Nur zur Illustration (nicht etwa zum Auswendiglernen!) sei die von Whorf[27] für das Englische erarbeitete zitiert:

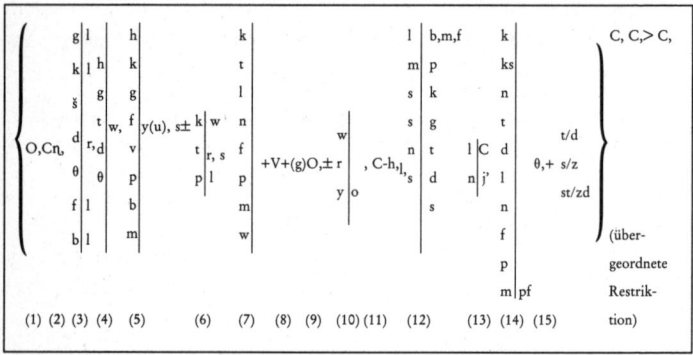

Das Element 8, V = Vokal, ist auch im Englischen als einziges unabdingbar für die Silbe. Ihm vorangehen kann
– entweder Spalte 1, das ist null (geschrieben o), bedeutet also vokalisch anlautende Silbe,
– oder Spalte 2, das ist irgendein einzelner englischer Konsonant mit Ausnahme von ŋ (diese Restriktion ist geschrieben als C–ŋ)
– oder Spalte 3, das ist eine der Konsonantengruppen gl-, kl-, gr-, kr-, dr-, θr usw.[28]
– oder Spalte 4, das bedeutet andere Konsonantengruppen.
Als Folgeelemente nach dem Element 8, V = Vokal, sind ebenfalls null oder die Konsonantengruppen 11 bis 15 möglich.

Es würde zu weit führen, hier Whorfs ganze metasprachliche Formel wieder in Objektsprache zurückzuinterpretieren[29]; es ging nur darum, vorzustellen, nach welchem Prinzip Whorf die Positionsbeschränkungen der englischen Phoneme in einer Formel zusammenzufassen versucht hat. Für die Phoneme des Deutschen und des Französischen könnten die Positionsbeschränkungen in analogen Formeln dargestellt werden.

Festzuhalten ist jedenfalls, daß sich die Phonemsysteme der einzelnen Sprachen »nicht nur in bezug auf das Vorhandensein oder Nicht-Vorhandensein bestimmter einzelner Phoneme, sondern auch hinsichtlich der diversen Kombinations- und Positionsmöglichkeiten der *vorhandenen* Phoneme im Rahmen der kleinsten bedeutungstragenden Einheiten«[30] unterscheiden.

Eine Anwendungsmöglichkeit der oben skizzierten Strukturformeln sieht Whorf im Fremdsprachenunterricht: Wenn dem Lernenden für seine Muttersprache die Strukturformel, die er unbewußt internalisiert hat, theoretisch bewußt gemacht wird und die der Fremdsprache kontrastivistisch daneben gestellt wird, hilft man ihm, phonologische Interferenzen zu vermeiden.

Ein Beispiel für eine solche Interferenz ist etwa die deutsche Aussprache [ʃləu] für englisch / *sləu* / slow – die deutsche Silbenstrukturformel erlaubt die Konsonantenkombination ʃl- vor Vokal, die englische nicht.

5.4.3.3 Neutralisierung, Archiphonem

In bestimmten Fällen kann die Opposition, die zwischen zwei Phonemen eines Systems besteht, aufgehoben (neutralisiert) sein. Wie es dazu kommt, führen wir am einfachsten am Beispiel der deutschen sog. Auslautverhärtung vor:

Im Deutschen stehen die beiden Phoneme / d / und / t / in Opposition zueinander, wie sich durch Minimalpaare belegen läßt, z. B. *leiden : leiten*; *Dorf : Torf*. Nun unterliegt aber das eine dieser beiden Phoneme, nämlich / d /, einer Positionsbeschränkung: Es kommt nur 1. im Anlaut (das bedeutet: im absoluten Anlaut, also als erstes Phonem eines Wortes, *oder* im Silbenanlaut, also als erstes Phonem einer Silbe) und 2. intervokalisch vor (Beispiele: *D*ach; gol*d*en; Wa*d*e), niemals jedoch im Auslaut. Auch wo die Graphie -*d* zeigt, ist *t* zu sprechen aufgrund der sog. Auslautverhärtung, die im Deutschen, nicht aber im Französischen und im Englischen, Regelgeltung hat. Sie betrifft die stimmhaften Plosivkonsonanten *b, d, g*. Ich spreche also dt. *Rad* / raːt /; Lo*b* / loːp /; *Berg* / bɛrk /; dagegen frz. (la) *rade* ›Reede‹

/ rad /, *Antibes* (Stadt in Südfrankreich) / ātib /, (la) *bague* ›Ring‹ / bag / und engl. *good* / gud /, *cab* ›Droschke‹ / kæb /; *dog* ›Hund‹ / dɔg /.

Der Französisch- bzw. Englischunterricht für deutsche Schüler muß hier vor muttersprachlichen Interferenzen warnen. Wenn der Schüler die automatische Auslautverhärtung seiner Muttersprache auf das Französische überträgt, bewirkt er Bedeutungsveränderung:

z. B. / rat / statt / rad / oder / bak / statt / bag /. *rate* ›Milz‹ : *rade* ›Reede‹ und *bac* ›Schulabschlußexamen‹ : *bague* ›Ring‹ sind im Französischen Minimalpaare. Entsprechendes gilt im Englischen: z. B. *cap* ›Mütze‹ : *cab* ›Droschke‹ und *dock* ›(Hafen-)Dock‹ : *dog* ›Hund‹ sind Minimalpaare. Der französische und englische ›stimmhafte Auslaut‹ muß, da phonologisch relevant, immer wieder ins Gedächtnis gerufen werden.

Da im Deutschen / d / im Auslaut gar nicht auftreten kann, ist in dieser Position die sonst bestehende Opposition / d / : / t / neutralisiert, sie existiert hier nicht mehr. ›Opposition‹ zwischen zwei Phonemen besagt ja, daß sie in paradigmatischer Beziehung zueinander stehen, d. h. in einer Beziehung gegenseitiger Austauschbarkeit innerhalb einer gegebenen Umgebung. In der Umgebung ›Auslaut‹ kann ich nicht das eine Phonem gegen das andere austauschen; wenn hier ein dentaler Verschlußlaut auftritt, brauche ich ihn nicht mehr hinsichtlich des Merkmals stimmhaft/stimmlos näher zu beschreiben, da hier gar keine solche Auswahl gegeben ist. Hier begegnet statt eines Phonems / d / oder eines Phonems / t / die übergeordnete Einheit, die die beiden Phoneme zusammenfaßt: das *Archiphonem* / T /.

/d/   /t/   (Archiphoneme werden durch Großbuchstaben tran-
―――――――――   skribiert.)
    /T/

Das Archiphonem ist zu beschreiben als Bündel derjenigen distinktiven Merkmale, die die beiden in ihm zusammengefaßten Phoneme gemeinsam haben. Bei / T / sind das: konsonantisch, plosiv, dental. Das Merkmal, das die beiden Phoneme unterscheidet, also Stimmhaftigkeit, ist ausgeblendet.

Aufgabe:
13. Beschreiben Sie (analog zu / d / : / t /) die Neutralisation der Opposition / g / : / k / im Deutschen, indem Sie von den beiden Wörtern *Werg, Werk* ausgehen. Geben Sie die phonologische Beschreibung des dabei auftretenden Archiphonems!

Neutralisierung von Phonemoppositionen ergibt sich aus den Positionsbeschränkungen, denen bestimmte Phoneme unterliegen. In den Positionen, die für ein Phonem gesperrt sind (so der Auslaut für *b, d, g* im Deutschen), kann es nicht »Oppositionspartner« für das andere, ihm artikulatorisch ähnliche sein. Hier kann nur noch ihr gemeinsames Archiphonem als Oppositionspartner gegenüber anderen Phonemen des Systems auftreten, z. B. / lo:P / : / lo:s / : / lo:t / : / lo:n / oder / ra:T / : / ra:r / : / ra:m /.

Aufgaben:
In jedem der folgenden Beispiele findet sich eine phonologische Erscheinung realisiert. Versuchen Sie herauszufinden, welche!

14. engl. *ten, bit.*
    »Die englische Phonetik beschreibt mindestens zweierlei [t]: das [t] von *ten* – Umschrift: [t'] – als einen stimmlosen alveolaren Verschlußlaut mit Aspiration (= Behauchung); und das [t] von *bit* – Umschrift: [t] – als einen stimmlosen alveolaren Verschlußlaut ohne diese Aspiration ... Das *t* im Anlaut muß immer aspiriert sein, das *t* im Auslaut nie.«[31]

15. dt.

Ring	*Wange*	aber nicht	*ngalt
Gesang	*singen*		*ngose
hing	*Lunge*		*ngrell
usw.	*Engel*		usw.
	usw.		

(Ein Sternchen * vor einer sprachlichen Form bedeutet hier ›nicht existent‹, sonst auch: ›nicht belegt‹ [in Texten und dergleichen], d. h. ›nur theoretisch erschlossen‹.)

16. Ein deutscher Sprecher spricht das Wort *welche* ['vɛlçə], ein anderer ['velçə].

17. a) dt.

Sonne	*Fuß*
Salz	*Kies*
sicher	*Hals*
sein usw.	*heraus* usw.
stets [z], nicht [s]	stets [s], nicht [z]

aber reißen / reisen
  / s /   / z /

b) Vergleichen Sie die deutschen Phoneme / s / und / z / unter phonologischen Gesichtspunkten mit den französischen / s / und / z /. Als Hilfe seien Ihnen folgende Wörter des Französischen angegeben: *la base* ›die Basis‹, *bas, basse* ›niedrig‹, *caser* ›verstauen‹, *casser* ›zerbrechen‹, *le sel* ›das Salz‹, *le zèle* ›der Eifer‹.

c) Dasselbe für englisch / s / und / z /! Als Hilfe: *peace* ›Frieden‹, *peas* ›Erbsen‹, *raising* ›(das) Hochheben; (die) Aufzucht‹ u. a., *racing* ›(um die Wette) rennend‹, *seal* ›Siegel‹, *zeal* ›Eifer‹.

18. a) Das Französische hat die beiden vokalischen Phoneme / ø / und / œ /. Können Sie eine phonologische Besonderheit in deren Verteilung feststellen? Als Hilfe: *la peur* ›die Furcht‹, *jeune* ›jung‹, *ils veulent* ›sie wollen‹, *peu* ›wenig‹, *le déjeuner* ›das Mittagessen‹, *le noeud* ›der Knoten‹, (je) *jeûne* ›ich faste‹, *veule* ›gemein‹, *peureux* ›furchtsam‹.

5.4.3.4 Kontaktphänomene

Auch wenn wir im allgemeinen Sprachäußerungen beschreiben als Abfolgen von einzelnen Phonemen, so bedeutet das nicht, daß die Phoneme isoliert nebeneinander stehen. Vielmehr beeinflussen sie einander in verschiedenen Weisen, die den Untersuchungsgegenstand der *phonétique combinatoire*[32] darstellen.
Ähnlich wie bei den kombinatorischen Varianten (s. Kap. 5.2) die lautliche Umgebung bestimmt, welche Variante des betreffenden Phonems automatisch eintritt, so handelt es sich auch hier um Ersatz oder Umgruppierung von Phonemen unter dem Einfluß der lautlichen Umgebung.

Assimilation: Beeinflussung eines Lautes durch einen benachbarten in der Weise, daß er ihm artikulatorisch ähnlich wird (bis zur völligen Gleichheit in bestimmten Fällen).
Beispiel: frz. *Strasbourg* [strazbuːr]. Das zweite *s* wird stimmhaft unter dem Einfluß des folgenden stimmhaften Plosivlautes (Verschlußlautes) *b*.
Man unterscheidet:
1. *regressive Assimilation* (die die häufigste Form ist): ein Phonem beeinflußt ein vorhergehendes:

z. B. in frz. *Strasbourg* [strazbuːr] (s. o.), *obscur* [ɔpskyr]; oder engl. *raspberry* [raːzbəri]. Zahlreiche Beispiele finden sich im Lateinischen bei zusammengesetzten Verben mit Präfixen wie *ab-, ad-, in-* usw., z. B. *ad-fero* > *affero* ›ich bringe her‹, *adcedo* > *accedo* ›ich rücke vor, komme herbei‹, *in-minari* > *imminari* ›drohen‹ usw.

Regressive Assimilation liegt auch in vielen Fällen umgangssprachlich nachlässiger Aussprache vor:

z. B. dt. *geben* wird häufig [geːm] gesprochen, *haben* [ham], *wagen* [vaːŋ]; amerik. engl. *bottle* ›Flasche‹ [bʌɫ], wobei [ɫ] das ›dunkle‹ l bedeutet; frz. *médecin* ›Arzt‹ [medsɛ̃], [mɛdsɛ̃] – beide Aussprachen haben [d̥], das bedeutet entsonorisiertes d (= ohne Stimmhaftigkeit gesprochenes d), das sich von / t / nur dadurch unterscheidet, daß es mit weniger Atemdruck gesprochen wird. (Das zweite *e* in *médecin* spricht man nicht.)

102

2. *progressive Assimilation:* ein Phonem beeinflußt ein nachfolgendes:

z. B. in frz. *Alsace* [alzas] wird das *s* stimmhaft unter dem Einfluß des vorangehenden stimmhaften Verschlußlautes *l.*

3. *doppelte Assimilation:* Beeinflussung eines Phonems durch ein vorhergehendes und durch ein nachfolgendes:

z. B. hört man frz. *pendant* ›während‹ [pãnã] gesprochen. Die beiden nasalen Vokale / a / haben den zwischen ihnen stehenden dentalen Verschlußkonsonanten / d / nasaliert zu / n /.

Die Assimilation ist ein Mechanismus artikulatorischer Ökonomie.

Bei dem Beispiel *pendant* [pãnã] etwa werden Artikulationsbewegungen ›eingespart‹ dadurch, daß man das Gaumensegel über die Dauer von drei Artikulationseinheiten hinweg (ã, n, ã) gesenkt läßt, statt es, wie bei der Aussprache [pãdã], zu senken, zu heben und wieder zu senken.

Nach einem anderen Gesichtspunkt unterscheidet man zwischen
– *Kontaktassimilation:* der beeinflussende und der beeinflußte Laut folgen in der *chaîne parlée* unmittelbar aufeinander (so bei allen obengenannten Beispielen), und
– *Fernassimilation:* die beiden Laute folgen nicht unmittelbar aufeinander.

Beispiele: die Umlaute in den germanischen Sprachen sind Fälle von Fernassimilation: dt. *Gast, Gäste; Buch, Bücher; ich fahre, du fährst; groß, größer.* Die Assimilation des Stammvokals wurde bewirkt durch den Vokal der Endung. Die Stammvokale sind velar (*a, o, u*), der Endungsvokal war im Germanischen *i* (nicht wie heute ə), also palatal. Er hat die velaren Stammvokale palatalisiert zu ɛ, ø, y. Entsprechend im Englischen: *foot, feet* aus Altenglisch *footi* (das *i* hat das *o* palatalisiert); *man, men; goose, geese* usw. Oder frz. *aimer* wird, neben [ɛme], häufig [eme] ausgesprochen, aber *nous aimons* stets [nuzɛmõ], *ils aimaient* stets [ilzɛmɛ]. Ebenso *têtu* ›eigensinnig, starrköpfig‹ häufig [tety], aber *la tête* stets [latɛt].

Eine solche Fernassimilation zwischen Vokalen wird auch als *Vokalharmonisierung* bezeichnet.

Dissimilation und Differenzierung: Sie bestehen – als Gegentendenz zur Assimilation – darin, daß zwei nicht weit voneinander entfernte gleiche Phoneme einander unähnlich gemacht werden, indem das eine der beiden ersetzt wird durch ein anderes. Als *Dissimilation* wird dieser Vorgang bezeichnet, wenn die beiden Phoneme nicht unmittelbar aufeinander folgen, als *Differenzierung*, wenn sie sich in unmittelbarem Kontakt befinden.

Beispiele für Dissimilation:
lat. *peregrinus* > frz. *pèlerin* ›Pilger‹ (nicht **pèrerin*)
lat. *mercatus* > frz. *marché* ›Markt‹ (nicht **merché*)
oder: im ›français populaire‹ die Aussprache [kolidɔr] für *corridor*.

Beispiele für Differenzierung:
lautgeschichtliche Entwicklung von Diphthongen aus ursprünglich langen, in manchen Erklärungen als ›zweigipflig‹ charakterisierten Vokalen, z. B. mittelhochdeutsch *wîp* [vi:p] > neuhochdeutsch *Weib* [vaep].

Metathese und Interversion: Phoneme werden in ihrer Stellung innerhalb der Lautkette vertauscht. Bei nicht unmittelbar benachbarten Phonemen bezeichnet man den Vorgang als Metathese, bei unmittelbar benachbarten als Interversion. Manchmal steht für beide Fälle die Bezeichnung Metathese.

Beispiel für Metathese: im ›français populaire‹ *tant qu'à faire* statt *quant à faire*; lat. *temperare* > frz. *tremper* ›eintauchen‹ (nicht **temprer*).
Beispiele für Interversion: lat. *(lac) formaticum* (wörtlich: ›geformte Milch‹) ›Käse‹ > frz. *fromage*.

Hapaxepie (= Haplologie): Reduzierung von zwei lautähnlichen benachbarten Phonemgruppen zu einer:

z. B. dt. *selbstständig* > *selbständig; Zaubererin* > *Zauberin*; frz. *contre-rôle* ›Gegenrechnung, Gegenregister‹ > *contrôle; Neuve* Ville > *Neuville* (Stadt in der Champagne); *tragico-comique* > *tragi-comique; morphophonologie* > *morphonologie.*

Sandhi (die Bezeichnung wurde von den alten indischen Grammatikern übernommen; sandhi = ›Verbindung‹, ›Zusammenfügung‹): Man spricht von Sandhi, wenn die bisher geschilderten Vorgänge aus der kombinatorischen Phonetik sich nicht innerhalb des Einzelwortes abspielen, sondern durch die Kombination von Wörtern in Syntagmen hervorgerufen sind. Es handelt sich dann um Erscheinungen der Satzphonetik, nicht der Wortphonetik.

Assimilation auf satzphonetischer Ebene:
dt. *mei*n N*effe, ein Stü*ck K*uchen*; frz. *cet*te t*able; pou*r r*entrer*; engl. *a bla*ck c*ar; ba*d d*og.*
Wenn in der Lautkette zwei gleiche Laute aufeinanderfolgen, wie oben / n / + / n /, / k / + / k /, / t / + / t / usw., wird der erste von den beiden nur unvollständig artikuliert: Der Verschluß an der Artikulationsstelle wird für den ersten Konsonanten hergestellt und länger gehalten als beim Einfachkonsonanten und dann geöffnet. So werden zwei Artikulationsbewegungen eingespart: die Öffnung des Verschlusses beim ersten Konsonanten und der Verschluß beim

zweiten. Entsprechendes gilt für Frikativlaute, wo ebenfalls für den zweiten Laut des Paares nicht neu eingesetzt wird. Oder:

Regressive Assimilation auf satzphonetischer Ebene:
frz. *je pense* [ʃpãs]; *nous jetons* [nuʃtõ]; *chef d'état* [ʃevdeta]; *l'Afghanistan* [lavganistã];
engl. *is she?* [iʒʃi].

Progressive Assimilation: z. B. in engl. *don't you?* [dountʃu]
Als Sandhi-Erscheinungen lassen sich auch andere Phänomene erklären, die zwar nicht Bestandteil der *langue* sind (denn es besteht ja nicht etwa eine Opposition zwischen frz. [ʃpãs] und dem auch möglichen [ʒpãs]), aber dennoch nicht rein sprecherindividuell auftreten, also auch nicht auf die *parole* beschränkt sind. Sie werden der *Norm* im Sinne Coserius zugerechnet (s. Kap. 5.3.1). Wie alle Norm-Phänomene, sind auch die Sandhi-Erscheinungen nicht als (klipp und klar binäre, also für das Spracherlernen einleuchtend formulierbare) Oppositionen vorhanden, aber gleichwohl für die betr. Sprachgemeinschaft typisch (da überindividuell), daher muß der Fremdsprachenunterricht sie mit einbeziehen:

Im Englischen sind es vor allem die häufig gebrauchten, meist einsilbigen Wörter wie Hilfsverben, Präpositionen und Konjunktionen, die eine volle und mehrere schwache Varianten besitzen, z. B.

and [ænd]; [ənd], [ən], [nd], [n] bzw. [m] durch Sandhi-Assimilation vor *b* oder *p*, z. B. in *bread and butter* [brēm·bʌtə] oder [ŋ] bei *k* oder *g*, z. B. in *come and go* [ˈkʌmŋˈgou];
was [wɔz]; [wəz], [wz] und die meisten anderen Formen des Hilfsverbs *to be*;
have [hæv]; [həv], [əv], [v].

Im Französischen ist es das sog. *e instable* (häufig auch *e caduc* oder irreführend *e muet* genannt), das seine hauptsächliche Rolle überhaupt erst auf der Sandhi-Ebene spielt. Denn die Fälle, die sich wortphonetisch beschreiben lassen (z. B. *emmener* ›mitnehmen‹, *élever* ›aufziehen‹ u. a., bei langsamem Sprechtempo [ãməne], [eləve], bei normalem Sprechtempo [ãmne], [elve], machen ja im allgemeinen im Fremdsprachenunterricht keine Schwierigkeiten. Schwierig ist nur, innerhalb von Syntagmen und Sätzen zu entscheiden, welche der vorhandenen *e instable* auch bei flüssigem Lese- und Sprechtempo ausgesprochen werden *müssen*. Das sog. *Dreikonsonantengesetz*[33] besagt, daß in den Fällen, wo bei Fortfall des *e* schwierige Konsonantengruppen entstehen würden (z. B. nfn, rlr usw.), das *e* gesprochen werden muß, daher z. B. *la fenêtre* [lafnɛtr], aber *une fenêtre* [ynfənɛtr]; *je chanterais* [ʒəʃãtrɛ], aber *je parlerais* [ʒəparlərɛ] bzw. mit Assimilation [ʃparlərɛ]; *je vous r(e)-merci(e) d(e) la l(e)çon*, aber *un(e) bonn(e) leçon; parc(e) que je n(e) te l(e) red(e)mand(e)rai pas* ›weil ich dich nicht wieder darum bitten würde‹ usw.[34]

Diese wichtige Funktion der Artikulationserleichterung versieht das *e instable* als Stützvokal selbst in Fällen, wo es in der Graphie gar nicht auftaucht, z. B. *Arc de triomphe* [arkədətriõf], *ours blanc* ›Eisbär‹ [ursəblā]. In diesen Fällen wird das *e instable* gelegentlich als *parasitäres e* bezeichnet; es ist hier Sproßvokal (= *Swarabhakti* [Sanskrit: »Teilvokal«]).[35]

Die Voll- und Schwachformen im Englischen und das Dreikonsonantengesetz im Französischen sind erfahrungsgemäß im Fremdsprachenunterricht als typisch englische und typisch französische ›Aussprachetücken‹ eine häufige Fehlerquelle im mündlichen Sprachgebrauch (Lesen und Sprechen). Sie sollten nicht nur in häufig auftretenden Wendungen eingeübt, sondern auch in einem theoretischen Überblick dargestellt werden, der vor allem ihren Sandhi-Charakter hervorheben sollte, d. h. bewußt machen, daß die richtige Aussprache in jedem Fall nur vom Kontext her gefunden werden kann (beim *e instable* allein vom lautlichen Kontext her, während bei der Wahl der englischen Voll- oder Schwachformen neben dem lautlichen Kontext die inhaltliche Gewichtung eine Rolle spielt).

Im Deutschen lassen sich als Sandhi-Erscheinungen Varianten des bestimmten und des unbestimmten Artikels anführen, genauer: die Synkopierung (= lautliche Zusammenziehung) des bestimmten und des unbestimmten Artikels je nach lautlicher Umgebung:

z./B. nach Präpositionen: *mit dem Fahrrad* [mitm·fa:ra:t]; *in den Wald gehen* [inn·valtge:n], [in·valtge:n]; *für einen Studenten* [fɪrnənʃtʊ'dɛntn], [fyrnʃtʊ'dɛntn].

Die zweite, noch verkürztere Form [fyrnʃtʊ'dɛntn] ist allerdings nur da möglich, wo Verwechslung mit dem bestimmten Artikel vom Kontext her ausgeschlossen ist, denn in dieser stark verkürzten Form sind sie zumindest im Nominativ und im Akkusativ homophon (= gleichklingend)

[fyrn·hunt]   1. *für einen Hund*
                2. *für den Hund*

Wenn der deutschlernende Ausländer eine solche homophone Form in einer mündlichen Sprachäußerung antrifft, ist es für deren Disambiguierung (= ›Eindeutigmachen‹ einer mehrdeutigen Form) notwendig, daß er als Hörer um diese Sandhi-bedingte Homophonie weiß.

Bei den in diesem Kapitel dargestellten Phänomenen der kombinatorischen Phonetik ist zu unterscheiden zwischen solchen, die gegenwärtig (noch) fakultative Varianten darstellen, also (noch) nicht der *langue* angehören (Bsp.: Aussprache [eme] für frz. *aimer*), und den Fällen, wo Kontaktphänomene zu Sprachwandel geführt haben (Bsp.: *fromage* aus lat. *[lac] formaticum*). Wenn man sich jedoch vor Augen hält, daß jede Veränderung der *langue* nur auf dem Wege über die *parole* möglich ist (nach de Saussure durch Zusammenwirken der beiden Faktoren *temps* und *masse parlante*, s. Kap. 3.1.2.2), so ist auch für diese Formen ein Stadium zu postulieren, wo sie lediglich Varianten waren, wo z. B. im Vulgärlateinischen neben *formatico* die Form *fromatico* gebraucht wurde – sei es als Artikulationserleichterung[36], sei es als bloßer *lapsus linguae*, der sich durch Zufallsumstände oder dank des Sozialprestiges seines Urhebers verbreitete.

Wenn auf diese Weise die ursprüngliche Form ganz verdrängt war (oder mit anderer Bedeutung an einer anderen »Stelle« des Sprachsystems weiterlebte), dann war aus einer Variante in der *parole* ein Element der *langue* geworden. Dieser Vorgang spielt sich auf allen Ebenen des Sprachsystems ab, nicht nur im Wortschatz, wie hier. Man könnte von der »Systematisierung von Varianten« als einem Mechanismus des Sprachwandels sprechen. In der Phonologie haben wir ihn schon kennengelernt als Phonologisierung[37] von Varianten (Beispiel: Entwicklung der frz. Nasalvokale hinsichtlich ihres phonologischen Status, s. Kap. 5.3.2: Die Nasalvokale, früher nur kombinatorische Varianten neben den oralen, entwickelten sich zu eigenen Phonemen).

5.5 Orthographie

5.5.1 Schriftsystem und Sprachsystem

Unter Schrift versteht man ein konventionalisiertes System von graphischen Zeichen zur Aufzeichnung von mündlicher Sprache.[38] Im Sinne von de Saussures »Primat des *code phonique* vor dem *code graphique*[39] wird also das Schriftsystem zumeist in Abhängigkeit vom Lautsystem gesehen.[40]

Es lassen sich verschiedene Typen von Schriftsystemen unterscheiden; hier soll nur die grundlegende Unterscheidung in *logographische* und *phonographische* Schriftsysteme genannt werden:

Bei logographischen Schriftsystemen stehen die Zeichen für Morpheme oder Wörter (Beispiel: das Chinesische[41]);
bei phonographischen stehen die Zeichen für Laute (evtl. auch für Silben, aber auf jeden Fall für Einheiten, die kleiner als Morpheme sind, also keine

eigene Bedeutung haben. Beispiel: die Alphabetschriften lateinischer Ausprägung[42]).

In unseren folgenden Ausführungen wollen wir uns auf den zweiten
Typ beschränken.

5.5.2 Graphem, Allograph

Das *Graphem* wird definiert als kleinste distinktive Einheit eines
Schriftsystems. Um es zu ermitteln, bedient man sich, entsprechend
den Prozeduren in der Phonologie, der Segmentierung in *Graphe*
(= noch nicht klassifizierte Einheiten), die dann mittels Kommutationsprobe jeweils klassifiziert werden als zu verschiedenen Graphemen gehörig oder als *Allographe* (= Graphemvarianten) ein und
desselben Graphems. Z. B. sind ⟨g⟩ und ⟨g⟩ Allographe *eines* Graphems, ebenso ⟨r⟩ und ⟨r⟩.

5.5.3 Möglichkeiten der Beziehungen zwischen Lautebene
   und Schriftebene

Mit dieser Fragestellung wenden wir uns in konkreter Weise Problemen der Orthographie zu. Die Zuordnung von Einzelelementen des
Laut- und des Schriftsystems kann in beiden Richtungen mehrdeu-
tig sein.[43]
Eineindeutigkeit, d. i. Eins-zu-Eins-Entsprechung: jedem Phonem
entspricht ein Graphem = sog. phonetisches Prinzip der Verschrif-
tung, ist nirgends hundertprozentig verwirklicht, nur bei der API-
Umschrift (und anderen phonetischen Notierungssystemen). Im
Lateinischen und im Italienischen ist das phonetische Verschrif-
tungsprinzip recht weitgehend verwirklicht, im Deutschen weniger,
im Französischen und Englischen noch weniger.
Mehrdeutigkeiten in beiden Richtungen sind, wie gesagt, verschie-
dentlich anzutreffen.[44]
① *Mehreindeutige Beziehungen* = für mehrere verschiedene Phoneme
gibt es eine gleiche Graphemnotierung:

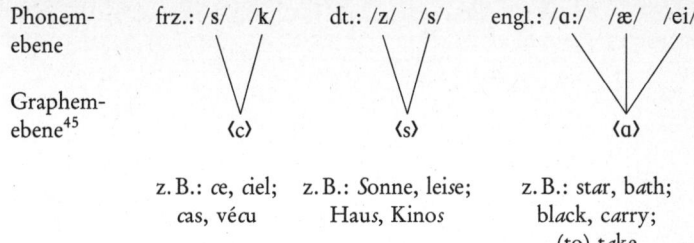

Phonem-ebene	frz.: /s/ /k/	dt.: /z/ /s/	engl.: /ɑ:/ /æ/ /ei/
Graphem-ebene[45]	⟨c⟩	⟨s⟩	⟨a⟩

z.B.: œ, ciel;   z.B.: Sonne, leise;   z.B.: star, bath;
cas, vécu   Haus, Kinos   black, carry;
(to) take

Diese Mehrdeutigkeit spielt vor allem für das Lesen eine Rolle.

② *Einmehrdeutige Beziehungen* = für *ein* Phonem gibt es verschiedene Graphemnotierungen:

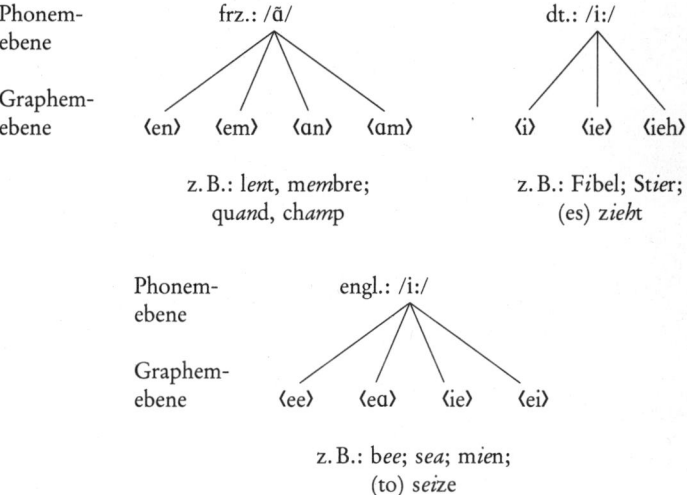

z.B.: lent, membre;   z.B.: Fibel; Stier;
quand, champ   (es) zieht

z.B.: bee; sea; mien;
(to) seize

③ *Mehrmehrdeutige Beziehungen:* Die bisher angeführten Beispiele (für ① und ②) waren aus ihrem Zusammenhang mit dem gesamten Phonem- und Graphemsystem ihrer Sprache herausgelöst; betrachtet man das gesamte System, so erweist sich, daß viele Phoneme und Grapheme in mehrmehrdeutiger Beziehung zueinander stehen, z.B.:

109

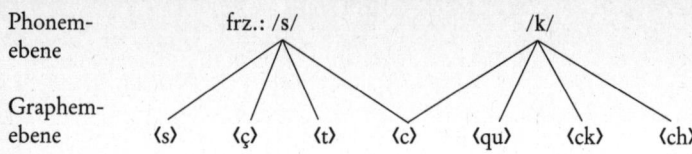

z. B.: sœur; ça; nation; ciel; cas; croix; qui;
(le) stock; technique

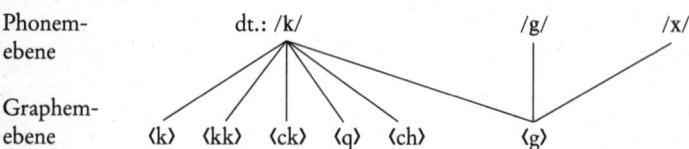

z. B.: kalt; Mokka; dick; Quelle; Fuchs; Tag /taːk/[46];
lustig /ˈlʊstɪç/, denn die Endung -ig (z. B. wie in *König*,
heilig usw.) wird (im Standarddeutschen) /-ɪç/
gesprochen, also mit der palatalen Variante
des *ch*-Phonems[47].

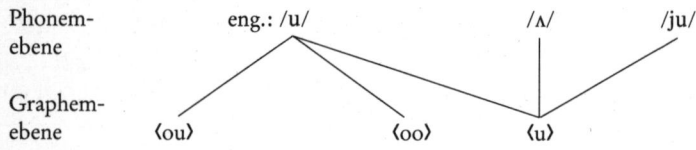

z. B.: you; book; (to) put; butter /ˈbʌtə/; duty

Die Typen ② (einmehrdeutige Beziehungen) und ③ (mehrmehrdeutige Beziehungen) spielen eine Rolle für das Schreiben. (Gäbe es sie
nicht, gäbe es sicher auch keine Diktate als Form des schriftlichen
Leistungsnachweises in der Schule.)

5.5.4 Exkurs I: Mehrdeutigkeiten und Orthographiereform

Bei der bevorstehenden Rechtschreibreform des Deutschen waren
zunächst einschneidende Neuerungen vorgesehen, die sich zum
Großteil charakterisieren lassen als Bemühungen, die zahlreichen
Mehrdeutigkeiten in der Beziehung zwischen Phonemik und Gra-
phemik zu reduzieren.

① Ein Beispiel einer solchen Änderung – die auch nach wie vor in Aussicht genommen ist – betrifft den Bereich der *s*-Phoneme/-Grapheme: Er war bisher nicht eineindeutig, sondern mehrmehrdeutig, nämlich:

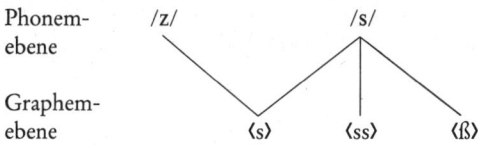

z. B.: *S*onne /ˈzɔnə/, al*s* /als/;
ha*ss*en /ˈhasən/, Flu*ß* /flʊs/

und er bleibt es auch; jedoch sollen die Distributionen von ⟨ss⟩ und ⟨ß⟩ klarer getrennt werden: nach kurzem Vokal nur ⟨ss⟩, nicht wie bisher teils ⟨ss⟩, teils ⟨ß⟩. (Bisher: ⟨ß⟩ im Inlaut nur nach langen Vokalen, also *gießen*, aber *müssen*. Dagegen im Auslaut ⟨ß⟩ nach langen *und* nach kurzen Vokalen, z. B. *Fuß* und *Fluß*!)

Neu ist also: auch im Auslaut ⟨ß⟩ nur noch nach langen Vokalen, z. B. *Fuß*, *groß*; dagegen *Biss*, ich *muss*, *dass*.

Dennoch wären damit natürlich nicht alle Rechtschreibeschwierigkeiten bei den s-Lauten beseitigt, denn es bleiben Distributionsüberlappungen: Distributionsüberlappung von ⟨s⟩ und ⟨ss⟩ nach kurzem Vokal im Auslaut (z. B. *bis*, *Biss*; *das*, *dass*; *was*, *nass*) und Distributionsüberlappung von ⟨s⟩ und ⟨ß⟩ nach langem Vokal im Auslaut (z. B. *Los*, *groß*; er *las*, *Maß*; *blies*, *stieß*). Das einfache ⟨s⟩ im Auslaut soll nach wie vor nach langem *und* nach kurzem Vokal stehen (z. B. *bis*: nach kurzem *i*, *blies*: nach langem *i*.)

② Ferner war zunächst auch eine Änderung bei den Phonemen /ɑː/ und /oː/ vorgesehen: Es sollte keine Schreibung mit Doppelvokal mehr zugelassen werden, sondern nur die Möglichkeiten ⟨a⟩, ⟨ah⟩ und ⟨o⟩, ⟨oh⟩. Das hätte zwar mehrere Einmehrdeutigkeiten in der Beziehung Phonem-/Graphemsystem reduziert, z. B. läge statt

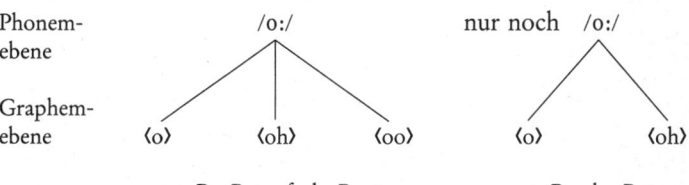

z. B.: B*o*te; fr*oh*; B*oo*t

z. B.: der B*o*te,
das * B*o*t; fr*oh*

vor, aber die Einmehrdeutigkeit, daß das Phonem / o: / die Schreibung ⟨o⟩ oder ⟨oh⟩ haben könnte, wäre auf jeden Fall geblieben.

③ Oder: Dem diphthongischen Phonem / aɪ /[48] hätte nur noch ein Graphem ⟨ei⟩ entsprechen sollen, nicht mehr die zwei Grapheme ⟨ei⟩ und ⟨ai⟩.
Inzwischen wird weder der *Keiser im *Bot fahren, noch werden *Ale und *Heie hinterherschwimmen!

④ Auch die »Katastrofe im Restorant bleibt aus«[49] – will sagen: die eventuell vorgesehene eingedeutschte Schreibung für eine Reihe von Fremdwörtern griechischen und französischen Ursprungs wird (glücklicherweise!) unterbleiben.
Wir wollen hier jedoch nicht eine inzwischen überholte Diskussion über diverse Implikationen einer Rechtschreibreform wiederbeleben, sondern vor allem deutlich machen, wie entscheidend bei einer solchen das Verhältnis zwischen Phonemen und Graphemen ist.
Daher wurden hier nur diese Typen von vorgesehenen Änderungen behandelt und die anderen, wie z. B. die »neuen« Großschreibungen »in Bezug auf«, »des Langen und Breiten« usw. außer acht (außer Acht??) gelassen; für ihre Analyse wären andere linguistische (z. B. morphologische oder semantische) Kategorien notwendig.

Aufgabe:
18. b) Stellen Sie dar, inwiefern durch die Schreibungen *Restorant und *Katastrofe ebenfalls Einmehrdeutigkeiten zwischen Phonem- und Graphemebene reduziert worden wären!

5.5.5 Exkurs II: Homonymenproblem und Orthographiereform

Implizit fand sich im bisher Ausgeführten Mehrdeutigkeit (= keine Eins-zu-Eins-Entsprechung zwischen Phonemen und Graphemen) als Mangel bewertet, dem man versucht entgegenzuwirken, oder zumindest läßt sich eine Grundtendenz zur Vereinfachung der bisher anzutreffenden Komplexität feststellen (so z. B. auch in der Interpunktion eine deutliche Reduzierung der Kommaregeln[50]).
Daß Mehrdeutigkeiten, insbesondere einmehrdeutige Beziehungen zwischen Phonemen und Graphemen, sich je nach Problemzusammenhang auch anders bewerten lassen, zeigt ein Blick auf das Französische. Im französischen Sprachsystem ist – aus hier nicht näher auszuführenden sprachgeschichtlichen Gründen – der Anteil an Homophonen (s. Kap. 9.6) sehr hoch, d. h.:

Es finden sich sehr häufig zwei, drei (ja bis zu sechs!) Wörter, die gleich ausgesprochen werden, z. B. / kwẽ /$_1$, / kwẽ /$_2$ oder / mɛːr /$_1$, / mɛːr /$_2$, / mɛːr /$_3$ oder / sã /$_{1 \text{ bis } 4}$, / so /$_{1 \text{ bis } 4}$, / vɛːr /$_{1 \text{ bis } 6}$ usw.! Daß ein Leser/eine Leserin froh ist, wenn wenigstens die Schreibung sofort deutlich macht, ob *le coin* (Ecke) oder *le coing* (Quitte); *mère, mer* oder *maire*; *sot, saut, sceau* oder *seau*; *ver, vert, verre, vers*$_1$, *vers*$_2$ oder *vair*[51] gemeint ist, dürfte einleuchten.[52]

Linguistischer ausgedrückt: Wenn es in einem Sprachsystem schon zahlreiche Homophone zu bewältigen gibt, so ist es im Hinblick auf das Gesamt möglicher Kommunikationssituationen hilfreich, daß häufig nur Homophonie und nicht totale Homonymie (= Homophonie plus Homographie) vorliegt, daß also die Verschiedenheit der Schreibungen (= die Einmehrdeutigkeit) der sog. Disambiguierung (»Eindeutigmachung«) von Homophonen dient.[53]

6 Morphologie

6.1 Die zweifache Gegliedertheit der Sprache

Sprache ist ein Zeichensystem neben vielen anderen, mit denen sie grundlegende Eigenschaften gemeinsam hat. Worin besteht nun das Spezifische des sprachlichen Zeichensystems, das es sowohl von nichtsprachlichen menschlichen Zeichensystemen als auch von Zeichen(systemen?) im Tierreich unterscheidet? Martinet hat als Antwort darauf das sprachliche Zeichensystem als das einzige zweifach gegliederte gekennzeichnet. Was er unter der *zweifachen Gegliedertheit* der Sprache, der *double articulation*, versteht, soll hier kurz ausgeführt werden.

Ein Sprachsystem basiert auf einem Inventar von Einheiten, die selbst keine Bedeutung haben, aber bedeutungsunterscheidende Funktion: den *Phonemen*. Ihre Anzahl ist begrenzt (25–50 je nach Sprache). Das Sprachsystem enthält noch ein weiteres Inventar von nächstgrößeren Einheiten: den *Morphemen*, die aus Kombinationen von Phonemen bestehen.

Ein Morphem ist die kleinste sprachliche Einheit, die eine Bedeutung hat, mit anderen Worten: *Morpheme sind die kleinsten sprachlichen Zeichen* (= Einheiten aus Ausdrucks- und Inhaltsseite). Sie können nicht mehr weiter segmentiert werden, ohne daß man ihre Bedeutung zerstört.[1]

Dank dieser zweifachen Gliederung verfügt die Sprache auf der Basis eines sehr begrenzten Phoneminventars über einen sehr umfangreichen Zeichenvorrat. Nach Martinet besteht darin die umfassendste Verwirklichung des Prinzips der sprachlichen *économie*, d. h. des geringstmöglichen Aufwands – eines Prinzips, das er als die Haupttriebfeder allen sprachlichen Geschehens ansieht.[2] Dabei finden sich in keinem der bekannten Sprachsysteme sämtliche Phonemkombinationen verwirklicht, die nach den Silbenbildungsregeln möglich wären (s. Kap. 5.4.3.2: zur Silbenstrukturformel).

Ein Beispiel aus dem Deutschen: die Phoneme / r /, / t / und / o / könnten in den Kombinationen / o /, / rot /, / ort /, / tor /, / tro / vorkommen, aber nur die ersten vier sind tatsächlich als Morpheme im Deutschen vorhanden (* / rto /, * / otr / wären nicht zulässig).

Gehen wir methodisch den Weg der Corpusanalyse von der *parole*-Äußerung zum zugrundeliegenden System, so lassen sich auf der ersten Gliederungsebene die Morpheme, auf der zweiten die Phoneme, in die diese Morpheme weiter zerlegbar sind, ergliedern.

Die Kinder spielen

Segmente der ersten Gliederungsebene:

/ Die / Kind / er /   spiel / en /

Sie sind *Morphe* = noch nicht klassifizierte Einheiten, die je einem Morphem zugeordnet werden können. Sie entsprechen also den Phonen in der Phonologie.

Es sind zweierlei Typen von Morphemen zu unterscheiden:

Die   Kind   *er*   spiel   *en*

☐ = *lexikalische Morpheme*, das sind Ausdrücke, mit denen wir reale oder auch nur gedachte Gegenstände, Personen, Sachverhalte usw. bezeichnen.[3]

...... = *grammatikalische Morpheme*, das sind ganz allgemeine, häufig wiederkehrende Einheiten, die im wesentlichen[4] die syntaktischen Beziehungen zwischen lexikalischen Morphemen kennzeichnen.[5] (Auf den Begriff Syntax gehen wir später noch ein; hier nur soviel: Man versteht darunter feste Muster, gemäß denen Morpheme zu komplexen Ausdrücken zusammengestellt werden.) Es ist zu beachten, daß auch grammatikalische Morpheme Ausdrucks- *und Inhalts*seite haben, oder besser: sie sind Lautketten mit einer inhaltlichen Funktion, die aber zu ihrer Konkretisierung im allgemeinen einer Umgebung aus lexikalischen Morphemen bedarf.

Beispiel (s. o.): – *er* hat hier die Funktion, den Plural eines zugehörigen Substantivs auszudrücken.

Grammatikalische Morpheme werden in der Grammatik behandelt. Sie stellen begrenzte paradigmatische Klassen dar, während die Liste der lexikalischen Morpheme offen ist (geschlossenes Inventar – offenes Inventar[6]). Dies läßt sich durch Substitutionsproben nachweisen (s. o. Beispiel):

Für die Segmente *die, -er, -en* ist die Menge der substituierbaren Morpheme gering (für *die: diese, manche, meine* oder null; für *-er* und für *-en* s. Schema Kap. 6.5), dagegen für *Kind* und für *spiel* unbegrenzt (sie umfaßt letztlich alle Substantive bzw. alle Verbstämme, über die das Sprachsystem verfügt).

Wenn die Corpusanalyse das Morpheminventar erstellt hat, sind auf der zweiten Gliederungsebene die Morpheme weiter zu analysieren in Phoneme. An unserem Beispiel: / k / / i / / n / / t / usw.

Durch die bekannten Prozeduren (Kommutationsprobe / kint / : / rint / usw., s. Kap. 5) gelangt man schließlich zum Phoneminventar. Damit ist die Systembeschreibung (= Morphem- und Phoneminventar der Sprache plus Angabe der jeweiligen syntagmatischen Beziehungen) vollständig.

6.2 Morphemanalyse

Der Weg vom Corpus zum Morpheminventar durchläuft die gleichen Etappen wie der zum Phoneminventar, weshalb er unter Verweis auf diesen (s. Kap. 5) knapper dargestellt werden kann, und zwar gleich an einem Beispiel:

Aus dem Kekchi, einer Maya-Sprache in Guatemala, liegt folgendes Corpus vor (ein Minimalcorpus, das als Modell für Corpora bei linguistischer Feldforschung dienen soll):

1. *tinbeq* ›Ich werde wandern‹
2. *tatbeq* ›Du wirst wandern‹
3. *ninbeq* ›Ich wandere‹[7a]

Die Bedeutung der einzelnen Segmente innerhalb der Syntagmen (Syntagma = Kombination von Morphemen) ist dem Forscher noch unbekannt, er kann zunächst nur teilgleiche Segmente feststellen → Bildung von Minimalpaaren:[7b]

tinbeq / *ninbeq*

›ich werde wandern‹ / ›ich wandere‹

/ t / : / n /

Auf der Ausdrucksseite unterscheiden sich die beiden Syntagmen nur durch / t / und / n /, inhaltlich nur durch ›Futur‹ und ›Präsens‹. Demnach hat das Morphem / t- / die Bedeutung ›Futur‹, das Morphem / n- / die Bedeutung ›Präsens‹.

Ein zweites Minimalpaar:

tinbeq / *tatbeq*

›ich werde wandern‹ / ›du wirst wandern‹

/ in / : / at /

unterscheidet sich ausdrucksseitig nur durch / in / und / at /, inhaltsseitig durch ›erste Person‹ / ›zweite Person‹. Dem noch nicht analysierten Rest / beq / ist (nach Informantenbefragung) die Bedeutung ›wandern‹ zuzusprechen. Demnach ließe sich aus dem (Mini-)Corpus folgendes Morpheminventar des Kekchi erstellen:[7c]

1. *n-* ›Präsens‹
2. *t-* ›Futur‹
3. *-in-* ›ich‹
4. *-at-* ›du‹
5. *-beq* ›wandern‹

6.3 Paradigmatische Beziehungen der Morpheme = Morpheminventar

Wie geschieht die Klassifizierung der durch die Segmentation gewonnenen Morphe zu Morphemen? Oder besser: wodurch wird bei zwei Morphen entschieden, ob sie als zu zwei verschiedenen Morphemen gehörig oder als Allomorphe (= Morphemvarianten) desselben Morphems im Morpheminventar zu registrieren sind?[8]

Beispiel:
Angenommen, eine Corpusanalyse habe zu folgenden Segmenten geführt:
Bahn / Bahnen
Wagen / Wagen
Auto / Autos
Rad / Räder.

Daraus lassen sich folgende Morphe ablesen:

1. Bahn			6. -en	
2. Wagen	lexikalische		7. -∅ (= null)	grammatikalische
3. Auto	Morphe		8. -s	Morphe
4. Rad			9. -er	
5. Räd-				

Die grammatikalischen Morphe 6–9 haben verschiedene Lautketten, aber gleiche Funktion (Pluralbildung von Substantiven). Daher kann ich sie als Varianten ein und desselben Morphems = als *Allomorphe* des Pluralmorphems klassifizieren.
Die lexikalischen Morphe 4 und 5 haben ihrerseits auch verschiedene Lautketten, aber gleichen Inhalt, sind also *lexikalische Allomorphe*. Es sind kombinatorische Morphemvarianten; die eine, / raːt /, erscheint in der Umgebung ›Singular‹ (z. B.: *das ... fährt*), die andere, rɛːd- /, in der Umgebung ›Plural‹ (z. B. *die ... er fahren*).

Es gibt also Morphe, die gleiche Funktion, aber verschiedene Ausdrucksseiten haben: Allomorphe (= Morphemvarianten). Andererseits gibt es auch Morphe, die gleich lauten, aber verschiedene Funktionen haben: sog. *homonyme Morphe:*

Beispiel:
-en$_1$ Allomorph des grammatikalischen Morphems für Plural von Substantiven (z. B. oben: *Bahnen; Betten, Zeiten*)
-en$_2$ Allomorph des grammatikalischen Morphems für 3. Person Plural Präsens Aktiv von Verben (z. B. oben: *spielen; arbeiten*)

Homonyme Morphe werden im Morpheminventar durch Indices unterschieden.

An einem weiteren Beispiel soll nochmals das Vorgehen beim Erstellen eines Morpheminventars geübt werden:

Angenommen, es sei das Morpheminventar des Französischen aufzustellen, soweit es sich aus dem folgenden Corpus ergibt:

nous pouvons   il pouvait   ils ont pu
ils peuvent   nous pouvions

Die Segmentation erbringt die Morphe

1. [puv-]
2. [pœv]
3. [py]
4. [-õ]
5. [-] (= null)
6. [-ɛ]
7. [-i-]
8. [õ]   Diese Segmente können nicht mehr in weitere, klei-
9. [nu]   nere zerlegt werden, ohne daß man ihre Bedeutung
10. [il]$_1$ zerstört. Sie sind also kleinste Sprachzeichen, po-
11. [il]$_2$ tentielle (= noch nicht klassifizierte) Morpheme =
12. [ilz]   Morphe.

Klassifikation dieser Morphe zu Morphemen:

1. [puv-]   *lexikalische Allomorphe* (verschiedene Ausdrucksssei-
2. [pœv]   ten, gleicher Inhalt); der Inhalt läßt sich etwa ange-
3. [py]   ben als ›in der Lage sein, etwas zu tun‹. Es sind
              kombinatorische Varianten, z. B. kann in der Umge-
              bung / nu / ... / õ / nur die Variante [puv-] stehen,
              weder [pœv] noch [py].
4. / -õ /$_1$ ›1. Person Plural‹   } homonyme
5. / õ /$_2$ ›3. Person Plural Präs. von *haben*‹ } Allomorphe
6. / - / (= null) ›3. Pers. Plural Präsens‹
7. / -ɛ /   ›3. Person Singular Imperfekt‹
8. / -i- /   ›1. Person Plural Imperfekt‹
9. / nu /   ›Personalpronomen, 1. Pers. Plural Nominativ‹
10. / il /$_1$ ›Personalpronomen,
           3. Pers. Sing. Nominativ‹   homonyme
           ›Personalpronomen,   Allomorphe
11. [il]$_2$ 3. Pers. Plural Nominativ‹   kombinatorische
12. [ilz]   ›Personalpronomen,   Varianten
           3. Pers. Plural Nominativ‹   (mit folgender
           Distribution: vor konsonantischem Anlaut die Va-
           riante [il]$_2$, vor vokalischem Anlaut die Variante [ilz]).
           [il]$_2$ und [ilz] sind *grammatikalische Allomorphe*.

119

Aufgaben

19. Aus der Tzeltal-Sprache (einer Maya-Sprache) liegt Ihnen das folgende Corpus vor:[9]

hk·ab ›meine Hand‹   *k·ab* ›Hand‹
kakan ›mein Fuß‹   *akan* ›Fuß‹
alumal ›dein Land‹   *lumal* ›Land‹
awinam ›deine Frau‹   *inam* ›Frau‹
sk·op ›seine Sprache‹ *k'op* ›Sprache‹
yat·el ›seine Arbeit‹ *at·el* ›Arbeit‹

Nehmen Sie daran nach dem oben demonstrierten Prinzip Morphemanalyse und Erstellung des Morpheminventars vor, soweit das aufgrund dieses Materials möglich ist.

20. Geben Sie an, welche der folgenden Aussagen für das Phonem, das Morphem oder keines von beiden zutreffen:
   a) Werden durch Segmentieren einer Sprachäußerung ermittelt;
   b) kleinste Einheiten der langue;
   c) kleinste Einheiten der parole;
   d) Bündel distinktiver Merkmale;
   e) kleinste Sprachzeichen;
   f) individuelle Realisationen einer Lautvorstellung;
   g) kleinste bedeutungsunterscheidende Zeichen.

21. a) Die folgenden deutschen Wörter enthalten alle *-er* / ər /. Stellen Sie fest, ob es sich um eine bedeutungslose Phonemfolge oder um Morphe handelt. Klassifizieren Sie evtl. Morphe zu Morphemen.

   Schwes*ter*   größ*er*
   neu*er*   groß*er*
   Fahr*er*   Lehr*er*
   Ei*er*   Bohr*er*
   Öffn*er*   dies*er*
   mein*er*   unt*er*
   Kamm*er*   Pud*er*

   b) Dasselbe für französische Wörter, die alle *-eur* / œːr / enthalten:

   (le) chass*eur*   (la) so*eur*
   (le) bonh*eur*   (c'est le) l*eur*
   (un oiseau) migrat*eur*   (le) voyag*eur*
   (la) douc*eur*   (une) *heure*
   (un sourire) enchant*eur* (la) su*eur*

   c) und für die folgenden englischen Wörter, die alle *-er* / ə / enthalten:

   silv*er*   mast*er*
   sing*er*   driv*er*
   high*er*   fast*er*
   low*er*   teach*er*
   fing*er*   rubb*er*
   (tin-) open*er*

22. Überlegen Sie, welche der folgenden Aussagen jeweils für das homonyme Morph, das Allomorph oder keines von beiden zutrifft:
    a) eines von bedeutungsverschiedenen Morphen mit gleichen Phonemketten;
    b) bedeutungsverschiedene Morpheme;
    c) eine Formvariante eines Morphems;
    d) gleiche Phonemketten;
    e) Sprachzeichen mit verschiedener Ausdrucksseite.[10]

23. Welchen strukturellen Status haben *l'* und *le* im Französischen nach den folgenden Beispielen:
    l'avion   *le train*
    l'étudiant   *le livre*?

24. *le train part à dix heures.*
    Jean n'est pas là. Je le cherche partout.
    In welchem Verhältnis stehen die beiden Morphe *le* in diesen französischen Sätzen?

25. a) *Nutz deine Chance!*   *ich bin müde*
       Nütz deine Chance!   *ihr seid müde*
       Welches Verhältnis besteht innerhalb des deutschen Sprachsystems 1. zwischen *nutz* und *nütz*, 2. zwischen *bin* und *seid*?
    b) *son œil*   *vous venez*
       ses yeux   *vous veniez*
       Welches Verhältnis besteht innerhalb des französischen Sprachsystems 1. zwischen *œil* und *yeux*, 2. zwischen *-ez* in ven*ez* und *-ez* in *veniez*?
    c) *books, pens*   *books*
       boxes, sheep, oxen   *he writes*
       Welches Verhältnis besteht innerhalb des englischen Sprachsystems 1. zwischen / s / in *books*, / z / in *pens*, / iz / in *boxes*, / - / (= null) in *sheep* und /ən / in *oxen*, 2. zwischen / s / in *books* und / s / in *he writes*?

6.4 Syntagmatische Beziehungen der Morpheme

Die Beschreibung des Systems einer Sprache ist noch nicht vollständig, wenn ich Phoneminventar und Morpheminventar (d. h. Inventar der grammatikalischen Morpheme und derjenigen lexikalischen Morpheme, die dem der Analyse zugrundeliegenden Corpus zu entnehmen waren) angeben kann. Der genaue Stellenwert eines Sprachelements im System ist der Schnittpunkt seiner paradigmatischen *und* seiner syntagmatischen Relationen; es ist also erst dann genau definiert, wenn ich außer den Elementen, zu denen es in Opposition steht, noch die Regeln für seine horizontale Verknüpfung in einer Abfolge von Sprachelementen angebe.

Z. B. steht das Morphem *gib-* / gɪp / in syntagmatischer Beziehung zu den Morphemen *-st* und *-t* und / - /, mit denen es die Kombinationen *gibst, gibt* und *gib* (Imperativ) eingeht. Zugleich steht das Morphem *gib-* nach der anderen Richtung – regressiv – in syntagmatischer Beziehung zu Morphemen wie *du* in *du gibst; er, sie es, Karl,* (der) *Mann,* (meine) *Schwester, niemand, wer* ... in *er gibt, sie gibt, meine Schwester gibt, niemand gibt* ...

Wie bei den Phonemen in jeder Sprache bestimmte Positions- und Kombinationsregeln zu beachten sind, so bei den Morphemen Regeln, die über ihre Aktualisierung Auskunft geben, erstens in Syntagmen und Sätzen wie oben im Beispiel *gib,* zweitens darüber, ob ein bestimmtes Morphem für sich genommen als Wort auftreten kann oder an welche anderen Morpheme es bei jeder Verwendung gebunden ist (s. Kap. 6.5.1).

Aufgaben[11]

26. a) Suchen Sie fünf Morpheme, die zu dem Morphem / ge:b- / *geb-* in paradigmatischer Beziehung stehen!

    b) Suchen Sie fünf Morpheme, die zu dem gleichen Morphem / ge:b- / *geb-* in syntagmatischer Beziehung stehen!

27. Ordnen Sie folgende alphabetische Listen von Morphemen jeweils zu Syntagmen und Paradigmen. Stellen Sie die Ergebnisse übersichtlich dar.

a) dt.	b) engl.	c) franz.
1. / eːr / *er*	2. / fə'gɔt / *forgot*	1. / il / *il, ils*
2. / ˈɛpfəl / *Äpfel*	1. / buk / *book*	2. / la / *la*
3. / is- / *iß*	3. / -ən / *-en*	3. / le / *les*
4. / kuːxən / *Kuchen*	4. / hi / *he*	4. / lə / *le*
5. / kaɔf / *kauf-*	5. / həz / *has*	5. / mõt / *monte, montent*
6. / ziː / *sie*	6. / kiː / *key*	6. / mõtaɲ / *montagne, montagnes,*
7. / -t / *-t*	7. / teik- / *take*	7. / ry / *rue, rues*
	8. / ə / *a* (Artikel)	8. / turist / *touriste, touristes*

6.5 Schematische Zusammenfassung der Methode des taxonomischen Strukturalismus auf der phonologischen und der morphologischen Ebene

Morphologie	*Phonologie*
ermittelt kleinste bedeutungstragende Einheiten	ermittelt kleinste bedeutungsunterscheidende Einheiten

1. durch Segmentieren

einer Äußerung (parole) in *Morphe* (= noch nicht klassifizierte Einheiten)

z. B.
Dort fahren Bahnen
/ dort / fahr / en / bahn / en /

eines Lautkontinuums (parole) in *Phone* (= noch nicht klassifizierte Einheiten)

↓ [ˈdɔrtˈfaːrənˈbaːnən]
/ d / / ɔ / / r / / t / / f / / aː /, usw.

2. durch Klassifizieren

Die *Substitution*, d. h. das Ersetzen eines erhaltenen Segments durch ein anderes in dieser Umgebung mögliches, liefert verschiedene *Morpheme* bzw. Morphemklassen eines jeweiligen Sprachsystems (langue).

Die *Kommutation* liefert die verschiedenen *Phoneme* des betr. Sprachsystems (langue). Kommutation: Austauschen eines Lautes gegen einen anderen mit dem Ergebnis, daß ein (ebenfalls bedeutungstragendes) anderes Morphem entsteht, bzw. daß die ursprüngliche Bedeutung des Morphems nicht mehr erkennbar ist. D. h.: Feststellen von Minimalpaaren:

/ d / / ɔ / / r / / t /
/ v / / ɔ / / r / / t /
oder / d / / ɔ / / r / / t /
/ d / / ɔ / / r / / f /   usw.
  Kontrast

Opposition

/ d / : / v /
/ t / : / f / Oppositionen.
Der Austausch wirkt sich bedeutungsverändernd aus; es handelt sich also um verschiedene Phoneme.

[d] [ɔ] [r] [t]
[d] [ɔ] [ʀ] [t]
[d] [o] [r] [t]

Syntagmat. Beziehung

Paradigmat. Beziehung

123

Der Austausch wirkt sich nicht bedeutungsverändernd aus, also nur Varianten = *Allophone* eines Phonems, z. B. sind im Dt. [ʀ], [r] Allophone eines Phonems, ebenso [o], [ɔ] (als Varianten des Phonems *kurzes o*).

Bahn   *en*
Mensch   *en*
Auto   *s*
Wagen   -

-en, -s, -null usw. sind verschiedene Morphe, die aber alle in dieselbe Morphemklasse gehören: in die, die dazu dient, den Plural von Substantiven auszudrücken: Sie sind verschiedene *Allomorphe* eines grammatikalischen Morphems (in diesem Falle des Pluralmorphems für Subst. im Dt.).

Allomorph	Allophon

gleiche Funktion,
verschiedene Erscheinungsform

dort | fahr | en | bahn | en

Die Segmentierung liefert folgende Morphe:

1. *dort*   3. *Bahn*
2. *fahr*   4. *-en*

Das Morph *-en* wurde zweimal registriert. Es handelt sich um Allomorphe zweier verschiedener Morpheme, um sog. *homonyme Morphe*:

en$_1$ = 3. Pers. Plur. Verb Präs.
en$_2$ = Plur. Subst.
(en$_3$ = Infin. Verb)
(en$_4$ = 1. Pers. Plur. Verb Präs.)

Warum gibt es bei den Phonemen nichts den homonymen Morphen Entsprechendes?

124

Allomorphe:

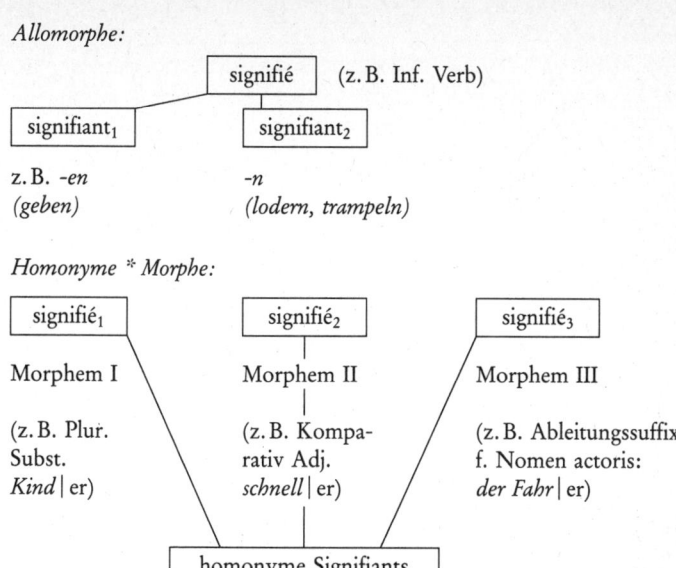

z. B. *-en*   *-n*
(geben)   *(lodern, trampeln)*

Homonyme * Morphe:

signifié₁   signifié₂   signifié₃

Morphem I   Morphem II   Morphem III

(z. B. Plur.   (z. B. Kompa-   (z. B. Ableitungssuffix
Subst.   rativ Adj.   f. Nomen actoris:
Kind | er)   *schnell* | er)   *der Fahr* | er)

homonyme Signifiants

(z. B. *-er*)

* Homonyme = Wörter mit gleicher Lautkette, aber verschiedener Bedeutung, z. B. dt. *Hut*, frz. *louer*, engl. *race*.

6.5.1 Morphem und Wort (freie/gebundene Morpheme)

Wörter sind wohl in den Augen des alltäglichen Sprachbenutzers diejenigen sprachlichen Einheiten, die sich am unmittelbarsten intuitiv erkennen lassen, die nächstgrößeren Einheiten nach den ›Lauten‹ oder den ›Buchstaben‹. Als strukturalistischer Klassifikationsbegriff jedoch ist das *Wort* nicht brauchbar: Hierfür ist der Wortbegriff, über den in der Sprachwissenschaft alles andere als Konsens herrscht, zu heterogen.

Ist z. B. dt. *Waschmaschine* ein Wort, sind frz. *machine à laver* drei Wörter, engl. *washing-machine* eines oder zwei? Ist dt. *einziehen* ein Wort, aber besteht der Satz *er zieht ein* aus drei Wörtern? Sind dt. *das In-der-Welt-Sein*, *das Immer-wieder-auf-die-Uhr-Schauen* je ein Wort? Sind dt. *sein* (Hilfswerb) und (ich) *bin* ein Wort in der gleichen Weise wie z. B. *lesen* und *lese* ein Wort sind?

125

Die Einheit des Wortes ist problematisch.

Daß ›Morphem‹ nicht gleichbedeutend mit ›Wort‹ ist, braucht kaum eigens betont zu werden. Was das Verhältnis der Begriffe Morphem und Wort betrifft, so sind zwei Typen zu unterscheiden: solche Morpheme, die selbständig als Wort auftreten können (= *freie Morpheme*), und solche, die nur als Teil eines Wortes auftreten können (= *gebundene Morpheme*). Der Wortbegriff, der hier das Einteilungskriterium abgibt, ist der Bloomfieldsche, von der Inhaltsseite absehende: Wort als *minimal free form* (= Phonemfolge, die zwischen zwei Pausen gesprochen werden kann, bzw. Graphemfolge, die zwischen zwei Zwischenräumen geschrieben wird).

Sowohl bei lexikalischen als auch bei grammatikalischen Morphemen gibt es freie und gebundene Formen:[12]

	frei	gebunden
lexikal. Morpheme	dt. *Haus, Hund, kauf, gut* … frz. *chien, vin, beau, va* … engl. *man, tree, good, go* …	dt. *ordn-, Him- rechn-* … frz. *dern-* (in *dernier*) *can-* (in *canin* zum Hund gehörig) engl. *voy-* (in *voyage*) *can-* (in *canine*, wie frz.) *viv-* (in *vivacious, vivid*)
grammat. Morpheme	dt. *ich, er* … *der, die, das* *wenn, daß* … frz. *elle, vous* … *le, la* *quand, que* engl. *she, we* … *while,* *that* (Konjunktion)	dt. *-er, -en, -e* *-st, -t, -end,* *-ig, -isch* frz. *-ons, -ant,* *-eux* (z. B. in *nombreux*) engl. *-s₁* (z. B. *books*) *-s₂* (z. B. *she looks*) *-ly* (z. B. *suddenly*)

Häufig gibt es von einem lexikalischen Morphem kombinatorische Varianten, von denen eine frei, die andere gebunden ist, z. B. *Rad, Räd-* (etwa in *Räder, Rädchen, zweirädrig* usw.); *Haus, Häus-* u.a. Im Französischen finden sich viele Beispiele unter den Verben, den unregelmäßigen oder auch nur solchen mit Besonderheiten, z. B. bei *jeter* [ʒɛt], [ʒət-]; *appeler* [apɛl], [apəl-] bzw. häufig [apl-] (etwa *nous appelons* [nuzaplõ]). Ein engl. Beispiel wäre etwa *man* mit den Varianten [mæn] = frei, [-mən] = gebunden, z. B. in *gentleman, Frenchman, horseman.*

Unikale Morpheme sind solche, die nur in einer einzigen Kombination im Wortschatz der betr. Sprache vertreten sind, z. B. dt. / him- / in *Himbeere*. (Daß es sich bei *Himbeere* um eine noch weiter segmentierbare Kombination und nicht etwa um ein einziges Morphem handelt, zeigt die Substitution anderer Elemente aus der gleichen paradigmatischen Klasse wie *Him-: Erd-, Stachel-, Brom-, Preisel-* usw., von denen *Brom-* und *Preisel-* ihrerseits zwei weitere Beispiele für unikale Morpheme sind.) Frz. Beispiel: |dɛrn-| in *dernier*, engl. Beispiel: |vɔj| in *voyage*.

Von einem *diskontinuierlichen Morphem* spricht man, wenn bei einer Inhaltsseite die zugehörige Ausdrucksseite in zwei Teile »auseinandergezogen« ist, z. B. dt. ge|sag|t: die Ausdrucksseite des grammatikalischen Morphems mit der Inhaltsfunktion ›Partizip Perfekt‹ besteht aus den *zwei* Elementen *ge...t*. Ebenso frz. *il ne vient pas*: Die Inhaltsfunktion ›Verneinung‹ ist »verteilt« auf die zwei Elemente *ne...pas*. Anders gesagt: *ne* allein hat keine eindeutige Inhaltsfunktion, erst zusammen mit dem *pas* bedeutet es ›nicht‹ (während es zusammen mit *personne* ›niemand‹ bedeutet usw.).

Ein *Amalgam* oder *Portemanteau-Morphem* hingegen ist gewissermaßen der umgekehrte Fall: Zwei Inhaltsseiten sind in eine Ausdrucksseite »zusammengeschmolzen« (daher die Bezeichnung *Amalgam*). Frz. Bsp.: *le chien du voisin*: *du* ist ein Amalgam; es vereinigt in sich die Inhaltsfunktionen 1) Genitiv, 2) Maskulinum Singular. Daß es sich um zwei Inhaltsfunktionen handelt, läßt sich deutlich erkennen an anderen Gliedern eines möglichen Paradigmas, z. B.

le chien	du	voisin
	de la	voisine
	de l'	agent

Dt. Bsp.: Amalgame aus Präposition + bestimmtem Artikel, z. B. *zum, im, fürs*

(zum	Bahnhof
zu den	Bahnsteigen usw.).

6.5.2 Wortbildung

Ein Wort besteht entweder aus einem einzelnen lexikalischen Morphem oder aus einem einzelnen grammatikalischen Morphem oder aus einer Kombination aus lexikalischem(n) + grammatikalischem(n) Morphem(en). Für deren Zusammentreten zu Wörtern gibt es in jeder Sprache eigene verschiedene Muster.

Dabei können freie Morpheme wieder mit freien Morphemen zusammentreten (z. B.: *Haus/tür, schall/dicht*) und/oder mit gebundenen (z. B.: *Schön/heit, zer/reiß, schnell/er; -heit, zer-, -er* sind gebundene Morpheme). Die gebundenen ihrerseits sind, wie der Name sagt, auf die Kombination sogar angewiesen und treten nur zusammen mit einem oder mehreren anderen (freien oder gebundenen) Morphemen auf (z. B.: *schnell/er:* freies lexikalisches + gebundenes grammatikalisches Morphem; *Zer/brech/lich/keit: zer-, -lich, -keit* sind drei gebundene grammatikalische Morpheme, *brech-* ist ein gebundenes lexikalisches Morphem).

Die grammatikalischen Morpheme lassen sich nach ihrer Funktion einteilen in *Flexionsmorpheme* (z. B. *-t* in *er sagt*) und *Wortbildungsmorpheme* (z. B. *-heit* in *Krankheit*).

Die Möglichkeiten lebendiger Wortbildung sind nicht in allen Sprachen gleich umfangreich; im Deutschen sind sie besonders vielfältig. Während das Repertoire an Flexionsmorphemen im Deutschen, Englischen und Französischen jeweils in gleicher Weise verwendet wird, fallen zwei Wortbildungsmuster im Deutschen durch sehr große Produktivität auf: 1. die Zusammensetzung, 2. die Ableitung.

Zusammensetzung = Komposition: Sie besteht aus mindestens zwei lexikalischen Morphemen; ein oder mehrere Wortbildungsmorpheme und/oder Flexionsmorpheme können hinzutreten.

Beispiele für solche Zusammensetzungen (= Komposita; Singular: Kompositum): *Handtasche, Straßenbahnhaltestelle, Postanweisungsvordruck; stockfinster; hochstapeln.*

Neben den Komposita gibt es als besonderen Fall der Zusammensetzung die *Zusammenrückung*, das ist eine Ad-hoc-Zusammensetzung, häufig eine Spontankreation des Sprechers.

Beispiele: das *Über-den-Dingen-Stehen*; ein *Komm-ich-heut-nicht-komm-ich-morgen-Typ* (ganz zu schweigen von den Wortschöpfungen der Heideggerschen Existenzphilosophie wie das *In-der-Welt-Sein, das Sich-immer-schon-vorweg-Sein, das Bei-den-Dingen-Sein* usw.).

Ableitung = Derivation: Sie besteht aus einem lexikalischen Morphem und einem oder mehreren Wortbildungsmorphemen; ein Flexionsmorphem kann hinzutreten. Wortbildungsmorpheme können zwei Funktionen haben: eine inhaltliche (= lexikalische Wortbildungsmorpheme) oder eine morphologische Funktion, nämlich die, das lexikalische Morphem in eine andere Wortart abzuleiten (= grammatikalische Wortbildungsmorpheme).

Wortbildungsmorpheme treten als *Präfixe* (= Vorsilben) oder als *Suffixe* (= Nachsilben) oder als *Infixe* (= Zwischensilben) auf; Prä- und Suffixe werden unter dem Begriff *Affixe* zusammengefaßt.

a) Beispiele für Ableitung durch Präfix (bzw. durch Präposition oder Richtungsadverb in der Funktion eines Präfix):

Unsinn, Mißstand, Abfahrt, Anfahrt, Auffahrt, Ausfahrt, Einfahrt, Herfahrt, Hinfahrt, Überfahrt, Vorfahrt, Zufahrt usw.; *absehen, ansehen, aufsehen, aussehen, besehen, einsehen, nachsehen, vorsehen, übersehen, zusehen* usw.; *abmessen, anmessen, bemessen, ermessen* usw.

b) Beispiele für Ableitung durch Suffix:

Wahrheit, Übelkeit, Scheidung usw.; *eßbar, arbeitsam, ärgerlich, reuig.*

c) Beispiele für Ableitung durch Infix:

reinigen, schädigen.

d) Beispiele für Ableitung durch Prä- und Suffix(e):

Bewässerung, unüberwindlich, mißverständlich, entleihbar, betriebsam, entnazifizieren, Unabhängigkeit.

Mit ›Produktivität‹ dieser Wortbildungstypen ist gemeint, daß jeder Sprecher spontan individuelle Wortbildungen nach diesen Mustern vornehmen kann:

z. B. *nachlesbar; unprofessoral;* (sich etwas) *ersitzen;* die *Einbürgerungspapiere;* die *Unentflohbarkeit* unserer Katze …, die *Unübersetzbarkeit* …

Aufgabe:
28. Beschreiben Sie bei den fünf letztgenannten Wörtern jeweils das zugrundeliegende Muster der Wortbildung!

Im Französischen nimmt die Wortbildung als kreative Möglichkeit einen geringeren Raum ein[13]; eine Liste der Wortbildungsmöglichkeiten, vor allem der Ableitungssuffixe (-*able: mangeable;* -*age: arrachage;* -*ard: montagnard;* -*el: conceptuel;* -*isme,* -*iste: réformisme, réformiste* u. a.) findet sich z. B. in der ›*Grammaire Larousse du français contemporain*‹[14].

Im Englischen sind die Möglichkeiten, den Wortschatz durch bloßes ›Umfunktionieren‹ vorhandener Elemente zu erweitern, sehr umfassend. Ableitungen durch Prä- und Suffixe gibt es auch im Englischen, doch ist der am meisten in die Augen springende Typ die sog.

zero-derivation (auch *Konversion* genannt), ›Ableitung durch Null-Morphem‹, das ist das Überwechseln eines Wortes in eine andere Wortart ohne Veränderung seiner Ausdrucksseite.

Beispiele: Substantiv → Verb (*bridge* → *to bridge* ›überbrücken‹)[15], Adjektiv → Verb (*idle* → *to idle* ›müßig sein‹), lokatives Adverb → Verb (*out* → *to out* ›rausschmeißen; k. o.-schlagen‹), Interjektion → Verb (*hail!* → *to hail* ›mit Heilrufen begrüßen‹), Verb → Substantiv (*to look* → *a look* ›Blick‹; *a person's looks*, Plural, ›jemandes Aussehen‹) u. a.

Dieser Ableitungstyp ist unkompliziert, entsprechend häufig und sehr produktiv. Seine Übersetzung ins Deutsche und ins Französische läßt sich oft nicht wörtlich, sondern nur durch Paraphrasen (z. B. aus Verb und Substantiv) leisten.

Über Wortbildung im Englischen informiert ausführlich Marchand (1969), dem auch die meisten der obengenannten Beispiele entnommen sind.

Exkurs: *Einige deutsche Wortbildungsmöglichkeiten und ihre frz./ engl. Übersetzung; Determiniertes – Determinierendes*

Einige beliebige literarische Beispiele deutscher Zusammensetzungen und Ableitungen mit ihren Übersetzungen ins Französische und ins Englische mögen einen Eindruck davon geben, mit welchen Mitteln sie beim Übersetzen wiedergegeben werden können. Beispiele aus H. Hesse: ›*Das Glasperlenspiel*‹[16] und der davon erschienenen französischen und englischen Übersetzung.

– *Zusammensetzungen:*
a) »die Angst vor dem *Sterbenmüssen*« (S. 507)
   »la peur du décès inéluctable«
   »the knowledge of death: (unvollständig übersetzt!)
b) »*wassergeschliffene* Kiesel« (S. 514)
   »des cailloux *polis*« (*Wasser* fehlt!)
   »*water-polished* pebbles«
c) »eine frühe, jugendliche *Menschheitsstufe*« (S. 208)
   »un *niveau* précoce et juvénile *de l'humanité*«
   »an early, youthful *stage of human life*«
d) »das *randvoll* gefüllte Gefäß« (S. 221)
   »la coupe remplie *à ras bords*«
   »the vessel, which had been filled *to the brim*«
e), f) »für die *Glaubenslosen* zumindest ein *Religionsersatz*« (S. 223)
   »au moins un *succédané de religion* pour les *incroyants*«
   »for the *faithless* at least a *substitute for religion*«

g) »die *Klosterleute*« (S. 223)
   »les *religieux*«
   »the *monastery folk*«
h) »*Glasperlenspielmeister*« (S. 226)
   »(le) *Maître du jeu des Perles de Verre*«
   »the *Magister Ludi*«
i) »(auf einen) *Vertrauensposten*« (S. 227)
   »(à un) *poste de confiance*«
   »(some) *post of confidence*«
k) »*Ordenssekretär*« (S. 227)
   »*secrétaire de l'Ordre*«
   »*secretary to the order*«
l) »ein desto geeigneterer Gegenstand für das *Verehrungsbedürfnis* der Heranwachsenden« (S. 234)
   »un objet d'autant plus indiqué pour le *besoin de vénération* des générations montantes«
   »a great stimulus to the *hero-worshipping needs* of the younger generation«

Das Englische kann Zusammensetzungen vom Typ *Klosterleute – monastery folk, Orangensaft – orange juice* nach dem gleichen Muster bilden wie das Deutsche, macht aber davon nicht so ausgedehnten Gebrauch wie das Deutsche. Von den 11 Beispielen aus Hesses Roman wurden im Englischen 3 morphologisch unverändert wiedergegeben (e],g],l]).

Im Französischen ist dieses Wortbildungsmuster nicht möglich. Wo im Deutschen und im Englischen die inhaltliche Struktur in der Abfolge 1. Bestimmendes, 2. Bestimmtes (= *1. Determinierendes, 2. Determiniertes*) besteht *(Handtasche, handbag)*, geht im Französischen, gerade umgekehrt, das Bestimmte dem Bestimmenden voran *(sac à main)*. Morphologisch verknüpft werden sie durch eine Präposition (hier *à*, häufig *de, pour* u. a.). Dieser Typ *(Vertrauensposten – poste de confiance)* ist in den 11 Beispielen für das Französische siebenmal vertreten. Wir können also sagen, daß die gängigste Übersetzung einer deutschen Substantivzusammensetzung im Französischen aus *determiniertem Substantiv plus Präposition plus determinierendem Substantiv* besteht.[17]

Im Englischen ist der ›romanische‹ Typ *Vertrauensperson – poste de confiance – post of confidence* etwas häufiger (hier in 11 Beispielen fünfmal) als die »echte«, wie im Deutschen strukturierte Zusammensetzung vom Typ *monastery folk* (g) oder *hero-worshipping needs* (l).

131

Übersetzung von 11 Beispielen deutscher Wortzusammensetzungen:

	durch Wortzusammensetzungen	durch das Muster »Determiniertes plus Präpos. plus Determinierendes«	durch ein bedeutungsähnliches nicht zusammengesetztes Wortschatzelement	durch andere Wendungen (einschl. »null«)
im Engl.	4	5	–	2
im Franz.	–	7	2*	2

* die Beispiele e) und g)

Zugunsten der Übersichtlichkeit werden die Beispiele a) bis l) nicht weiter ausgewertet, sondern es sind für jede der beiden Übersetzungssprachen nur die häufigsten Muster festgehalten.

Zur Ergänzung der Beispiele sei noch ein anderes im Französischen häufiges Muster zur Übersetzung deutscher Nominalkomposita zitiert:

Schuljahr – (engl. *school year* wie im Dt. –), frz. *année scolaire; Postkarte* – (engl. ebenso: *post card* –) frz. *carte postale.*

Auch hier geht, wie beim Typ *Vertrauensposten* – *poste de confiance*, das Determinierte dem Determinierenden voran. Der Unterschied ist nur ein morphologischer: Das Determinierende ist hier ein Adjektiv, das Zugehörigkeit, Betreff usw. ausdrückt:

année scolaire wörtlich: *das »schulische« Jahr, carte postale* wörtlich: *die »zur Post gehörige« Karte.*

Bei den (dt. und engl.) Zusammensetzungen kann das logische Verhältnis zwischen Determinierendem (Determinans) und Determiniertem (Determinatum) verschiedener Art sein, z. B. *Aktentasche* = Tasche *für* Akten, aber *Ledertasche* Tasche *aus* Leder; *Glasflasche/Bierflasche; Kalbsschnitzel/Jägerschnitzel; Reittier/Plüschtier/Wassertier* usw.; vgl. folgende Witze:

Gast im Restaurant (reklamierend, zum Kellner): »Herr Ober, auf dem *Pflaumenkuchen* sind gar keine Pflaumen!« – Kellner darauf: »Na und? Sind auf dem *Hundekuchen* etwa Hunde?«

Otto Waalkes: »Wußten Sie schon, daß man in einem Wohnwagen zwar wohnen, in einem Volkswagen aber kaum volksen kann?«

Manchmal kann allein der Kontext klären, welches Verhältnis zwischen Determinans und Determinatum gemeint ist: Ist z. B. die *Holzkiste* eine Kiste *aus* Holz oder *für* Holz?[18]
Dieses Problem besteht vor allem bei Zusammensetzungen, dagegen viel weniger bei morphologisch anders strukturierten Kombinationen aus Determinans und Determinatum (z. B. frz. *sac à main/sac de cuir*); sie sind zwar häufig umständlicher, aber dafür auch eindeutiger.

– *Zusammenrückungen* sind im Englischen und im Französischen ebenfalls möglich, doch nicht so unbegrenzt wie im Deutschen. Vor allem entfallen im Französischen die zahlreichen Zusammenrückungen mit substantivierten Infinitiven, die im Deutschen sehr häufig sind; denn die Substantivierung des Infinitivs ist im Französischen als Ableitungsmöglichkeit tot. (Die vorhandenen Formen *le* + *Infinitiv* sind lexikalisiert, d. h., sie gehören nicht zu den jederzeit ableitbaren Formen des Verbs, sondern sind eigene lexikalische Morpheme, die häufig auch inhaltlich eine leichte Verschiebung gegenüber dem Inhalt des Verbstamm-Morphems darstellen, z. B. Konkretisierung in *l'être* ›das Wesen‹ gegenüber *être* ›sein‹, *le manger* ›das Essen‹ im Sinne von ›Nahrung‹ [z. B. *on peut apporter son manger*] gegenüber *manger* ›essen‹.)
Bei deutschen Zusammenrückungen mit substantiviertem Infinitiv gibt es bei der Übersetzung ins Französische nur nichtwörtliche Möglichkeiten:

Beispiel: »er hielt es … beinahe nicht mehr aus vor Bedrücktheit und *Sichfremdfühlen*« (Hesse, S. 219) frz. ».. il ne pouvait presque plus résister, tant *il se sentait* oppressé et *dépaysé* …«
engl. ».. a *feeling* of oppression and *of alienation* had already begun to assail him«.

Prinzipiell kann im Englischen so wie im Deutschen jedes Verb substantiviert werden durch Anfügen des Suffix *-ing*:

playing, hearing, reading usw.

– *Ableitungen:*
a) »nach der *Wiedereinreihung* in die kleine Republik …« (Hesse, S. 223)
»quand *il serait rentré dans le rang* de la petite république …«
»once *he was incorporated* in the little republic …«
b) »Man wird dir zwei Leute schicken, die dir *einhelfen* sollen.« (S. 245)
»On va t'envoyer deux hommes, qui devront *t'aider à te familiariser avec ta tâche.*«
»You will be sent two people to *be of assistance* to you.«

c), d) »ein kaum begreifliches *Überbetonen* und Vorwegnehmen seiner *demnächstigen* Stellung« (sic!) (S. 238)

»une anticipation à peine concevable sur sa *prochaine* position« (*Überbetonen* fehlt!)

»a hardly, conceivable *overemphasis* and foretaste of his *approaching* position«

e) »er ... war jäh *verstummt*« (S. 235)

»(on) l'avait brusquement *réduit au silence*«

»... to his *amazement*« (ungenau!)

f) »Bannung des Unendlichen und *Tausendgestaltigen* ins Einfache« (S. 514)

»fixation de l'infini et de *ses milliers de formes*«

»the transformation of the infinite and *multiform* into the simple«

g) »ihre *Wißbarkeit*« (S. 500)

»la *possibilité de* les *connaître*«

»a *comprehension* of them«.

Bei der Fülle und Differenziertheit der möglichen Ableitungen im Deutschen sind die Möglichkeiten wörtlicher Übersetzung im Französischen und im Englischen begrenzt. Auf die verschiedenen, meist nicht nur lexikalischen (wie in d]), sondern morphosyntaktischen Transpositionen (= Übersetzungen durch eine andere Wortart) soll nicht näher eingegangen werden; einige davon sind durch die Beispiele a) und c) bis g) illustriert.

Präfixverben: Ein für das Deutsche charakteristisches Wortbildungsmuster stellen die *Präfixverben* dar (z. B. *besteigen, erwachen, aufessen, einziehen, ausstoßen*), die entweder als Ableitungen eingeordnet oder (wegen der Komplexität der Gruppe) als eigener dritter Typus neben Zusammensetzung und Ableitung angesehen werden.[19]

Die Präfixe haben die Funktion, den Verbinhalt zu modifizieren. Sie drücken entweder die *Richtung* aus *(einziehen, ausstoßen)* oder die *Aktionsart*, das bedeutet vor allem »die zeitliche Verlaufsweise eines Seins oder Geschehens«:[20] Verben, in denen die zeitliche Begrenzung eines Geschehens ausgedrückt ist, nennt man *perfektiv.* Sie können *ingressiv* (= *inchoativ*) sein = den Beginn eines Geschehens bezeichnend (er*wachen*, auf*stehen*) oder resultativ = das Ende eines Geschehens bezeichnend (auf*essen*, ver*brennen*, aus*trinken*). Wie die wenigen Beispiele zeigen, ist keine Eins-zu-Eins-Zuordnung von Präfix und inhaltlicher Funktion möglich, z. B. können *auf-* und *aus-* sowohl richtungsangebend als auch resultativ sein (auf*richten* gegenüber auf*brauchen*; aus*werfen* gegenüber aus*schlafen*).

Die Bildung von Präfixverben ist im Deutschen sehr produktiv:

ausgeben, ausgießen, auszahlen usw. haben eine hohe Frequenz (= Auftretenshäufigkeit), »Jetzt hat es *ausgeregnet*«, »Wann hat das Publikum denn endlich *ausgeklatscht?*«, »Nun haben wir *ausgesorgt*« u. ä. sind auch durchaus gängig (entsprechend: *ausgesungen, ausgeschuftet, ausgeraucht* usw.), dagegen kann eine Äußerung wie »(er) kann keine Ruh' *erreiten*«[21] als Augenblicksbildung angesehen werden; ähnlich einerseits *enthalten, entlassen, entnehmen*, andererseits *entstielen, entgräten,* (sich) *entwölken, enteisen.*[22]

Im Englischen und im Französischen gibt es gewisse Präfixe, die noch zu Spontanableitungen verwendet werden können:

Beispiele: engl. *re-*, etwas in *to retell, to rewrite;* frz. *re-* mit den kombinatorischen Varianten *re-* [rə], *ré-* [re]; für *ré-* [re] als fakultative Variante manchmal *r-* [r]:*re-* vor Konsonant, z. B. *revenir, reprendre; ré-* (manchmal *r-*) vor Vokal, z. B. *rééduquer, réintégrer; rouvrir.*[23]

Doch liegt im Englischen wie im Französischen nicht annähernd die gleiche Vielfalt an Präfixen und gleich vielseitige Kombinierbarkeit der vorhandenen vor.

Eine weitere teilweise Entsprechung zu den deutschen Präfixverben hat das Englische in seinen Verben mit adverbialen Postpositionen, z. B. *to go out* ›(her)ausgehen‹, *to draw in* ›(hin-, her)einziehen‹, *to eat up* ›aufessen‹ usw. Aber Spontanbildungen wie *sie hat sich die Goldmedaille erschwommen; nun hat sie ausgesorgt; sich Ruhe erreiten* (s. o.) könnten auch englisch nicht wörtlich übersetzt werden.

Im ganzen ist die reine Modifizierungsmöglichkeit des Verbalbestandes durch Präfixe eine Struktureigenheit des Deutschen, die im Französischen weitgehend fehlt, im Englischen nur z. T. in einem morphosyntaktisch ähnlichen Wortbildungsmuster (Postpositionen) ihre Entsprechung hat. Die Übersetzung deutscher Präfixverben ins Französische und ins Englische wird meist (außer da, wo im Englischen ein Verb mit Postposition vorhanden ist) nach folgendem Grundschema verlaufen:

dt. Präfix → frz., engl. Verb
dt. Verb → frz., engl. Transposition (= Übersetzung durch eine
andere Wortart)

Was für eine Transposition für die Wiedergabe des deutschen Verbs zu wählen ist, hängt vom Kontext und von der Semantik (d. h. von Inhalt und Bedeutung) des einzelnen Verbs ab. Das oben angegebene Grundschema für die Übersetzung der deutschen Präfixverben wird gerne als *chassé-croisé,* als ›Über-Kreuz-Entsprechung‹, bezeichnet.[24]

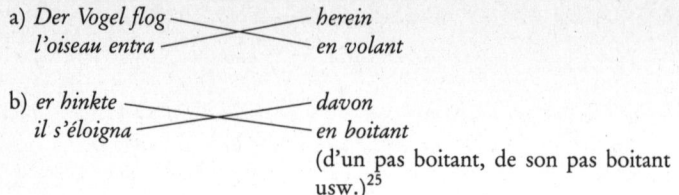

a) *Der Vogel flog* — *herein*
   l'oiseau entra — *en volant*

b) *er hinkte* — *davon*
   il s'éloigna — *en boitant*
   (d'un pas boitant, de son pas boitant
   usw.)[25]

schematisiert:

A — B
B' — A'

Der *Inhalt* A des Determinierten *(fliegen)* ist in der Zielsprache im Determinierenden A' ausgedrückt *(en volant)*, der *Inhalt* des Determinierenden B *(herein)* ist in der Zielsprache im Determinierten B' ausgedrückt *(entrer)*. Diese in der Strukturverschiedenheit der beiden Sprachen angelegte verschiedene Abfolge von Inhalten (s. o. *Handtasche – sac à main*) ist nicht nur linear zu verstehen,

B–A vs. A'–B'

sondern auch hierarchisch. Wenn wir die syntaktische (= die Satzkonstruktion betreffende) Übergeordnetheit des Vollverbs gegenüber den adverbialen Ausdrücken, die zu seiner Qualifizierung dienen, so interpretieren, daß dem Vollverb dadurch auch inhaltlich mehr Gewicht gegeben wird, bedeutet dies für unser Beispiel: Im Deutschen liegt das Hauptgewicht der Aussage auf der Art der Fortbewegung: ›er flog‹ (nicht etwa *fuhr, kroch, tänzelte, polterte* usw.); als nähere Bestimmung tritt dann noch die Richtungsangabe hinzu: *herein*. Im Französischen dagegen liegt das Hauptgewicht auf der Feststellung der Richtung, nämlich daß er sich (in welcher Weise auch immer) hereinbewegt hat: ›il entra‹ (nicht etwa *sortit, monta, descendit* usw.); die Bewegungsart, wie das geschehen ist, *en volant*, wird erst an zweiter Stelle, also untergeordnet, angegeben.[26] Für die praktische Übersetzung gilt gelegentlich, daß man auf die präzisierende Wirkung des Kontextes vertrauen kann, im Beispiel a) also, daß man *en volant* auch weglassen könnte, da es schon in dem Subjekt *Vogel* impliziert ist. Die »elegante Lösung« des Weglassens ist aber nur da erlaubt, wo das deutsche Verb inhaltlich redundant mit einem der anderen Satzteile ist, vgl. dagegen oben Beispiel b) ›er hinkte davon‹!

Auf der Ebene der Phoneme muß eine Sprachbeschreibung die Kombinations- und Positionsregeln mit berücksichtigen, auf der Ebene der Morpheme die Regeln für deren Kombination untereinander zu Wörtern *und* die Regeln für die Bildung weiterer Wörter ausgehend von den im Lexikon der Sprache vorhandenen. Auch hierin sind die Möglichkeiten der einzelnen Sprachsysteme sehr verschieden, und eine kontrastive Gegenüberstellung ist nützlich für die angewandte Sprachwissenschaft, insbesondere für die Übersetzung sämtlicher Textsorten, von der literarischen Übersetzung bis zum Sachbuch, zum Zeitungsnachrichtentext oder zur Benutzungsanweisung von Gebrauchsgütern.

Wir sind in unserer Darstellung vom Deutschen ausgegangen und haben nur schlaglichtartig zwei Wortbildungstypen (mit Untertypen) des Deutschen und von ihnen verursachte Probleme bei der Übersetzung vom Deutschen ins Französische und ins Englische skizziert.

6.6 Die Wortarten (Wortklassen)

Ähnlich wie beim Begriff ›Wort‹ bringen wir auch bei dem Begriff der *Wortarten* ein quasi umgangssprachliches Vorverständnis mit. Wir glauben zu wissen, was ein Substantiv oder ›Hauptwort‹ oder ›Dingwort‹ ist, ebenso, was ein Verb oder ›Tätigkeitswort‹ oder ›Zeitwort‹ ist, und dieses ›Wissen‹ schlägt sich in den deutschsprachigen Bezeichnungen der Wortarten nieder.

Nur können diese ›sprechenden‹ Bezeichnungen (gegenüber den nicht motivierten lateinischen Fremdwörtern *Substantiv* und *Verb*) irreführend sein. Ist z. B. wirklich das Substantiv das ›Hauptwort‹ jeder Aussage? Auf der Tatsache, daß es substantivlose Aussagen gibt, die voll kommunikationstauglich sind, beruhen Syntaxtheorien, die das Verb als das ›Hauptwort‹ in jedem Satz verstehen, wie es implizit auch die sprachwissenschaftliche Nomenklatur tut (lat. *verbum* ›das Wort‹).[27] Die Bezeichnung ›Dingwort‹ reduziert die sehr komplexen inhaltlichen Untergruppen dieser Wortart ungerechtfertigt auf eine einzige, die der Bezeichnung konkreter Gegenstände (Naturprodukte und Artefakte) wie *Tisch, Brücke, Hammer, Apfel.* Neben dieser einen inhaltlichen Verwirklichungsmöglichkeit der Wortart Substantiv gibt es in Wirklichkeit noch andere Gruppen wie *Hund, Mikrobe, Greis* (Lebewesen); *Anna, Goethe, Hamburg, Schwarzwald* (Eigennamen); *Durst, Freiheit, Hilfsbereitschaft* (›Abstrakta‹); *Verdauung, Umkehr, Abgabe* (Tätigkeiten) u. a., die die Bezeichnung ›Dingwörter‹ nicht rechtfertigen.

Das Verb ist als Wortklasse nicht die einzige, die Tätigkeit ausdrückt, z. B. die substantivisch ausgedrückten Tätigkeiten *Verdauung, Umkehr, Abgabe,* oder: *Übersetzung, Anstieg, Bruch, Tausch, Verzicht* usw. Andererseits gibt es Verben, deren Erfassung durch die Bezeichnung ›Tätigkeitswort‹ fragwürdig ist: *sich befinden, ruhen, schweigen, verharren* u. a. Und als ›Zeitwörter‹, also als diejenigen Wörter im Satz, die angeben, in welcher zeitlichen Relation sich der in dem Satz ausgedrückte Sachverhalt gegenüber dem Zeitpunkt der Äußerung befindet, könnten auch Adverbien, Präpositionen, Substantive und Adjektive aufgefaßt werden, etwa wenn wir an Beispiele wie die folgenden denken:

1. *Wohnt er hier? Nein, er* hat *hier gewohnt, aber er hat gekündigt.* (Zeitangabe im Verb)
2. *Wohnt er hier? Nein,* nicht mehr. (Zeitangabe im Adverb)
3. *Kommt er jetzt? Nein, nicht* vor *dem Mittagessen, erst* nach *dem Mittagessen.* (Zeitangabe in der Präposition *und* lexikalisch im Substantiv *Mittagessen*)
4. *Das ist mein zukünftiger Arbeitsplatz; vorjährige Äpfel* (Zeitangabe im Adjektiv)

Diese willkürlich gewählten Beispiele Substantiv und Verb sollten zeigen, daß in der traditionellen Grammatik sowohl Bezeichnung als auch Einteilung der Wortarten mehr oder weniger intuitiv und unsystematisch vollzogen wurden.

Der Einteilung lagen heterogene Kriterien zugrunde:
1. Bedeutung: Als Substantive wurden die Wörter eingeordnet, die Gegenstände bezeichnen, als Verben die, die Tätigkeiten und Zustände bezeichnen, und als Adjektive die, die ›Eigenschaften‹ bezeichnen.
2. Form: Unterscheidung hinsichtlich morphologischer Veränderlichkeit: Deklinierbare Wörter sind Substantive und Adjektive, konjugierbare Wörter sind Verben, unveränderliche sind Adverbien, Präpositionen u. a.
3. Vermischung mehrerer Kriterien zur Bestimmung einer einzelnen Wortart, z. B. Form und Funktion. Beim Adverb etwa stützte sich die Klassifizierung zugleich auf seine Unveränderlichkeit und auf die inhaltliche Funktion (nähere Qualifizierung von Verb, Adjektiv, anderem Adverb, Substantiv oder dem ganzen Satz).[28]

Die vorstrukturalistische Einteilung der Wortarten (auch Wortklassen genannt) beruhte auf willkürlichen, uneinheitlichen Kriterien und war daher undurchsichtig und nicht intersubjektiv nachprüfbar. Der Strukturalismus, vor allem der Bloomfieldsche, mußte sie daher als unwissenschaftlich verwerfen. Er hat an ihre Stelle ein einheitliches Kriterium für die Unterscheidung der Wortarten gesetzt: die *Distribution*.

Unter der Distribution einer sprachlichen Form versteht man die Summe aller lautlichen bzw. morphologischen Umgebungen, in denen diese sprachliche Form bisher angetroffen worden ist (s. Kap. 5.2.1: Distribution von kombinatorischen Phonemvarianten). Alle Wörter, die die gleiche Distribution haben, werden *einer* Wortart zugerechnet. *Wortklassen sind Distributionsklassen.* Sie werden paradigmatisch ermittelt, d. h. durch Substitution in der Weise, die wir von der Phonem- und der Morphemanalyse her kennen.

Beispiel: der Hund bellt.

Wenn wir nun fragen, welcher Wortklasse das Element *der* in diesem Satz angehört, so müssen wir es nur distributionell definieren: *der* ist ein Wort, das vor Substantiven auftritt; formal notiert: *der* hat die Umgebung [–Subst.]. Mit dieser Distributionsformel läßt sich für jedes andere Wort entscheiden, ob es derselben Wortklasse wie *der* angehört. Alle Wörter, die diese Distributionsformel befriedigen, bilden eine Wortklasse.

Das wären z. B. *ein (ein Hund bellt), mein, dein, sein* usw.; *dieser, jener; mancher; kein; welcher.*

Wir sehen, daß sich diese Einteilung der Wortklassen, die allein durch das Stellungskriterium ermittelt wird, nicht mit der traditionellen Einteilung der Wortarten deckt. Die Klasse *der, mein, dieser ...* umfaßt alle Elemente, die das Substantiv, das auf sie folgt, näher determinieren. Wir können sie bezeichnen als Klasse der (Substantiv-)Determinanten (engl.: noun qualifiers)[29], in der die herkömmlichen Wortarten bestimmter Artikel, unbestimmter Artikel, adjektivisches Possessivpronomen, adjektivisches Demonstrativpronomen aufgegangen sind, weil sie alle dieselbe Distribution haben. Wir können auch mit Bloomfield sagen: Sie haben alle dieselbe Funktion innerhalb eines Satzes. Nur müssen wir uns dessen bewußt bleiben, daß ›Funktion‹ für den amerikanischen Distributionalismus nie etwas Inhaltliches meint (wie z. B. für den Prager Strukturalismus, s. Kap. 2); das Absehen vom Inhalt sprachlicher Formen ist ja im amerikanischen Strukturalismus eines der wichtigsten Prinzipien.

Die distributionelle Wortartbestimmung wird üblicherweise als Teil der Syntax behandelt, und wir sehen auch, daß ihre oben skizzierte Methode sich nicht am isoliert betrachteten Wort durchführen läßt: Um die Distribution einer Form zu beschreiben und zu ihrer Distributionsklasse zu gelangen, muß ich ihre syntagmatischen Beziehungen angeben. Obwohl die Distributionsklassen Elemente der morphosyntaktischen Ebene sind, wurden sie hier im Kapitel Morphologie vorgestellt, da dieses Kapitel sich u. a. mit dem vorstrukturalistischen Begriff des Wortes und seinem Verhältnis zu den Begriffen der strukturalistischen Sprachbeschreibung befaßte. Dabei sollte die Darstellung der Kategorie ›Wortart‹ vs. Distributionsklasse nicht ausgeklammert bleiben.

7 Suprasegmentalia

In einem Sprachsystem sind Elemente anzutreffen, deren Ausdrucksseite noch nicht vollständig beschrieben ist, wenn sie auf den beiden Ebenen der zweifachen Gegliedertheit der Sprache (s. Kap. 6) analysiert sind. Ein Beispiel:

übersetzen/übersetzen
(Ich übersetze einen Brief) (Der Fährmann setzte uns über).

Es handelt sich um zwei verschiedene sprachliche Zeichen mit gleichen Lautketten, die aber nicht homonym sind, sondern sich auch ausdrucksseitig unterscheiden: durch die Stelle des *Akzents*:

[yːbərˈzɛtsən] / [ˈyːbərzɛtsən]

Auch andere Präfixverben des Deutschen lassen sich als Beispiele anführen.

Aufgabe:

29. Suchen Sie herauszufinden, worin bei je zwei solcher Präfixverben der morphologische Unterschied besteht. Gehen Sie von Beispielsätzen aus wie:

a) *Wir umfahren den Häuserblock.*
b) *Das Auto fuhr den Zaun um.*

Die Funktion, die im allgemeinen von Phonemen getragen wird, nämlich die bedeutungsunterscheidende, kann, wie wir gesehen haben, in einzelnen Fällen dem Wortakzent zukommen.

Bedeutungsunterscheidende Phänomene, die sich der Morphem- und Phonemanalyse entziehen, bezeichnet man als *Suprasegmentalia* (Singular: das Suprasegmentale), da sie nicht durch Segmentieren von Äußerungen in Morpheme und in Phoneme erfaßbar sind, sondern die Segmente einer Phonemkette ›überlagern‹ und mehrere Segmente gegeneinander abheben (z. B. beim Akzent: akzentuierten Vokal gegen nichtakzentuierten). Sie werden auch als *Prosodeme* bezeichnet (*Prosodie* = Untersuchung der »phénomènes mélodiques, d'intensité et de durée qui accompagnent ou caractérisent le discours«[1]). Suprasegmentalia sind: *Akzent, Intonation, Tonhöhe* und *Junktur.*

Gelegentlich werden auch die sog. *Chroneme* zu den Suprasegmentalia gerechnet, das sind die Merkmale Länge/Kürze von Phonemen. Wir haben sie als distinktives phonologisches Merkmal bereits dem Phonemsystem integriert (s. Kap. 5), das auf diese Weise Oppositionen wie / a / : / aː /, / i / : /iː / usw. enthalten kann:

Vgl. im Deutschen die Minimalpaare *Wall/Wahl; Mitte/Miete;* im Englischen *bit/beat; not, knot/naught.*

(Im Französischen dagegen sind Langvokal und Kurzvokal lediglich Varianten ein und desselben Phonems.) Im Unterschied zu den anderen genannten Suprasegmentalia sind die Chroneme nicht suprasegmental, sondern je einem bestimmten Segment der zweiten Gliederungsebene inhärent.[2]

Akzent: Man kann drei Typen unterscheiden:[3]

a) *distinktiver Akzent:*

dt. *übersétzen*	:	*übersetzen*
umschréiben	:	*úmschreiben*
Augúst	:	*Aúgust*
(Monatsname)		(männlicher Vorname)
Entstellung	:	*Endstellung*
[ɛntˈʃtɛlʊŋ]		[ˈɛntʃtɛlʊŋ]
z. B.: Dieser Neubau be-		Im deutschen Nebensatz befindet
deutet eine Entstellung		sich das Verb in Endstellung.
der Landschaft.		
dürre Ópfer	:	*Dürreopfer*
engl. *(to) permít*	:	*pérmit*
(to) impórt	:	*ímport*[4]

Im Englischen[5] wird ferner durch die Stelle des Akzents unterschieden zwischen festen Zusammensetzungen (*compounds*) und Syntagmen (*syntactic groups,* bei denen die einzelnen Morpheme unabhängige Sprachzeichen bleiben und auch durch dazwischentretende Erweiterungen getrennt werden können):

compound	*syntactic group*
bláck-bird	*bláck bírd*
(›Amsel‹)	(›schwarzer Vogel‹;
	Bsp. für eine Erweiterung:
	a black and white bird)
wóman doctor	*wóman dóctor*
(›Frauenarzt‹)	(›Ärztin‹)
dáncing girl	*dáncing gírl*
(›Tänzerin‹)	(›tanzendes Mädchen‹)

Der distinktive Akzent hat oppositive Funktion, gehört der *langue* an.

Aufgabe:

30. Versuchen Sie zu erklären, warum im Französischen der Akzent nie bedeutungsunterscheidende Funktion hat!

b) *logischer Akzent* (frz.: *accent intellectif*):
   dt. *Nicht 5 Grad* über *Null, sondern 5 Grad* unter *Null*.
   frz. *Je ne parle pas de l'*importation, *mais de l'*exportation.
   engl. At *the desk,* not on *the desk.*

Er dient dazu, eine Antithese zwischen zwei Begriffen schärfer herauszustellen, hat aber keine bedeutungsunterscheidende Funktion. Mit anderen Worten: Er ist ein Phänomen der *parole*, nicht der *langue*.

c) *affektiver Akzent:*
   dt. *Die Musik ist* phan*tastisch!*
   frz. *C'est* épou*vantable!*
   *Tu es in*sup*portable!*
   Sa*laud!* Cra*pule!* usw. usw.
   engl. *It is* my*sterious.*

Auch der affektive Akzent tritt nur auf der *parole*-Ebene in Erscheinung.

b) und c) finden sich auch unter dem Begriff *accent d'insistance* zusammengefaßt.
In den meisten Fällen hat der Akzent diese kontrastive Funktion in der *parole*: Er hebt auf der syntagmatischen Ebene ein Element gegenüber vorhergehenden und folgenden Elementen heraus.

Intonation: In den europäischen Sprachen ist die Intonationskurve einer Äußerung, d. h. die relativen Tonhöhen ihrer Vokale zueinander, vor allem bedeutungsunterscheidend hinsichtlich Aussagesatz/ Fragesatz:[6]

   dt.: *er kommt nicht / er kommt nicht?*
   frz.: *il ne vient pas / il ne vient pas?*
   engl.: *he doesn't come / he doesn't come?*

Allerdings ist die Intonation nur für diejenige syntaktische Variante der Frage bedeutungsrelevant, die die gleiche Lautkette wie der Aussagesatz aufweist und nicht eigens morphosyntaktisch gekennzeichnet ist (wie es z. B. der Fall ist in: *kommt er nicht? doesn't he come?* – Umstellung; *est-ce qu'il ne vient pas?* – Fragepartikel *est-ce que*). Andere Funktionen der Intonation sind nicht so deutlich binär oppositiv wie diese; sie liegen nicht auf Systemebene, sondern wären eher der Pragmalinguistik zuzuweisen (z. B. Ausdruck von Ironie, von Überraschung u. a. durch entsprechende Intonation).

Tonhöhe: Es gibt *Tonsprachen*, z. B. das Chinesische, das Japanische, das Vietnamesische oder auch afrikanische Sprachen, die mehrere Tonhöhen haben, das Chinesische z. B. einen eben verlaufenden Hochton, einen Steigton, einen Fallton und einen erst abfallenden, dann wieder ansteigenden Ton.[7] Diese Tonhöhen sind bedeutungsunterscheidend (phonologisch relevant), d. h., bei sonst gleichen Lautketten sind sie das einzige differenzierende Element.

Ein Beispiel aus dem Yoruba, einer afrikanischen Sprache:[8]

bá ›treffen‹	*(Erklärung der Zeichen:*
ba ›(sich) verstecken‹	´ = Hochton
bà ›Stange‹	` = Tiefton
	kein Akzentzeichen = mittlere Tonhöhe)

Junktur:

Beispiele:

dt.:	*den Bau erkennen*	/	*den Bauer kennen*
	ich werde das Ei nehmen	/	*ich werde das einnehmen*
	über den Wall tragen	/	*über den Wald ragen*
engl.:	*a name*	/	*an aim*
	why choose	/	*white shoes*
	see the meat	/	*see them eat*
frz.:	*trois petits trous*	/	*trois petites roues*
	il parle du nôtre	/	*il parle d'une autre*
	il est ouvert	/	*il est tout vert*

Die Junktur als Grenzmarkierung (in Gestalt einer nur angedeuteten Pause: … *das Ei / nehmen* … *das einnehmen*) ist in ihrer Existenz umstritten: Macht der Sprecher in normalen Redesituationen wirklich eine Zäsur im einen Fall? Wenn überhaupt, so sicher nur bei langsamem Redetempo; im übrigen überläßt er, wie in anderen Fällen von Wort- oder Satzhomonymie, die Disambiguierung dem Kontext.[9] Ferner läßt sich feststellen, daß manchmal zwei Prosodeme zusammenwirken, z. B. Junktur und Intonation (etwa bei *il est ouvert / il est tout vert*).

Eine spezielle Erscheinungsform hat die Junktur im Deutschen vor einem Vokal im Anlaut (= am Wort- oder Silbenanfang) in Gestalt des sog. ›harten Vokaleinsatzes‹ oder ›Knacklautes‹.[10] Minimalpaare wie

der Radler	/	*der Adler*
zu messen	/	*zum Essen*
verreisen	/	*vereisen*

veranschaulichen, daß die Junktur an dieser Stelle deutlicher feststellbar ist als bei konsonantischem Anlaut. Notiert wird sie meist
mit +, z. B.: *sie arbeitet in Ulm* / ziː+ˈarbaitət+in+ˈulm/; *Theater*
/ te+ˈaːtər/; *die alten Erinnerungen* / di+ˈ ɑltən+ɛr+ˈinərunŋən /.
Die Junktur tritt also in zwei verschiedenen lautlichen Realisierungen auf: vor Konsonant als minimale Pause, vor Vokal als Knacklaut
(Glottisverschluß). Mit anderen Worten: Es handelt sich um zwei
kombinatorische Varianten dieses Suprasegmentales.

In süddeutschen Sprachvarianten fehlt der Knacklaut oft, z. B. [diˑaltən-
erˑinərunŋən], bzw. tendiert dazu, durch einen artikulationserleichternden
halbvokalischen Gleitlaut ersetzt zu werden. *Beispiel: Theater* → [teˑjaːtər],
die Alten → [diˑjaltən].

Der harte Vokaleinsatz ist typisch für das Deutsche, wie sein artikulatorischer Konterpart, die ›*liaison vocalique*‹, typisch für das Französische ist. Hier muß die Fremdsprachendidaktik vor Interferenzen warnen, denn der phonetische Gesamteindruck einer Äußerung
wie [il + a + yn + ami + a + ɔrle + ã] für *il a une amie à Orléans*
/ilaynamiaɔrleã/ ist, auch bei korrekter Artikulation aller Einzel-
laute, stümperhaft unfranzösisch. Entsprechend ist das Deutsch
eines Ausländers nie akzentfrei, solange er z. B. *Ich komme am
achten April um elf Uhr an* mit vokalischer Bindung statt mit Knacklaut spricht: [içˑkɔməamˑaxtənaˑprilumˑɛlfuːrˑan].

Aufgabe:

31. Geben Sie an, welches Suprasegmentale jeweils in den folgenden Äußerungen auftritt:
a) »Was ist konsequent? Heúte so, mórgen so.
   Was ist inkonsequent? Heute só, morgen só.«
   (aus: Landmann, Salcia: ›Judenwitze‹).
b) Im Wortschatz des Japanischen heißt
   tsúrù ›Kranich‹
   tsùrú ›Ranke‹
   tsuru ›Angeln‹
c) Wir verbrachten den Urlaub in *Konstanz.* Dieser Meßwert ist von einer
   geringen *Konstanz* (= nicht sehr konstant).
d) engl.:   *my train* ›mein Zug‹ / (it) *might rain* ›es könnte regnen‹
            that's tough ›das ist zäh‹ / *that stuff* ›das Zeug da‹
            night-rate ›Nachttarif‹ / *nitrate* ›Nitrat‹
e) dt.:   *ein Laden* / *einladen*   *an Prangern* / *anprangern*
           an Stellen / *anstellen*   *zu geben* / *zugeben*
           aus Baden / *ausbaden*   *ein Name* / *Einnahme*
           an Hängen / *anhängen*

145

f) span.: *termino* ['tɛrmino] ›Ende‹
           termino [tɛr'mino] ›ich beende‹
           terminó [tɛrmi'no] ›er hat beendet‹
g) it.: *canto* ['kanto] ›ich singe‹
        cantò [kan'to] ›er hat gesungen‹
h) frz.: *le bijoutier pare les cous* / *la couturière parle et coud*
            ›der Juwelier schmückt   ›Die Schneiderin redet und näht‹
                          die Hälse‹

8 Syntax

8.1 Der Untersuchungsgegenstand der Syntax. Zum Begriff ›Satz‹. Satz, Äußerung. Grammatikalität, Akzeptabilität

Das Funktionieren des Sprachsystems wird vorgestellt als ein Kombinieren von kleineren Einheiten zu nächstgrößeren: Aus 25 bis 50 Phonemen wird eine potentiell unbegrenzte Menge von Morphemen zusammengefügt. Die Möglichkeit der Sprache, in dieser Weise »aus wenig viel zu machen«, macht nicht halt auf der Morphemebene; jedem ist geläufig, daß Sprache in ihrer alltäglichen Verwendung in größere Einheiten realisiert auftritt, als die Morpheme es sind. Diese größeren Einheiten sind das, was wir als *Sätze* bezeichnen. Sie bilden den Untersuchungsgegenstand der Syntax.[1] Häufig werden die beiden Ebenen Morphologie und Syntax unter der Bezeichnung *Morphosyntax* zusammengefaßt, da viele sprachlichen Phänomene nur unter Einbeziehung beider Ebenen beschrieben werden können. Daß Sätze ›normalerweise‹ ihrerseits wiederum zu größeren Einheiten, den *Texten*, zusammengefügt auftreten, wollen wir hier nur erwähnen. Dieser Tatbestand bzw. die Beziehung zwischen den Sätzen in einem Text sind Gegenstand einer eigenen, jüngeren linguistischen Disziplin, der Textlinguistik.[2]

Den Begriff ›Satz‹ zu definieren, ist problematisch[3]; es gibt eine ganze Anzahl von *Satzdefinitionen*, die in verschiedener Weise auf inhaltlicher (logischer, philosophischer, kommunikationswissenschaftlicher, psychologischer) oder auf rein rhythmischer Grundlage formuliert wurden und sich kaum miteinander in Einklang bringen lassen.

Auf die aristotelische Logik geht die Definition zurück, ein Satz sei, was *Subjekt und Prädikat* habe. Dabei meint ›Subjekt‹ den Begriff, von dem etwas ausgesagt wird, und ›Prädikat‹ das, was ausgesagt wird. Diese zwei Grundelemente des Satzes werden in psychologisch-kommunikationswissenschaftlicher Betrachtung auch bezeichnet als *Thema und Rhema*.

Die Thema-Rhema-Definition des Satzes deckt sich nicht immer mit der grammatischen Subjekt-Prädikat-Definition: Thema ist immer der dem Hörer schon bekannte Gegenstand der Rede, über den etwas ausgesagt werden soll; Rhema ist das, was ich als etwas Neues darüber aussage, was dem Hörer Information über das Thema gibt. Die Qualifizierung eines Satzteiles als Thema oder

Rhema wechselt demnach je nach Textzusammenhang bzw. nach Situation:

In dem Satz *Heute abend gehe ich ins Theater* ist *heute abend* Rhema, wenn der Satz auf die Frage antwortet: *Wann gehst du ins Theater?*, aber *ins Theater* ist Rhema, wenn der Satz auf die Frage antwortet: *Wohin gehst du heute abend?*

Eine andere, funktionale Satzdefinition sagt, daß der Satz die *virtuellen* Elemente des Sprachsystems erst *aktualisiere*, d. h., daß erst der Satz einer Folge von Morphemen »einen Wirklichkeitsbezug gebe«[4]; Morpheme wie *Frau, Brief* sagen noch nichts darüber aus, ob tatsächlich eine Frau und ein Brief vorhanden sind oder ob sie gar nicht existieren, erst ein Satz *Die Frau liest den Brief* bezieht diese Morpheme auf außersprachliche Wirklichkeit, indem er mit ihnen auf einen Sachverhalt hinweist.

Eine andere, logisch-inhaltliche Satzdefinition bezeichnet den Satz als *Ausdruck eines einzigen Gedankens*; sie läßt sich durch beliebige Beispiele unschwer widerlegen. Und eine physikalisch begründete Definition schließlich charakterisiert den Satz als *Intonationseinheit* mit bestimmter Tonführung.[5]

Eine Satzdefinition, von der die strukturalistische Sprachwissenschaft ausgehen kann, sollte nur intersubjektiv nachvollziehbare Kriterien enthalten. Auch auf dem Gebiet der Syntax ist diese Forderung am unanfechtbarsten dann zu erfüllen, wenn die Definition von der sprachlichen Inhaltsseite absieht. So wird hier meist Bloomfields Definition zugrunde gelegt (die seiner Definition des Wortes als *minimal free form* genau parallel läuft): »Der Satz ist eine unabhängige sprachliche Form, die durch keine syntaktische Beziehung in eine größere sprachliche Form eingebettet ist.«[6] Was wir herkömmlich als Nebensätze bezeichnen, hat nach dieser Definition nicht den Status von Sätzen. In Kapitel 8.2.1. wird ausgeführt, inwiefern in der strukturalistischen Satzbeschreibung Nebensätze nicht als Sätze, sondern als Satzglieder eingestuft werden.[7]

Satz/Äußerung: Eine strukturalistische Sprachbeschreibung ist noch nicht vollständig, wenn wir Phonem- und Morpheminventar (einschl. Kombinations- und Positionsregeln) erschlossen haben; hinzukommen müssen die ›Baupläne‹, nach denen in dem betr. Sprachsystem die kleineren Elemente zu Sätzen zusammengefügt werden. Das methodische Prinzip zur Entdeckung dieser Baupläne ist uns aus Phonologie und Morphologie bekannt: Corpusanalyse. Nur von konkreter *parole* ausgehend kann man Rückschlüsse auf die zugrundeliegende *langue* ziehen, das gilt auch auf syntaktischer Ebene.

Bestandteile der *langue* sind bestimmte (Syntagma-)Muster; ihre Realisierungen in der *parole* werden als *Äußerungen* bezeichnet. Die Begriffe Satz/Äußerung stehen auf syntaktischer Ebene in einem entsprechenden Verhältnis wie Phonem/Phon auf der phonologischen Ebene.

Grammatikalität/Akzeptabilität: Sätze sind gekennzeichnet durch die Eigenschaft der *Grammatikalität*: Sie sind Anordnungen von Morphemen (besser: Morphemblöcken, s. Kap. 8.2.1), deren jeweilige Form und Abfolge mit den Regeln des Sprachsystems in Einklang stehen. In Äußerungen ist die Grammatikalität ein Kommunikationserfordernis, aber nur eines neben dem ebenfalls wichtigen der *Akzeptabilität*. Akzeptabilität ist ein Kriterium, das den Hörer in einer Kommunikationssituation betrifft: Je leichter eine – grammatikalisch korrekte – Äußerung für ihn zu decodieren ist, desto höher ist deren Grad an Akzeptabilität.

Vergleichen Sie die drei folgenden Sätze:
1. *Obwohl der größte Teil der Studenten, die mit dem Inhalt des Referates, das der Kommilitone, dem der Professor, der das Seminar abhielt, das Thema zugeteilt hatte, vorlas, nicht einverstanden war, eine Diskussion gewünscht hatte, verlief sie nicht sehr lebhaft.*
2. *Obwohl der größte Teil der Studenten, die nicht einverstanden waren mit dem Inhalt des Referates, das der Kommilitone vorlas, dem der Professor, der das Seminar abhielt, das Thema zugeteilt hatte, eine Diskussion gewünscht hatte, verlief sie nicht sehr lebhaft.*
3. *Obwohl der größte Teil der Studenten, die nicht einverstanden waren mit dem Inhalt des Referates, eine Diskussion gewünscht hatte, verlief sie nicht sehr lebhaft. Das Referat las der Kommilitone vor, dem der Professor, der das Seminar abhielt, das Thema zugeteilt hatte.*

Der dritte Satz (bzw. das Satzgefüge unter 3) ist für den Hörer akzeptabler als der zweite Satz, der zweite ist akzeptabler als der erste, wiewohl beide nicht nur gleichen Inhalt, sondern auch gleiche morphologische Bestandteile haben. Sie haben den gleichen Grad an Grammatikalität, aber nicht an Akzeptabilität. Für einen möglichst hohen Akzeptabilitätsgrad ist es wichtig, bei mehreren zur Verfügung stehenden Äußerungsvarianten diejenige zu wählen, die dem Kurzzeitgedächtnis des Hörers eine möglichst geringe Speicherleistung zumutet.

Bei einem Vergleich verschiedener Sprachsysteme ließe sich vermutlich eine verschieden große Diskrepanz zwischen Grammatikalität und Akzeptabilität feststellen. Im positiven Extremfall wäre jede grammatisch korrekte Äußerung schon von maximaler Akzeptabilität. Vergleicht man das Deutsche und das Französische, so ist die Zahl der ›auf Anhieb‹ akzeptablen Äußerungen im Französischen größer. Das hängt mit Strukturunterschieden zusammen, die der Komparatist Malblanc u. a.[8] als die ›lineare Struktur‹ des Französischen und das ›Verschachtelungs-, Einschachtelungsprinzip‹ des Deutschen bezeichnet (*structure linéaire* vs. *emboîtement*). Die ›Verschachtelung‹ des Deutschen beruht insbesondere

1. auf der Endstellung des Verbs bzw. des Prädikats bei Nebensatzstellung:

z. B.: *Der Mann, der in seinem ordentlich gehaltenen kleinen Garten hinter dem Haus an schönen Sommerabenden gerne vor dem Dunkelwerden ein Pfeifchen r a u c h t e, war auch heute da.*

2. auf der Möglichkeit, dem Substantiv beliebig viele adjektivische und partizipiale Attribute vorangehen zu lassen, wobei letztere aufgrund ihres verbalen Charakters noch Objekte bei sich haben können:

Wir kamen an eine frische, grüne, sich bis an den fernen Waldrand erstreckende, mit bunten Blumen übersäte und von den verschiedensten Arten von Insekten bevölkerte Wiese.

Aufgabe:

32. Übersetzen Sie die beiden Sätze a) ins Französische, b) ins Englische, und vergleichen Sie sie hinsichtlich der Akzeptabilität mit dem Deutschen!

Das Englische hat wie das Französische die erstgenannte Möglichkeit der Verschachtelung nicht, wohl aber die zweite – allerdings in eingeschränktem Maße: Es dürfen zwar beliebig viele attributive Adjektive dem Substantiv vorangehen, aber attributive Partizipien nur dann, wenn sie nicht zusätzlich noch ein Objekt haben (d. h. nur dann, wenn sie nicht verbal, sondern adjektivisch gebraucht sind).

8.2 Strukturalistische Syntax: Konstituentenstrukturgrammatik

Die strukturalistische Syntax wendet wiederum (wie Phonologie und Morphologie) die beiden taxonomischen Entdeckungsprozeduren auf Textcorpora an: Segmentieren und Klassifizieren. Ihr Ziel dabei ist es, die Elemente, die die Sätze des betreffenden Sprachsystems konstituieren, zu ermitteln, d. h. die *Konstituenten* der Sätze und die Baupläne, nach denen sie zu Sätzen gefügt sind, d. h. die *Strukturen*, in denen sie angeordnet sind. Wenn die Beschreibung sämtlicher Sätze eines Corpus in dieser Weise geleistet ist, stellt die Liste dieser Satzplanbeschreibungen eine Konstituentenstrukturgrammatik (hier: die Konstituentenstrukturgrammatik, die dem betr. Corpus zugrunde liegt) dar.

8.2.1 *Prozeduren zur Ermittlung der Konstituenten:*
Permutationstest, Substitutionstest, Deletionstest

Um die Satzglieder einer Äußerung zu bestimmen, muß ich die Äußerung zunächst segmentieren – aber wo sollen jeweils die Segmentgrenzen liegen? Die Morpheme als Elemente der nächstunteren Ebene der Sprachbeschreibung sind in die größere Konstruktion Satz eingegangen – soll dann jedes dieser Morpheme als eigenes Satzsegment klassifiziert werden? Oder gehören bestimmte Morpheme in der angetroffenen Abfolge enger untereinander zusammen als mit den restlichen?
Diese Frage nach den syntagmatischen Beziehungen läßt sich empirisch klären: Nehmen wir eine beliebige Äußerung: *Der Mann liest das Buch*. Wir zerlegen sie in ihre Morpheme *der, Mann, lies, -t, das, Buch*. Diese Morpheme vertauschen wir nun probeweise in ihrer Reihenfolge, um zu sehen, ob diese völlig beliebig ist. Diese Vertauschprobe nennt man einen *Permutationstest*[9]. Von den sich ergebenden Möglichkeiten

der Mann lies-t das Buch
Das Buch lies-t der Mann
Lies-t der Mann das Buch
(*daß, weil, wenn* usw.) der Mann das Buch lies-t
* der -t Mann das lies Buch
* Buch Mann das lies der -t
* lies Buch das Mann -t der *usw.*

sind nur die ersten vier grammatikalisch korrekte Sätze des Deutschen: der erste als Aussagesatz, der zweite als Aussagesatz mit Emphase auf *das Buch*, der dritte als Fragesatz, der vierte als Nebensatz. Alle vier enthalten drei Morphemblöcke, die man offensicht-

151

lich nicht mehr weiter zerschlagen darf, wenn man aus den gegebenen sechs Morphemen Sätze des Deutschen bilden will: einen Block *der Mann*, einen Block *lies-t* und einen Block *das Buch*.

Die syntagmatischen Beziehungen zwischen den Morphemen sind demnach nicht alle gleich eng, z. B. ist die Beziehung zwischen *der* und *Mann* enger als die zwischen *Mann* und *lies*. Der Permutationstest hat ergeben, welche Morpheme im Satz zusammengehörig eine Satzkonstituente bilden. Wir sehen, daß sich die so gefundenen Konstituenten *der Mann, liest, das Buch* mit den Satzteilen der herkömmlichen Syntax decken, die genau ebenso segmentiert hätte. Daß sich die Konstituentenanalyse dennoch grundlegend von ihr unterscheidet, wird in Kapitel 8.2.2 klarwerden.

Der Permutationstest hat die syntagmatischen Beziehungen im Satz aufgedeckt; die paradigmatischen werden durch den *Substitutionstest* festgestellt, der uns als Kommutationstest bereits aus Phonologie und Morphologie bekannt ist. Wieder an dem Beispiel *Der Mann liest das Buch:* Bei jedem Segment frage ich, was in der gleichen Umgebung an seiner Stelle hätte auftreten können. Für *der Mann* läßt sich substituieren *ein Junge, die Frau, ein Student …* Diese Elemente bilden alle eine paradigmatische Klasse, da sie in der gleichen Umgebung als Satzkonstituenten füreinander substituiert werden können. Entsprechend bilden *liest, schreibt, nimmt, holt …* ihrerseits eine Konstituentenklasse; ebenso *das Buch, die Zeitung, einen Brief, diesen Apfel …*

Der Permutationstest hat gezeigt, welche Morpheme als eine Satzkonstituente zusammengehören, der Substitutionstest, welche Elemente des Sprachsystems in die gleiche Konstituentenklasse gehören. Der *Deletionstest* (auch: *Weglaßprobe*) schließlich zeigt, welche Konstituenten unabdingbar zu einem Satz gehören und welche als zusätzliche Erweiterung anzusehen sind. In dem Beispiel *Der Mann liest das Buch* kann die Konstituente *das Buch* weggelassen werden: Was ich durch den Deletionstest erhalte, ist immer noch ein Satz: *Der Mann liest.* Dieser Satz kann seinerseits nicht mehr vereinfacht werden; wir nennen ihn einen *Kernsatz.* In einem Beispiel *Die Uhr steht jetzt, weil du vergessen hast, sie aufzuziehen* zeigt der Deletionstest, daß alle Konstituenten weggelassen werden dürfen bis auf die beiden *die Uhr* und *steht*; sie bilden den Kernsatz. An diesem Beispiel sehen wir, daß die Konstituentenanalyse Nebensätze nicht als eigene Sätze behandeln kann, sondern so wie alle anderen Konstituenten, die Erweiterungen des Kernsatzes darstellen. Komplexe Sätze lassen sich auf Kernsätze zurückführen, dadurch wird für sie eine übersichtliche Konstituentenstrukturbeschreibung, wie das folgende Kapitel sie darstellen wird, erst möglich.

8.2.2 *Analyse in unmittelbare Konstituenten (= IC-Analyse)*

Ein Satz ist ein Konstitut, das in seine Konstituenten geteilt werden soll. Diese Unterteilung soll sich so vollziehen, daß zweierlei sichtbar wird: 1. die Beziehungen der Morpheme im Satz untereinander und 2. die Beziehung zwischen Morphem und Satz.

Der Kernsatz *Der Mann liest* ist, so hatten wir schon festgestellt, aus zwei Konstituenten zusammengefügt: *der Mann* und *liest.* Sie sind *unmittelbare Konstituenten* des Satzes, daher die Bezeichnung dieses Verfahrens als *Immediate Constituents Analysis,* kurz *IC-Analyse.*

Wenn jede der beiden Konstituenten, *der Mann* und *liest,* ihrerseits nochmals zerlegt wird, wie wir es gleich vornehmen werden, erhalten wir dabei deren unmittelbare Konstituenten; für *der Mann* sind *der* und *Mann* unmittelbare Konstituenten, aber dem ursprünglichen Kernsatz gegenüber sind *der* und *Mann* nur mittelbare Konstituenten. Diese stufenweise Teilung wird in einem Strukturschema dargestellt:

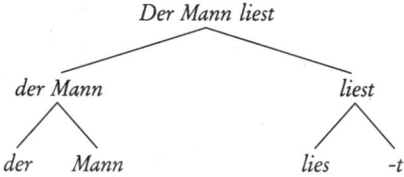

Ein solches Strukturschema bezeichnet man als den *Stammbaum* (auch *Stemma,* Plural: *Stemmata* genannt) des betr. Satzes. Er besteht aus *Knoten* und *Kanten:*

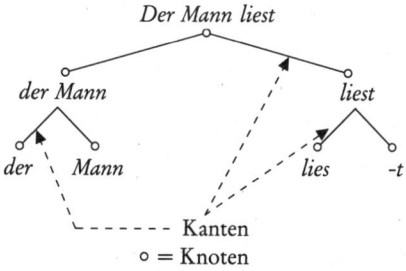

153

In dieser Form handelt es sich um einen *konkreten Stammbaum*: er beschreibt lediglich die IC-Analyse eines bestimmten Satzes. Wie soll nun zum Ausdruck kommen, daß dieser Strukturbaum für alle anderen Kernsätze des gleichen Typs gilt, z. B. *Der Junge schreibt. Der Baum blüht. Das Auto fährt?* Dies wird bewirkt, indem statt der konkreten Konstituenten die Bezeichnungen der Konstituenten*klassen* in die Knoten eingetragen werden. Die Konstituentenklasse, zu der *der Mann, der Junge, der Baum, das Auto* gehören, nennt man Nominalphrase, abgekürzt NP. Die Konstituentenklasse, zu der *liest, schreibt, blüht, fährt* gehören, ist die Verbalphrase = VP. Ich kann den Stammbaum von oben dann auch schreiben als

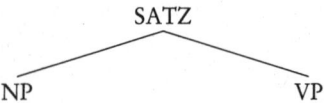

Für die weitere Zerlegung kommen noch Klassenbezeichnungen hinzu: Artikel = ART, Substantiv oder Nomen = N, Verbstamm = V, Konjugationsendung = KONJ. Mit ihrer Einbeziehung erhalte ich den vollständigen *Klassenstammbaum* für den zitierten Kernsatztyp:

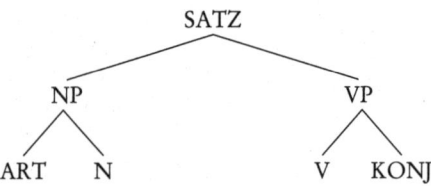

An die Endknoten eines Klassenstammbaums lassen sich die jeweiligen konkreten Konstituenten anhängen:

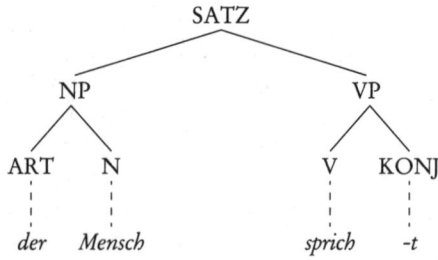

154

In einer solchen Stammbaumdarstellung ist erstens zum Verhältnis der Morpheme des Satzes untereinander zu sehen, daß diejenigen, die nicht zu einer gemeinsamen Konstituente gehören, nur insofern miteinander zu tun haben, als sie letztlich vom gleichen Knoten SATZ dominiert werden. Nur auf diesem Wege kommt es z. B. innerhalb der zwei verschiedenen Konstituenten NP und VP zu einer Übereinstimmung hinsichtlich des Numerus (sog. *Kongruenz*, frz. *accord*).

Zweitens zeigt die Darstellung den wichtigsten Unterschied der IC-Analyse zur traditionellen Satzanalyse in Satzteile: Letztere ging rein linear der Abfolge des Satzes nach und stellte damit alle Satzteile, als hätten sie durchweg das gleiche Gewicht, auf einer Ebene dar. Die IC-Analyse dagegen veranschaulicht in ihrem Schema, daß der Satz ein *hierarchisches Gebilde* ist, in dem die letzten Elemente der Analyse, die Morpheme (man geht im allgemeinen von diesen nicht mehr weiter zur Phonemanalyse) nur auf dem Weg über andere Analysezwischenstufen mit dem Satz in Beziehung stehen. Die unmittelbaren Konstituenten des Kernsatzes sind jeweils NP und VP.

Es gibt noch andere Kernsatztypen als den Typ *Der Mann liest*, z. B.:

NP_{nom} bedeutet Nominalphrase Nominativ
NP_{akk} bedeutet Nominalphrase Akkusativ
NP_{dat} bedeutet Nominalphrase Dativ
Adj bedeutet Adjektiv
PP bedeutet Präpositionalphrase
Art bedeutet Artikel
Pro bedeutet Pronomen

– *Er bringt ein Buch*	NP_{nom}	VNP_{akk}
– *Wir gehen einer Arbeit nach*	NP_{nom}	VNP_{dat}
– *Es beruht auf einem Irrtum*	NP_{nom}	VPP
– *Struppi ist krank*	NP_{nom}	VseinAdj
– *Struppi ist ein Hund*	NP_{nom}	$VseinNP_{nom}$
– *Ich schenke dem Kind einen Ball*	NP_{nom}	$VNP_{dat}NP_{akk}$ u. a.

Diese Beispiele zeigen, daß es für die Verbalphrase verschiedene Konstituentenstrukturtypen gibt. Dasselbe gilt natürlich für die Nominalphrase.

Aufgabe:

33. a) Stellen Sie verschiedene Typen der Konstituentenstruktur von Nominalphrasen zusammen (ausgehend von Beispielen, etwa: *Der Film*

war spannend. *Wir* schlafen. *Neue Besen* kehren gut. *Ein tiefer Seufzer* erklang. *Max* hat Hunger u. a.)

Bei allen diesen Kernsatztypen besteht jedoch die erste Stufe der Analyse in gleicher Weise in der binären Unterteilung des Satzes in NP und VP. Erst auf der nächsten Stufe erscheinen die hier aufgezählten Spezifizierungen innerhalb der VP bzw. der NP.

Die Konstituentenstrukturgrammatik geht nämlich von der Annahme aus, daß jeder Satz zwei unmittelbare Konstituenten hat: Die eine ist die NP im Nominativ, die andere ist der Rest des Satzes. Als Kriterien für die Teilung auf sämtlichen Stufen der syntaktischen Hierarchie gelten folgende:[10]

1. »Die Teile sollen möglichst unabhängig sein.«
2. »Die Teile sollen unter Bewahrung ihrer Bedeutung in möglichst vielen anderen Umgebungen verwendet werden können.«
   (Zu dem Beispiel oben: *der Mann* kann in mehr verschiedenen anderen Umgebungen vorkommen als *Mann liest* oder *Mann lies*.)
3. »Die Teile sollen Elemente einer Konstituentenklasse sein, die möglichst viele Elemente umfaßt.«
   (Z. B. ist die Konstituentenklasse, zu der *liest* gehört, viel umfangreicher als die, zu der *-t* gehört; die Klasse von *liest* ist die aller Verben in der Form 3. Person Singular Präsens Aktiv, die Klasse von *-t* ist die der anderen Konjugationsendungen von Verben. Daher muß ich segmentieren *Der Mann | liest*, und nicht etwa *Der Mann lies | t*.).

Manche Vertreter der IC-Analyse[11] postulieren, daß beim Segmentieren stets in binären Schritten vorzugehen sei; doch läßt sich das Binaritätsprinzip logisch nicht begründen, und bei manchen Typen von Konstituten wird auch von ihnen eine Dreiteilung (als überzeugender) zugelassen, z. B. bei NPs wie *Männer und Frauen*, wo es nicht möglich wäre, von den beiden Segmentierungsmöglichkeiten *Männer | und Frauen* und *Männer und | Frauen* einer einen begründeten Vorzug vor der anderen zu geben.

Exkurs: *Darstellungstechniken der IC-Analyse*

Für die stufenweise Analyse von Sätzen gibt es verschiedene Darstellungsweisen. Der Unterschied liegt jedoch allein im Graphischen, logisch sind sie äquivalent.

a) Klassenstammbaum (nach Bedarf mit angehängten konkreten Konstituenten; s. vorhergehendes Kapitel):

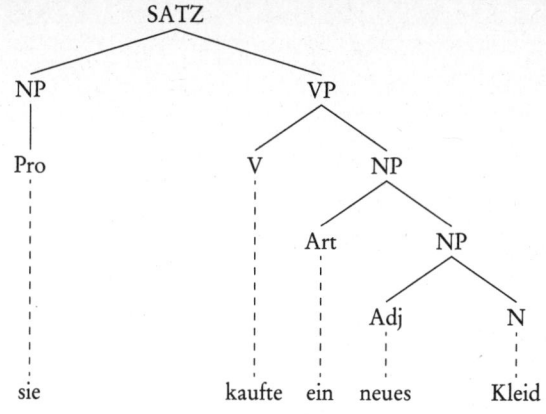

b) Kästchenschema:[12]

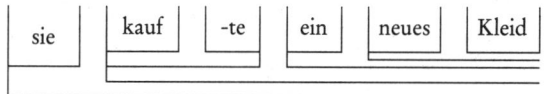

	kauf (10)	-te (11)	ein (6)	neues (8)	Kleid (9)
(3) sie				neues Kleid (7)	
	kaufte (4)		ein neues Kleid (5)		
	kaufte ein neues Kleid (2)				
	sie kaufte ein neues Kleid (1)				

c) Schichten *(layers):*[13]

| sie | kauf | -te | ein | neues | Kleid |

d) Klammerung:

   [Sie] [((kauf) (-te)) ((ein) ((neues) Kleid)))]

Die Klammern schließen je zwei zusammengehörige Elemente ein. Sie sind noch nicht durch grammatische Termini gekennzeichnet (sog. *unlabelled bracketing*).

Mit grammatischer Kennzeichnung der Klammern:

   [Sie]$_{NP}$ [(kaufte)$_V$ ((ein)$_{Art}$ ((neues)$_{Adj}$ (Kleid)$_{N)NP)NP}$]^{VP}

Mittels einer solchen Darstellung ist nicht nur ein einzelner Satz beschrieben, sondern eine Strukturanalyse und -beschreibung für alle Sätze gleichen Typs geleistet. Mit anderen Worten: Durch Analysen von *parole*-Akten ließ sich ein Teil des Sprachsystems erschließen.

Aufgabe:

33. b) Zerlegen Sie folgende Sätze in ihre unmittelbaren Konstituenten (= ICs):
 a) Ein Kind kauft Eis.
 b) Der fleißige Student schrieb ein langes Referat.

8.3 Dependenzgrammatik. Die Valenz des Verbs

Die oben dargestellte Konstituentenstrukturgrammatik geht von der Annahme aus, daß Sätze eine hierarchische, also eine nichtlineare Struktur haben, die sich als Ergebnis der Satzanalyse in Stammbäumen oder anderen graphischen Schemata darstellen läßt. Im Rahmen dieser formalen Voraussetzung – nämlich daß Sätze hierarchische Gebilde sind –, lassen sich noch andere Modelle der Satzanalyse aufzeigen, die sich inhaltlich von diesem unterscheiden. Eine der Alternativen zur Konstituentenstrukturgrammatik ist die Dependenzgrammatik von Tesnière (1959).[14]

Tesnière kommt, nach Untersuchung des Satzes im Französischen und im Deutschen, zu der Annahme, daß die wichtigste, unabdingbare Konstituente des Satzes das Verb ist. Das Verb drückt den Vorgang aus *(procès)*. Von ihm hängen alle anderen Konstituenten unmittelbar oder mittelbar ab (daher ›Dependenz‹grammatik = Abhängigkeitsgrammatik).

Auf der ersten Stufe der hierarchischen Zerlegung, dem Verb direkt untergeordnet, finden sich die Aktanten *(actants)*, das sind die »Lebewesen oder Dinge, die (...) in irgendeiner Weise, (...) sei es auch in völlig passiver, an dem *procès* beteiligt sind.«[15]

Morphologisch sind die *actants* stets Substantive oder deren Vertreter (Pronomina). Auf der gleichen Stufe, also auch direkt vom Verb abhängig, sind die Umstandsangaben *(circonstants)*. Die Funktion von *circonstants* wird von Adverbien oder adverbialen Ausdrücken getragen.[16]

Tesnière bezeichnet den Nominativaktanten (= das Subjekt) als Erstaktanten *(prime actant)*, den Akkusativ als Zweitaktanten *(second actant)*, den Dativ als Dritt- und den Genitiv als Viertaktanten. Von Aktanten und Zirkumstanten abhängig, also dem Verb indirekt subordiniert, finden sich die Indices *(indices)*, das sind die Artikel der (substantivischen) Aktanten und die adjektivischen Pronomina (Possessivpronomina, Demonstrativpronomina); ebenfalls dem Verb indirekt subordiniert sind, falls vorhanden, die Beiwörter (Adjektive). Diesen wiederum sind solche Adverbien, die sich nur auf sie, nicht auf den ganzen Satz beziehen, untergeordnet.

Beispiele für Dependenzstammbäume:

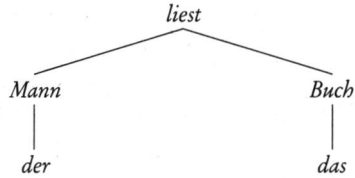

Mann und *Buch* sind die Aktanten, *der* und *das* die Indices.

oder (ein Beispiel von Tesnière):

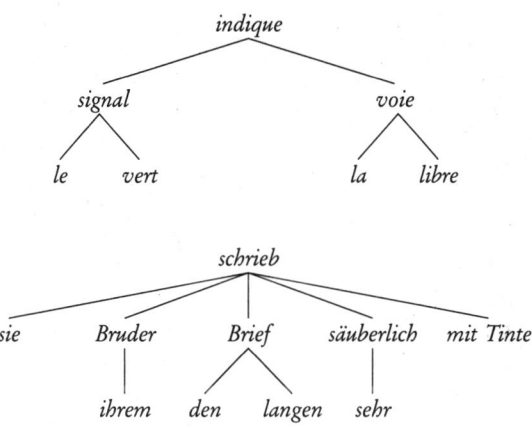

schrieb ist der Vorgang *(procès)*
sie, *Bruder* und *Brief* sind die Aktanten; *säuberlich* und *mit Tinte* sind die Zirkumstanten.

(Auf der ersten Hierarchiestufe werden im allgemeinen die Aktanten links, die Zirkumstanten rechts angeordnet). Es finden sich bei Tesnière auch abstraktere Abhängigkeitsbäume, z. B. würde ein solcher für den oben angeführten Satz *Der Mann liest das Buch* so aussehen:

159

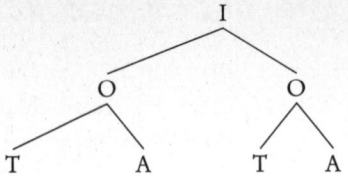

I = Verb, O = Substantiv, A = Adjektiv, T = Artikel

Die Valenz des Verbs:

Die Zahl der Aktanten ist nicht beliebig, sondern wird vom Verb bestimmt. Diese Eigenschaft der Verben, über die maximal mögliche Anzahl der mit ihnen im Satz auftretenden Aktanten zu bestimmen, nennt Tesnière ihre *Valenz.* Wie chemische Elemente charakterisiert werden durch die Anzahl anderer Atome, die jedes ihrer Atome binden kann, und danach als ein-, zwei- usw. -wertig bezeichnet werden (z. B.: Sauerstoff ist zweiwertig; H_2O bedeutet, daß ein Sauerstoffatom zwei Wasserstoffatome binden kann), so sind nach Tesnière die Verben klassifizierbar in solche mit einer, zwei usw. Valenzen.

Beispiel: *nous dormons: dormons*

nous
dormir ist einwertig

Paul bat Pierre: bat

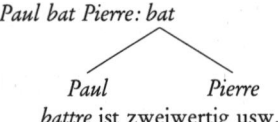

Paul   Pierre
battre ist zweiwertig usw.

Die sog. unpersönlichen Verben (z. B. die »meteorologischen«: *es regnet, es blitzt* usw.) werden als *avalent* (= nullwertig) aufgefaßt; das unpersönliche Pronomen – ohnehin an dieser Stelle nicht in allen Sprachen vorhanden, vgl. lat. *pluit*, it. *piove* usw. für dt. *es regnet* – wird nicht als Aktant gewertet.

Auf diese Weise hängt vom Verb als Anfangsknoten die Struktur des ganzen Satzes ab: Das Verb allein (und nicht etwa der Satz als

Gesamtheit) verfügt, wie viele Aktanten in seiner Umgebung zugelassen sind.

Beispiel: Ein Satz, dessen Verb *blühen* ist, kann stets nur eine einzige
Nominalphrase enthalten, z. B. *die Rose blüht*, aber nicht: *die Rose blüht dem
Gärtner einen Zweig auf den Hut.*[17] Substituiert man für *blühen* ein anderes
Verb, etwa *stecken* oder *werfen* oder *nähen* oder *malen* usw., so ist der Satz
mit drei Aktanten grammatikalisch korrekt: *(sie) steckt/wirft/näht/malt dem
Gärtner einen Zweig auf den Hut.*

Durch die Anzahl seiner Leerstellen (= freien Valenzen) bestimmt
das Verb die Anzahl der zulässigen Aktanten im Satz, doch muß
nicht die volle Zahl der vom betr. Verb zugelassenen Aktanten im
Satz erscheinen, es können auch Leerstellen freigelassen werden.

Z. B. ist deutsch *sie hilft* oder französisch *il aime* je ein grammatikalisch
korrekter Satz, obwohl er nur einen Aktanten enthält und deutsch *helfen*
und französisch *aimer* Verben mit zwei Valenzen sind (z. B. *Anna hilft ihrer
Freundin; il aime une étudiante*). Das Verb diktiert lediglich die *maximal
mögliche* Anzahl von Aktanten im Satz. Seine Wertigkeit ist konstant; d. h.
für unsere Beispielverben: dt. *helfen* ist in jedem Fall ein zweiwertiges Verb,
auch wenn es in manchen Sätzen nur einen Erstaktanten bei sich hat. (Sein
Zweitaktant ist fakultativ.) Das gleiche gilt für frz. *aimer*.
Die sehr nützliche Angabe, welcher Aktant/welche Aktanten bei einem
bestimmten Verb in einer bestimmten Sprache unabdingbar notwendig ist/
sind und welcher/welche u. U. weggelassen werden kann/können, ist u. a.
zu finden in einem Valenzwörterbuch, z. B. in der Form:

$$schreiben_{(D)(A)}; \ bringen_{(D)A}; \ anklagen_{(G)A}{}^{18}; \ fressen_{N\text{-}hum(A)}.$$

Die Buchstaben meinen die Kasus, die Buchstaben in Klammern
sind fakultative, die ohne Klammern obligatorische Kasus.
Die Angabe bei *fressen* bedeutet, daß der Erstaktant die semantische
Eigenschaft ›nicht menschlich‹ (= minus hum; *hum* für engl.
human) haben muß. Ein Valenzwörterbuch gibt also bei den Verben,
die davon betroffen sind, auch semantische (= die Bedeutung betreffende) Restriktionen an.
Es enthält folglich zu jedem Verb viererlei Informationen:
- maximal mögliche Anzahl der Aktanten
- ihre morphologische Zugehörigkeit (= welcher Kasus)
- bei jedem Aktanten die Angabe, ob er obligatorisch oder fakultativ ist
- semantische Restriktionen.
Die Nützlichkeit eines solchen Valenzwörterbuchs für jede Art von
Textproduktion in der Fremdsprache liegt auf der Hand.
Zum Begriff ›Aktant‹, der uns bisher, traditionell gesprochen, in

Form von Subjekt oder Akkusativ-, Dativ-, Genitivobjekt begegnet ist, muß noch eine Erweiterung nachgetragen werden.
Betrachten wir z. B. den Satz

Sie wohnt in Paris.

Normalerweise würden wir *in Paris* als Zirkumstanten einstufen, also als fakultativ = weglaßbar, sehen aber, daß der Satz *Sie wohnt* unvollständig wäre und noch eine Ergänzung, etwa ... *in Paris/bei ihrem Freund/geschmacklos/da drüben/zur Miete* u. ä. erfordert. Das Verb *wohnen* ist also zweiwertig: Es braucht einen Erstaktanten und eine sog. *valenzgebundene Ergänzung*. Adverbialien, bei den meisten Verben fakultative freie Angaben, fungieren bei gewissen Verben als (obligatorische) Aktanten.

Die *Translation:* Tesnières Valenzbeschreibungen von Verben sind nicht auf Wortarten festgelegt, sondern auf Funktionsklassen. So sind die bereits genannten Symbole zu verstehen: I = Funktionsklasse Verb, O = Funktionsklasse Aktant, A = Funktionsklasse Beiwort (Adjektiv), E = Funktionsklasse Zirkumstant.
Eine Funktionsklasse kann durch eine andere Wortart als die in den bisherigen Beispielen aufgeführten repräsentiert sein, z. B. die Funktionsklasse A (Beiwort) nicht durch ein Adjektiv, sondern durch ein Substantiv. Die zwei Sätze

Elle prend le livre rouge
und *Elle prend le livre du professeur*

sind strukturell gleich. Das Substantiv *professeur* mußte aber, um syntaktisch in die Adjektivfunktionsklasse zu passen, erst einer *Translation* unterzogen werden (sozusagen: morphosyntaktisch umgeformt werden). Dazu benötigt man als *Translator* in diesem Fall die Präposition *de* bzw. *du.*

In Tesnières Begriffen: Der ›Transferend‹ (= das Umzuwandelnde) *professeur* wird mittels des ›Translators‹ *du* umgewandelt in ein ›Translat‹, nämlich in ein – sekundär in diese Form gebrachtes –

Element der Funktionsklasse A. Im Zusammenhang des Satz-stammbaums:

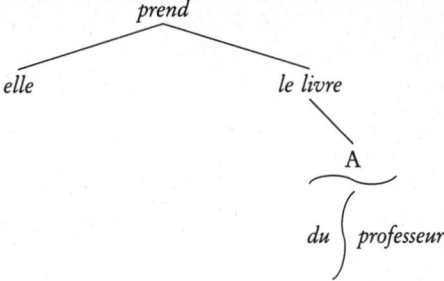

Ein weiteres Beispiel:

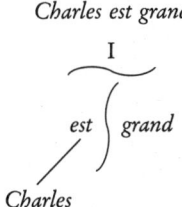

Hier ist der Verbknoten des Stammbaums durch ein Translat reprä-sentiert: Das ›Transferendum‹ *grand* mußte für die Funktionsklasse I passend gemacht werden, dazu brauchte man als Translator das Verb *être*.

Hier wurde das Funktionieren der Translation nur in einfacher Form an zwei Beispielen dargestellt, die aber trotzdem zeigen mö-gen, daß sich mit ihrer Hilfe (z. T. mit mehrfachen Translationen ersten und zweiten Grades, auf die hier nicht näher eingegangen werden soll) auch für komplexe Sätze Dependenzstammbäume erstellen lassen.

Aufgabe:

34. Geben Sie eine Strukturbeschreibung des folgenden Satzes
a) durch IC-Analyse (Klassenstammbaum, an den die konkreten Konsti-tuenten angefügt sind),
b) nach der Dependenzgrammatik:
   Die Katze fängt die Maus.

8.4 Zusammenfassung von Konstituentenstrukturgrammatik und Dependenzgrammatik
(Gemeinsamkeiten und Unterschiede der beiden Modelle)

Die grundlegende Gemeinsamkeit von Konstituentenstrukturgrammatik und Dependenzgrammatik ist die Auffassung vom Satz als hierarchischem Gebilde; damit setzen sie sich von der vorstrukturalistischen Syntax, die Sätze als linear auffaßte, ab.

Konstituentenstrukturgrammatik und Dependenzgrammatik gehen zwar beide vom hierarchischen Charakter von Satzstrukturen aus, entwerfen diese aber verschieden strukturiert: In der Konstituentenstrukturgrammatik ist die Spitze der Hierarchie der Satz als Ganzes, der zuerst binär zerlegt wird in eine Nominalphrase NP und den Rest, der als Verbalphrase VP bezeichnet wird (weil er im allgemeinen ein Verb enthält). In der Dependenzgrammatik bildet das Verb die Spitze der Hierarchie, von der die Auftretensmöglichkeit der Aktanten allein abhängt. Die Valenzgrammatik hat damit, im Unterschied zur Konstituentenstrukturgrammatik, »zwei Elemente der traditionellen Syntax aufgegeben: 1) die Subjekt-Prädikatstruktur des Satzes, 2) die Sonderstellung des Subjekts«[19].

Ferner läßt sich ein Unterschied in der Art der Beziehungen innerhalb des Satzstammbaums feststellen: Der der IC-Analyse stellt *Teil-Ganzes-Beziehungen* dar, z. B. in

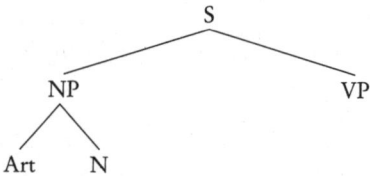

ist die Nominalphrase NP ein Teil der übergeordneten Konstituente Satz, das Nomen N hinwiederum ein Teil der Konstituente NP usw. Ein Stammbaum der Valenzgrammatik dagegen zeigt *Teil-Teil-Beziehungen* auf, z. B. in

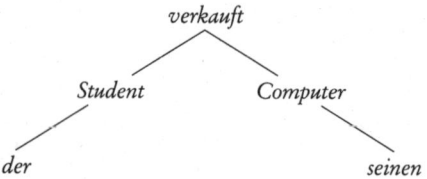

164

ist *verkauft* ja auch nur ein Teil des ganzen Satzes, auch wenn von ihm weitere Teile (ebenfalls: des Satzes) abhängen.

Die Konstituentenstrukturgrammatik ist im großen Zusammenhang der strukturalistischen Sprachbeschreibung zu sehen, deren Ziel es ist, von der *parole* ausgehend die zugrundeliegende *langue*, das System, darzustellen. Die *discovery procedures* bestehen im Segmentieren und Klassifizieren der Ausdrucksseite sprachlicher Zeichenketten, unter dem Bestreben, die Inhaltsseite weitgehend auszuklammern. In diesem Programm der Systembeschreibung stellt die Konstituentenstrukturgrammatik die Theorie für eine der Beschreibungsebenen neben Phonologie und Morphologie dar. Eine Konstituentenstrukturgrammatik soll die Beschreibung der zugrundeliegenden syntaktischen Strukturen sämtlicher bei ihrer Corpusanalyse angetroffener Sätze umfassen. Wie bei Phonem- und Morphemanalyse ist auch hier das abstrahierende Zusammenfassen heterogener konkreter Phänomene zu Klassen notwendig. Dies führt zur formalisierten Notierung syntaktischer Kategorien in Klassenstammbäumen. Nur ein Klassenstammbaum, z. B.

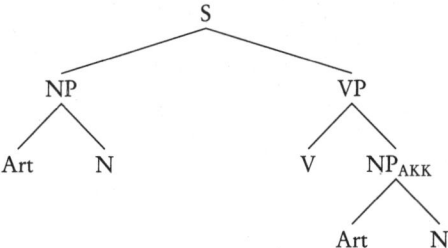

ermöglicht es, intersubjektiv und nicht bloß intuitiv aufzuzeigen, daß Sätze wie *Der Student verkauft seinen Computer; Vater raucht Pfeife; der Fuchs stiehlt die Gans* ... Anwendungen *eines* syntaktischen Musters sind.

An konkreten Stammbäumen wie

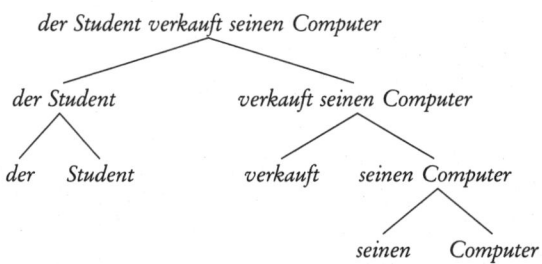

wird diese Fragestellung über die Struktur der untersuchten Sprache weniger evident. Nur Klassenstammbäume ermöglichen es, die syntaktischen Strukturen von Sätzen auf ihre Ähnlichkeit hin zu vergleichen.

Tesnières Dependenzgrammatik steht nicht in Zusammenhang mit einer Sprachbeschreibung auf sämtlichen Strukturebenen, sondern geht von vornherein lediglich auf die Beschreibung von Sätzen aus. Daher wird die Satzanalyse bei ihr nicht, wie bei der Konstituentenstrukturgrammatik, bis hinab zu den Morphemen als letzten mittelbaren Konstituenten des Satzes durchgespielt.

Tesnières Satzstrukturstemmata haben nicht den gleichen Formalisiertheitsgrad wie die einer Konstituentenstrukturgrammatik, die ja auf Distributionskriterien gründen. Mit Tesnières Abhängigkeitsbäumen[20] ist der Vergleich zwischen verschiedenen Strukturen schwieriger, z. B. bei graphisch gleich verlaufenden Stammbäumen, deren Knoten funktionell jedoch verschieden sind.

Eine Konstituentenstrukturgrammatik beschreibt alle von ihr angetroffenen Satzstrukturen »in ihrer tatsächlichen Anordnung«, eine Dependenzgrammatik beschreibt – über die Valenz – »alle tatsächlichen Satzstrukturen in ihrer möglichen Anordnung«[21]. D. h.: Sie kann nur über das [potentielle] Vorkommen, nicht aber über die Positionen des Vorkommens entscheiden. Dependenzstammbäume sind – »einem Mobile ähnlich – Valenzstrukturen ohne Außenstruktur«[22].

Welches dieser Grammatikmodelle praktisch nützlicher ist, läßt sich nicht global entscheiden; es gibt Einzelbereiche der Grammatik, in denen das eine, andere, in denen das andere adäquatere Erklärungen liefert, so daß ein Zusammenspiel beider Modelle als am sinnvollsten anzusehen wäre. Ein Fall, dem die Dependenzgrammatik besser gerecht wird, sind z. B. Sätze gleichen Inhalts und gleicher Konstituenten, die lediglich untereinander permutierte Varianten darstellen:

1a) *Hans bringt dem Nachbarn die Leiter.*
1b) *Hans bringt die Leiter dem Nachbarn.*

Nur ein Dependenzstammbaum weist die Sätze 1a) und 1b) als gleich aus, da er sich bezüglich der Reihenfolge der beiden permutierten Aktanten nicht festlegt. Eine IC-Analyse würde für die beiden Sätze zu verschiedenen Klassenstammbäumen führen.

Ein Fall dagegen, in dem die Nichtfestlegung der Positionen im Satz ein Nachteil ist, wären Sätze, die durch bloße Permutation inhaltlich

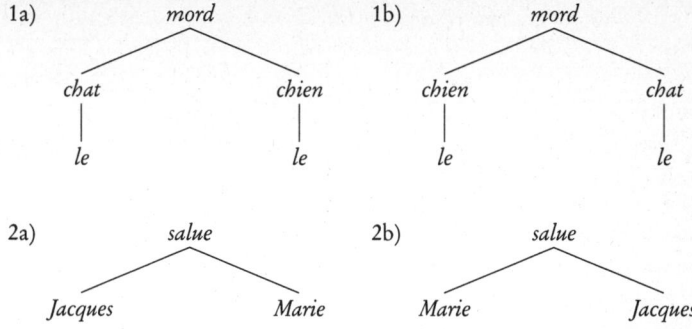

verändert werden, weil in der betreffenden Sprache – zumindest in bestimmten Satzmustern – die syntagmatische Abfolge bedeutungsrelevant ist, z. B. im Französischen bezüglich der Unterscheidung von Nominativ und Akkusativ der Substantive: Die Stemmata 1a) und 1b) sind in der Dependenzgrammatik völlig gleichwertig, ebenso 2a) und 2b), so daß man sich genötigt sieht zu fragen: wer wen? Bei einer IC-Analyse wird diese Unklarheit vermieden, da ihre Stammbäume mit angehängten konkreten Konstituenten die Satzpositionen eindeutig festhalten.

Ein wichtiger Beitrag des Dependenzmodells ist in seinem Kernstück, der Valenztheorie, ausgedrückt: Die Valenz des Verbs ist eine *semantische* Gegebenheit, von der aber entscheidend die *Syntax* des Satzes abhängt. Die Dependenzgrammatik macht also bereits bewußt, was die gTG von ihrer Version von 1965 an thematisiert: daß sich Syntax und Semantik nicht voneinander trennen lassen.

8.5 Von der Konstituentenstrukturgrammatik zum generativen Ansatz der Transformationsgrammatik

Aufgabe:

35. Geben Sie die Strukturbeschreibungen der folgenden Sätze durch IC-Analyse:
    1a) *Die Entwicklung der Ereignisse wird interessant.*
    1b) *Die Erforschung der Ereignisse wird interessant.*
    2a) *World War I was started by Austria.*
    2b) *World War I was started by 1914.*
    3a) *Le boulanger cuit le pain.*
    3b) *Le boulanger cuit la nuit.*
    4a) *Frau N. bügelt die Wäsche.*

4b) *Die Wäsche wird von Frau N. gebügelt.*
5) *Der Briefträger gab das Paket ab.*
Die Lösungsversuche der Aufgaben 1) bis 5) sollen zu einer kritischen Überprüfung der Leistungsfähigkeit der IC-Analyse führen.

Für die Sätze 1a) und 1b) wurden gleiche Strukturstammbäume ermittelt, ebenso für 2a) und 2b) und für 3a) und 3b) – und dies, obwohl einer, der das Deutsche kennt, »weiß«, daß die Beziehung zwischen *Entwicklung* und *Ereignissen* eine andere ist als die zwischen *Erforschung* und *Ereignissen*: Im ersten Fall *entwickeln sich* die Ereignisse selber (Aktiv), im zweiten Fall *werden* die Ereignisse *erforscht* von jemand anderem (Passiv). Die NP wird für Satz 1a) und für Satz 1b) analysiert in NP_{Nom} und NP_{Gen}, wobei in der Konstituentenstrukturbeschreibung nicht zum Ausdruck kommt, daß die Funktion der NP_{Gen}, genauer gesagt: ihr Verhältnis zu der NP_{Nom}, in den beiden Sätzen verschieden ist. Entsprechendes gilt im englischen Beispiel für die Konstituente *by Austria* in 2a), *by 1914* in 2b), und im französischen Beispiel für *le pain* in 3a), *la nuit* in 3b). Die IC-Analyse weist also Sätzen, die sozusagen *auf einer anderen Ebene* ungleich sind, gleiche Strukturbeschreibungen zu.

Der komplementäre Fall hierzu liegt in Beispiel 4) vor: die IC-Analyse erstellt verschiedene Stammbäume für die Sätze 4a) und 4b), obwohl wir ›wissen‹, daß die Sätze 4a) und 4b) auf einer anderen Ebene gleich sind.

Bei Satz 5) ist das Ergebnis der IC-Analyse deshalb unbefriedigend, weil der Stammbaum nicht zu zeigen vermag, daß die Konstituente *ab* nicht etwa eine satzerweiternde Adverbialbestimmung ist (wie z. B. *gern und reichlich* in einem Satz *Wir gaben gern und reichlich*), sondern Teil der Konstituente *gab*, was sich durch den Deletionstest nachweisen läßt: bei *Wir gaben gern und reichlich* lautet der Kernsatz *Wir gaben*, bei *Der Briefträger gab das Paket ab* jedoch nicht * *Der Briefträger gab* und auch nicht * *Der Briefträger gab das Paket*. In anderen Tempora wird die Zusammengehörigkeit der Konstituenten *gab* und *ab* noch deutlicher, z. B. *Der Briefträger wird das Paket abgeben*, ebenso bei Hinzufügen eines Modalverbs: *Der Briefträger wollte / mußte / konnte das Paket abgeben.* Solche Konstituenten, die in bestimmten Sätzen getrennt erscheinen, aber als auf einer anderen Ebene zusammengehörig erkannt werden, nennt man *diskontinuierliche Konstituenten* (vgl. Kap. 6.5.1: diskontinuierliche Morpheme). Es hat sich erwiesen, daß die IC-Analyse zwar Sätzen Strukturbeschreibungen zuordnen kann, daß aber diese Strukturbeschreibungen nicht in allen Fällen mit dem intuitiven *Wissen* der

Sprecher der betreffenden Sprache oder ihrem ›Sprachgefühl‹ oder wie immer wir diese ihre Fähigkeit zunächst einmal nennen wollen, übereinstimmen.

Mit dem Einbeziehen dieser hier nur vage und vorläufig angesprochenen Fähigkeit des Sprechers ist bereits die grundlegende Wende vom Strukturalismus zum generativen Ansatz der Transformationsgrammatik (häufig TG abgekürzt) vollzogen.

8.5.1 Sprachtheoretische Grundlagen der generativen Transformationsgrammatik

Die Einsicht in die Grenzen der IC-Analyse führte manche ihrer Vertreter, z. B. Z. S. Harris, zu dem neuen Ansatz; sein Begründer ist Noam Chomsky.

Chomsky hat eine so grundlegende Neuorientierung in die Sprachwissenschaft gebracht, daß er diesbezüglich häufig de Saussure an die Seite gestellt wird. Und wenn de Saussure andererseits seine Vorläufer hatte (vgl. Kap. 4, Anm. 1), so läßt sich in ungleich höherem Maße und direkterem Bezug Chomsky in seinen ›Syntactic Structures‹ (1957) eher als Umorientierung des Strukturalismus interpretieren, die grundlegende Kategorien von jenem beibehält, wenn auch umbenannt und inhaltlich modifiziert. Dies gilt vor allem von der zentralen Dichotomie *langue/parole*.

Die generative Transformationsgrammatik (abgekürzt gTG) geht aus von der Beobachtung, daß der Sprecher, der eine Sprache kennt, in dieser Sprache auch grammatikalisch korrekte Äußerungen hervorbringen kann, die er vorher noch nie gehört hat. Er verfügt über die Elemente des betreffenden Sprachsystems und über die Regeln für ihre Verknüpfung, obwohl er als Ausgangsbasis nur eine eingeschränkte Datenmenge – eben die ihm bisher begegneten Äußerungen – zur Verfügung hat; er kann von endlichen Mitteln unendlichen Gebrauch machen. Diese seine Fähigkeit wird als seine *Kompetenz* bezeichnet (engl. *competence*, frz. *compétence*). Das Anwenden dieser Kompetenz, also das Hervorbringen von Sprachäußerungen, wird *Performanz* (engl. *performance*, frz. *performance*) genannt.

Das Begriffspaar *Kompetenz/Performanz* entspricht dem de Saussureschen *langue/parole*, doch muß auf einen grundlegenden Unterschied hingewiesen werden: Kompetenz ist eine Größe, die – im Gegensatz zur de Saussureschen *langue* – nicht autonom, unter Absehung von den Sprachbenutzern, gedacht werden kann; Kompetenz »kommt nur vor« als Kompetenz eines Sprechers/Hörers, eben als dessen Fähigkeit, grammatikalisch korrekte Sätze hervorzubringen = zu *generieren*, daher die Beziehung dieses Grammatikmodells als *generativ*. Chomskys Kompetenz ist dynamischer als de Saussures *langue*, sie beinhaltet eine kreative Komponente, die zur Folge hat, daß eine Sprache mehr ist als die Summe sämtlicher bisher in ihr vorliegenden Äußerungen. »Es ist ... notwendig, von de Saussures Begriff der *langue* als lediglich einem systematischen Inventar von Einheiten abzugehen und zurückzugehen auf das Humboldtsche Verständnis der zugrunde liegenden Kompetenz als einem System generativer (›erzeugender‹) Prozesse«[23] – Sprache (mit Humboldts Worten) nicht als *ergon* (griech. ›Werk‹, etwas Fertiges), sondern als *enérgeia* (griech. ›wirkende Kraft‹).

Mit Chomsky, so kann man sagen, hat ein neuer Faktor Einzug in die Sprachwissenschaft gehalten – zugleich auch ein sehr alter Faktor: der Mensch.[24] Während der Strukturalismus das Ziel hatte, durch Analysieren von *parole*-Äußerungen das zugrundeliegende *langue*-System zu entdecken, ist es das Anliegen eines generativen Sprachmodells, die Kompetenz des Sprechers/Hörers nachzubilden. Der Strukturalismus suchte eine endliche Menge vorliegender Sätze zu *beschreiben*, die gTG, eine unbegrenzte Menge von Sätzen zu *erzeugen*.

Ein Modell der menschlichen Sprechfähigkeit, wie es eine generative Grammatik ist, kann stets nur ein *Leistungsmodell* sein, niemals ein *Funktionsmodell*, denn die neurophysiologischen, psychologischen u. a. Vorgänge im Sprachzentrum des menschlichen Gehirns sind ja der Beobachtung nicht zugänglich. (Zur Unterscheidung der beiden Typen von Modellen, Leistungsmodell und Funktionsmodell, s. Kap. 3.1.2.1.)

Ein Leistungsmodell der menschlichen Sprechfähigkeit hat die Aufgabe, den Regelapparat nachzubilden (zu ›simulieren‹), über den der Sprecher/Hörer verfügt und den er in den Performanzakten anwendet.

Einer der oben genannten Unterschiede zwischen Strukturalismus und gTG modifiziert sich, wenn man berücksichtigt, daß die (Re-)Konstruktion der Sprecher/Hörer-Kompetenz methodisch ebenfalls über die Analyse einer endlichen Menge von Äußerungen erfolgt. Ein wichtiger Unterschied ist allerdings, daß Chomsky in dieser Menge auch Intuitionen und introspektive Auskünfte zuläßt, während sich der Strukturalismus – mehr empirisch-positivistisch orientiert – allein an das Corpus als auszuwertendes Material hält.

Bevor skizziert wird, wie dieser Regelapparat nach Chomsky aussieht bzw. welche verschiedenen, sehr wesentlichen, Änderungen er zwischen den fünfziger/sechziger und den achtziger Jahren durchlaufen hat, soll der Begriff *Sprecher/Hörer* bei Chomsky noch präzisiert werden. Seine Relevanz in der TG im Gegensatz zum Strukturalismus wurde bereits deutlich: Er ist die Existenzbedingung der Kompetenz, denn diese ist ohne den Sprecher als ihren Träger nicht denkbar. Als Träger der gesamten Kompetenz, die er in jedem Augenblick fehlerlos in Performanzakten zur Anwendung bringen kann, kommt allerdings nur ein *idealer Sprecher/Hörer* (engl.: *ideal speaker/hearer*) in Frage, den Chomsky folgendermaßen charakterisiert:

»Der Gegenstand einer linguistischen Theorie ist in erster Linie ein idealer Sprecher/Hörer, der in einer völlig homogenen Sprachgemeinschaft lebt, seine Sprache ausgezeichnet kennt und bei der Anwendung seiner Sprachkenntnis in der aktuellen Rede von solchen grammatisch irrelevanten Bedingungen wie
– begrenztes Gedächtnis
– Zerstreutheit und Verwirrung
– Verschiebung in der Aufmerksamkeit und im Interesse
– Fehler (zufällige oder typische)
nicht affiziert wird.«[25]

Ein Sprecher, der stets unbeeinträchtigt über die gesamte Kompetenz der betreffenden Sprache verfügt, entspricht in der Tat nicht der Realität, wie wir sie an uns und anderen in jedem beliebigen Kommunikationsakt mit »Versprechern«, unvollständigen Sätzen, Ungenauigkeiten beobachten können – dies wird auch häufig als ein Punkt der Kritik an Chomsky vorgebracht.
Jeder Sprachteilhaber hat als Sprecher die obengenannte Fähigkeit, grammatikalisch richtige Sätze zu generieren. Um seine Fähigkeit als Hörer zu erläutern, erinnern wir uns kurz an die Beispielsätze aus Kap. 8.5, etwa: 4a) *Frau N. bügelt die Wäsche*, 4b) *Die Wäsche wird von Frau N. gebügelt*. Wir hatten dort festgestellt, daß der Hörer aufgrund seines ›Wissens‹ (d. i. seiner Kompetenz) erkennt, daß die beiden Sätze ›auf einer anderen Ebene‹ gleich sind. Diese ›andere Ebene‹ wird in der gTG[26] *Tiefenstruktur* genannt. Der Hörer ist also in der Lage, Sätzen mit verschiedenen Lautketten gegebenenfalls die gleiche Tiefenstruktur zuzuschreiben. Umgekehrt gibt es Sätze von der Art des folgenden Beispiels: *Marie ist leicht erregt*. Hier handelt es sich um zwei verschiedene (aber homonyme) Sätze, nicht um einen:

1. Marie ist nicht sehr stark erregt.
2. Es ist nicht schwer, Marie zu erregen.
Ebenso: Die Beschreibung der Linguistik ist einfach.

Aufgabe:
36. Suchen Sie nach Paraphrasen, die verdeutlichen, welche beiden homonymen Sätze hier vorliegen!

Die beiden jeweiligen Sätze haben nach Chomsky gleiche *Oberflächenstruktur*, aber ungleiche Tiefenstruktur. Hier kann der Hörer genau entsprechend Sätzen mit gleicher Oberflächenstruktur verschiedene Tiefenstrukturen zuordnen.

Die Nützlichkeit der Unterscheidung Oberflächenstruktur und Tiefenstruktur, die von Chomsky zunächst in den verschiedenen Fassungen seiner Theorie beibehalten wird, ließ sich aufweisen an Sätzen wie den obigen (aus Kap. 8.5, Sätze 1 bis 5), vor denen das strukturalistische Syntaxmodell der IC-Analyse versagt, weil die Strukturstammbäume, die es diesen Sätzen zuordnet, nicht zeigen, wie je zwei Sätze miteinander zusammenhängen. Dieses zeigt dagegen die gTG mittels ihrer Begriffe Oberflächenstruktur und Tiefenstruktur.
Da der kompetente Sprecher (insbesondere als Hörer) die Fähigkeit hat, 1. zwei verschiedene Sätze als Paraphrasen voneinander zu erkennen, 2. homonyme Sätze zu disambiguieren (= eindeutig zu machen), muß ihr in einem Modell seiner Sprachfähigkeit Rechnung getragen werden in Gestalt zweier verschiedener Ebenen der Satzerzeugung: eben der Tiefenstruktur und der Oberflächenstruktur.
Die verschiedenen Entwicklungsstadien, die die generative Grammatik bis jetzt durchlaufen hat, lassen sich verstehen aus ihrem Grundansatz: Sie ist nicht primär ein Beschreibungsinstrument, sondern eine Theorie über die mentale Repräsentation und den Erwerb sprachlichen Wissens. Mit anderen Worten lauten für sie die zwei zentralen Fragen: »Wie ist unser sprachliches Wissen im Gehirn repräsentiert, und wie kommt es da hinein?«[27] Bei Chomsky dient die Analyse der Sprache letztlich dazu, Aufbau und Funktionsweise des menschlichen Geistes zu erforschen, für ihn wird die Linguistik etwas wie eine Teildisziplin der Kognitiven Psychologie.

8.5.2 Elemente der generativen Grammatik

Wir wollen im folgenden die inzwischen überholten Stadien der generativen Grammatik nicht in ihren Einzelheiten darlegen, aber dennoch einige wichtige Begriffe, die zum Verständnis ihrer Entwicklung notwendig sind, erklären.

Eine generative Grammatik – als Regelapparat zum Erzeugen von Sätzen – muß eine *syntaktische Komponente*, die die morphologische mit einschließt, und ein *Lexikon* umfassen.

Ein Teil des Gesamtregelapparates dient zur Erzeugung der *Tiefenstruktur* (s. Kap. 8.5.1) von Sätzen. Diese Tiefenstruktur wird dann durch Einwirkung anderer Regeln bzw. Operationen in die *Oberflächenstruktur* (s. Kap. 8.5.1) überführt; diese Operationen nennt man *Transformationen*.

Wichtige Typen von Transformationen sind etwa:[28]

a) *Substitution* (Ein oder mehrere Elemente der Tiefenstruktur werden durch ein oder mehrere andere ersetzt), z. B.:
   Tiefenstruktur:
   Ein – Glas – zerbricht – wenn – man – ein – Glas – fallen – läßt
   [1 – 2 – 3   – 4 – 5 – 6 – 7 – 8 – 9]
   ⇒ [1 – 2 – 3   – 4 – 5 – es – 8 – 9]
Oberflächenstruktur: *Ein Glas zerbricht, wenn man es fallen läßt.*

b) *Permutation* (= Umstellungstransformation: Die Abfolge der Elemente wird gegenüber der Tiefenstruktur verändert), z. B.:
   Tiefenstruktur:
   Der – Briefträger – ab – gab – das – Paket
   [1 – 2 – 3 – 4 – 5 – 6]
   ⇒ [1 – 2 – 4 – 5 – 6 – 3]
Oberflächenstruktur: *Der Briefträger gab das Paket ab.*

Permutationstransformationen sind, wie man sieht, u. a. wichtig, wenn die Erzeugung von Sätzen mit diskontinuierlichen Konstituenten erklärt werden soll, die sich (s. Kap. 8.5) mit einer IC-Analyse nicht erfassen lassen.

c) *Tilgung*, z. B.:
   Tiefenstruktur:
   Die – Blumen – blühen – und – die – Blumen – duften
   [1 – 2 – 3 – 4 – 5 – 6 – 7]
   ⇒ [1 – 2 – 3 – 4 – 7]
Oberflächenstruktur: *Die Blumen blühen und duften.*

8.5.3 Die verschiedenen Entwicklungsstadien der generativen Grammatik

8.5.3.1 Erste Version (Chomskys ›Syntactic Structures‹[29])

Die Tiefenstruktur produziert die Syntax der Sätze, und zwar in Form von Baumgraphen (engl. *phrase-markers*, auch: Formationsmarker oder Phrasenstrukturbäume), die »aussehen« wie die Stammbäume der IC-Analyse[30], aber anders »gelesen«, interpretiert werden müssen: Die IC-Analyse gehört einer *Beschreibungsgrammatik* an, sie beschreibt die Strukturen fertig vorgefundener Sätze eines Corpus und wird gelegentlich als statisch bezeichnet. Die gTG ist eine *Erzeugungsgrammatik*, sie simuliert den dynamischen Prozeß der Satzerzeugung; ihre Phrasenstrukturbäume werden generiert durch Regeln, die jederzeit neue, bisher nicht vorgefundene Sätze erzeugen können. Man hat die TG (bzw.: jede mögliche generative Grammatik) bezeichnet als »in Bewegung gesetzte Konstituentenstruktur«[31]: Die statische Konstituentenstruktur wird dynamisch, indem sie nun einen Erzeugungsprozeß abbildet.

Daher liest man einen generativen Satzstammbaum nicht »Zerlege S in NP und VP« usw., sondern »Ersetze das Symbol S durch NP und VP« oder »Expandiere S zu NP und VP« usw. Auch andere Notierungsweisen eines solchen Generierungsprotokolls sind möglich, z. B.:

$$S \rightarrow NP \frown VP$$
$$NP \rightarrow Art \frown N$$

usw.

($\rightarrow$ ist das Ersetzungssymbol,

$\frown$ ist das Konkatenationszeichen, das angibt, daß die durch es verbundenen Konstituenten miteinander im Satz auftreten).

Für die Kategorialsymbole, z. B. für ›N‹ und für ›Art‹, werden dann Elemente aus dem Lexikon eingesetzt, z. B. *Junge* und *der*.

8.5.3.2 Die sog. Standardtheorie (Abkürzung: ST)[32]

Was sich mit jedem neuen Entwicklungsstadium von Chomskys generativer Grammatik ändert, ist das Verhältnis zwischen Syntax und Semantik. Die Frage nach diesem Verhältnis läuft wie ein roter Faden durch die verschiedenen Stadien hindurch.[33]

Die erste Version interessierte sich praktisch nur für die Syntax

(Titel: ›*Syntactic* Structures‹!), während die Standardtheorie, im Sinne einer umfassenden Sprachtheorie, aus einer syntaktischen sowie einer semantischen (und einer phonologischen) Komponente besteht.

Jetzt gehen bereits in das Erzeugen der Tiefenstruktur Phrasenstrukturregeln *und* Lexikonregeln ein.

Die lexikalischen Elemente (auch *lexikalische Formative* genannt) sind im Lexikon (als Teil des Regelapparates, über den der Sprecher verfügt) notiert in Form einer phonologischen und einer semantischen Matrix. Diese ist die Summe der distinktiven Merkmale eines jeweiligen Lexikonelementes. Zugleich enthält das Lexikon Angaben über die syntaktischen Kategorien eines jeden lexikalischen Formativs. Beispiel eines solchen Lexikoneintrags:[34]

$$
\left\{
\begin{array}{llll}
 & \text{h} & \text{u} & \text{n} & \text{D} \\
\text{vok.} & - & + & - & - \\
\text{nas.} & - & - & + & - \\
\text{dent.} & - & - & + & + \\
. \\
. \\
. \\
. \\
\end{array}
\right\}
\quad
\begin{array}{l}
[+ \text{N}, + \text{zählbar}, + \text{belebt}, \\
- \text{menschlich}, - \text{abstrakt} \ldots]
\end{array}
$$

Die Tiefenstruktur enthält also jetzt auch bereits alle *semantisch* relevanten Informationen, nicht nur die syntaktischen. Entsprechend müssen die Transformationen, die die Tiefenstruktur in die Oberflächenstruktur überführen, bedeutungsneutral sein (= nicht bedeutungsverändernd).

Hiergegen wurde aber kritisch eingewandt, daß die semantische Interpretation eines Satzes auch von Phänomenen der Oberflächenstruktur abhängt, z. B. von der Intonation oder von der Wortstellung[35], die gegebenenfalls durch Umstellungstransformationen (= Permutationstransformationen) geregelt wird.

Schließlich entwickelte sich eine Richtung von generativer Grammatik, die der Semantik primäre Wichtigkeit vor der Syntax einräumte; entsprechend wird diese Richtung als Generative Semantik bezeichnet (Hauptvertreter: Katz und Fodor[36]).

8.5.3.3 Generative Semantik

Für sie ist die Tiefenstruktur zu einer rein semantischen Ebene geworden, auf der »einzig und allein bedeutungsrelevante Relationen und Distinktionen ausgedrückt werden«[37]. Damit wird die Oberflächenstruktur zu einer rein syntaktischen Repräsentationsebene, und die Transformationen dienen dazu, die semantischen Strukturen in syntaktische zu überführen.[38]

Z. B.: Wenn in der Oberflächenstruktur das Verb engl. *(to) kill* auftaucht, lautete die zugrundeliegende Tiefenstruktur *(to) cause to die*; durch Transformationen wurde es dann in die – semantisch gleiche, nur morphologisch andere – Form *(to) kill* gebracht. (Wir erinnern uns, daß ›syntaktisch‹ hier immer die Morphologie mit einschließt.)

Da in der Generativen Semantik die Tiefenstruktur hochgradig abstrakt war, mußte der Transformationsteil entsprechenderweise äußerst komplex sein – das war einer der Gründe für das Scheitern der Generativen Semantik.

Ein anderer war ihr Grundsatz von der bedeutungserhaltenden Eigenschaft der Transformationen, z. B. auch von der Bedeutungsgleichheit zwischen einem Aktivsatz und dem durch Transformationen gebildeten zugehörigen Passivsatz. Diese trifft zwar in der Regel zu, doch ließen sich Satzpaare wie die folgenden anführen:

> *Everyone in the room knows at least two languages.*
> *At least two languages are known by everyone in the room.*

> *Everyone loves his mother.*
> *His mother is loved by everyone.*
> (Dt. entsprechend: *Jeder liebt seine Mutter.*
> *Seine Mutter wird von jedem geliebt.*)

Im ersten Satz sind *jeder* und *seine* koreferent (= auf den gleichen Umweltreferenten verweisend), im zweiten Satz nicht. Ob zwei Ausdrücke koreferent sein können, hängt von ihrer Position in der *Oberflächenstruktur* ab.

Damit sollte gezeigt werden, daß es Sätze gibt, bei denen eindeutig die syntaktischen Strukturverhältnisse die semantische Interpretation bestimmen. Allein von der Syntax hängt es ab, ob – bei gleicher semantischer Tiefenstruktur – ›jeder seine (eigene) Mutter liebt‹ oder ob ›die Mutter einer (vermutlich vorher genannten) männlichen Person bei allen Leuten beliebt ist‹ usw.

8.5.3.4 ›Erweiterte Standardtheorie‹ (Abkürzung: EST)[39]

Auch sie unterscheidet sich durch eine veränderte Rolle der Semantik gegenüber der Standardtheorie: Die semantische Interpretation (d. h. soviel wie: das Einwirken semantischer Informationen auf den Satzerzeugungsprozeß) bezieht sich jetzt auf die Tiefenstruktur und auf die Oberflächenstruktur.

Außerdem wird bereits hier die Reichweite der Transformationen eingeschränkt – eine Tendenz, durch die die weitere Entwicklung von Chomskys generativer Grammatik ganz vordringlich charakterisiert ist.

8.5.3.5 Revidierte ›Erweiterte Standardtheorie‹ (Abkürzung: REST)[40]

Jetzt werden die Transformationen reduziert auf einen einzigen Typ: die Umstellungstransformation, formuliert als Anweisung »move α« (»bewege α«). α können alle möglichen Satzkonstituenten sein, z. B. Nominalphrasen bei der Passivbildung.

Dieser »Zusammenfassung aller Transformationsprozesse in eine einzige Umstellungstransformation steht ein Anwachsen von Beschränkungen für die Anwendung dieser Transformation gegenüber«.[41]

Syntax und Semantik – deren Verhältnis in der generativen Grammatik immer wieder eine zentrale Rolle spielt – werden jetzt als zwei strikt getrennte Komponenten angesehen.

Bereits hier wird von der modularen Struktur des menschlichen Kognitionssystems gesprochen, die im folgenden Stadium (ab 1981) für Chomsky grundlegend ist. Module sind »eigenständige und unabhängige Subsysteme«[42]; »die interne Struktur eines Moduls ist nicht auf die interne Struktur irgendeines anderen Moduls reduzierbar«[43]. Nach Chomsky besteht das menschliche Kognitionssystem aus »einem Ensemble autonomer, miteinander jedoch interagierender Module (...), von denen eines die ›language faculty‹ ist«[44]. Diese sog. Modularitätsthese Chomskys ist einer der Punkte seiner Lehre, der z. B. bei Psychologen und Philosophen auf starke Kritik stößt.[45]

Jedenfalls ist immer deutlicher zu erkennen, daß im Zentrum von Chomskys Interesse der Aufbau und die Funktionsweise des menschlichen Kognitionssystems steht.[46]

8.5.3.6 Rektions- und Bindungstheorie (Government and Binding Theory; Abkürzung: GB)[47]

Es werden weitere Beschränkungen für syntaktische Prozesse formuliert, die ja durch die radikale Reduzierung der Transformationen notwendig geworden waren.
Durch diese letztere ist auch die Unterscheidung in zwei Strukturebenen, Tiefenstruktur und Oberflächenstruktur, aufgehoben.
Zwei Typen solcher Beschränkungen sind eben die Rektion und die Bindung.
Unter Rektion versteht man – auch schon in der traditionellen Grammatik – die Eigenschaft von Verben, aber auch von Adjektiven, Präpositionen und Substantiven, »die morphologische Kategorie (insbesondere den Kasus) abhängiger Elemente zu bestimmen«[48]; das Phänomen ist uns vor allem durch die Valenz der Verben[49] bekannt. Die GB-Theorie hat den Rektionsbegriff sehr differenziert und formalisiert ausgearbeitet.
Bei den Bindungen und Bindungsbeschränkungen geht es wieder um Beziehungen von Anaphern (= Formen, die auf vorher genannte verweisen), Pronomina u. ä.

8.5.3.7 Zusammenfassung

Nicht nur die Unterscheidung Tiefenstruktur/Oberflächenstruktur ist inzwischen unwichtig geworden, auch die Transformationen – einst so programmatisch, daß immerhin die Chomskysche Grammatik ihnen die Bezeichnung generative *Transformationsgrammatik* verdankte – sind im Laufe der verschiedenen Entwicklungsstadien immer weiter reduziert worden; dafür ist die *generative* Ausrichtung immer eindeutiger geworden: nämlich die auf die Struktur des menschlichen Kognitionssystems und seine Fähigkeit, »auf der Basis eines eingeschränkten Datenmaterials«[50] immer neue eigene Sätze zu produzieren.
Man könnte versucht sein, Konstituentenstrukturgrammatik und generative Grammatik einander gegenüberzustellen mit Gegensatzpaaren wie

Strukturalismus	gTG
– beschreibend	– erzeugend
– statisch (endliches Corpus), Sprache als érgon	– dynamisch, Sprache als enérgeia (Neues schaffende Kreativität)
– von der *parole* realer Sprecher (Informanten) ausgehend	– von der *langue* (= Kompetenz) des idealen Sprechers ausgehend
– empirisch	– mentalistisch
– Orientierung an den Naturwissenschaften	– Orientierung am philosophischen Rationalismus[51]
– Orientierung am Positivismus	– Orientierung an mathematischen und automatentheoretischen Modellen,

doch erscheint eine solche Gegenüberstellung zugleich fragwürdig angesichts der prinzipiellen, konzeptionellen Unterschiede in Ansatz und Zielsetzung.

Zur Illustration der frühen, inzwischen überholten Version der Chomsky-Grammatik finden sich auf S. 314 als Aufgabe 37 zwei Satzstammbäume, an denen, was die Notierungskonvention betrifft, die Nähe der ›Syntactic Structures‹ zur IC-Analyse noch einmal deutlich wird.

Die generative Grammatik wurde hier extrem vereinfacht und verkürzt dargestellt; für genauere und vollständigere Information verweisen wir auf entsprechende Fachliteratur.[52]

9 Semantik

9.1 Untersuchungsgegenstand der Semantik

Die (linguistische) Semantik[1] untersucht die Bedeutung sprachlicher Zeichen und Zeichenfolgen. Das Wesen eines Zeichens als untrennbarer Einheit von Ausdrucks- und Inhaltsseite (wobei, je nach dem Zeichenmodell, das man zugrunde legt, noch verschiedene andere Konstituenten in das Zeichen mit einbezogen sein können, s. Kap. 3) ist zunächst wenig problematisch; vergleichsweise wenig problematisch ist auch die Struktur der Ausdrucksseite, deren Beschreibung der klassische Strukturalismus zuerst geleistet hat (Phonologie, Morphologie). Freilich mußte er für die Klassifizierung der jeweils erhaltenen Segmente bereits auf die Inhaltsseite rekurrieren; das Klassifikationskriterium bestand ja in der Möglichkeit/Unmöglichkeit, durch Austausch zweier Segmente gegeneinander die Bedeutung der jeweiligen Zeichenkette zu verändern.

9.1.1 ›Meaning-Feindlichkeit‹ des amerikanischen Strukturalismus

Die Beschäftigung mit der Inhaltsseite selbst wurde als problematischer empfunden. Bedeutung ist für Bloomfield nicht linguistisch beschreibbar, sondern nur in Verbindung mit (allen) anderen Wissenschaften. Das wäre durchführbar in Fällen wie *Salz* (definierbar als Natriumchlorid) oder beispielsweise bei Pflanzen- und Tiernamen, würde aber problematisch bei Wörtern wie *Liebe* und *Haß* und sämtlichen Begriffen, die nicht exakt klassifiziert sind. Konsequenterweise bemüht sich der amerikanische Strukturalismus, vor allem Bloomfields Schüler, Bedeutung aus seiner Beschreibung eines Sprachsystems ganz auszuklammern, ja ihre Nichteinbeziehung überhaupt zur Bedingung der Wissenschaftlichkeit einer Sprachbeschreibung zu machen, was gelegentlich mit dem Schlagwort ›*Meaning*-Feindlichkeit‹ etikettiert wird. Wissenschaftlich – das bedeutet für die Bloomfieldsche Schule in der Nachfolge des Behaviorismus: nichts als das Verhalten ›von außen‹ beschreibend, empirisch verifizierbar, intersubjektiv nachvollziehbar, antimentalistisch. Entsprechend dem Stimulus-Response-Modell sprachlicher Kommunikation[2] definiert Bloomfield die Bedeutung einer sprachlichen Form als die Situation, in welcher der Sprecher sie ausspricht, und die Reaktion, die im Hörer durch sie hervorgerufen wird.

9.1.2 Bedeutung – Bezeichnung; de Saussures ›valeur‹ – ›signification‹

Wenn wir sagen, das sprachliche Zeichen diene zur Bezeichnung eines Außersprachlichen (auch *Referent* genannt), und: es habe Bedeutung, so sind die beiden Termini nicht austauschbar.

Ein Beispiel möge auf den Unterschied zwischen ihnen hinführen (Beispiel von G. Frege): Die beiden Ausdrücke *Morgenstern* und *Abendstern* haben verschiedene Bedeutung, aber gleiche Bezeichnung: Beide bezeichnen den Planeten Venus. Ein anderes klassisches Beispiel (von E. Husserl): *Der Sieger von Jena* und *der Besiegte von Waterloo* haben durchaus verschiedene Bedeutung – an einem Zeichenmodell verdeutlicht:

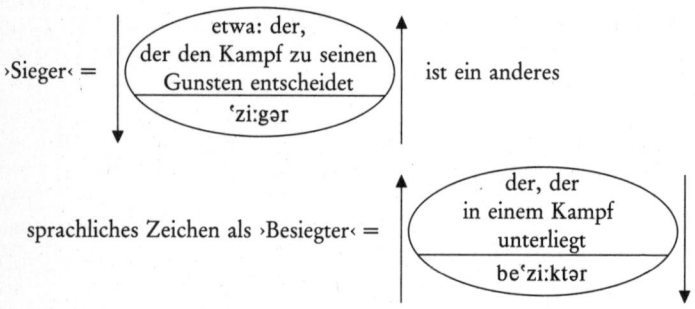

aber sie bezeichnen beide denselben Umweltreferenten, Napoleon I.[3]

»Bedeutung läßt sich im Hinblick auf die Sprache-Welt-Relation umschreiben als im Sprachsystem gegebene Möglichkeit der Bezeichnung von Umweltreferenten und als Möglichkeit des Gebrauchs von Wörtern in Sprechakten.«[4] Bedeutung kann auch definiert werden als der »einzelsprachlich gegebene Inhalt eines Zeichens oder einer Fügung«, die Bezeichnung dagegen als »der Bezug auf einen außersprachlichen Gegenstand oder Sachverhalt«[5]. Schematisch dargestellt:[6]

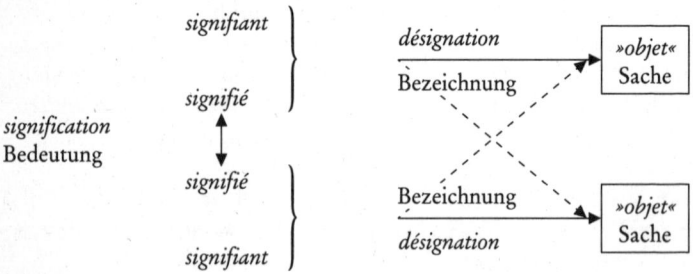

In gewissen Fachsprachen und in künstlichen Codierungssystemen, z. B. in der Chemie, die auf natürlichen Sprachen basieren, fallen Bedeutung und Bezeichnung zusammen, darauf beruht ihre Präzision und weiterhin ihre Übersetzbarkeit.

In dem obigen Schema von Coseriu wird u. a. verdeutlicht, daß die Beziehungen zwischen den Bedeutungen innerhalb eines Sprachsystems strukturierbar sind: Die Bedeutung eines sprachlichen Zeichens wird bestimmt davon, welche anderen Bedeutungen das System für den betreffenden *parole*-Akt noch zur Auswahl stellt.

Beim Syntagma *der Sieger von Jena* (s. o.) liegt die Bedeutung gerade in der Opposition zu anderen für die Bezeichnung des gleichen Umweltreferenten ebenfalls möglichen Syntagmen, z. B. *der Besiegte von Waterloo, der ehrgeizige Korse* u. a. Dagegen sind Bezeichnungen (nach Coseriu) nicht strukturierbar; sie verweisen auf Gegenstände, sind gegenständlich, während Bedeutungen begrifflich sind.[7]

Wie die Bedeutung ein Beziehungsbegriff ist, sich bestimmen läßt als Beziehung auf der Inhaltsebene, so auch de Saussures Begriff der *valeur*[8], der im Gegensatz zu dem Begriff der *signification* steht. (Hier ist vor terminologischer Verwechslung mit dem Vorhergehenden zu warnen: de Saussures *signification* entspricht der *Bezeichnung*, de Saussures *valeur* der *Bedeutung*. Deshalb wird im folgenden der Terminus *signification* unübersetzt beibehalten.) Innerhalb eines sprachlichen Zeichens ist einem Lautbild *(image acoustique)* ein Begriff *(concept)* zugeordnet, aber zugleich steht auch dieses Zeichen in Beziehung zu den anderen Zeichen des betreffenden Sprachsystems.

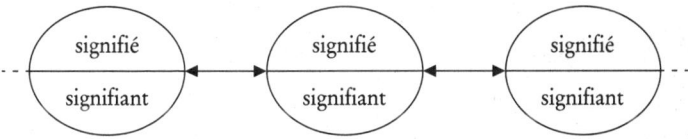

Wert *(valeur)* – nicht nur eines sprachlichen Zeichens – hat nach de Saussure zwei Voraussetzungen:
– Es muß ein Gegenstand vorhanden sein, der anders ist als der, dessen Wert ich bestimmen will, und gegen den mein Gegenstand eingetauscht werden kann *(»... une chose dissemblable susceptible d'être échangée contre celle dont la valeur est à déterminer«)*.
– Es müssen ähnlich geartete Gegenstände vorhanden sein, die sich mit meinem Gegenstand vergleichen lassen *(»... des choses similaires qu'on peut comparer avec celle dont la valeur est en cause«)*.

De Saussure illustriert diese beiden Determinanten eines Wertes mit dem Beispiel eines Fünf-Francs-Stückes:

Man kann es gegen etwas aus einer anderen Klasse eintauschen, z. B. gegen Brot, und kann es weiter identifizieren durch Vergleich mit anderen Elementen der gleichen Klasse, z. B. mit einem Ein-Franc-Stück oder mit einem Dollar.

Das Fünf-Francs-Stück steht für die Ausdrucksseite eines Zeichens; man kann sie ›eintauschen gegen‹ die zugehörige Inhaltsseite (d. h., habe ich die Ausdrucksseite, so verfüge ich auch über die Inhaltsseite), *und* man kann sie genauer identifizieren, indem man sie von anderen in dem Sprachsystem vorhandenen Einheiten aus Ausdrucks- und Inhaltsseite (= Zeichen) abgrenzt.

De Saussure fügt ein sprachliches Beispiel an: frz. *mouton* kann das gleiche *bezeichnen* wie engl. *sheep* (nämlich ein Schaf), aber frz. *mouton* und engl. *sheep* haben nicht die gleiche *valeur*. Sie können auf den gleichen Umweltreferenten verweisen (oder, mit dem Begriff aus dem Schema von Coseriu, S. 182: auf das gleiche »objet«, die gleiche Sache), aber ihre *valeurs* sind verschieden, weil engl. *sheep* noch *mutton* (zur Bezeichnung des zum Verzehr bestimmten Fleisches des Tieres) neben sich hat, frz. *mouton* aber nicht durch ein entsprechendes Zeichen eingegrenzt wird.

»*La valeur de n'importe quel terme est déterminée par ce qui l'entoure*«:[9] Auch hier ist wieder eines der Grundelemente von de Saussures ›Cours‹ mit anderen Worten ausgedrückt: Jedes Element des Sprachsystems läßt sich nur negativ beschreiben als das, was alle anderen nicht sind. Das gilt nicht nur für den Wortschatz einer Sprache, sondern auch für die Ebene der Morphosyntax.[10]

Häufig angeführtes Beispiel: Der Wert des dt. Präteritum ist ein anderer als der des frz. Imparfait, da dem letzteren im frz. System das Passé simple an der Seite steht. Oder: Der Plural im Frz., Engl., Dt. u. a. hat, trotz gleicher *signification*, nicht den gleichen Wert wie der Plural im Sanskrit, da das Sanskrit neben Singular und Plural noch einen Dual besitzt.

Das strukturalistische Grundkonzept vom Gefügecharakter jeder Sprache, der Abhängigkeit des einzelnen Elements vom Gesamtsystem, ist auf der Ebene der Phoneme mittels Oppositionsbeispielen leicht nachweisbar. Wie nun ein Phonem innerhalb des Phoneminventars einer Sprache charakterisiert wird als das, was die anderen nicht sind – und das ist dann seine *valeur* –, so gilt auch für die Inhaltsseite und auch für das Zeichen als ganzes dieselbe negative Definition. Die *signification*, also: die *Bezeichnung*, die Bezugnahme auf bald diesen, bald jenen Umweltreferenten, ist zwar nicht strukturierbar, denn sie bleibt nicht innerhalb des Rahmens des Sprachsystems, sondern weist jeweils auf Außersprachliches; aber die *valeur* eines Zeichens ist jeweils innerhalb des Systems umrissen durch die *valeurs* anderer Zeichen dieses Systems.[11]

Aufgaben:
38. Was versteht de Saussure unter *signification*, was unter *valeur*?
39. Versuchen Sie, die Begriffe *signification* und *valeur* in Beziehung zur Sapir-Whorf-Hypothese zu setzen (s. Kap. 2.2).

9.1.3 Denotation – Konnotation

Denotation und Konnotation sind verschiedene Komponenten der Inhaltsseite sprachlicher Zeichen.

Denotation ist der »begriffliche Inhalt eines Zeichens im Unterschied zu Nebenbedeutungen (z. B. Emotion, Wirkung)«, denotativ bedeutet »nur den begrifflichen Inhalt des sprachlichen Zeichens betreffend, ohne Berücksichtigung von (z. B. emotionaler) Nebenbedeutung und inhaltlichen Nuancen, die das Zeichen als Begleitvorstellungen beim Sprecher/Hörer wachruft«[12].

Konnotation ist der Wortinhalt »neben dem rein begrifflichen Inhalt«[13], das Gesamt emotionaler Begleitvorstellungen, die durch ein Wort hervorgerufen werden.

Beispiel: Krebs ist nicht nur ein medizinischer Terminus für eine Krankheit mit bestimmten objektiv feststellbaren Symptomen *(Denotat)*, sondern zugleich für viele ein Schreckenswort, das Komponenten wie ›plötzlich ausbrechend‹, ›meist unheilbar‹, ›qualvoll‹, ›meist tödlich ausgehend‹ beinhaltet *(Konnotat)*.[14]

Konnotativ bedeutet im Gegensatz zu denotativ »nicht den begrifflichen Inhalt (Bedeutungskern, Bezeichnung eines bloßen Sachverhalts), sondern die im sprachlichen Zeichen mitenthaltenen inhaltlichen Nebenkomponenten, Bedeutungsnuancen betreffend«[15].

Z. B. beziehen sich *Frühjahr* und *Frühling* und *Lenz* auf das gleiche Denotat ›erste der vier Jahreszeiten‹, doch die Konnotationen zeigen Unterschiede: *Frühjahr* ist sachliche Angabe eines Zeitabschnitts innerhalb des Jahresablaufs, »nüchterne Sachbezeichnung« (Ulrich); *Frühling*, und noch stärker *Lenz*, lassen die Emotionen der Freude, Erwartung, Hoffnung usw. angesichts des jedes Jahr wiedererwachenden Lebens in der Natur mitschwingen – nicht von ungefähr sprechen wir von *Frühlingsgefühlen* und vom *Lenz des Lebens*, nicht von *Frühjahrsgefühlen* und vom *Frühjahr des Lebens*.

Wie die Beispiele zeigen, handelt es sich bei den Konnotationen eines sprachlichen Zeichens nicht etwa um rein subjektive, individuelle ›Zutaten‹ zur systemverankerten Denotation, wie es die Assoziationen sind, sondern auch die Konnotationen sind konventionell festgelegt, also überindividuell (wenn auch nicht so generell wie die Denotationen). Die Trennung zwischen Denotation und Konnotation und vor allem zwischen Konnotation und Assoziation ist noch nicht ganz befriedigend vollzogen. Aber während das Denotat eines sprachlichen Zeichens der unabdingbare Inhaltskern ist, der in allen denkbaren Situationen und Kontexten seiner Verwendung vorliegt, sind die Konnotationen nicht für alle Kontexte und Situationen gültig. Daraus resultieren verschiedene *Kontextbedeutungen* eines sprachlichen Zeichens:

Z. B. läßt sich für das Wort *Wasser* in den drei folgenden Äußerungen jeweils das gleiche Denotat feststellen, aber nicht die gleichen Konnotate:
- »Wir waren den ganzen Tag im Wasser oder lagen in der Sonne.«
- »Das Wasser hatte die gesamte Ernte vernichtet.«
- »Ich muß den Rosen frisches Wasser geben.«

9.2 Historische Semantik

Die Fragestellung der vorstrukturalistischen Sprachwissenschaft war vorwiegend historisch, diachronisch. Für die Semantik heißt das, daß sie als Bedeutungslehre weitgehend identisch mit einer Bedeutungswandlungslehre war (vgl. dazu Kap. 9.5.2.2.). Diese äußerte sich vor allem als *Etymologie*, d. h. als Erforschung der Wortgeschichte je einzelner Wörter, ihres Ursprungswortes = Etymons (*Etymon*, Plural *Etyma*: griech. *to etymon* = das Wahre) und der Bedingungen ihres Laut- und Bedeutungswandels. Für die Sprachwissenschaft in den romanischen Sprachen gingen diese Forschungen im allgemeinen zurück bis zum Lateinischen.

Z. B. ist das Etymon von frz. *nuit* klass.lat. *noctem*, das Etymon von frz. *cheval* vulgärlat. *caballum* (statt klass.lat. *equus*); für das Deutsche und das Englische führt die etymologische Fragestellung zurück in das nicht durch Zeugnisse belegte sog. Urgermanische.

An etymologischen Wörterbüchern sind u. a. zu nennen:
- Für das Deutsche: Kluge, F.: Etymologisches Wörterbuch der deutschen Sprache. 20. Auflage bearbeitet von Walther Mitzka. Berlin: de Gruyter & Co., [20]1967;
und: Der Große Duden, Band 7: Herkunftswörterbuch. Die Ety-

mologie der deutschen Sprache. Mannheim/Wien/Zürich: Biblio-
graphisches Institut, 1963.
– Für das Französische: Bloch, O./Wartburg, W. v.: Dictionnaire
étymologique de la langue française, Paris: Presses Universitaires de
France, ¹1932 ... ⁵1968;
und: Wartburg, W. v.: Französisches etymologisches Wörterbuch
(abgekürzt: FEW). Bonn/Leipzig/Tübingen/Basel, 1922 ff.
Bloch/Wartburg geht vom Neufranzösischen aus, das FEW von den
lateinischen, germanischen usw. Etyma. Um im FEW die Geschichte eines Wortes nachlesen zu können, ist das Etymon ggf.
zuerst in Bloch/Wartburg nachzuschlagen.
– Für das Englische: Skeat, W. W.: An Etymological Dictionary of
the English Language. Oxford: Clarendon Press, ¹1884 ... 1963;
und: Skeat, W. W.: A Concise Etymological Dictionary of the
English Language. Oxford: Clarendon Press, ¹1882, Corr. Impr.
1961; und: Weekley, E.: An Etymological Dictionary of Modern
English. London: Murray, 1921.

Aufgabe:
40. Geben Sie mit Hilfe der oben genannten Wörterbücher die Etyma und
die Bedeutungsgeschichte der folgenden Wörter an:
1. dt.: a) *Hemd*, b) *Kalauer*, c) *ordnen*, d) *Sack*, e) *siedeln*;
2. frz.: a) *aller*, b) *danger*, c) *dîner*, d) *engin*, e) *honte*, f) *poison*, g) *travail*;
3. engl.: a) *engine* (vgl. mit frz. *engin!*), b) *fancy* (Substantiv), c) *meadow*,
   d) *poison* (vgl. mit frz. *poison!*), e) *story*, f) *woman*.

9.3 Verschiedene Ansätze struktureller Semantiken

Die strukturalistische Sprachwissenschaft beschäftigte sich zunächst
mit der Ausdrucksweise (der *signifiant*-Seite) der Sprache, die sie als
zweifach gegliedert charakterisiert. Die Annahme, daß auch die
Inhalts-*(signifié-)*seite strukturiert sei, liegt als formale Gemeinsamkeit verschiedenen Semantiktheorien zugrunde. Sie gehen davon
aus, daß der Wortschatz einer *langue*, genauer gesagt: ihr gesamter
signifié-Bestand, in sich strukturiert ist und nicht aus voneinander
unabhängigen Einzelinhalten besteht (ansatzweise de Saussure; die
Vertreter der Wortfeld-Theorie), oder davon, daß zunächst der
einzelne *signifié* in sich strukturiert ist, also in kleinere Einheiten
analysiert werden kann (z. B. Hjelmslev, Leisi), und daß daraus
folgend auch das gesamte *signifié*-Repertoire einer *langue* strukturiert ist (z. B. Pottier, Greimas, Coseriu).

9.3.1 Von Strukturiertheit des gesamten signifié-Bestandes ausgehend

9.3.1.1 De Saussures ›rapports associatifs‹[16]

Für die Ausdehnung des Strukturiertheitsprinzips von der Ausdrucksseite auf das gesamte sprachliche Zeichen hat de Saussure zwei Ansätze beschrieben, die stichwortartig als *signification vs. valeur* (s. 9.1.2) und als *rapports associatifs* gekennzeichnet werden können.

De Saussure sieht jedes Wort als Mittelpunkt eines Netzes von Assoziationen an; wenn wir ein Wort verwenden oder aufnehmen, klingen ohne unser Zutun andere Wörter mit an, die mit dem betreffenden Wort Ähnlichkeit haben, und zwar auf drei verschiedene Weisen, wie de Saussure es für das Beispielwort ›enseignement‹ darstellt:[17]

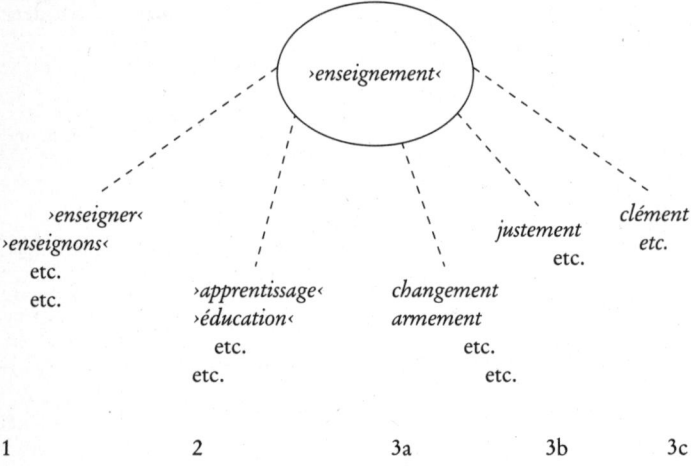

(Numerierung der einzelnen Assoziationsstränge von der Verfasserin)

Strang 1 umfaßt Wörter mit sowohl lautlicher wie inhaltlicher Ähnlichkeit, die man also als lexemidentisch bezeichnen kann. (Sie bilden eine sog. *Wortfamilie.*) Strang 2 umfaßt Wörter mit nur inhaltlicher Ähnlichkeit, die zu dem Ausgangswort in paradigmatischer Beziehung stehen, also in einem Kontext für es substituierbar sind. Es ist ein Strang von (Quasi-) Synonymen.[18] Strang 3a umfaßt hier Wörter mit gleichem Suffix, allgemeiner gesagt: mit gleichem Ableitungsaffix (Beispiel für Präfix etwa dt. *miß-:* *mißtrauen, mißverstehen, Mißmut;* frz. *mé-:* *méconnaître, mégarde, mésalliance;* engl. *mis-:* *mislead, misunderstand, mistake*). Man könnte sie als morphemidentisch bezeichnen, muß aber bedenken, daß dieser Assoziationsstrang nur wirksam wird bei Ausgangswörtern, die selbst ein Ableitungsaffix enthalten. Strang 3b umfaßt Wörter mit gleichlautendem, aber nicht inhaltlich gleichem Affix, -$ment_1$ und -$ment_2$ sind homonyme Morphe, ihre Funktion ist nicht gleich (-$ment_1$: Substantivbildung aus Verbstämmen; -$ment_2$: Adverbbildung aus Adjektiven). Strang 3c schließlich umfaßt Wörter, die eine teilweise lautliche Ähnlichkeit mit dem Ausgangswort haben, sog. *Paronyme*[19] von ihm sind.

De Saussures *rapports associatifs* sind ein Ansatz zur Strukturierung auch des Lexikons einer Sprache, gegen den jedoch von der strukturellen Semantik Einwände erhoben werden, insbesondere:[20]

1. Die Assoziationen sind in ihrem Umfang nicht kontrollierbar, zumindest hinsichtlich 3b und 3c, da stets neue Verkettungsmöglichkeiten die Liste noch weiter fortführen können.
2. Die Assoziationen widersetzen sich auch deswegen der Strukturierung, weil sie weitgehend individuell bedingt sind.
3. Die Assoziationen sind nicht in allen Fällen sprachlich begründet, sondern z. T. durch die außersprachliche Wirklichkeit, durch die Kopräsenz der Gegenstände, die in der Realität gemeinhin zusammen auftreten, bedingt.

9.3.1.2 Die Wortfeld-Theorie

In 9.3.1.1 ist uns am Beispielwort ›*enseignement*‹ als einer der drei Assoziationsstränge, in die für de Saussure jedes sprachliche Zeichen eingebunden ist, der der inhaltlich verwandten Wörter ›*apprentissage*‹, ›*éducation*‹ etc. begegnet. Ein solcher Teilausschnitt des Wortschatzes einer Sprache, der inhaltsverwandte Wörter (im allgemeinen einschließlich ihrer Antonyme[21]) ein und derselben Wortart umfaßt (z. B. ausschließlich Substantive oder ausschließlich Verben usw.), wird als *Wortfeld* bezeichnet.[22] Die Wortfeld-Theorie hat ihre erste ausführliche Darstellung erfahren durch J. Trier[23] und ist vor allem mit dem Namen L. Weisgerbers und mit der deutschen sprachwissenschaftlichen Richtung der inhaltsbezogenen Sprachbetrachtung verbunden. Als französische Vertreter wären G. Matoré[24] und P. Guiraud[25] zu nennen.

Die Wortfeld-Theorie geht davon aus, daß innerhalb des Gesamtwortschatzes einer Sprache Teilmengen von Zeichen vorhanden sind, die inhaltliche Gemeinsamkeiten aufweisen (vgl. ein Beispiel von de Saussure:[26] ›*craindre*‹, ›*avoir peur*‹, ›*redouter*‹). Im einführenden Kapitel seines für diese Theorie grundlegenden Werkes führt Trier in verschiedenen Metaphern aus, wie die Sprache einen ›Begriffsblock‹ gliedert: »Die das Wortfeld, den Wortmantel, die Wortdecke mosaikartig zusammensetzenden Einzelworte legen – im Sinne ihrer Zahl und Lagerung – Grenzen in den Begriffsblock hinein und teilen ihn auf.«[27] Ein solcher »inhaltlich zusammengehöriger Teilausschnitt des Wortschatzes«[28] ist wie ein Flickenteppich, ist wie Allerleirauhs Mantel, wie ein Mosaik aus verschieden großen, durch verschieden verlaufende Konturen abgegrenzten Einzelstückchen zusammengefügt. Vom »lückenlosen Zeichenmantel«[29] ist die Rede – wobei aber, ungeachtet der suggestiven Bilder, gerade die Lückenlosigkeit des Wortfeldes bzw. das bündige Anschließen eines Mosaiksteinchens an die anderen von Weisgerber später in Abrede gestellt wurde. Vielmehr ist an ein gegenseitiges Überlappen der »Feldnachbarn« (andererseits an gelegentliche Lücken) zu denken, z. B. in einem Wortfeld der ›näheren zwischenmenschlichen Beziehungen‹ folgendermaßen vorstellbar:

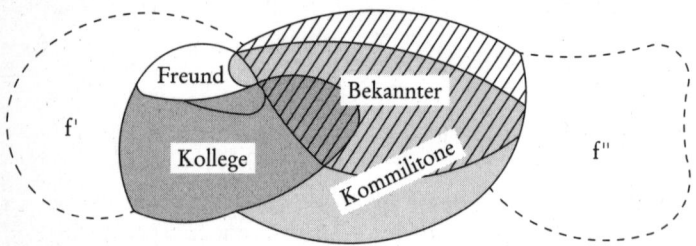

f' und f": benachbarte Felder
(etwa ›Verwandtschaft‹ oder ›Berufsgemeinschaft‹ oder dgl.)

Wir wollen in diesem Zusammenhang von weiteren Problemen des Wortfeld-Begriffs, etwa von dem der Feldgrenzen[30], absehen und nur festhalten, daß es für die Wortfeld-Theorie keine unabhängigen sprachlichen Einzelzeichen gibt: »Außerhalb eines Feldganzen kann es ein Bedeuten überhaupt nicht geben«[31]; will ich ein Wort verstehen, so muß ich das Wortfeld als Ganzes präsent haben (assoziativ, vgl. de Saussure, s. 9.3.1.1), denn erst aus ihm kann ich die Bedeutung des Einzelwortes ergliedern.
Ein weiterer Aspekt der Wortfeld-Theorie äußert sich in dem Bild vom ›Netz Sprache‹, das man über die Wirklichkeit wirft, um sie »gliedernd zu fangen«: Indem man einen Bereich der außer-

sprachlichen Wirklichkeit sprachlich gliedert, erschließt man ihn seiner Kognition. Die Nähe zu Humboldts Sprachauffassung (vgl. Kap. 2.2: die Sapir-Whorf-Hypothese) ist hier deutlich.

Der Feldgedanke ist nicht auf die synchronische Sprachbetrachtung beschränkt: Die diachronische Frage nach dem Wie des Sprachwandels findet hier die Antwort, daß es keine Schicksale von Einzelwörtern gibt, sondern daß Sprachwandel zu verstehen ist als Feldgliederungswandel (vgl. 9.3.2.4).

9.3.1.3 Syntagmatische Beziehungen im Wortschatz einer Sprache

Die im vorhergehenden Kapitel dargestellten Wortfelder lassen sich als paradigmatische Strukturen innerhalb des Wortschatzes einer Sprache verstehen; die Feldglieder sind in Äußerungen gegenseitig substituierbar, ohne daß die betreffenden Äußerungen ihre Grammatizität einbüßten, z. B.:

Ich würde nur von Freunden Geld leihen.
     Kollegen
     Bekannten
     ......
     ......

Nun ist aber der Wortschatz einer Sprache nicht nur durch eine paradigmatische Achse strukturiert, sondern auch durch eine syntagmatische. Das soll heißen:

– paradigmatisch: Für einen bestimmten Kontext, für eine bestimmte Stelle einer Äußerung, kann ich wählen, was für ein Zeichen ich einsetzen möchte, aber ich habe als Auswahlmöglichkeit nur die Zeichen der gleichen Klasse, d. h. Zeichen mit der gleichen syntaktischen Funktion, zur Verfügung. Ich muß also eine morphosyntaktische Restriktion berücksichtigen, z. B.:

1. *Elle part bientôt.*
    demain   } gleiche
    vite   Wortart   } gleiche
    sous peu   syntaktische
    dans une demi-heure   Funktion
    malgré elle
    sans bagages

2. *Il a fait des voyages.*
      études
      efforts
      ......
      ......

– syntagmatisch: Ich habe nicht die Wahl unter sämtlichen Wörtern oder Syntagmen der gleichen syntaktischen Funktion, sondern muß außer der morphosyntaktischen Restriktion noch eine lexikalische beachten, z. B.

2. *Il a fait des voyages.*
      études
      efforts
      progrès
   aber: * *suicide*

3. *Elle est bonne pour les pauvres, aux méchants, envers tous. Il est fort en géographie, aux cartes.*[32]

Es gibt Adjektive, die die Präposition je nach dem hinzutretenden substantivischen Objekt wechseln.

Äußerungen wie * *faire suicide* (statt richtig: *commettre suicide*) oder * *fort à la geógraphie* (statt richtig: *fort en géographie, en mathématique* etc.) verstoßen zwar in nichts gegen die Regeln der *langue*, sind aber dennoch in der betr. Sprache nicht üblich, denn sie verstoßen gegen die *Norm*.

Wie bereits in Kap. 5.3.1 ausgeführt, wurde die Norm von Coseriu eingeführt als ein Zwischenbereich zwischen *langue* und *parole*.[33] Sie ist nicht durch Oppositionsbeziehungen strukturiert wie die *langue*, aber sie ist die Summe dessen, was in einer Sprache üblich geworden ist hinsichtlich Verträglichkeiten/Unverträglichkeiten in der Kombination sprachlicher Zeichen auf der syntagmatischen Achse. Solche üblich gewordenen Syntagmen nennt man *Kollokationen*[34] oder mit Coseriu *lexikalische Solidaritäten*.[35]
Für das Erlernen einer Fremdsprache ist das Beherrschen der üblichen Kollokationen ein wichtiger Faktor. Nützlich hierfür ist jeweils das Erstellen eines Kollokationsfeldes = einer Gruppierung von inhaltsverwandten Kollokationen um ein bestimmtes Wort herum.
Beispiel: Kollokationsfeld von *voyage*:

   aller en voyage, partir en voyage, partir pour un voyage, faire un voyage, être en voyage, rentrer de voyage.[36]

Auf die Unzulänglichkeit des Erlernens isolierter ›Vokabeln‹ haben wir auch in anderem Zusammenhang schon hingewiesen (s. Kap. 2.2: Sapir-Whorf-Hypothese); hier geht es vor allem um das Lernziel aktive, idiomatische Beherrschung der Fremdsprache.

Aufgabe:
41. Versuchen Sie ein Kollokationsfeld 1. um das frz. Wort *classe*, 2. um das frz. Wort *manger* zu erstellen!
Benutzen Sie als Hilfsmittel einsprachige Wörterbücher, z. B.:
Littré, É.: Dictionnaire de la langue française. Abrégé par Beaujean, E. Paris: Gallimard/Hachette, 1960 (sog. Petit Littré);
Robert, P.: Dictionnaire alphabétique et analogique de la langue française. Paris: Société du Nouveau Littré, 1967 (sog. Petit Robert).

9.3.2 Von *Strukturiertheit des Einzel-signifié* und *des gesamten signifié-Bestandes ausgehend*

9.3.2.1 Komponentielle Semantik

Die Kopenhagener Schule des Strukturalismus unter Hjelmslev strebte eine möglichst weitgehende Formalisierung der Kategorien des de Saussureschen Strukturalismus an. Auf diese spezielle Ausformung, die Glossematik, und auf ihre Terminologie soll hier nicht eingegangen werden, da sie insgesamt bisher keine fruchtbare Weiterführung erfahren haben. Nur auf dem Gebiet der Semantik ging von dort ein wichtiger Anstoß aus, den wir behandeln wollen. Wie die Ausdrucksseite des sprachlichen Zeichens sich in kleinere Einheiten, die Phoneme, zerlegen läßt – Hjelmslev nennt sie Ausdrucks-*figurae* –, so soll die Inhaltsseite ebenfalls in kleinere Einheiten, die Inhalts-*figurae*, Inhaltskomponenten (daher ›komponentielle Semantik‹), zerlegbar sein. Dies fordert Hjelmslevs Hypothese vom Isomorphismus (wörtlich: Formgleichheit) aller sprachlichen Strukturen.

Z. B.[37] ist das sprachliche Zeichen *Auto* semantisch zerlegbar in die Komponenten ›Fahrzeug‹ + ›durch Motor angetrieben‹ + ›mehr als zweirädrig‹ + ›zum Transport von Personen bestimmt‹.

Die Bezeichnung dieser Inhaltskomponenten schwankt zwischen Sem, Semen, Semiem; heute hat sich – neben *semantisches Merkmal*, engl. *semantic marker*, frz. *trait sémantiquement pertinent* – Sem durchgesetzt.

Entsprechend dem Vorgehen auf der Phonemebene sollen auch hier kleinste distinktive Einheiten ermittelt werden durch Kommutation. Kommutiert man ein solches Sem gegen ein anderes, so erhält man einen anderen Inhalt.

Z. B. Kommutation des Sems ›vierrädrig‹ gegen ›zweirädrig‹ ergibt *Motorrad*, Kommutation von ›zum Transport von Personen bestimmt‹ gegen ›zum Transport von Waren bestimmt‹ ergibt *Lastwagen* usw.

Eine zweifache Gliederung der Inhaltsseite, wie sie für die Ausdrucksseite nachweisbar ist (kleinste Einheiten, die noch Bedeutung haben = Morpheme; ihrerseits in kleinere Einheiten zerlegbar: in kleinste bedeutungsunterschiedene Einheiten, die selbst nicht Bedeutung haben = Phoneme), läßt sich für die Inhaltsseite nicht isomorph durchführen (– inwiefern sind die Seme wirklich ›*kleinere Einheiten*‹, inwiefern strukturelle ›Letztgrößen‹ der Analyse?).
Bei der Zerlegung des *signifié* in einzelne semantische Merkmale steht zunächst die Strukturiertheit des Einzel-*signifié* im Vordergrund – nicht nur der *signifiant*, auch der *signifié* sei strukturiert –, aber sie impliziert in einem weiteren Schritt zuerst Strukturiertheit von Gruppen von *signifiés* (z. B. ›*Auto*‹, ›*Lastwagen*‹, ›*Motorrad*‹, ›*Fahrrad*‹, ›*Schubkarre*‹ usw.) und im weiteren die Strukturiertheit des gesamten Wortschatzes einer Sprache.
Der Begriff des Wortfeldes von Trier und Weisgerber begegnet hier – unabhängig von diesen – strukturalisiert als Gruppe von Wörtern, deren Seme eine gemeinsame Durchschnittsmenge haben (›*Auto*‹, ›*Lastwagen*‹, ›*Motorrad*‹, … lassen sich ebensogut verstehen als ›Wortfeld der Fahrzeuge‹).

9.3.2.2 Semanalyse (B. Pottier)

B. Pottier hat die Parallele zur Phonologie, die sich in Hjelmslevs Sem als inhaltsseitiger Entsprechung zum Phonem ausdrückte, weiter vervollständigt zu einem begrifflichen Instrumentarium für die Analyse von Wortinhalten.

Die folgenden Definitionen sind von Geckeler[38] übernommen (von mir gekürzt und vereinfacht):

Sem	= *le trait distinctif sémantique minimum*
Semem	= *l'ensemble des traits sémantiques pertinents (ou sèmes) entrant dans la définition de la substance d'un lexème*
Lexem	= *lexikalische Realisierung eines Semems*

Archisemem = *l'ensemble des traits sémantiques pertinents (ou sèmes)*, hinzuzufügen: eines Wortfeldes
Archilexem = *die lexikalische Realisierung eines Archisemems*

Der semantische Gehalt eines Lexems ist sein *Semem*. Das Semem ist die Gesamtheit der *Seme* des betr. Lexems. Das Sem ist das kleinste bedeutungsunterscheidende Merkmal *(»trait distinctif minimal de signification«)* und manifestiert sich durch Opposition in einem Teilbereich des Wortschatzes *(»ensemble lexical«)*.
Seme und Sememe können nur gewonnen werden, wenn man Teilbereiche des Wortschatzes einer Sprache bearbeitet *(»de petits ensembles lexicaux«)*.[39]
Auch Pottiers »petits ensembles lexicaux« sind nichts anderes als Wortfelder. Für ein solches Wortfeld, das der Sitzgelegenheiten, soll hier exemplarisch Pottiers Semanalyse wiedergegeben werden. Die Inhaltsanalyse von Greimas liegt im wesentlichen auf derselben Linie und bedient sich ebenfalls der unten angeführten Darstellungstechnik der Matrix, doch kann hier der Kürze wegen auf sie nur hingewiesen werden.

Pottier geht aus von den Morphemen *chaise, fauteuil, tabouret, canapé, pouf* und definiert ihren Inhalt durch folgende Seme:

/ ›avec dossier‹ /	$= s_1$	/ ›pour s'asseoir‹ /	$= s_4$
/ ›sur pied‹ /	$= s_2$	/ ›avec bras‹ /	$= s_5$
/ ›pour 1 personne‹ /	$= s_3$	/ ›avec matériau rigide‹ /	$= s_6$

die für das Wortfeld ›sièges‹ zu folgender Matrix führen:

	s_1	s_2	s_3	s_4	s_5	s_6
chaise	+	+	+	+	−	+
fauteuil	+	+	+	+	+	+
tabouret	−	+	+	+	−	+
canapé	+	+	−	+	+	+
pouf	−	+	+	+	−	−

Die Seme s_2 und s_4 sind allen untersuchten Feldgliedern gemeinsam. {s_2, s_4} stellen somit das Archisemem des Feldes dar[40], das sich lexikalisch realisiert findet in dem Archilexem *siège*. Die objektive Festsetzung der ›Feldgrenze‹ ist ein Problem, das wir schon in Kap. 9.3.1.2 erwähnten. In Fällen wie bei *siège* läßt sich die Ausdehnung des Wortfeldes, die deckungsgleich mit der des Archisemems ist, angeben – alles, was ich als Sitzgelegenheit klassifiziere, gehört zum Feld –, aber nicht bei jedem Feld ist das Archisemem lexikalisch realisiert, z. B. nicht beim Wortfeld *Klugheit, Weisheit* usw.[41] So kann die Anzahl der Feldglieder subjektiv festgesetzt sein, z. B. weist Geckeler zu Recht auf das Fehlen von ›banc‹ bei Pottier hin.[40] Bei Hereinnahme von

›*banc*‹ wäre nach Geckeler die Matrix um ein Sem $s_7 = /$ ›*rembourré*‹ / (dt.
›gepolstert‹) zu erweitern (um die Opposition ›*banc*‹ / ›*canapé*‹ zu ermöglichen); ferner wäre neben (+) und (−) das Zeichen (o) für gleichgültige
Merkmale hinzuzufügen (das bei ›*banc*‹ für s_1 und s_5 zutrifft[43]).

Das Archilexem (hier: *siège*) ist der Oberbegriff = das *Hyperonym*
über den Feldgliedern; diese stehen zu ihm in hyponymischem
Verhältnis, d. h., sie sind *Hyponyme* von ihm. Die Feldglieder
untereinander, z. B. *chaise* und *tabouret*, sind sog. *Kohyponyme*.
Wie aus der Definition des Archisemems folgt, umfaßt es stets weniger Seme als das Semem irgendeines seiner Hyponyme. Seme sind
inhaltliche Unterscheidungsmerkmale; je mehr Seme, d. h., je mehr
präzisierende Angaben bei der Inhaltsbeschreibung eines sprachlichen Zeichens aufgezählt werden müssen, desto spezifischer ist das
betr. Zeichen. Z. B.: *canapé* hat mehr Seme als *siège*, anders gesagt:
canapé ist semreicher = spezifischer, das bedeutet u. a. in seiner
Distribution (Menge der Kontexte, in denen es stehen kann) einge-
schränkter; dagegen ist *siège*, der Oberbegriff, semärmer, allgemeiner und kann in mehr verschiedenen Kontexten stehen als jedes
seiner Hyponyme.

9.3.2.3 Operationale Bedeutungsdefinition

Gelegentlich (z. B. bei Ullmann[44]) wird in der neueren Semantik
unterschieden zwischen 1. analytischer Semantik oder komponen-
tieller Semantik, worunter Hjelmslev und die Vertreter der strukturellen Semanalyse (Pottier, Greimas u. a.) zusammengefaßt werden,
und 2. operationaler Semantik, die hier im Ansatz von Leisi[45]
vorgestellt werden soll. Allerdings ist auch die operationale (oder,
wie Leisi sie daneben auch nennt, ›operationelle‹) Bedeutungsdefinition ›analytisch‹ in ihren Inhaltsbeschreibungen, doch versteht sie
sich selbst nicht als strukturalistisch, vielmehr enthält sie eher pragmatische Elemente (zur Pragmatik s. Kap. 12).
Der Inhalt eines sprachlichen Zeichens ist für Leisi zu beschreiben in
Termini seines Gebrauchs[46] (daher ›operational‹), durch Angabe der
Bedingungen, unter denen die Verwendung dieses Zeichens erfolgt.
Um diesen Inhalt zu ermitteln, vergleicht man »verschiedene reale
Situationen«[47], in denen das betreffende Zeichen auftritt, und ge-
winnt daraus die »ihm fest zugehörigen Bedingungstypen«[48], d. h.
diejenigen, die in allen verglichenen Situationen feststellbar sind.

Eine Ähnlichkeit zwischen Leisi und der behavioristischen Bedeutungsdefinition ist nur scheinbar: Während die Corpusanalyse der Bloomfieldschen Schule Sprachäußerungen (*parole*-Äußerungen) vergleicht, um durch Feststellen der verschiedenen Umgebungen der einzelnen Segmente das dahinterstehende System *(langue)* zu rekonstruieren, vollzieht Leisi seine Analyse nicht auf dem durch *langue* und *parole* abgesteckten Feld des Strukturalismus, sondern an den Situationen sprachlicher Interaktion zwischen den sprechenden Subjekten. Deswegen habe ich ihn eingangs als pragmatisch orientiert bezeichnet.

Leisi gibt als Beispiel die Analyse des deutschen Adverbs *doch* als sog. Gefühlsträger: An dem Unterschied[49] zwischen den beiden Äußerungen *Bleiben Sie sitzen!* und *Bleiben Sie doch sitzen!* weist er zunächst die Unergiebigkeit einer rein psychologischen Bedeutungslehre auf, da für sie das *doch* so gegensätzliche Komponenten wie »Gemütlichkeit, Höflichkeit, Ungeduld oder Verlegenheit bekunden kann«[50]. Dagegen faßt die Bedingungsdefinition alle Einzelfälle eindeutig zusammen: »*doch* kann in der Aufforderung dann gesetzt werden, wenn der Angesprochene ein der Aufforderung zuwiderlaufendes Verhalten zeigt oder zu zeigen im Begriffe ist – in unserem Falle: wenn er aufsteht oder Anstalten macht, aufzustehen. Liegen keine entsprechenden Symptome vor, z. B. bei einer auf fernere Zukunft gerichteten Aufforderung, so ist *doch* ausgeschlossen.«[51]

Ein Vergleich mit der komponentiellen Semantik und der Semanalyse von Pottier und Greimas legt nahe, in Leisis Gebrauchsbedingungen eine Entsprechung zu den Semen zu sehen: der Inhalt eines sprachlichen Zeichens als Summe seiner Gebrauchsbedingungen, so wie bei Pottier usw. als Summe der Seme. Leisi will jedoch die letzteren lediglich als Vorstufen von Semen verstanden sehen, er bezeichnet seine Semantik als »noch nicht strukturell«[52], als »physikalische« Semantik, die der strukturellen vorausgehen müsse wie die Phonetik der Phonologie. Gewiß, seine Beschreibung der außersprachlichen Bedingungen für die Verwendung von gewissen sprachlichen Formen weist einen geringeren Grad von Formalisiertheit auf als die komponentielle Semantik – z. B. ist sie nicht in einer Matrix darstellbar –, und entsprechend wäre es schwieriger, von den Gebrauchsbedingungstypen einzelner sprachlicher Zeichen zum Gesamtinventar der Gebrauchsbedingungen einer Sprache zu gelangen, d. h. von der Strukturiertheit des Einzel-*signifié* – hier in Bedingungstypen – zu der (von Leisi auch gar nicht angestrebten) Strukturiertheit des gesamten *signifié*-Bestandes fortzuschreiten. Doch sollte festgehalten werden, daß Leisis Ansatz auch (oder vielleicht vorwiegend?) da Ergebnisse bringt, wo eine strukturalistische Semanalyse Schwierigkeiten machen dürfte: bei der semantischen Beschreibung solcher sprachlicher Formen, die der Wortart nach »auf der Grenze zwischen Lexikon und Grammatik liegen«[53], während die Leistungen der Semanalyse im Bereich der »anschaulicheren« Wortarten Substantiv, Verb und Adjektiv zu suchen sind; für die Wortfeld-Theorie gilt dasselbe.

9.3.2.4 Diachronisch-strukturelle Semantik

Die diachronisch-strukturelle Semantik wendet das Prinzip der Strukturiertheit des Wortschatzes nicht nur zur synchronischen Systembeschreibung einer Sprache an, sondern auch, um Sprachgeschichte, genauer: Bedeutungswandel, zu erklären. Bedeutungswandel ist Wortschatzgliederungswandel (wie schon Triers Wortfeld-Theorie Bedeutungswandel als Feldgliederungswandel sah).
Die diachronisch-strukturelle Semantik ist vor allem von Coseriu ausgearbeitet worden. Auch sie betrachtet jeweils inhaltlich verwandte Teilbereiche des Wortschatzes und geht den in ihnen stattfindenden Verschiebungen nach. Dabei unterscheidet sie 1. bloße lexikalische Neubesetzung und 2. Wandel der inhaltlichen Struktur.

– Bloße lexikalische Neubesetzung, ohne Wandel der inhaltlichen Struktur:
Beispiel: Benennung der Teile des Beines:

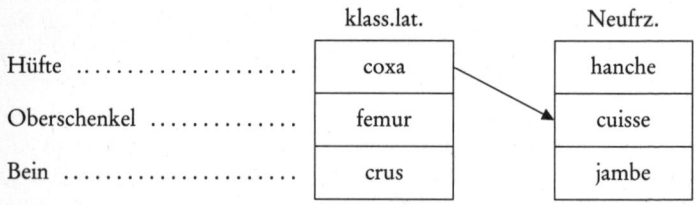

	klass.lat.	Neufrz.
Hüfte	coxa	hanche
Oberschenkel	femur	cuisse
Bein	crus	jambe

Die Verschiebung der Bezeichnung wurde ausgelöst durch einen sog. *Homonymenkonflikt* (oder *Homonymenkollision*), wie er gerade für die Geschichte der französischen Sprache typisch ist: *femur* und *fimus* ›Mist‹ waren im sog. Vulgärlatein homonym geworden (= lautlich zusammengefallen); daher wird verständlich, daß *femur* lexikalisch ersetzt wurde.[54] Die Bezeichnung des nächstliegenden Körperteils *coxa* wurde inhaltlich ausgedehnt und umfaßt nun auch den früheren Inhalt von *femur* (Oberschenkel), also Hüfte und

Oberschenkel. Da aber die Kommunikationserfordernisse eine Unterscheidung zwischen diesen beiden Körperteilen brauchen, erfuhr *coxa*, früher ›Hüfte‹, dann ›Hüfte + Oberschenkel‹, eine Bedeutungsverengung und bezeichnete hinfort nur den Oberschenkel. Jetzt war für die Hüfte eine neue Bezeichnung notwendig, die man nun aus dem Germanischen nahm: *hanka* > *hanche* (die germanische Herkunft ist dem neufrz. Wort noch anzusehen an dem anlautenden *h aspiré*). *crus* schließlich wurde ersetzt durch *camba*, einen Ausdruck aus der Veterinärsprache, dem Griechischen entlehnt und ursprünglich das Sprunggelenk der Pferde bezeichnend: Ein gröberes (und damit häufig auch ausdrucksfähigeres) Wort zu wählen war charakteristisch für das Latein der späteren Kaiserzeit.

Ein Homonymenkonflikt besteht also darin, daß von zwei Wörtern eines oder beide ihre Ausdrucksseite im Laufe der Sprachentwicklung so gewandelt haben, daß sie bei beiden gleich geworden ist. Das Verweisen auf zwei verschiedene Inhalte, das sie nach wie vor leisten sollen, ist nach dem lautlichen Zusammenfall häufig schwierig. Bei diachronischer Betrachtung des französischen Wortschatzes lassen sich verschiedene Mittel feststellen, durch die einer solchen störenden Homonymie *(homonymie gênante)* entgegengewirkt wird; eines davon ist eine wie hier beschrieben verlaufende lexikalische Neubesetzung von zumindest einem der beiden homonym gewordenen Wörter.

Bedeutungswandel, wie auch Lautwandel, läßt sich auch strukturalistisch erklären: ein ›freies Kästchen‹ (»case vide«) im System – hier das Kästchen ›Oberschenkel‹ – übt gleichsam eine Sogwirkung auf das benachbarte aus, so daß von dort ›nachgerückt‹ wird usw., gemäß dem strukturalistischen Prinzip, daß eine Veränderung an einer Stelle des Systems sich letztlich auf das ganze System auswirkt. Doch werden, sei es auch hier nur am Rande, historische und kulturhistorische Faktoren in die Erklärung von Sprachwandel mit einbezogen.

– Wandel der inhaltlichen Struktur:

Beispiel: Verwandtschaftsbezeichnungen: Auf dem Gebiet der Verwandtschaftsbezeichnungen unterschied das Lateinische sprachlich zwischen ›Onkel mütterlicherseits‹ und ›Onkel väterlicherseits‹, ebenso bei ›Tante‹ (und bei ›Vetter‹ und ›Kusine‹, doch können sie aus der hier vorgenommenen exemplarischen Darstellung weggelassen werden).

Es handelt sich also um eine lexikalische Neustrukturierung eines Gegenstandsbereiches, hier durch Bedeutungserweiterung. Sämtliche romanischen Sprachen haben die Unterscheidung zwischen mütterlicher und väterlicher Linie fallenlassen, offensichtlich ohne

Lat.	Frz.	Ital.	Span.	Port.	Katal.	Rumän.
patruus avunculus	oncle	zio	tío	tio	oncle	unchiu
amita matertera	tante	zia	tía	tia	tia	mătuşă

daß dadurch die Kommunikation gestört wurde. Hier führt eine Erklärung mit rein strukturalistischen Mitteln nicht weiter, nur Kenntnis historischer, hier kulturhistorischer, juristischer Gegebenheiten: Im römischen Recht hatten väterliche und mütterliche Linie hinsichtlich des Erbrechts verschiedenen Status, in den Staatswesen der romanischen Völker nicht mehr. Wo eine Sachunterscheidung hinfällig geworden war, konnte oder mußte die sprachliche Unterscheidung es ebenfalls werden.

Aufgaben:[55]

42. Beschreiben Sie, in welchem inhaltlichen Verhältnis im Französischen des 16. Jh. die Wörter *le desjeuner, le disner, le soup(p)er* gestanden haben und in welchem sie heute stehen![56] Die Orthographie in den folgenden Rabelais-Stellen zeigt, typisch humanistisch, Anlehnung an die lateinische, z. B. *soubdain* statt *soudain*, von *subitaneus; lict* statt *lit*, von *lectus*, usw.
»Ponocrates (Anm.: Gargantuas Erzieher) luy remonstroit que tant soubdain ne debvoit repaistre au partir du lict (Anm.: also: wenn er aus dem Bette aufstand) sans avoir premierement faict quelque exercise. Gargantua respondit: ... Mes premiers maistres me y ont accoustumé, disans que *le desjeuner* faisoit bonne memoire ... Je m'en trouve fort bien *et n'en disne que mieulx*« (p. 92).
»Notez icy que *son disner* estoit sobre et frugal, ... mais *le soupper* estoit copieux et large« (p. 106; dies galt jedoch erst, seit ein anderer Erzieher da war, vorher war auch das *disner* eine wahre Riesenmahlzeit, vgl. p. 92 ff.).
»... et de soir, a l'entrée de *souper*, ...« (p. 159).
Zeigen Sie durch eine graphische Darstellung den Unterschied zwischen frz. 16. Jh. *desjeuner, disner, soup(p)er* (in Dialekten heute noch ähnlich) und frz. 20. Jh. *petit déjeuner, déjeuner, dîner (souper)* im ›français standard‹:

	16. Jh.	20. Jh.
›Frühstück‹ ›Mittagessen‹		

Handelt es sich nur um lexikalische Verschiebung oder auch um einen inhaltlichen Strukturwandel?

43. Beschreiben Sie diachronisch-strukturell die semantische Entwicklung von afrz. *chef* zu nfrz. *chef*, wie sie aus folgender graphischer Darstellung (nach Coseriu) hervorgeht:

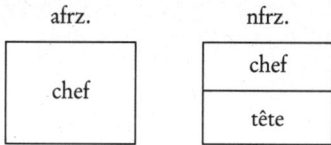

Konsultieren Sie zur Lösung der Aufgabe Bloch/Wartburg: Dictionnaire étymologique de la langue française, Stichwörter *chef* und *tête*!

9.4 Unterdisziplinen der Semantik: Onomasiologie, Semasiologie

Bei diesen beiden Unterdisziplinen innerhalb der Gesamtdisziplin der Semantik handelt es sich um zwei methodisch entgegengesetzte Betrachtungsweisen, die sich zwangsläufig aus der Dualität des sprachlichen Zeichens ergeben.

9.4.1 Onomasiologie

Die Onomasiologie geht aus von einem *signifié* (oder sogar von einem Gegenstand der außersprachlichen Realität) und stellt die Frage nach den möglichen zugehörigen *signifiants*:

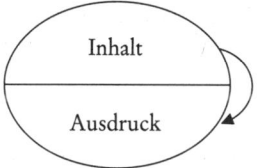

Eine wichtige Hilfsdisziplin der Onomasiologie ist die *Sprachgeographie*. Sie stellt Sprachatlanten auf – der ›*Atlas linguistique de la France*‹ (= ALF, von J. Gilliéron und E. Edmont) und der ›*Atlas linguistique de l'Italie et de la Suisse*‹ (= AIS, von J. Jud und K. Jaberg) sind besonders zu nennen –, die man als Sammlungen onomasiologischer Karten bezeichnen kann. Die Daten hierfür werden auf empirischem Wege gewonnen, und zwar in folgender Weise:

Jede Karte des Sprachatlas geht aus von einem Gegenstand, einer Tätigkeit usw. des täglichen Lebens, besonders des bäuerlichen (Haus, Hof, Ackerbau, Bienen-, Viehzucht, Geräte, Witterung usw.). Innerhalb eines bestimmten geographischen Raumes werden nun, nach der Methode der sog. *Feldforschung*, die in anderen Disziplinen (z. B. der Soziologie) auch angewandt wird, sog. *Informanten* (= muttersprachliche Sprecher) befragt, wie sie den betr. Gegenstand oder Vorgang bezeichnen. Der Sprachforscher notiert diese Äußerungen auf der geographischen Karte des Gebietes und verbindet je gleiche Ausdrucksformen zu sog. *Isoglossen* (= Linien gleicher sprachlicher Bezeichnungen).

So zeigt Karte 1 des ALF innerhalb Frankreichs z. B. die Verteilung der verschiedenen Lautformen, die die Honigbiene bezeichnen; neben der Bezeichnung *abeille* im ›français standard‹ und südlich der Loire finden sich die Formen *avette* (im W), *mouchette* (im O), *mouche à miel* (in N-Frankreich) u. a., und schließlich in einzelnen, nicht zusammenhängenden schwer zugänglichen oder peripher gelegenen Gebieten die Formen *é, és, a.*

Eine Karte des Sprachatlas ist eine synchronische Bestandsaufnahme, doch offenbart sie (nach Gilliéron) indirekt auch die Diachronie: Die Isoglossen zeigen verschiedene ›Schichten‹, verschieden alte Bezeichnungen ein und derselben Sache. Die Ausdrücke, die in verkehrsmäßig wenig erschlossenen, abgelegenen Gebieten (z. B. in Gebirgen) notiert wurden, sind in der Regel die älteren, z. B. bei den Bezeichnungen der Biene *é, és, a;* andernorts sind diese Bezeichnungen wegen Mangel an Lautsubstanz schon verdrängt durch andere Ausdrücke, im Fall *abeille, avette* durch Suffixderivationen, im Fall *mouche à miel, mouchette* durch ursprünglich metaphorische Verwendung eines Wortes, das inhaltlich unter einem bestimmten Aspekt mit dem zu ersetzenden Wort Ähnlichkeit hat (Biene ~ Fliege).

Die ähnlich ausgerichtete deutsche Bewegung ›Wörter und Sachen‹, vorbereitet von Hugo Schuchardt, offiziell begründet durch R. Meringer und W. Meyer-Lübke[57], entstand als Reaktion gegen die Vorherrschaft der Phonetik, der Lautgesetze usw., kurz, der zu einseitigen Beschäftigung mit der Ausdrucksseite der Sprache. Der Bezug zum Umweltreferenten, zur ›Sache‹, darf nicht aus dem Auge verloren werden, nicht nur weil jedes Sprachzeichen qua Zeichen gleich unabdingbar aus Inhalt und Ausdruck besteht, sondern häufig hilft erst die notwendige Kenntnis der ›Sachen‹, die notwendige Realienkenntnis über die betreffende Sprach- und Kulturgemeinschaft, die scheinbare Willkür der Entwicklung der Ausdrucksseite zu durchleuchten.

Ein Beispiel: ›Leber‹ heißt im Französischen *foie*, im Italienischen *fegato* – von der Ausdrucksseite her scheint keinerlei Zusammenhang mit dem lateinischen Wort für Leber, *iecur*, vorzuliegen. Ohne das Rekurrieren auf die Kulturgeschichte wäre er auch nicht herstellbar; erst dadurch erfahren wir, daß im Lateinischen *iecur ficatum* eine häufige Kollokation, ein fester Begriff war, der die Leber eines mit Feigen gemästeten Tieres, nach anderen Autoren auch ein Gericht mit Leber und Feigen, bezeichnete, jedenfalls eine bei den Römern beliebte Delikatesse. Aus *iecur ficatum* wurde durch Ellipse *ficatum* zur Bezeichnung jeder Leber allgemein und zum Etymon des französischen *foie*.

Ein anderes Beispiel, gleichsam komplementär zum vorhergehenden gelagert, soll zeigen, wie die Einbeziehung der Sachwelt in die Sprachforschung Aufschlüsse über Siedlungs- und Kulturgeschichte geben kann:

Im Wortschatz des *Sardischen* sind die Wörter im Sachbereich des Hirtenwesens (Weidevegetation, Viehzucht usw.) vorromanisch, dagegen die Wörter des Acker-, Getreide- und Weinbaus lateinischen Ursprungs. Daraus ließe sich ablesen, daß die Bevölkerung Sardiniens ursprünglich eine Hirtenbevölkerung gewesen war, der erst die Romanisierung ihre heutige Lebens- und Bodennutzungsform als Hirten und Bauern gebracht hat.

Die sprachgeographisch ausgerichtete Onomasiologie fragt nach den verschiedenen *signifiants*, die in verschiedenen geographischen Gebieten innerhalb einer historischen Sprache einem bestimmten *signifié* zugeordnet sind.
Dieselbe Frage läßt sich entsprechend stellen für verschiedene Stilniveaus innerhalb einer Sprache, z. B. wenn ich von dem *signifié* ›Kopf‹ ausgehe und frage, welche verschiedenen *signifiants* auf verschiedenen Stilebenen zu seiner Bezeichnung bereitstehen (*Kopf, Haupt, Schädel, Birne, Grind* usw.) (s. Kap. 10.1.3).
Außerdem ist ›*signifié eines Zeichens*‹ nicht identisch mit ›Inhalt eines *lexikalischen Morphems*‹, sondern bezieht sich ebenso auf den Inhalt eines *grammatikalischen Morphems*. So wäre auch eine onomasiologische Frage: Welche verschiedenen morphosyntaktischen und lexikalischen Möglichkeiten gibt es im Deutschen (Französischen, Englischen, ...), um dem Inhalt ›Befehl an den Hörer, den momentanen Standort von Sprecher und Hörer zu verlassen‹ auszudrücken? Es gibt sowohl morphologisch gesehen verschiedene Signifiants, z. B.:

	Imperativ	Infinitiv	/ Partizip Perfekt
Inhalt: ›*Befehl,*		hierbleiben!	/ hiergeblieben!
den Standort	} bleib		
nicht zu verlassen‹	hier!		

als auch lexikalisch: *hierbleiben, dableiben, verweilen* usw.
Neben einer innersprachlichen Onomasiologie gibt es eine intersprachliche, die nach den verschiedenen Bezeichnungen ein und derselben ›Sache‹ in verschiedenen historischen Sprachen (Deutsch, Englisch, Französisch usw.) fragt. Dabei läßt sich u. a. auch aufdekken, wo verschiedene Sprachen lexikalisch oder morphologisch nicht ›deckungsgleich‹ sind:

Z. B. hat der *signifié* ›von höherer Temperatur als *warm*‹ im Dt. die Bezeichnung *heiß*, im Engl. seine Entsprechung *hot* – aber im Frz.? Das Frz. kann hier nur umschreiben durch Gradadverb + Adjektiv: *très chaud.* Der Skala dt. *lau, warm, heiß* steht frz. nur *tiède, chaud* gegenüber. Natürlich läßt sich die Eigenschaft ›heiß‹ im Frz. auch ausdrücken, aber entscheidend ist, daß der betreffende *signifié* in dieser Sprache nicht in gleich primärer Weise lexikalisch abgedeckt ist wie, meinetwegen, *sourire* oder *s'étonner.*
Oder: Das Deutsche nennt ein krautiges, blütentragendes Gewächs *Blume,* den blühenden Teil einer Pflanze *Blüte,* das Englische das erstere *flower,* das letztere *blossom* – aber das Französische? Es hat für den einen *signifié* (›blühender Teil einer Pflanze‹) keinen *signifiant,* oder besser: wo das Deutsche und das Englische zwei verschiedene Inhalte sehen, denen also auch zwei verschiedene Ausdrücke zugehören, sieht das Französische nur einen und hat daher nur einen Ausdruck *fleur.*

Es handelt sich im Grunde um je einzelsprachlich verschiedene Aufgliederungen der außersprachlichen Wirklichkeit, wie sie von der Sapir-Whorf-Hypothese angenommen werden (s. Kap. 2.2).

Die Onomasiologie wurde hier etwas ausführlicher dargestellt, da das Ausgehen von der Inhaltsseite, ja von der ›Sache‹ selbst häufig nahezu unverzichtbar ist, z. B. in vielen Themenbereichen der kontrastiven Landeskunde.

Das betrifft selbst so elementare Situationen wie das Vermitteln von Vokabeln im schulischen Fremdsprachenunterricht, z. B. bei den frz. Wörtern *baguette, ficelle, flûte* usw., die einerseits alle ›eine Art von Brot‹ bedeuten, aber deren Besonderheiten am besten deutlich werden, wenn sie gleich zusammen mit der ›Sachinformation‹, der Anschauung präsentiert werden. Ähnliches gilt für den Bereich verschiedener gesellschaftlicher, politischer u. a. Institutionen: dt. *Parlament* / engl. *parliament* / frz. *parlement*; dt. *Kult(us)ministerium* / frz. *Office de l'éducation nationale*; dt. *Abitur* / frz. *baccalauréat* / engl. *school-leaving exam.*

9.4.2 Semasiologie

Die Semasiologie geht aus von einem *signifiant* und untersucht die Beziehungen, die diesen *signifiant* mit verschiedenen *signifiés* verbinden, die er ausdrücken kann.[58]

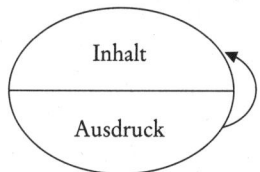

9.4.2.1 *Semasiologie allgemein (synchronisch)*

So läßt sich z. B. bei verschiedenen *parole*-Äußerungen, die alle einen gleichen *signifiant* enthalten, untersuchen, ob ihm jeweils auch der gleiche *signifié* entspricht bzw. worin sich die jeweils durch diesen *signifiant* evozierten *signifiés* unterscheiden.

Beispiele:
dt.   1a) *Das alte* Haus *brannte ab.*
       1b) *Das ganze* Haus *war empört über diese Maßnahme.*
frz.   2a) *Je me promène dans le* bois.
       2b) *Va chercher du* bois *pour faire du feu.*
engl. 3a) *After* dinner *we watched TV.*
       3b) *Fish and chips? That was not a big* dinner!

Aufgabe:
44. Stellen Sie fest, ob in diesen Beispielen die *signifiants* dt. / haos /, frz. / bwa / und engl. / ˈdinə / jeweils die gleichen Inhaltsseiten haben. Geben Sie ggf. die Unterschiede zwischen den jeweiligen Bedeutungen an (in Form distinktiver semantischer Merkmale).

Wie die Aufgabe gezeigt hat, ist auch die Frage nach den verschiedenen Kontextbedeutungen eines sprachlichen Zeichens (s. 9.1.3) eine semasiologische. Zugleich gehört sie in den Bereich der Polysemie (s. Kap. 9.6), die man all den sprachlichen Zeichen zusprechen kann, welche die Möglichkeit verschiedener Kontextbedeutungen in sich tragen. Je nach Kontext finden sich eines oder mehrere Seme gegenüber den restlichen Semen des Semems hervorgehoben, z. B. engl. *dinner* enthält die Seme s_1 = / ›(Haupt-)Mahlzeit‹ /, s_2 =

/ ›abends‹ /. In dem Kontext *a big dinner* steht s_1 im Vordergrund, in dem Kontext *after dinner* s_2. Als weitere semasiologische Fragestellung läßt sich auch die sog. Disambiguierung (= Eindeutigmachung) von Homonymen (= Wörtern mit gleicher Ausdrucks-, aber verschiedener Inhaltsseite) nennen.

Beispiel:

dt. 1a) *die Arme₁* (= die Bedauernswerte)

1b) *die Arme₂* (Plural von *der Arm*)

oder als Satzhomonymie:

2a) *Reiche Studenten meinen Wein.*

2b) *Reiche Studenten meinen Wein.*

frz. 3a) *mineur₁* ›minderjährig‹

3b) *mineur₂* ›Bergmann‹

Satzhomonymie:

4a) *Gal, amant de la reine, alla, tour magnanime,*
     Gallament de l'arène à la Tour Magne à Nimes
     (Wortspiel aus der Epoche der Renaissance)

engl. 5a) *race₁* ›Rasse‹

5b) *race₂* ›Wettrennen‹

Satzhomonymie:

6a) (When he is back,) *he will give me a ring.*

6b) (As a birthday present) *he will give me a ring.*

Auch zur Homonymie s. Kap. 9.6.

Semasiologische *und* onomasiologische Vorgehen werden angewandt in der *Lexikographie* = bei der Abfassung von Wörterbüchern. Einsprachige Wörterbücher beruhen nur auf einem semasiologischen Verfahren: Es wird ausgegangen von einem Stichwort oder *Lemma* (Plural: Lemmata), für das eine Definition gegeben wird. Diese Definition stellt eine Semanalyse dar, eine Aufzählung der semantisch distinktiven Merkmale. Beim Erstellen eines zweisprachigen Wörterbuchs wird ein semasiologischer Prozeß gefolgt von einem onomasiologischen: der Weg vom Stichwort zur Definition ($s_1 + s_2 + s_3 \ldots + s_n$) ist semasiologisch, der Weg von der hierbei erhaltenen Semanalyse zu dem Wort (den Wörtern) der Zielsprache ist onomasiologisch (d. h., er besteht in der Frage: Welches Wort existiert in der Zielsprache, um ein ›Ding‹ zu bezeichnen, das sich ›zusammensetzt‹ aus den Semen $s_1 + s_2 + s_3 \ldots + s_n$?).

Aufgabe:

45. a) Welche der folgenden Werke gehören ihrem Titel nach in die Semasiologie, welche in die Onomasiologie?

R. Hallig: Die Benennungen der Bachstelze in den romanischen Sprachen und Mundarten

H. H. Christmann: Latein *calere* in den romanischen Sprachen mit besonderer Berücksichtigung des Französischen

H. Rheinfelder: Das Wort *persona*. Geschichte seiner Bedeutung mit bes. Berücksichtigung des frz. und it. Mittelalters

A. Zauner: Die romanischen Namen der Körperteile

E. Schott: Das Wiesel in Sprache und Volksglauben des Romanen

L. Söll: Die Bezeichnungen für den Wald in den romanischen Sprachen[59]

45. b) Ordnen Sie Onomasiologie und Semasiologie je einem der beiden Kommunikationspartner Sprecher und Hörer zu!

9.4.2.2 Bedeutungswandel (diachronische Semasiologie)

Unter Bedeutungswandel versteht man die »Veränderung eines Zeicheninhalts im Verlauf der Sprachgeschichte«[60] (wobei die Ausdrucksseite wenig Veränderungen – nur die innerhalb der gängigen Lautgesetze regulären – durchläuft). Klassifizierungen der verschiedenartigen Fälle von Bedeutungswandel werden nach unterschiedlichen Gesichtspunkten vorgenommen, i. a. nach den folgenden:

1) *Bedeutungserweiterung*:
   lat.* *adripare* ›am Ufer ankommen‹ → frz. *arriver* ›ankommen (allgemein)‹; engl. *to arrive* ebenso
   lat. *panarium* ›Brotkorb‹ → frz. *panier* ›Korb (allgemein)‹
   lat. *satio, sationis* ›Saat(jahres)zeit‹ → frz. *saison* ›Jahreszeit (allgemein)‹; engl. *season* ebenso
   mhdt. (= mittelhochdt.) *vertec* ›bereit zum Aufbruch (»fährtig« = fahrbereit)‹ → nhd. (= neuhochdt.) *fertig* ›bereit (allgemein)‹

2) *Bedeutungsverengung*:
   lat. *necare* ›töten (allgemein)‹ → frz. *noyer* ›ertränken‹ (= nur noch ›auf eine bestimmte Art töten‹)
   lat. *vivenda* ›Lebensmittel (allgemein)‹ → frz. *viande* ›Fleisch‹
   lat. *potio, potionis* ›Trank (allg.)‹ → frz. *poison* ›Gift‹
   lat. *ponere* ›setzen, legen, stellen‹ → frz. *pondre* ›Eier legen‹
   lat. *cubare* ›liegen, um zu ruhen‹ → frz. *couver* ›brüten‹
   lat. *trahere* ›ziehen‹ → frz. *traire* ›melken‹
   engl.: *undertaker* ursprünglich ›Unternehmer‹ → heute: ›Leichenbestatter‹

dt.: mhdt. *hôhgezît* ›jedes hohe Fest‹ → nhd. *Hochzeit* ›Vermäh-
lungsfest‹

3) *Bedeutungsverbesserung:*
mhd. *marschalc* ›Pferdeknecht‹ → nhd. *Marschall* = hoher Feld-
herr
auch im Frz. so (ebenfalls auf mhd. *marschalc* zurückgehend):
maréchal
ebenfalls für dt. *und* frz.: *minister* ursprünglich ›Diener‹ → dt.
Minister, frz. *ministre*
ebenso für engl. *marshall* und *minister* und engl. *knight* ›Ritter‹ ←
ursprünglich ›Knecht‹

4) *Bedeutungsverschlechterung:*
mhd. *wîp* ›Frau‹ → nhd. *Weib*, meist verächtlich gebraucht
lat. *christianus* ›Christ‹ → frz. *crétin* ›Schwachsinniger‹[61]
lat. *villanus* ›Bewohner eines Landhauses‹ → frz. *vilain* (Subst. und
Adj.) ›gemein, niedrig, abstoßend‹, auch engl. *villain* ›Schurke,
Bösewicht‹[62]

Es gibt auch noch komplexere Fälle, die sich nicht typisieren lassen –
Wörter, die nahezu abenteuerliche Bedeutungskarrieren zurückgelegt
haben[63], etwa das frz. *travail* ›Arbeit‹, das im Lateinischen *tripalium*,
ein ›Marterwerkzeug aus drei Pfählen‹ war und im Englischen zum
harmlosen, ja gar angenehmen *travel* ›Reise‹ geworden ist.

Die Beispiele zeigen, daß sich in sprachlichem Bedeutungswandel
geschichtliche, kulturgeschichtliche, soziale u. a. Veränderungen
niederschlagen[64], deren Kenntnis manche der zunächst befremd-
lichen Bedeutungsentwicklungen verständlicher macht.

9.4.2.3 Dubletten

Da Dubletten eine Erscheinung sind, die im Wortschatz natürlicher
Sprachen, vor allem des Französischen, vorkommt und auffällt, soll
diese hier wenigstens vorgestellt und mit einigen Beispielen illustriert werden. Die Dubletten lassen sich thematisch nicht unbestreitbar in das Kapitel Semasiologie einordnen, wären unter Umständen ein eigenes Kapitel, können aber insofern an das Kapitel
Bedeutungswandel angeschlossen werden, als es sich auch bei ihnen
um eine diachronische Erscheinung der Wortgeschichte handelt.

Unter Dubletten (frz. le *doublet*) versteht man zwei Wörter, die aus
dem gleichen Etymon (= Ursprungswort, für das Frz. zumeist ein
lateinisches) stammen, aber lautlich verschieden sind, z. B.

    chose ›Sache‹

    cause ›Ursache‹   beide aus lat. *causa*

oder *frêle* ›schwach‹

   fragile ›zerbrechlich‹   lat. *fragilis*

Man sieht, daß mit dem lautlichen Unterschied auch ein gewisser Bedeutungsunterschied zusammengeht.

Es handelt sich i. a. um

1) ein *Erbwort*[65] = ein Wort, das dem französischen (altfranzösischen) Wortschatz von Anfang an angehörte, daher auch mehrere Lautwandel mitgemacht hat, sich also lautlich stärker von seinem lateinischen Ausgangswort unterscheidet, und

2) ein sog. *gelehrtes Wort*, das später aus demselben lateinischen Wort neu entlehnt wurde[66], zumeist im 16. Jahrhundert (mit dem Ziel, den Wortschatz des Frz. zu bereichern[67]).

Der inhaltliche Unterschied zwischen den beiden Wörtern kann größer oder kleiner sein, wie die Beispiele zeigen:

  lat. *legalis*   frz. *loyal*

         frz. *légal* (beide auch im Engl.)

  lat. *mobilis*   frz. *meuble*

         frz. *mobile*

  lat. *captivus*   frz. *chétif* ›kränklich‹

  ›Gefangener‹   frz. captif ›gefangen‹; ›Gefangener‹

  lat. *fabrica*   frz. *forge* ›Schmiede‹

  ›Werkstatt‹   frz. *fabrique*

  mittellat. *hospitale*   frz. *hôtel*

  ›Gastzimmer‹   frz. *hôpital*

  (zu lat. *hospitalis*   (auch engl.: *hotel* und *hospital*)

  ›gastlich‹)

  lat. *christianus*   frz. *crétin* ›Schwachsinniger‹

  ›christlich‹,   frz. *chrétien* ›Christ‹

  ›Christ‹

9.5 Asymmetrie des Sprachzeichens[68]

Als der (wenn auch idealisierte) ›Normalfall‹ des sprachlichen Zeichens ist das aus Inhalts- und Ausdrucksseite zusammengesetzte anzusprechen, bei dem *ein* Inhalt *einem* Ausdruck gegenübersteht.

Bei natürlichen Sprachen (nicht bei Kunstsprachen) sind aber die Fälle häufig, bei denen diese Symmetrie nicht vorliegt (und eine ›Aufweichung‹ der festen Konturen der Inhaltsseite hat sich bereits oben durch den Begriff der Kontextbedeutung angedeutet).

Drei Typen von Asymmetrie sprachlicher Zeichen – und zwar auf der Morphemebene und auf der Satzebene – lassen sich feststellen: Homonymie, Synonymie und Polysemie.

– **Homonymie:** Zwei oder mehr Zeichen haben gleichen Ausdruck, aber verschiedene Inhalte.

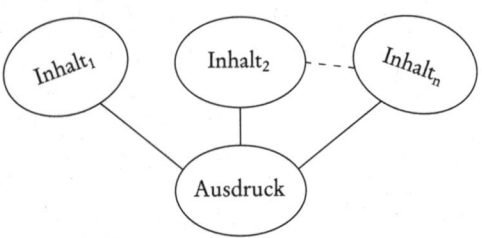

›Gleicher Ausdruck‹ kann bedeuten:

– *Homophonie* = gleiche Lautkette, aber verschiedene Schreibung (und natürlich verschiedener Inhalt), z. B.

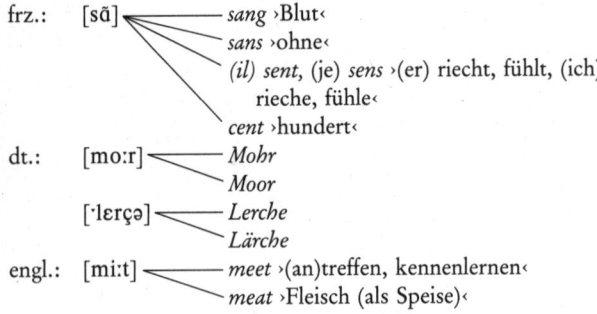

frz.: [sã] ⟵ sang ›Blut‹
  sans ›ohne‹
  (il) sent, (je) sens ›(er) riecht, fühlt, (ich) rieche, fühle‹
  cent ›hundert‹

dt.: [mo:r] ⟵ Mohr
  Moor

[ˈlɛrçə] ⟵ Lerche
  Lärche

engl.: [mi:t] ⟵ meet ›(an)treffen, kennenlernen‹
  meat ›Fleisch (als Speise)‹

– *Homographie* = gleiches Schriftbild, aber verschiedene Lautung und Bedeutung, z. B.

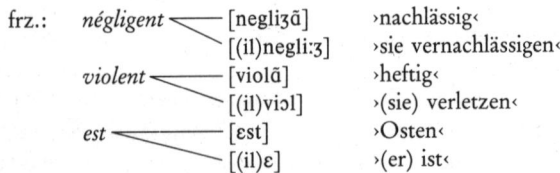

frz.: négligent ⟵ [negliʒã] ›nachlässig‹
  [(il)negli:ʒ] ›sie vernachlässigen‹
  violent ⟵ [violã] ›heftig‹
  [(il)viɔl] ›(sie) verletzen‹
  est ⟵ [ɛst] ›Osten‹
  [(il)ɛ] ›(er) ist‹

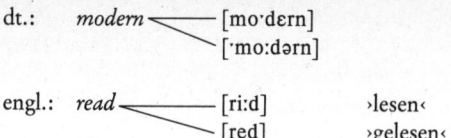

dt.:   *modern* —— [mo·dɛrn]
                  [ˈmo:dərn]

engl.:   *read* —— [ri:d]   ›lesen‹
                  [red]   ›gelesen‹

– *Homophonie mit zusätzlicher Homographie*, z. B.

frz.	*(le) son*₁	[sõ]	›Ton‹
	*(le) son*₂	[sõ]	›Kleie‹
	*son*₃	[sõ]	›sein‹; ›ihr‹ (Prossessivpron.)
	*(le) pas*₁	[pa]	›Schritt‹
	*(ne ...) pas*₂	[pa]	›nicht‹ u.v.a.
dt.:	*Reif*₁	[raef]	›Ring‹
	*Reif*₂	[raef]	›gefrorener Tau‹
	*sieben*₁	[ˈzi:bən]	(Zahlwort)
	*sieben*₂	[ˈzi:bən]	(Verb)
engl.:	*ear*₁	[ˈi:ə]	›Ohr‹
	*ear*₂	[ˈi:ə]	›Ähre‹
	*race*₁	[reis]	›Rasse‹
	*race*₂	[reis]	›Rennen, Wettrennen‹
	*pupil*₁	[ˈpju:pil]	›Pupille‹
	*pupil*₂	[ˈpju:pil]	›Schüler‹

Homonymie kann also in zwei Erscheinungsformen auftreten:

Homonymie { Homophonie
                Homographie

Homophonie ist nicht auf die Morphemebene begrenzt, sondern ebenso auf der Satzebene anzutreffen. Im Französischen begegnen einem besonders viele Homophone; auf ihnen basieren zahlreiche Wortspiele, z. B.

Aufgaben:

46. Schreiben Sie in historischer Orthographie (in den verschiedenen Möglichkeiten, mit je verschiedener Bedeutung):

1. *le bijoutier* / parleku
le maître d'armes / parleku
la couturière / parleku
2. [ilɛtenɔrmemãbɛt]
3. / õnəpøparled(ə)la:r sãpãse alagrɛs /

47. Wie viele Homophone enthält der frz. Satz *Cinq moines, sains de corps et d'esprit, ceints de leurs ceintures, portaient dans leur sein le seign du Saint-Père?*

Das Englische besitzt ebenfalls eine ganze Anzahl von Homophonen, dort oft mit zusätzlicher Homographie.

Aufgaben:

48. Geben Sie (durch Übersetzen ins Deutsche) beide Bedeutungen des folgenden Satzes:

Flying planes can be dangerous.

49. Erklären Sie folgende Witze:

a) Ein schottischer Ladenbesitzer wundert sich über den neuen Rolladen seines Konkurrenten und fragt ihn neidisch, wie er ihn denn finanziert habe. Erwidert der erste, das sei ganz einfach gewesen, er habe nur eine Sammelbüchse auf seinem Ladentisch aufgestellt mit der Aufschrift: *For the blind.*

b) Die Hausfrau fragt den neuen Milchmann: *Where is my milk bill? – Sorry, madam, but my name is John.*

Das Deutsche hat durch seine Großschreibung eine Möglichkeit, Homophone graphisch zu differenzieren, daher ist völlige Homographie im Deutschen selten. Entsprechende Wortspiele sind auch hier anzutreffen:

Er hat in Moskau liebe Genossen (… Liebe genossen.) Der Gefangene floh. (… gefangene Floh.) Ich möchte nicht mit dem alten Auto fahren (… dem Alten …) Wir wollen nicht die wahre Kunst, sondern die Ware Kunst.

Homophonie mit zusätzlicher Homographie:
Reiche Studenten meinen Wein.

Im Lateinischen gab es ebenfalls Homonyme:

Beispiele für Homographie ohne Homophonie:

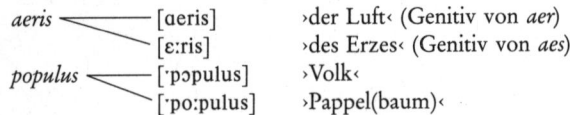

aeris ———— [ɑeris]   ›der Luft‹ (Genitiv von *aer*)
                [ɛːris]   ›des Erzes‹ (Genitiv von *aes*)
populus ———— [ˈpɔpulus]   ›Volk‹
                [ˈpoːpulus] ›Pappel(baum)‹

Beispiele für Homophonie mit zusätzlicher Homographie:

$minor_1$ ›ich drohe (von *minari*)
$minor_2$ ›kleiner‹ (Komparativ von *parvus*)

$sero_1$ ›ich reihe, knüpfe‹
$sero_2$ ›ich säe‹

und ein Beispiel für Homophonie mit und ohne Homographie aus der Eingangsformel der Präfation in der katholischen Messe, das von Werner Bergengruen entdeckt und in seinem Roman »Der letzte Rittmeister« literarisch ausgeschmückt wurde: An einem schönen Frühlingstag sieht man den Rittmeister plötzlich von seinem Tisch auf einer Caféterrasse aufstehen, um vor einem Pferd, das draußen gerade einen Wagen vorbeizieht, mit einer Verbeugung seinen Hut zu ziehen. Seinem darob befremdeten Begleiter erklärt er, sogar die Bibel vertrete, »im Frühling (sei) es würdig und gerecht, auch das Pferd zu grüßen: *vere dignum et iustum est (a)equum et salutare*«.[69]

– Synonymie: Zwei oder mehr Zeichen haben gleichen Inhalt, aber verschiedenen Ausdruck (in Laut und Schrift).

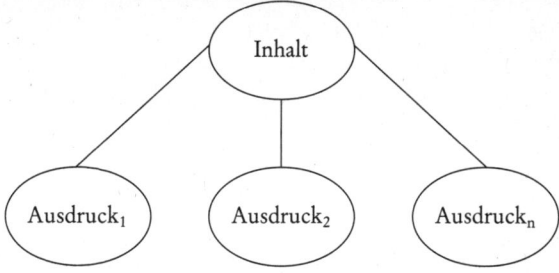

Restlose Synonymie gibt es kaum, vgl. selbst Beispiele wie:

dt.: *Kiefer, Föhre*[70]*, Christbaum, Weihnachtsbaum; Samstag, Sonnabend* (s. S. 212);
frz.: *orteil, doigt du pied*; engl.: *mirror, looking-glass.*

Sie besteht darin, daß man in sämtlichen möglichen Kontexten das eine Zeichen für das andere substituieren kann, ohne dadurch einen Bedeutungsunterschied herbeizuführen, m.a.W.: daß beide Zeichen genau die gleiche Distribution haben. Was statt dessen vorliegt, zeigen einige Beispiele:

dt.:   *Ich arbeite seit Frühjahr hier.*
                         * *Frühling*
                         * *Lenz*
         (* = kann hier nicht substituiert werden)
         (S. Kap. 9.1.3: Denotation – Konnotation)
         Ich hatte einen Sonnenbrand im Gesicht
                                 * *Antlitz*
                                 * *Visage*
         sein edles Antlitz (* Gesicht, * Visage)
         Ich knall dir eins in die Visage. (* Gesicht, * Antlitz)
frz.:   *Elle a la figure maigre. (Elle a le visage maigre.)*
                 * face, * tête
         un beau visage aux traits réguliers
         (une belle) * face
         il fait une drôle de tête
                 (un)   * *visage*
                                 * *face*
         devant la face de Dieu
                 (le) *visage*
                 * *figure*
                 * *tête*

engl.: *The way to the station? Don't ask me.*
　　　　　* question
　　The examiners questioned me for half an hour.
　　　　　* asked

Zwischen den üblichen Synonymen herrscht teilgleiche Distribution, sie sind strenggenommen nur Quasi-Synonyme. Und selbst wo sich die Distributionen decken, kann noch ein Unterschied in den Konnotationen bestehen, z. B. deutsch

Samstag/Sonnabend: die Wahl konnotiert die regionale Herkunft des Sprechers mit (Süddeutschland: *Samstag*, Norddeutschland: *Sonnabend*); s. auch die in Anm. 64 genannten Berufsbezeichnungen.

Noch häufiger bestehen zwischen den Synonyma Unterschiede im Stilniveau (*Gesicht/Visage*, s. Kap. 10.1.3: diaphasisch), bzw. die Synonyme konnotieren die soziale Schichtenzugehörigkeit des Sprechers mit, so vor allem im Wortschatz des Englischen, wo viele Synonymenpaare aus einem Wort germanischen und einem Wort romanischen Ursprungs bestehen (*glasses/spectacles* ›Brille‹; *to die/to decease* ›sterben‹), und ähnlich im Deutschen bei den zahlreichen Synonymenpaaren aus deutschstämmigem Wort und Fremdwort (*Auffassung/Konzeption; nachprüfen/verifizieren; Auskunft/Information; Gebiet/Region*). Diese beiden Register des deutschen Wortschatzes sind in anderen Fällen auch bewußt zur Bedeutungsdifferenzierung ausgenutzt;

Beispiel aus einer psychoanalytischen Untersuchung: »Zur Reflexion auf das Motiv fähiges *Handeln*« steht dort im Gegensatz zu »klischeebestimmtem blinden *Agieren*«.[71]

– **Polysemie:** Ein Zeichen hat mehrere, als zusammenhängend bewußte Inhalte

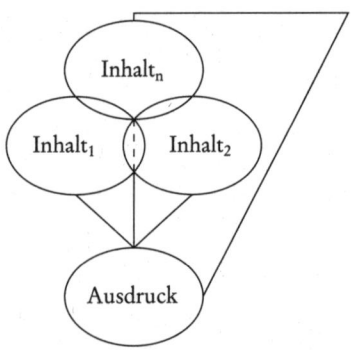

Beispiele:

dt.: *Der Absatz ist zu niedrig.*
     (Absatz = 1. ›Schuhabsatz‹
                2. ›Treppenabsatz‹
               · 3. ›Verkauf einer Ware‹)

frz.: *défendre* = 1. ›verteidigen‹
                 2. ›verbieten‹

     sauvage = 1. ›farouche‹
                 2. ›inhabité‹

engl.: *to ride* = 1. ›reiten‹
                 2. ›Auto (Bus usw.) fahren‹

Es handelt sich also bei Polysemie nicht um mehrere verschiedene Zeichen (wie bei Homonymie), sondern um Bedeutungsvielfalt *eines* Zeichens. Es gibt jedoch Fälle, wo die Entscheidung, um welches der beiden Phänomene es sich handelt, strittig ist. Diachronisch gesehen ist häufig Homonymie aus ursprünglicher Polysemie entstanden dadurch, daß sich die zwei Bedeutungen eines Wortes semantisch zu weit auseinanderentwickelten.

Beispiele:

dt. $Schloß_1$ = ›Verschluß‹, $Schloß_2$ = ›Palast‹, heute homonym, ursprünglich polysem: das Schloß war das Gebäude, das ein Tal abschloß. frz. $voler_1$ = ›fliegen‹, $voler_2$ = ›stehlen‹, heute homonym, ursprünglich polysem: bei der Greifvogeljagd mußte der Vogel fliegen und im Fliegen die Beute erhaschen → erhaschen, heimlich, unrechtmäßig wegnehmen.

Polyseme im Bereich der grammatikalischen Morpheme:

dt.: *die* – Artikel femin. Sing. Nominativ
            Artikel femin. Sing. Akkusativ
            Artikel mask. Plur. Nominativ
            Artikel mask. Plur. Akkusativ
            Artikel femin. Plur. Nominativ
            Artikel femin. Plur. Akkusativ

Demonstrativpronomen } ebenfalls in sämtlichen beim
Relativpronomen   } Artikel aufgeführten Genera,
                   } Numeri und Kasus

frz.: *il* – 1. ›er‹
        2. ›es‹
        oder: *les* – 1. Artikel Plural mask.
                 2. Artikel Plural fem.
                 3. Akkusativ des Personalpronomens mask. u. fem. Plural

engl.: *him* – 1. ›ihn‹
          2. ›ihm‹

215

Die Asymmetrie des Sprachzeichens ist eine Eigenheit, auch Eigenwilligkeit natürlicher Sprachen im Gegensatz zu den Kunstsprachen, bei denen der Wortschatz im allgemeinen durch eine strenge Eins-zu-Eins-Entsprechung zwischen Ausdrucks- und Inhaltsseite gekennzeichnet ist. In natürlichen Sprachen ist Polysemie der Normalfall (und sicher auch wieder als eine Manifestation des sprachlichen *économie*-Prinzips deutbar).

Die Sprachgemeinschaften haben sich nicht etwa nur schlecht und recht mit dieser der kommunikativen Eindeutigkeit zuwiderlaufenden Laune der Sprachstruktur arrangiert, sie haben vielmehr immer wieder (im Sinne der Jakobsonschen ästhetischen oder poetischen Funktion von Sprache[72]) aus der Not eine Tugend gemacht und die Asymmetrie des Sprachzeichens für absichtliche Mehrdeutigkeiten ausgenutzt, sei es in Witzen und Bonmots (s. o. und s. auch den Anhang), sei es in der Dichtung. Für die literarische Anwendung seien zum Schluß zwei Beispiele zitiert:

1. J. B. Priestley: ›*An Inspector Calls.*‹ Act II (p. 50):[73] (Eine junge Fabrikarbeiterin hat Selbstmord begangen. Der Inspektor versucht vergeblich bei der Familie des Unternehmers Birling Schuldgefühle gegenüber der Toten zu wecken.)

   Mrs. Birling: *She* (d. i. die Tote) *was giving herself ridiculous airs. She was claiming elaborate fine feelings and scruples that were simply absurd in a girl in her* position.

   Inspector (...): *Her* position *now is that she lies with a burnt-out inside on a slab.*[74]

   (Übersetzung: Mrs. B.: Sie hat sich lächerlich aufgespielt. Sie tat, als hätte sie ein Recht auf differenzierte schöne Gefühle und Skrupel, die einfach absurd waren bei einem Mädchen in ihrer *Lage*.

   Inspektor: Ihre jetzige *Lage* ist die, daß sie mit verätzten Eingeweiden auf einem Schragen liegt.)

Dies ist ein Beispiel für Nutzung der Polysemie des englischen Substantivs *position*. Die Übersetzung dieser absichtlichen Mehrdeutigkeit ins Französische und ins Deutsche ist hier möglich, weil beide Sprachen zufällig in ihrem Wortschatz dieselbe Mehrdeutigkeit haben (frz. *position*, dt. *Lage*). Dies ist aber nicht die Regel, vielmehr stellen gerade Wortspiele verschiedener Art oft hartnäckige Klippen der literarischen Übersetzung dar. Man vergleiche das folgende Beispiel und seine Übersetzung:

2. Giraudoux: ›Contes‹. ›Erzählungen‹. Zweisprachige Ausgabe. S. 36 f.[75]

Scène: Celle de la Cour d'Assises. Personnages: Ceux de la Cour d'Assises

Ort der Handlung: vor dem Schwurgericht. Personen der Handlung: die zu einem Schwurgericht Gehörigen.

Le Président. – Accusé, votre nom.

Vorsitzender: Wie heißen Sie, Angeklagter?

L'Accusé. – Je me recommande à l'indulgence du jury. (Avec embarras.) Je m'appelle du nom de l'évêque qui fit condamner Jeanne d'Arc et la fit brûler sur le bûcher, l'ignoble canaille, vers 1428.

Angeklagter: Ich empfehle mich der Nachsicht des Gerichtshofs. (Verwirrt): Ich heiße wie der Bischof, dieser verruchte Schuft, der Jeanne d'Arc verurteilen und um das Jahr 1428 auf dem Scheiterhaufen verbrennen ließ.

Le Président. – Vous n'êtes pas ici devant un jury de baccalauréat. Taisez-vous. Votre nom?

Vorsitzender: Sie stehen hier nicht vor einer Prüfungskommission beim Abitur. Schweigen Sie. Wie heißen Sie also?

L'Accusé. – Eh bien! puisque mon président insiste, je jure de dire la vérité, et toute la vérité. (Hésitant.) Je m'appelle Port *avec un »t«.*

Angeklagter: Ja, wenn der Herr Vorsitzender es unbedingt wünschen, so schwöre ich, die Wahrheit zu sagen und nichts als die Wahrheit. (Zögernd): Ich heiße Port mit »t«.

Zur Erklärung des Wortspiels: Der besagte (historische) Bischof hieß Pierre *Cauchon* / kɔʃõ /.
Er war also homophon mit dem ›Schwein‹: *cochon* /kɔʃõ /. Dieses ist (quasi-) synonym mit *le porc* / pɔːr / ›Schwein‹ (als Fleisch zum Verzehr), und *le porc* ist homophon mit *le port* / pɔːr / ›der Hafen‹.
Dieses akrobatisch kalauernde, kettenreaktionsartige Spiel mit Homophonie-Synonymie–nochmals Homophonie ist individuell einzelsprachlich bedingt; der deutsche Übersetzer mußte denn auch ›passen‹.

Und ergänzend dazu noch ein höchst aktueller Fall von Homophonie aus dem Grenzbereich Literatur/Politik: Der algerische Schriftsteller Rachid Boujedra setzte der Islamischen Heilsfront (FIS) mit seinem Buch »FIS de la haine« ein makabres Denkmal. Nun bleibt ihm nichts übrig, als sich vor der »FIS des Hasses«, die auch als »Sohn des Hasses« verstanden werden kann, in Frankreich zu verstecken.

10. Modifizierung der Homogenität des sprachlichen Systembegriffs

10.1 Struktur der Sprache vs. Architektur der Sprache, Diasystem

Die strukturalistische Sprachbeschreibung ging aus von einem homogenen Sprachsystem, das für alle Angehörigen einer Sprachgemeinschaft durch die gleichen Systemelemente und die gleichen Oppositionsbeziehungen zwischen diesen gekennzeichnet ist. Diese Idealisierung war methodologisch begründet, sie war Voraussetzung für die Beschreibbarkeit von Sprache mit strukturalistischen Kategorien. In gleicher Weise ist in der gTG die Kompetenz des idealen Sprechers/Hörers eine Idealisierung. Dieser *Homogenitätsannahme* steht die *tatsächliche Heterogenität* der historischen Einzelsprache gegenüber.[1] Die Heterogenität besteht 1. in »Unterschiede(n) der geographischen Ausdehnung oder *diatopische(n) Unterschiede(n)*«[2] – *regionalen* Sprachvarietäten, 2. in »Unterschiede(n) zwischen den sozial-kulturellen Schichten der Sprachgemeinschaft oder *diastratische(n) Unterschiede(n)*«[3] – *sozialen* Sprachvarietäten und 3. in »Unterschiede(n) zwischen den Typen der Ausdrucksmodalität oder *diaphasische(n) Unterschiede(n)*«[4] – *funktionalen* Sprachvarietäten. Coseriu bezeichnet als *Struktur der Sprache* das einheitliche System, charakterisiert durch Oppositionen; als *Architektur der Sprache* die Diversität von diatopischen, diastratischen und diaphasischen Subsystemen, aus denen sich in Wirklichkeit eine historische Sprache aufbaut.

So »ist eine historische Sprache niemals ein einziges Sprachsystem, sondern ein ›Diasystem‹: eine Summe von ›Sprachsystemen‹, zwischen denen jederzeit Koexistenz und Interferenz herrscht«[5] (Interferenz = gegenseitige Beeinflussung).

Oder, mit Wandruszka[6] gesprochen: »Unsere Sprachen sind keine Monosysteme. Jede Sprache ist eigentlich ein Konglomerat von Sprachen; jede Sprache ist ein Polysystem.«

10.1.1 Diatopische Gliederung (Regionale Sprachvarietäten)

Geographisch bedingte Subsysteme innerhalb einer historischen Sprache bezeichnet man als *Dialekte*.

10.1.1.1 Definition von ›Dialekt‹

›Dialekt‹ läßt sich definieren als »besondere Form einer Sprache, die in einem bestimmten geographischen Gebiet gesprochen wird«[7] und sich von den anderen besonderen Formen innerhalb derselben Sprachgemeinschaft »auf einer oder allen Sprachebenen (Aussprache, Grammatik, Wortschatz und idiomatischer Wortgebrauch) soweit unterscheidet, daß sie als eine Einheit für sich anzusehen ist, die sich aber von den anderen Dialekten der Sprache nicht so stark unterscheidet, daß sie als eigene Sprache zu betrachten wäre«[8].

Ein Dialekt kann also 1. *phonetisch* charakterisiert sein, z. B. durch Monophthongierung von Diphthongen: im Alemannischen in Südwest-Deutschland / suːbər / für *sauber*, / wiːs / für *weiß*; oder 2. *morphosyntaktisch*, z. B. im Kasussystem: Nominativform mit Funktion des Nominativs *und* des Akkusativs: *Kennst du der Mann?* für … *den Mann*, so im Rheinischen (Köln) und auch im Südwesten Deutschlands (scherzhaft bezeichnet als der ›badische Akkusativ‹); oder 3. *lexikalisch*, entweder so, daß ein überregional gebräuchlicher *signifiant* regional mit einem anderen *signifié* gekoppelt ist, z. B. schwäbisch und südfränkisch *Hafen* für ›Topf‹, *laufen* für ›gehen‹, *Bühne* für ›Dachboden‹, *Teppich* für ›Wolldecke‹, *strecken* für ›sich (durch Handaufzeigen zu Wort) melden‹, oder durch eigene *signifiants*, z. B. schwäb./südfränk. *Kuttereimer* für ›Mülleimer‹, *Bollen* für ›Klumpen‹, *Gugg*(e) für ›Tüte‹, berlinerisch *Schrippe* für ›Brötchen‹, rheinisch *Klümpchen* für ›Bonbon‹ u.v.a. Häufig manifestiert sich ein Dialekt nicht nur auf einer Sprachebene, sondern auf mehreren.

10.1.1.2 Dialekt vs. Einheitssprache

Der Unterschied zwischen Dialekt und Einheitssprache ist nicht ein wesensmäßiger. Das wird klar, wenn wir nach der Entstehung der Einheitssprache fragen. In den meisten Fällen nämlich geht sie zurück auf ein Subsystem unter anderen, ursprünglich gleichwertigen: der Dialekt eines Gebietes, das politisch oder kulturell dominant wurde, gewann mehr Prestige als die anderen, er wurde zur ›Hochsprache‹.

So ist z. B. die französische Hochsprache hervorgegangen aus dem Französischen, dem Dialekt der Ile-de-France, die die politische Vorherrschaft über die anderen Provinzen erlangt hatte. Vorher, in altfranzösischer Zeit, hatten Französisch, Champagnisch, Pikardisch, Normannisch usw. als gleichberechtigte regionale Ausformungen ›des‹ Altfranzösischen nebeneinander bestanden.

Oder die Einheitssprache entstand »durch Mischung und Ausgleich aus verschiedenen Dialekten«[9], so das Neuhochdeutsche zunächst als böhmisch-sächsische Kanzleisprache, der vor allem Luthers Bibelübersetzung zur Verbreitung als Einheitssprache verhalf.

In England ist die Einheitssprache aus dem Dialekt Londons hervorgegangen. Allerdings ist die Hochsprache, das ›King's (oder Queen's) English‹, nicht einfach die Fortführung dieses regionalen Subsystems, sondern das, was sich durch Einwirkung eines anderen, sozial bedingten Subsystems aus jenem entwickelt hat. Es sind dies die Sprachgewohnheiten der Public Schools und der großen Universitäten, von denen, zumal durch den in sich abgeschlossenen Internatsbetrieb, die Angehörigen der Führungsschicht geprägt sind.[10]

Die jeweilige Einheitssprache ist hervorgegangen aus einem oder mehreren Subsystemen und unterscheidet sich von diesen durch ihre Funktion: als Schulsprache, Verwaltungssprache, Literatursprache, Schriftsprache ganz allgemein; auch als Verständigungsmittel zwischen Angehörigen stark differierender Dialekte, für die sie der einzige gemeinsame Code ist.

10.1.1.3 ›Hochsprache‹ – Dialekt – *Patois*. Diglossie

Die Bezeichnung ›Hochsprache‹ impliziert ein Werturteil, das als psychologische Konsequenz aus den in Kap. 10.1.1.2 angeführten Gegebenheiten folgte: Die Einheitssprache galt als die ›Norm‹ (im Sinne des ›Normativen‹[11]), die vom Dialektsprecher anzustreben war. Durch die gesellschaftliche Entwicklung hat dieses Problem an Interesse verloren (heute stehen viel stärker soziolinguistische Probleme im Vordergrund): »Die Dialekte verlieren in der modernen Industriegesellschaft an Bedeutung, weil die Gesellschaftsformen, die auf kleinräumiger Kommunikation beruhen, immer weiter zurückgehen. Massenmedien und Berufsmobilität tragen zum Ausgleich regionaler Unterschiede bei.«[12] Das schließt nicht aus, daß gerade als Gegentendenz gegen diese Einebnung sprachlicher Individualität Bemühungen um Aufwertung des Dialekts als des Ursprünglichen, Gewachsenen zu beobachten sind.

Als ein Zeugnis dafür stehe die Aufwertung des Dialekts in den (wenn auch auf vereinzelte Bundesländer beschränkten) Richtlinien für den Deutschunterricht, die Dialektäußerungen der Schüler als den hochsprachlichen gleichwertig zulassen.[13]

Im französischen Sprachgebiet stellt den Gegenpol zum *français standard* das Patois dar. Zwar gibt es auch im Französischen den Begriff *dialecte*, aber er wird, weitgehend wertfrei, nur auf die großen Gebiete der ehemaligen altfranzösischen Dialekte angewendet. Dagegen werden regional bedingte Subsysteme, die sich oft erheblich vom Standardfranzösischen unterscheiden und räumlich meist auf kleinere Gebiete, oft sogar nur auf eine Gemeinde begrenzt sind, abwertend als *patois* (= ›Mundart‹) bezeichnet.

Mit *patois* verbindet der Franzose die Assoziation des Hinterwäldlerischen, Bäurischen, »d'hommes qui sont nés lourdauds ou n'ont pas reçu d'éducation«[14]. Diese negative Einschätzung des Dialekts erklärt sich aus der jahrhundertealten starken Zentralisierung Frankreichs, die nicht nur ein politisches, sondern in gleichem Maße ein kulturelles Faktum ist. Die Sprache von Paris als das Standardidiom verdrängt das Patois immer mehr, so daß sein Gebrauch nur noch auf einige wenige Kommunikationssituationen beschränkt ist: Das Patois wird praktisch nur noch in abgelegenen Milieus und auch da nur innerhalb des Dorf- und Familienalltags und vorwiegend innerhalb der älteren Generation benutzt. In anderen Sprechsituationen und mit anderen Kommunikationspartnern bedient sich auch der Patois-Sprecher durchweg des Standardfranzösischen.

Wo in einer Sprachgemeinschaft eine solche Situation vorliegt, spricht man von *Diglossie*: Es sind zwei verschiedene Idiome (= Sprachen) in Gebrauch, zwischen denen Funktionstrennung besteht. Das eine dient als familiäre Umgangssprache, das andere, mit höherem Prestige versehene, ist Schriftsprache, Bildungssprache und die Sprache für alle offiziellen Anlässe.

Ein interessanter Fall von Diglossie liegt z. B. in der arabischen Welt vor: Das Schriftarabische als Sprache des Korans ist für alle arabischen Staaten in offiziellen Situationen verbindlich – und zugleich ein Symbol der arabischen Einheit –, daneben hat jeder Einzelstaat eine andere regionale Sprachvariante für die Alltagssituationen.[15]

10.1.2 Diastratische Gliederung (Soziale Sprachvarietäten)

10.1.2.1 Idiolekt – Soziolekt

»Das Gesamt von Sprachbesitz und Sprachverhalten eines gegebenen Individuums«[16] bezeichnet man als seinen *Idiolekt*. Daß jemals zwei Sprachteilhaber »bis in alle Einzelheiten hinein den gleichen

Sprachbesitz aufweisen«[17], ist praktisch unmöglich. Dabei ist nicht nur rein quantitativ an den verschiedenen Umfang des Wortschatzes und der syntaktischen Muster zu denken, sondern auch – bei Verfügen über die gleichen Sprachzeichen – an die individuell verschiedenen Konnotationen (s. Kap. 9: Semantik). »Ein Deckungsbereich verschiedener Idiolekte, soweit diese Deckung mit einer Gruppenbildung zusammengeht«[18], wird als *Soziolekt* bezeichnet; ein Soziolekt ist also eine Gruppensprache. Als Gruppen, die als Träger von Soziolekten angesehen werden können, sind zu nennen: Berufsgruppen, Ausbildungsgruppen (Schüler, Studenten, Soldaten), Familien (für die Gruppensprache innerhalb einer Familie gibt es die gelegentliche Bezeichnung *Familekt*), Altersgruppen, Gesinnungsgruppen (z. B. politische Parteien) u. a., vor allem aber die sozialen Schichten. Innerhalb der letztgenannten hat sich seit den sechziger Jahren das Interesse der *Soziolinguistik* vorwiegend auf die gehobene Mittelschicht und die Unterschicht konzentriert (s. Kap. 10.1.2.2). Soziolekte unterscheiden sich vor allem hinsichtlich des Wortschatzes voneinander.

Aufgaben:

50. Ordnen Sie die folgenden deutschen Wörter je einem bestimmten Soziolekt zu (z. B. ›Seemannssprache‹, ›Schülersprache‹): *Pauker; verhoffen;* die intensivierenden Gradadverbien *irre, echt* und *voll* (z. B. *das war irre gut / das war echt gut/voll gut); Endlösung; keilen; reffen; Schweiß* (im Sinne von ›Blut‹); *Pons* (süddeutsches Synonym: *Schlauch*); (einen) *Salamander* (reiben); *steiler Zahn; Wandlung, Kimmung: Fux* (sic!); *Visite; Affe; Wachtel* (im Sinne von ›Aufseher‹).

51. Versuchen Sie, die Wörter aus Aufgabe 50 linguistisch zu systematisieren, indem Sie sie in folgende Kategorien einordnen:
a) ein allgemein geläufiger *signifiant* wird in der Gruppensprache mit einem anderen *signifié* verknüpft;
b) für einen allgemein geläufigen *signifié* hat die Gruppensprache ihren eigenen *signifiant* geschaffen;
c) gruppenspezifische Aufteilung der außersprachlichen Wirklichkeit (d. h., im Soziolekt findet sich ein Ausschnitt der außersprachlichen Wirklichkeit sprachlich bezeichnet, für den die Gemeinsprache und/oder andere Gruppen keine eigene Bezeichnung haben – vgl. Kap. 2.2: die Sapir-Whorf-Hypothese).

10.1.2.2 Die Bernstein-Hypothese

Die neuere Soziolinguistik, die vor allem in den 70er Jahren ein zentrales Thema der Linguistik war, basiert durchgängig auf der Hypothese des Engländers Basil Bernstein, sei es als Fortführung seines Ansatzes, sei es in Form der vielfältigen Bernstein-Kritik. In der hier gebotenen knappen Form läßt sich eine Darstellung von Bernsteins zahlreichen Aufsätzen (ab 1958) und ihrer Rezeption vor allem in Deutschland und in den USA nicht durchführen; es sei statt dessen auf einführende Literatur zur Soziolinguistik verwiesen.[19]

10.1.2.2.1 Bernsteins Ansatz

Sehr knapp skizziert, war Bernsteins grundlegende Aussage etwa folgende: Die Angehörigen der Mittelschicht und die der Unterschicht (Arbeiterschicht) innerhalb einer Sprachgemeinschaft verwenden sehr verschiedene Varianten der gemeinsamen Einheitssprache. Was die Sapir-Whorf-Hypothese (s. Kap. 2.2) als interlinguistische (= zwischen verschiedenen Sprachgemeinschaften bestehende) Ungleichheit konstatierte, das transponiert Bernstein in den intralinguistischen (= innerhalb einer Sprachgemeinschaft gegebenen) Rahmen hinein.

Bernstein wendet nicht nur ausdrücklich Sapirs und Whorfs These von der sprachlichen Relativität auf die Soziolekte der Einzelsprachen an; er übernimmt auch die zweite (problematischere) Teilhypothese Whorfs, die vom sprachlichen Determinismus. Sie besagt bei Bernstein: Aufgrund ihrer verschiedenen Sprachvarianten sind Angehörige verschiedener sozialer Schichten auch verschieden hinsichtlich ihres Wahrnehmens und ihres Denkens. Die Sprachvariante der Mittelschicht bewirkt besser ausgebildete kognitive Fähigkeiten als die der Unterschicht, das bedeutet bessere Schulerfolge der Mittelschichtkinder, die weiter zu besseren beruflichen, sozialen und wirtschaftlichen Chancen führen.

10.1.2.2.2 Elaborierter Code/restringierter Code

Bernstein ging aus von einem Zweischichtenmodell: gehobene Mittelschicht und Unterschicht, wobei die Einteilung nach dem Beruf und der Schulbildung des Mannes und der Frau vorgenommen wird. Die Sprachvariante der Mittelschicht bezeichnet Bernstein als *elaborierten Code* (*elaborated code*, ursprünglich: *formal language*), die der Unterschicht als *restringierten Code* (*restricted code*, ursprünglich: *public language*).

Die Kritik wirft Bernstein u. a. vor, daß der Code-Begriff in seinen verschiedenen Arbeiten nicht ohne Widersprüche definiert ist. Natürlich meint ›Code‹ bei Bernstein etwas anderes als bei den Strukturalisten (z. B. Martinet[20]), sofern sie *code/message* als Synonympaar für *langue/parole* verwenden.

Wichtig ist die grundlegende Feststellung, daß Bernsteins Ansatz mit dem Strukturalismus nichts zu tun hat. Ihm geht es nicht um die Strukturbeschreibung eines Sprachsystems, sondern um Sozialisationsforschung: Rolle der Sprache im Sozialisationsprozeß der Kinder aus verschiedenen sozialen Schichten.[21]

Elaborierter Code und restringierter Code lassen sich durch eine Reihe sprachlicher Merkmale voneinander unterscheiden, die Bernstein in verschiedenen Listen aufzählt:

Mittelschicht:	Unterschicht:
elaborierter Code	*restringierter Code*
weniger vorhersagbar	*stärker vorhersagbar*
»1. Die Äußerungen sind mit sauberer grammatischer Anordnung und Syntax konstruiert.	Kurze, grammatisch einfache, oft unvollständige Sätze von dürftiger Form.
2. Logische Modifikationen werden durch grammatisch komplexe Satzkonstruktionen, vor allem durch Verwendung von Konjunktionen und Nebensätzen, vermittelt.	Seltener Gebrauch von Nebensätzen, um ein Thema der Äußerung genauer zu differenzieren. Einfacher Gebrauch von sich immer wiederholenden Konjunktionen bzw. Adverbien (so, dann, und).[22]
3. Differenzierte Auswahl von Adjektiven und Adverbien. [...]	Starre und begrenzte Auswahl von Adjektiven und Adverbien. [...]
4. Häufige Verwendung von Präpositionen, die sowohl logische als auch räumliche und zeitliche Beziehungen ausdrücken.«[23]	
5. Häufige Verwendung des Personalpronomens *ich*. Mehr Äußerungen der individuellen Annahme, die explizit als solche ausgewiesen werden; persönliche Meinung statt Kollektivmeinung.	
6. Mehr verbale Erklärungen, die Rücksicht auf mögliche Uninformiertheit des Hörers nehmen.	Implizite Voraussetzung, daß der Hörer das gleiche Vorwissen und die gleichen Erfahrungen habe wie der Sprecher selbst. Dieser kommunikativ egozentrische Standpunkt

bewirkt ein geringes Maß an verbalen Erklärungen (etwa für in das Gespräch eingebrachte Eigennamen, deren Umweltreferent dem Hörer möglicherweise unbekannt ist.[24]

7.

»Häufige Verwendung kurzer Befehle und Fragen.

[…]

[…]

8.

Die individuelle Auswahl aus einer Reihe traditioneller Wendungen und Aphorismen spielt eine große Rolle.

[…]

9. Der Sprachgebrauch verweist auf die Verfügung über eine komplexe begriffliche Hierarchie«[25], d. h.: über einen größeren Wortschatz, der u. a. einen höheren Abstraktionsgrad der Äußerungen ermöglicht.

[…]

10.

»Tatsachenfeststellungen werden oft wie Begründungen verwendet; am Ende steht meist eine kategorische Behauptung wie ›Du gehst mir nicht aus dem Haus‹.

11.

Häufig werden Feststellungen als implizite Fragen formuliert, die dann eine ›Antwort‹ auslösen, so daß es zu Kreisgesprächen kommt, in denen die Sprecher sich ihrer gegenseitigen Sympathie versichern (sympathetische Zirkularität)«[26], d. h.: mehr phatische Sprachverwendung, sprachliche Aufrechterhaltung von Kontakten und gegenseitiges Sichvergewissern der Gruppensolidarität (z. B.:
A: »Heiß heute!« – B: »Das kann man wohl sagen!«)

Bernstein leitet die beiden Codes aus den unterschiedlichen Sozialstrukturen der beiden Schichten her bzw. aus den unterschiedlichen Sozialisationsmilieus beim Spracherwerb: Die Unterschichtfamilie sei *statusorientiert*, die Mittelschichtfamilie *personorientiert*. Auch hier müssen wir uns auf Literaturhinweise beschränken.[27]

10.1.2.3 Defizithypothese und Differenzkonzeption

Bernsteins Wertung der beiden Codes wird mit dem Schlagwort *Defizithypothese* gekennzeichnet: Der restringierte Code wäre demnach defizient gegenüber dem elaborierten. Diese sprachliche Defizienz der Unterschicht bedingt eine kognitive – konkret: geringere Intelligenzleistung, höhere Schulversagerquote bei Unterschichtkindern. Die daraus gezogene bildungspolitische Forderung schlug sich seinerzeit nieder in der sog. *kompensatorischen Spracherziehung*.[28]

Die entgegengesetzte Position äußert sich in der *Differenzkonzeption*: Elaborierter Code und restringierter Code sind rein deskriptiv als verschieden zu erfassen, jedoch gleichwertig (von *funktionaler Äquivalenz*) in ihrer kommunikativen Leistung. Am Beispiel der *Satzkomplexität*: Bernstein stellte fest, daß der elaborierte Code mehr subordinierende Konjunktionen verwendet, also seine Benutzer befähigt, auch in ihrem Denken und in ihren Urteilen Beziehungen zwischen Tatbeständen differenzierter zu erfassen. Eine empirische Überprüfung[29] erbrachte, daß der restringierte Code auch ohne subordinierende Konjunktionen Möglichkeiten anbietet, logische Abhängigkeiten auszudrücken, z. B. durch sog. Modalpartikeln (auch »Abtönungspartikeln« genannt und gerade im Dt. – im Gegensatz zum Frz. und zum Engl. – sehr häufig verwendet).

Beispiele:
elaborierter Code: *Er konnte nicht kommen, da (weil) er krank war.*
restringierter Code: *Er konnte nicht kommen, er war ja (doch) krank.*
(vgl. Kap. 12: Abtönungspartikeln als illokutive Indikatoren)
ähnlich:
elaborierter Code: syntaktische *Sub*ordinierung durch Relativpronomen: *Ich kenne einen Mann, der Gebrauchtwagen verkauft.*
restringierter Code: syntaktische *Ko*ordinierung durch Demonstrativpronomen: *Ich kenne einen Mann, der verkauft Gebrauchtwagen.*

10.1.3 Diaphasische Gliederung (Funktionale Sprachvarietäten)

Neben regional und sozial bedingten Unterschieden innerhalb eines Sprachsystems gibt es Unterschiede des *Stils*: die diaphasischen Subsysteme. Man unterscheidet z. B. zwischen »familiärer und offizieller Sprechweise«[30], literarischem Stil, Umgangssprache usw. Der einzelne Sprachteilhaber verfügt im allgemeinen über mehr als einen Sprachstil und trifft die Auswahl je nach Ausdrucksintention,

d. h. unter Berücksichtigung verschiedener Komponenten der Kommunikationssituation. Solche Komponenten sind z. B. Einschätzung des Partners, Gegenstand der Kommunikation, Öffentlichkeitsgrad der Kommunikationssituation u. a. (wie in Kap. 12 als ›pragmatische Universalien‹ und als ›Beschreibungselemente von Redesituationen‹ zusammengestellt).

Auch die diaphasischen Subsysteme manifestieren sich auf den verschiedenen Ebenen der Sprache:

– phonetisch / phonologisch:

Z. B. bestehen im Französischen in nachlässigem Stil[31] die Tendenzen, [a] (= vorderes a) wie [ɛ] zu sprechen (*Paris* → [pɛri], *madame* → [mɛdɛm]), / o / wie [œ] (*d'accord* → [dɛkœːr], *alors* → [ɛlœːr]) und gewisse Vokale und Konsonanten auszulassen (*T'es pas gentil; il y a* [ja]; *cette femme* [stəfam]; *la table* → [latɛb]; *quelque chose* [kɛkʃoːz]; *je ne sais pas* [ʃɛpa];[32]

– morphosyntaktisch:

Z. B. ist im Deutschen der Modusgebrauch (die Wahl zwischen Indikativ und Konjunktiv) in vielen Fällen heute nicht mehr so sehr ein grammatisches wie ein stilistisches Faktum (*Er sagt, er habe Zahnschmerzen – er sagt, er hat Zahnschmerzen*); im Französischen wird das Partizip Präsens zur Ersetzung eines Nebensatzes praktisch nur noch im Behördenstil gebraucht, nicht aber in der Umgangssprache (*N'ayant pas reçu de réponse, nous vous prions de ...* – *Puisque nous n'avons pas reçu ...* oder *Comme nous ...* oder auch *quand* oder auch *bien que*); im Englischen wird beim Relativpronomen für Personen in der Umgangssprache die Nominativform auch für den Akkusativ gebraucht (*Who did you expect?*, nicht *Whom ...?*)

– lexikalisch: Hierzu gehören die Synonyme (besser: Quasi-Synonyme), die zwar den gleichen Umweltreferenten bezeichnen, aber dennoch nicht in allen sprachlichen Umgebungen gegeneinander substituierbar sind (s. Kap. 9.6), eben weil sie sich hinsichtlich des Stilniveaus unterscheiden.

Beispiele:

dt. *Frau* (im Sinne von ›Ehefrau‹) – *Gattin* – *Gemahlin; essen – speisen; Mund – Maul, Klappe* usw.; *sterben – verrecken – abkratzen, draufgehen – entschlafen* usw.;

frz. *s'ennuyer – s'embêter* ›sich langweilen‹; *camarade – copain* ›Kamerad‹; *mort – décédé – crevé* ›tot‹; *habiter – demeurer – être domicilié* (Verwaltungssprache) – *résider* ›wohnen‹; *bouche – gueule* ›Mund‹; *laid – moche* ›häßlich‹;

engl. *cinema – pictures* ›Kino‹; *clever, intelligent – sharp* ›intelligent‹; *money – brass* ›Geld‹; *marriage – wedlock* ›Ehe‹.

Wir haben jeden der drei Typen von Subsystemen getrennt skizziert, doch in der Wirklichkeit einer Sprachgemeinschaft überschneiden sie sich häufig.

Die Überschneidung *diatopisch-diastratisch* liegt z. B. in allen den Sprachgemeinschaften vor, in denen die regionalen Varianten als minderwertig eingestuft und dann »als Stigmatisierung sozialer Art bewertet«[33] werden. Besonders ausgeprägt ist dies in Frankreich der Fall, s. Kap. 10.1.1.3 zum Verhältnis Patois/Hochsprache.

Der Dialekt in Deutschland hat, zumindest in weiten Gebieten, einen anderen Stellenwert als das Patois: »In Deutschland muß man unterscheiden zwischen Nord und Süd: In Norddeutschland gilt der Dialekt (ähnlich wie in Frankreich) eher als Unterschichtssprache; im Süden ist es durchaus möglich, auch bei offiziellen Situationen und in höheren Schichten mit einem leichten Dialektanklang zu sprechen.«[34]

Die Überschneidung *diatopisch – diaphasisch* findet sich überall da, wo der Dialekt in der Familie und in sonstigen weniger offiziellen Kommunikationssituationen verwendet wird, als offizielles Kommunikationsmittel jedoch die Hochsprache dient.

10.2 Diachronie: der Sprachwandel

In Kapitel 10.1 wurde ausgeführt, inwiefern eine historische Sprache auch bei synchronischer Betrachtungsweise sich als nicht homogen erweist: In jedem Augenblick ist sie ein Nebeneinander und in vielen Fällen eine Übereinanderlagerung von diatopischen, diastratischen und diaphasischen Subsystemen.

Daß außerdem ›Homogenität des Systems‹ nicht gleichbedeutend ist mit statischer Unveränderlichkeit, hat de Saussure bereits betont, indem er die synchronische Dimension durch die diachronische vervollständigte (s. Kap. 4 und Kap. 5).

Die diachronische Frage nach dem Sprachwandel befaßt sich zunächst mit seinen *Erscheinungsformen* auf den verschiedenen Sprachebenen (›Lautwandel‹ – morphosyntaktischer Wandel – ›Bedeutungswandel‹). Dann wird nach den *Gründen* für diese Sprachwandlungen gefragt, d. h., es werden Hypothesen zu ihrer Erklärung angeboten. Diese können entweder rein strukturalistisch versuchen, alle Sprachveränderungen allein systemimmanent zu erklären[35], oder sie können außersprachliche Faktoren (politische, siedlungsgeschichtlich-ethnische) mit einbeziehen.

Besonders wichtig ist in diesem Zusammenhang der Einfluß eines anderen Sprachsystems: entweder in Form eines *Substrats* (= Sprache eines eroberten Volkes, die in der Sprache der Eroberer Spuren hinterläßt) oder in Form eines *Superstrats* (= Sprache eines Eroberervolkes, die sich aber als Ganzes nicht halten kann, sondern nur in der Sprache der von ihm Eroberten Spuren hinterläßt).

Die Romania (= die Gesamtheit aller Völker, deren Sprachen, als romanische Sprachen, auf das Lateinische zurückgehen) ist ein besonders ergiebiges Anschauungsmaterial für den Sprachwandel: Zum einen ist er hier, besonders in Frankreich, durch sprachliche Denkmäler weitgehend lückenlos belegt, was für die germanischen Sprachen nicht der Fall ist; zum anderen tritt er hier in besonderer Vielfalt vor Augen, denn aus dem ursprünglich einheitlichen klassischen Latein haben sich, über das Sprechlatein (gelegentlich ›Vulgärlatein‹ genannt), elf verschiedene romanische Sprachen entwickelt.[36]

Auf den Sprachwandel einzugehen, würde den Rahmen der vorliegenden Ausführungen überschreiten, so daß wir uns mit einigen für die Geschichte der jeweiligen Sprache besonders wichtigen Stichworten begnügen müssen, die in der folgenden Aufgabe zum selbständigen Benutzen der entsprechenden Literatur anregen sollen.[37]

Wenn auch nur in dieser knappen Form, schien es uns doch notwendig, den Sprachwandel mit einzubeziehen als Komplement zu den Subsystemen, insofern beide einen etwaigen mißverständlichen Systembegriff modifizieren. Ein Sprachsystem läßt sich erstens zwar ahistorisch beschreiben, aber nicht erklären ohne Einbeziehung seiner Geschichte, und es läßt sich zweitens zunächst überhaupt nur beschreiben als homogenes Strukturgefüge, aber diese Beschreibung ist auf einen konkreten Gegenstand, d. h. auf eine historische Sprache, nicht anwendbar ohne Berücksichtigung von dessen regionaler, sozialer und stilistischer Diversität. Eine historische Sprache ist nicht statisch, sondern dynamisch, und nicht homogen, sondern heterogen.

Aufgabe:
52. Erarbeiten Sie sich anhand von Hilfsmitteln[38] folgende Themen zur Sprachgeschichte im Rahmen allgemeiner Zusammenhänge:
1. Antikes Rom: Monarchie → Republik → Kaiserreich.

Griechischer Einfluß (→ lat.-griech. Basis des gelehrten Wortmaterials unserer Sprachen.)

Zeit Caesars, Romanisierung.

2. Germanische Völker im Römischen Reich – welche? wann?

Substrate / Superstrate?

3. Mittelalter: Wichtigste Ereignisse für

das Frz. (Karolingische Renaissance, Feudalismus, allmähliche Zentralisierung → Vorherrschaft des Franzischen)

das Dt. (Klosterkultur, Lehnübersetzungen)

das Engl. (Eroberung durch die Normannen → besondere Zusammensetzung des engl. Wortschatzes, die *hard words*)

4. Auswirkungen der Renaissance

auf das Frz. (Italianismen; DuBellay: Selbstbewußtsein der eigenen Nationalsprache, Abgrenzung gegen Latein und gegen Italienisch)

auf das Dt. (Humanismus und Renaissance, Luthers Bibelübersetzung, böhmisch-sächsische Kanzleisprache als Grundlage der Hochsprache; Erfindung des Buchdrucks)

auf das Engl. (das Elisabethanische Zeitalter)

5. Sprachreglementierung:

in Frankreich: die *Académie Française*; (evtl.: in Deutschland: die Sprachgesellschaften; Wörterbücher, z. B. das der Brüder Grimm)

6. Entstehung/Verbreitung überregionaler Einheitssprachen, Rückgang der Dialekte (allgemeiner Militärdienst, allgemeine Schulpflicht; nationale Einigung – je später sie erfolgte, desto größere Dialektvielfalt hielt sich[39]; für Frankreich auch in diesem Zusammenhang Einfluß der Frz. Revolution; England: die Public Schools).

11 Stilistik

Ob ein Stilkapitel in einer Einführung in die Linguistik etwas zu suchen hat/habe (← Vorsicht, Stil!), ist fraglich: Stil gehört eher in den Bereich der Literaturwissenschaft. Doch wenn man davon ausgeht, daß sich Stil im Medium des Sprachlichen realisiert – nicht alle Stiltheoretiker sind (restlos) dieser Ansicht (s. Kap. 11.1) –, so läßt sich zumindest ein Teil des Phänomens mit Begriffen der Linguistik beschreiben. (Siehe z. B. oben »... *hat/habe*«: Offensichtlich kann im heutigen Deutsch in der indirekten Rede Indikativ *oder* Konjunktiv verwendet werden. Der Sprecher wählt zwischen beiden nicht unbedingt nach grammatikalischen Gesichtspunkten – denn grammatikalisch ist beides erlaubt –, sondern nach stilistischen.)

11.1 Problematik des Stilbegriffs

Stilkonzeptionen gibt es zuhauf, und sie weichen erheblich voneinander ab. Auf sie einzugehen kann freilich – nicht nur deswegen – nicht Aufgabe dieses Kapitels sein. (Hier ist die Literaturwissenschaft gefordert.)
Ich möchte nur andeuten, wie groß die Spannweite der unterschiedlichen Konzeptionen ist, um dann meine Ausführungen auf einige eher linguistisch akzentuierte Aspekte zu begrenzen.[1]
In sehr weitgefaßten Definitionen ist Stil etwas, was grundsätzlich jedem Text und jeder sprachlichen Äußerung, »gleichgültig, ob auffällig stilisiert oder stilistisch ›neutral‹«[2], zu eigen ist. Sprachlicher Stil ist dementsprechend »die sozial relevante Art der Durchführung einer Handlung mittels Text oder interaktiv als Gespräch«[3]. Nach dieser Definition wäre Stil also im wesentlichen Gegenstand der linguistischen Pragmatik (s. Kap. 12). Was im Pragmatikkapitel im Zusammenhang mit der »kommunikativen Kompetenz« des Sprechers näher ausgeführt wird, läßt sich hier vorläufig etwa so umschreiben: Für einen bestimmten »Inhalt«, eine bestimmte Absicht o. ä., die ein Sprecher ausdrücken möchte, stehen ihm in seinem Sprachsystem häufig mehrere Möglichkeiten zur Verfügung, zwischen denen er wählen kann (bzw. muß – schließlich kann er nicht zwei Formulierungen »zur gefälligen Auswahl« gleichzeitig artikulieren). Für welche er sich – eben kraft seiner kommunikativen Kompetenz – am zweckdienlichsten entscheidet, hängt von diversen

Faktoren ab, die zum großen Teil nichtsprachlich sind; ich will sie hier zusammenfassend als situativ bezeichnen. (Näheres hierzu in Kap. 12: Pragmatik.)

Eine andere Stilkonzeption zieht in Zweifel, daß Stil überhaupt etwas rein Sprachliches sei:[4] Ein Text besteht aus einem Was und einem Wie, aber dieses Wie kann nicht immer eindeutig von dem Was getrennt werden. »Stil ist ein Wie ... Zu diesem Wie gehören aber auch – und im Literarischen auf jeden Fall – Elemente, die dem Was zuzurechnen sind.«[5] Stil ist nicht nur etwas rein Formales, zum Text Hinzugekommenes, das sich in einer Analyse von den übrigen Elementen des Textes ablösen ließe. Vielmehr gehören zum Stil eines Textes drei Arten von Elementen: 1. inhaltliche Elemente, 2. formale Elemente, die nicht sprachlich sind (z. B. Ironie, Leichtigkeit, Tempo) und 3. formale, wirklich sprachliche Elemente. In dieser Stilkonzeption bestätigt sich erneut, daß Stil die Linguistik mindestens ebensosehr betrifft wie die Literaturwissenschaft.

Eine dritte, innerhalb der Linguistik immer noch weitgehend anerkannte Stilauffassung ist die Leo Spitzers. Mit ihr lassen sich auch die drei Stilkonzeptionen, die im folgenden Kapitel dargestellt werden, letztlich alle in Einklang bringen. Spitzer unterscheidet Sprachstile und Stilsprachen.[6]

Sprachstil bezeichnet die Charakteristika und Eigentümlichkeiten, die ein Sprachsystem von anderen Sprachsystemen unterscheiden (etwa: Eigentümlichkeiten des Frz. gegenüber dem Dt. und Engl., z. B. die Unterscheidung *Imparfait/Passé simple* im Frz.).

Stilsprache bezeichnet den Sprachgebrauch des einzelnen, »die Gesamtheit der sprachlichen Merkmale eines Sprechers, die vom allgemeinen Sprachgebrauch abweichen«[7].

In dieser Unterscheidung von allgemeinem und individuellem Sprachgebrauch spiegelt sich die zentrale Dichotomie des de Saussureschen linguistischen Strukturalismus, *langue – parole*.

Die Stilistik umfaßt für Spitzer beides:

1. die Wissenschaft, die die *Wahlmöglichkeiten* untersucht, die dem Benutzer einer Sprache zur Verfügung stehen (»les *choix possibles* offerts à l'usager d'une langue«[8])

und 2. die *tatsächliche Wahl*, die gewisse Sprachbenutzer innerhalb des Gesamtmaterials, das ihre Sprache ihnen anbietet, getroffen haben (»les *choix effectifs* que *certains* usagers de la langue ... *ont faits* parmi les matériaux que leur offrait leur langue«[9]).

Im Gesamtwerk Spitzers spielt vor allem Punkt 2, die Untersuchung individueller Sprachstile (vor allem literarischer Autoren), eine Rolle.

In seinen Formulierungen läßt sich eine Definition von »Stil als Abweichung (frz. *écart*)«, wie sie letztlich den drei im folgenden behandelten Stilkonzeptionen gemeinsam ist, erkennen; doch wäre es auf jeden Fall zu einseitig, Spitzer auf eine Abweichungskonzeption festzulegen.[10]

11.2 Beispiele linguistisch beschreibbarer Stilkonzeptionen

Im Sinne von Spitzers Sprachstilen gehen die drei Ansätze, die sich als *Abweichungsstilistik, Stil als Kontrast im Text* und *Stil als Auswahl* formulieren lassen, von einer gemeinsamen Annahme aus. Sie lautet kurz und bündig: Ein Sprecher wählt zwischen verschiedenen Möglichkeiten, wobei die Unterschiede nicht grammatikalische im Sinne von »richtig/falsch« sind, sondern stilistische, die sich mit linguistischen Kategorien beschreiben lassen.

11.2.1 Abweichungsstilistik

Die sog. Abweichungsstilistik beschreibt die spezifischen Stileigenheiten eines Autors oder eines Textes als in charakteristischer Weise unterschieden von »normaler« Sprache: Stil als »*écart par rapport à la norme linguistique*«[11], also: als »Abweichung von der sprachlichen Norm«.

Ältere Stilkonzeptionen hatten – nicht unähnlich – Stil als besondere rhetorische »Ausarbeitung«[12] definiert, also als eine Sprachverwendung, die zumindest implizit als von der »normalen«, unausgeschmückten Sprache abgehoben aufgefaßt wurde. Die verschiedenen stiltheoretischen Vorschläge, die unter dem Begriff Abweichungsstilistik zusammengefaßt werden, gehen insofern präzisierend darüber hinaus, als sie explizit eine Bezugsinstanz in Form einer extratextuellen Norm[13] postulieren. Die genaue Charakterisierung dieser Norm bleibt aber trotz verschiedener umschreibender Formulierungen (»*l'état neutre*« *de la langue;* »*degré zéro*« *du style*[14] u. ä. – also »Neutralzustand« der Sprache; eine Art »Nullvariante«, Neutralniveau) ein Problem.[15]

Setzte man diese Norm mit *langue* gleich, wäre kein grundlegendes Unterscheidungskriterium gewonnen, das Stil abheben würde von anderen *parole*-Äußerungen, da sie alle, so durchschnittlich und unauffällig sie auch sein mögen, ihrer Definition nach Abweichungen von dem Grundmuster der *langue* darstellen.

Eine andere Möglichkeit besteht darin, Stil als Abweichung von einer *präskriptiven Norm* zu sehen, also als Verstoß eines Autors gegen grammatische oder lexikalische Vorschriften seiner Zeit (etwa Verstöße gegen »die gesellschaftlich gültige Bevorzugung synonymischer Varianten in einem bestimmten Anwendungsbereich«[16], konkret gesagt: lexikalische Tabuverletzungen – der Autor weigert sich, statt des direkten, unbeschönigten Begriffs den gesellschaftlich bevorzugten Euphemismus zu benützen). Kein Zweifel, daß die damit erfaßten Erscheinungen – wo sie denn auftreten – stilistische Eigenheiten sind; nur: damit bekäme man lediglich einen kleinen Teilbereich dessen in den Griff, was Stil ausmacht, bzw. man könnte einige Autoren (von Louis-Ferdinand Céline über Charles Bukowski bis Werner Schwab) erfassen, während allen Autoren und Texten, die in dieser Hinsicht »unauffällig« und »angepaßt« sind (das sind die meisten) Stil gleichsam nicht zugesprochen werden könnte.

Eine weitere Möglichkeit wäre die *statistische Norm*: Weicht die Auftretenshäufigkeit einer sprachlichen Form in einem Text signifikant ab von ihrer Auftretenshäufigkeit beim Durchschnitt der vergleichbaren Texte, dann ist sie als stilistisches Charakteristikum dieses Textes anzusprechen. Was man gelegentlich als Schlüsselwörter, »*mots-clés*«, einzelner literarischer Autoren bezeichnet, wird z. B. auf diese Weise ermittelt. Nur, was gehört a) alles zu den »vergleichbaren Texten«? Und b) ist eine hohe Auftretenshäufigkeit eines bestimmten Wortes oder bestimmter Wörter in einem Text keineswegs immer stilistisch motiviert, sondern kann viel banaler durch das Thema des Textes bedingt sein; z. B. kann »in einem Kriminalroman ... das Wort ›Kommissar‹ extrem häufig sein, ohne daß dadurch der Stil tangiert wird.«[17]

11.2.2 Stil als Kontrast im Text

Wir haben in Kapitel 11.2.1 gesehen, daß die Abweichungsstilistik vor allem deswegen problematisch ist, weil sich keine überzeugende extratextuelle Norm finden läßt.

Dagegen verlagert die »Kontrastkonzeption« die Norm, vor deren Hintergrund überhaupt erst eine Abweichung festgestellt werden kann, *in* den Text.

Kontrast ist aus der strukturalistischen Linguistik geläufig zur Bezeichnung syntagmatischer Beziehungen (während *Opposition* die paradigmatischen meint). Ein Text (bzw. auch jeder einzelne Satz) ist eine lineare Sequenz, innerhalb derer jeweils gewisse Folgeelemente aufgrund der syntagmatisch vorhergegangenen erwartet werden können, »erwartbarer« sind als andere. Da, wo nicht ein solches erwartetes Element eintritt, sondern plötzlich ein völlig überraschendes, nicht vorhersagbares, da ist Stil realisiert – als Kontrast im Text, als »*defeated expectancy*« (»besiegte Erwartung«), wie eine Stildefinition von Jakobson lautet.

Führen wir als Beispiel aus dem Gedicht ›L'Albatros‹ von Charles Baudelaire die Zeile an »le navire glissant sur les gouffres amers« (»*das Schiff, das über* bittere *Abgründe gleitet*«): Als Adjektiv, das die Abgründe näher beschreibt, hätten wir etwa (*les gouffres*) *profonds* (tief) oder vielleicht *noirs* (schwarz) o. ä. erwartet. Dagegen ist *amers* an dieser Stelle unerwartet, nicht vorhersagbar oder, wie man auch sagt, »stilistisch markiert« (und damit auch in einer stilistischen Textanalyse zu berücksichtigen).

Oder eine Zeile von Rainer Maria Rilke: »*Fremde Hütten hocken durstig an versumpften Brunnen*«[18]. Hier wird gleich an mehr als einer Stelle die Lesererwartung »besiegt«: Nach *Hütten* hätten wir vielleicht eher *liegen, stehen* o. ä. erwartet – *hocken* überrascht (zumindest bis zu einem gewissen Grad); aber noch eindeutiger überrascht, daß auf *fremde Hütten* ein *durstig* folgt; erwartet hätten wir vielleicht »*Fremde Hütten hocken baufällig*« oder auch »*klein, geduckt, dunkel*« u. ä., aber nicht *durstig*.

Wie Kontrast im Text strukturiert ist, wurde vor allem von Michael Riffaterre[19] weiter ausdifferenziert: Dem unvorhersagbaren »markierten« Element geht ein »unmarkiertes« voraus (auf dem die Erwartung des Lesers/Hörers beruht, die dann durch das Folgeelement »besiegt« wird). Stil resultiert aus dem Kontrast zwischen diesen beiden aufeinanderfolgenden Elementen. Das unmarkierte Element bezeichnet Riffaterre als den *Mikrokontext*, den ganzen vorhergehenden Text – durch den ja dieses Element nach und nach erst als vorhersagbar, also als unmarkiert, etabliert worden ist – als den *Makrokontext*.

Wenn z. B. in einem Roman von Marcel Proust (oder von Claude Simon oder von Thomas Mann) nach einer Abfolge vieler langer, komplexer hypotaktischer Satzgefüge (= Sätzen mit Nebensätzen) plötzlich ein kurzer, einfacher Hauptsatz auftritt, dann ist dieser kurze Satz ein stilistisch markiertes Element. Die ganzen vorhergegangenen langen, komplexen Sätze bilden den Makrokontext, der im Leser eine Erwartung aufgebaut hat (nämlich die, daß es syntaktisch gesehen jetzt immer so weitergeht); der letzte erwartungsgemäße, also komplexe Satz stellt den Mikrokontext dar, die stilistisch unmarkierte Kontrastfolie, von der sich dann der unerwartete kurze Satz als stilistisch markiert abhebt.

Mit dieser Stilkonzeption lassen sich vor allem in der literarischen Textanalyse eine Reihe von stilistischen Erscheinungen wie Stilbrüche, Verfremdungseffekte, diverse Arten von Pointen (auch in Witzen) u. ä. erfassen.

Einzuwenden bliebe allerdings, daß es auch Texte gibt, die u. U. gerade durch Rekurrenzen, durch »typisch wiederkehrende Strukturen, d. h. Erfüllung von Erwartung«[20] stilistisch charakterisiert sind.

11.2.3 Stil als Auswahl

Diese Stilkonzeption geht in gewisser Weise hinter die beiden in Kap. 11.2.1 und 11.2.2 referierten zurück bzw. ist unspezifischer. Sie geht davon aus, daß das Sprachsystem einem Sprecher in der Regel mehr als eine Möglichkeit anbietet, einen Sachverhalt, eine Intention o. ä. auszudrücken – Möglichkeiten, deren Unterschiede nicht grammatikalischer Art, folglich also stilistischer Art sind.

Stil als Wahl zwischen mehreren Möglichkeiten ist auf der lexikalischen Ebene ein gängiges Phänomen als Entscheidung für eines von mehreren möglichen (Quasi-)Synonymen (z. B. *Er ist ziemlich dumm/ziemlich unintelligent; Schläfst/pennst du?;* frz. *après sa mort/ son décès;* engl. *a lady wearing glasses/spectacles*) oder auch als Entscheidung zwischen Hyperonym und Hyponym (z. B. *Gehört der Wagen Ihnen?/... der Mercedes Ihnen?*) u. ä.

Doch soll hier das »Auswählen« beim Sprechen an zwei Beispielen aus der Syntax demonstriert werden, da sie besser in systematischer Weise beschrieben werden kann als die Lexik und sich außerdem an diesen Beispielen zeigen läßt, daß an gewissen stilistischen (also vorwiegend die Literaturwissenschaft betreffenden) Phänomenen einiges mit linguistischen Mitteln analysiert werden kann. Aus diesem Grunde steht diese Stilkonzeption am Schluß des Stilistikkapitels; wer diesen Exkurs in Literaturwissenschaftliches als zu rudimentär empfindet, mag uns hier aufatmend wieder zu linguistischen Kategorien zurückkehren sehen.

Bei vielen Sätzen, vor allem im Dt., sind verschiedene Abfolgen ihrer Satzglieder möglich, d. h.: Es können Permutationen vorgenommen werden, ohne daß die Bedeutung des Satzes sich ändert. Der Unterschied zwischen diesen verschiedenen Stellungsabfolgen ist nicht oppositiv-grammatikalisch, sondern stilistisch. Zwei Beispiele:[21]

1) *»Am Anfang schuf Gott den Himmel und die Erde.«* Hier wären natürlich (bei gleichbleibender Bedeutung) auch möglich gewesen: *»Gott schuf am Anfang den Himmel und die Erde.«* Oder: *»Den Himmel und die Erde schuf Gott am Anfang.«* Entscheidend ist der Kontext; für jeden dieser drei Sätze gäbe es einen möglichen Kontext, für den er die stilistisch beste Version wäre (für den Anfang der Genesis ist eben die zuerst genannte, allgemein bekannte Version der Lutherbibel die beste).[22] Entsprechendes gilt für Sätze, die Adverbialbestimmungen enthalten (im Dt., im Frz. und im Engl.).

Vom Kontext hängt es ab, welche Version stilistisch am besten paßt, konkret: welcher Satzteil zuerst zu nennen ist, welcher dann folgen soll usw. Es gibt dafür einen Anhaltspunkt: die Unterscheidung in ›bekannt – nicht bekannt‹ (oder wenn alles bekannt ist: in ›besser bekannt‹ und ›weniger bekannt‹): In der Regel wird zuerst das Bekannte, dann das weniger Bekannte, dann das am wenigsten Bekannte genannt. Diese Begriffe sind wichtige Kategorien der Textlinguistik.[23]

2) Im Frz. ist zwar die Abfolge der Satzteile stärker festgelegt als im Dt., aber trotzdem gibt es auch dort syntaktische Erscheinungen, bei denen stilistische Varianten möglich sind, z. B.: *les paysages que l'auteur décrit* und *les paysages que décrit l'auteur.*

In verschiedenen Typen von Relativsätzen ist die Abfolge Subjekt – Prädikat *oder* die Abfolge Prädikat – Subjekt (sog. Inversion) möglich, sofern das Subjekt des Relativsatzes nicht nur ein Personalpronomen ist und sofern das Relativpronomen nicht selbst Subjekt ist (z. B. bei *une étudiante* qui *parle français* nur eine Möglichkeit). Der Unterschied ist rein stilistisch.

Ein weiteres Beispiel einer fakultativen Inversion findet sich bei Marcel Proust: *Au fur et à mesure que la saison s'avança, changea le tableau que je trouvais à la fenêtre.*[24]

Natürlich wäre hier auch möglich gewesen: *Au fur et à mesure que la saison s'avança, le tableau que je trouvais à la fenêtre, changea.*

In allgemeineren syntaktischen Begriffen ausgedrückt, ist also eine fakultative Inversion auch möglich, wenn der Satz mit einer Adverbiale (hier in Form eines Adverbialsatzes) beginnt. (Wieder: außer wenn das Subjekt ein Personalpronomen ist.)

Wenn man fragt, warum der Autor der ersten Abfolge den Vorzug gegeben hat, so lassen sich hier auch mögliche Antworten finden, wenn man sich nur auf diesen Satz, ohne darüber hinausgehenden Bezugsrahmen, beschränkt:

- Rhythmisch gesehen, würde der Satz in der zweiten Version unschön abgehackt enden; nach dem eingeschobenen Relativsatz ist das einfache *changea* zu kurz (vgl. dagegen z. B. ... *changea peu à peu*);
- Vermeidung eines unerwünschten Reims *s'avança* – *changea*;
- Vermutlich ist es kein Zufall, daß in der Version des Autors der Satz symmetrisch gebaut ist (sog. Chiasmus): Subjekt – Verb / Verb – Subjekt.[25]

In den Beispielfällen war zu sehen, daß die Linguistik zumindest angeben kann, ob andere und welche anderen syntaktischen Abfolgen auch möglich gewesen wären. Auf die Frage, warum dann – Stil ist Auswahl – gerade die je vorliegende und nicht eine andere gewählt wurde, hat sie natürlich keine automatisch für alle Fälle passende Patentantwort zur Verfügung – vor allem nicht in autarken Begriffen, ohne auf literaturwissenschaftliche zu rekurrieren; doch mögen Bezugsinstanzen wie Kontext und pragmalinguistische Situation immerhin nützlich sein. Aber schließlich ist Stil auch nicht in erster Linie Gegenstand der Linguistik, sondern der Literaturwissenschaft.

12 Pragmatik

12.1 Sprachliche Kompetenz vs. kommunikative Kompetenz

Mit der *linguistischen Pragmatik* oder *Pragmalinguistik* (die Ende der 60er Jahre anfing, sich zu konstituieren) hat die neuere Linguistik eine grundsätzliche Erweiterung ihres Blickfeldes, eigentlich sogar eine Wandlung ihres Gegenstandsverständnisses vollzogen: Sprache interessiert nicht mehr so sehr als abstraktes Zeichensystem, sondern als System symbolischer Kommunikation. Was in sprachlichen Kommunikationssituationen geschieht, war auch durch den Regelapparat der gTG nicht voll abgedeckt: Zwar erzeugt die Kompetenz als »Fähigkeit eines idealen Sprechers, ein abstraktes System sprachgenerativer Regeln zu beherrschen«[1], grammatische Sätze. Doch auch bei Anwendung dieser linguistischen Regeln kann man zu Sätzen gelangen, die man in tatsächlichen Kommunikationssituationen nicht verwenden würde, wie

»Ich bin jetzt dort in Berlin.« (wenn der Satz in Freiburg gesprochen wird; es sei denn: »Ich stelle mir vor, daß ich jetzt dort in Berlin bin.«)

»Ich überrede Sie hiermit.«[2]

Die Fähigkeiten eines idealen Sprechers müssen demnach noch mehr umfassen als den besagten Regelapparat. Dieser stellt vielmehr nur die sprachliche Kompetenz des Sprechers dar, aber darüber hinaus verfügt dieser über eine *kommunikative Kompetenz.*[3] Erst aus dem Zusammenwirken beider läßt sich die faktische sprachliche Äußerung in ihrer System- *und* Situationsadäquatheit erklären. Aufgabe der TG war die Nachkonstruktion des Regelsystems, nach dem wir grammatische Sätze generieren; Aufgabe einer Theorie der kommunikativen Kompetenz ist »die Nachkonstruktion des Regelsystems, nach dem wir Situationen möglicher Rede überhaupt hervorbringen oder generieren«[4], die »kommunikative Fähigkeit zur Konstituierung von Sprechsituationen«[5]. Methodologische Konsequenz der Entscheidung für diesen (komplexen) Untersuchungsgegenstand ist eine Orientierung an sozial-(handlungs-)wissenschaftlichen Konzepten. So stützt sich die folgende Darstellung einerseits, mehr linguistisch ausgerichtet, auf D. Wunderlich, der in seiner linguistischen Pragmatik von der Sprechakttheorie von J. Austin und

J. R. Searle ausgeht, andererseits auf die zwar an Sprachlichem unabdingbar festgemachte, aber darüber hinausgehend gesellschaftswissenschaftliche Theorie von J. Habermas.

Im Zusammenhang mit der Unterscheidung ›sprachliche Kompetenz/kommunikative Kompetenz‹ steht die Unterscheidung zwischen Satz und Äußerung.[6]

Betrachten wir eine bestimmte Redesituation, so haben wir nach Habermas eine konkrete Äußerung vor uns, was besagt, daß ihre Bedeutung nicht allein vom zugrundeliegenden Sprachsystem und der linguistischen Kompetenz des Sprechers bestimmt wird, sondern auch vom situativen Kontext, von den Persönlichkeitsstrukturen der Sprecher/Hörer, von ihren Rollen, ihren Erwartungen, psychischen Verfassungen usw. Das sprachliche Zeichenmodell von Peirce[7], von dem (und, in seiner Nachfolge, von Morris[8]) die Pragmatik ausgeht, zeigt drei (nicht, wie de Saussures Zeichenmodell, nur zwei) Dimensionen des Zeichenprozesses:[9]

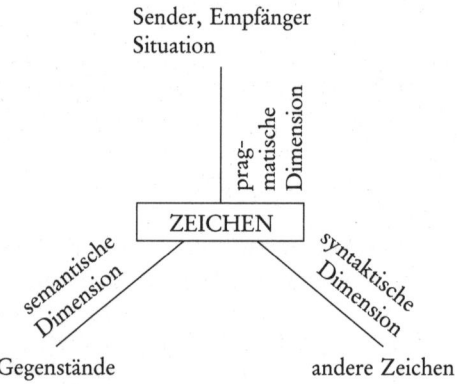

Die semantische Dimension meint die Relation zwischen den Zeichen und den Gegenständen, auf die sie anwendbar sind (Untersuchungsgegenstand der Semantik), die syntaktische Dimension meint die formale Relation der Zeichen untereinander (nach Peirce Untersuchungsgegenstand der Syntaktik), und die pragmatische Dimension meint die Beziehung zwischen Zeichen und Benutzer (Untersuchungsgegenstand der Pragmatik).

Sprache ist also nicht denkbar ohne ihre(n) Benutzer; nicht ein Zeichensystem, dessen Elemente sich jeweils auf ›Teile der außersprachlichen Wirklichkeit‹ beziehen (so im Strukturalismus), sondern ein Zeichensystem, dessen Elemente durch ihre Benutzer jeweils bezogen werden auf ›Teile der außersprachlichen Wirklichkeit‹.[10]

12.2 Der Handlungsaspekt sprachlicher Kommunikation (Zwei Ebenen der Konventionalität von Sprache)

In einer Sprechsituation geht es nicht nur um die Absicht der Kommunikationspartner, einander etwas mitzuteilen; es müssen auch Kommunikationsinteressen berücksichtigt werden, d. h. das, was ein Kommunikationspartner durch sprachliche (und nicht-sprachliche) Mittel beim anderen zu bewirken beabsichtigt.[11] Insofern ist Sprechen nicht nur ein Mitteilen, sondern stets auch ein Handeln, z. B. ein Befehlen, Fragen, Bestreiten, Behaupten usw. Pragmatik läßt sich definieren als das Studium sprachlicher Handlungen und der Kontexte, in denen sie vollzogen werden.

Nun ist zu fragen, welche Beziehung besteht zwischen bestimmten Sprechhandlungstypen und bestimmten grammatischen Modi von Sätzen. Man kann etwa untersuchen, ob jede Äußerung, die grammatikalisch die Form einer Frage hat, auch einer Frageintention entspringt, d. h., ob sie hinsichtlich ihrer kommunikativen Funktion als Frage gemeint ist, z. B.:

1. »Waren Sie schon einmal in Paris?«
2. »Könntest du bitte deine Schuhe abputzen?«
3. »Dürfte ich Sie höflichst bitten, mir das Manuskript zurückzusenden?«
4. »Wie kannst du ihm das nur erlauben?«
5. »Ist das nicht ein einmaliges Angebot?«

Also: grammatikalisch gesehen fünfmal ein Frage*satz*, aber nur in einem Fall dient er auch als Frage*handlung* (Satz 1), dagegen sind 2 und 3 Aufforderungen[12], 4 erhebt einen Vorwurf, 5 heischt Zustimmung.

Umgekehrt kann die kommunikative Frageintention sich grammatikalisch anderer Vehikel bedienen als des Fragesatzes, z. B.:

»Sie werden sicher heute noch weiterwollen.« »Mich würden die Gründe für seine Abreise interessieren.« »Dein Freund war wohl nicht zu Hause.«

Ähnlich kann eine Aufforderungsintention in verschiedenen grammatischen Modi vorgebracht werden:[13]

»Monika, mach das Fenster zu!«
»Monika, sei mal so nett und mach das Fenster zu!«
»Monika, machst du mal das Fenster zu?«

243

»Monika, bist du mal so nett und machst das Fenster zu?«
»Monika, kannst du mal das Fenster zumachen?«
»Monika, würdest du bitte mal das Fenster zumachen?«
»Monika, kannst du denn nicht das Fenster zumachen?«
»Monika, du könntest mal das Fenster zumachen.«
»Monika, du kannst das Fenster zumachen.«
»Monika, ich wäre dir dankbar, wenn du mal das Fenster zumachst.«
»Monika, ich denke, du solltest mal das Fenster zumachen.«
»Monika, ich möchte, daß du das Fenster zumachst.«
»Monika, warum machst du nicht das Fenster zu?«
»Monika, warum steht das Fenster denn immer noch auf?«
»Monika, das Fenster steht auf!«
»Monika, ich wundere mich, daß es dich gar nicht stört, daß das Fenster aufsteht.«
»Monika, es zieht!«
»Monika, merkst du denn gar nicht, daß es zieht?«

Für jeden dieser Sätze wäre eine Situation als Rahmen denkbar, in der seine Äußerung genau denselben kommunikativen Effekt erbringen würde wie die eines anderen aus den oben aufgeführten.
Ich muß also unterscheiden zwischen Frage*sätzen* (Interrogativformen), Aufforderungs*sätzen* (Imperativformen) einerseits und Frage- und Aufforderungs*handlungen* andererseits. Wunderlich spricht von »zwei Ebenen der Konventionalität von Sprache«[14]: die eine beruht im System grammatikalischer Regeln – die Konventionalität dieser Ebene, der *langue*, ist bereits im de Saussureschen Strukturalismus ein Grundprinzip –; die zweite ist durch die Regeln des Sprachhandelns gegeben und artikuliert sich in der Frage: Welche Konsequenzen ergeben sich aus bestimmten Äußerungen für einen Sprecher und einen Hörer? Was kann ein Satz in welchen Situationskontexten bedeuten?
Die oben als erste beschriebene Ebene der Konventionalität könnte man die grammatische, die zweite die pragmatische nennen. Daß zwischen ihnen keine Eins-zu-Eins-Entsprechung besteht, sondern einem Typ der einen Ebene u. U. mehrere der anderen entsprechen, haben die angeführten Beispielsätze deutlich zu machen versucht.

12.2.1 Indirekte Sprechhandlungen

Betrachten wir nochmals die Beispielsätze aus 12.2, so stellen wir fest, daß für den pragmatischen Sinn eines Satzes der Kontext eine entscheidende Rolle spielen kann, wenn auch nicht muß. Während in den 13 ersten Beispielsätzen die Aufforderung, das Fenster zu schließen, auch ohne Rekurs auf eine gegebene Situation verstanden werden kann (sie alle enthalten die lexikalischen Morpheme *Fenster* und *zumachen*), ist bei den sechs letzten Äußerungen nur durch die Situation klar, daß es sich nicht (jedenfalls im pragmatischen Sinne nicht) um Feststellungen eines Zustands, sondern um Aufforderungen handelt. Es sind Beispiele für sogenannte indirekte Sprechhandlungen.[15] Hier ist die indirekte Sprechhandlung dadurch gekennzeichnet, daß »die wörtliche Äußerung den Grund für die indirekte Aufforderungshandlung«[16a] angibt. Die Feststellung, »es herrscht der Zustand x«, kann schlußfolgernd verstanden werden als Aufforderung: »Mach, daß der Zustand x nicht mehr besteht.«[16b] Hierfür sind nach Wunderlich zwei Kontext-Bedingungen Voraussetzung:

– Man muß entnehmen können, daß »der Sprecher den Zustand x direkt oder indirekt als unangenehm empfindet«[16c];

– die Beziehung Sprecher zu Hörer muß hinsichtlich des »Ranges der Kommunikationspartner«[17] im betreffenden Kommunikationsakt so strukturiert sein, daß Bitten oder Aufforderungen möglich sind, d. h., entweder muß der Sprecher der Bevorrechtigte sein, oder es muß Gleichberechtigung vorliegen. Natürlich gibt es nicht nur bei Aufforderungen (wie hier), sondern grundsätzlich bei allen Sprachhandlungstypen die Möglichkeit indirekter Realisierungsform.

12.3 Explizit illokutive Äußerungen[18]

Wenn wir wieder an die Beispielsätze aus 12.2 anknüpfen, so fällt auf, daß einige davon noch einen Vordersatz enthalten, in dem das Personalpronomen der 1. Person und ein Verb vorkommen:

»M., *ich wäre dir dankbar*, wenn du mal das F. zumachst.«
»M., *ich denke*, du solltest mal das F. zumachen.«
»M., *ich möchte*, daß du das F. zumachst.«
»M., *ich wundere mich*, daß es dich gar nicht stört, daß das F. aufsteht.«

Solche sprachlichen Ausdrücke dafür, »daß der Sprecher Komponenten der Interaktion (seine Wahrnehmungen, seine Erwartungen) in bestimmter Weise bewertet oder beurteilt«[19], bezeichnet man als illokutive Äußerungen.
Die Sprechakttheorie unterscheidet zwischen lokutiven, illokutiven und perlokutiven Akten als simultanen Aspekten von Sprechakten.

Lokutiver Akt: Akt des Hervorbringens einer Äußerung[20] (die pragmatisch noch nicht spezifiziert ist). Er läßt sich seinerseits nochmals als unterteilt ansehen in einen *phonetischen*, einen *phatischen* und einen *rhetischen* Akt:

»Beispiel: Mutter und Kind gehen über die Straße. Plötzlich ruft die Mutter: ›Paß auf, da vorn liegt Hundedreck!‹

a) *phonetischer Akt*: die Mutter produziert bestimmte Laute, die in einer phonetischen Umschrift wiedergegeben werden können; bzw. die Mutter sagt / pas'aof da'fɔrn li:kt .../

b) *phatischer Akt*: die Mutter äußert Wörter der dt. Sprache, die ersten in einer Imperativsatzform, die späteren in einer Aussagesatzform; bzw. die Mutter sagt: ›Paß auf, da ...‹ (= ›A‹)

c) *rhetischer Akt* (bei Austin) = *propositionaler Akt* (bei Searle): die Mutter prädiziert zum angesprochenen Kind den Akt des Aufpassens, und sie referiert auf eine Stelle am Boden, zu der sie den Zustand des Hundedreck-Liegens prädiziert; bzw. die Mutter sagt, daß das Kind aufpassen soll und daß an einer Stelle am Boden vor dem Kind Hundedreck liegt.«[21]

Illokutiver Akt: Akt der Übermittlung der empfängergerichteten Senderintention[22], in unserem Beispiel: Die Mutter macht das Kind aufmerksam auf eine Stelle am Boden.

Perlokutiver Akt:

– perlokutiv$_1$: die beabsichtigte Wirkung des Sprechakts (so bei Wunderlich[23]), in unserem Beispiel: Indem die Mutter ›A‹ sagt, macht sie das Kind aufmerksam auf eine Stelle am Boden;

– perlokutiv$_2$: die durch den Sprechakt wirklich auf den Empfänger (bzw. auf Sender und Empfänger zugleich, z. B. beim Versprechen) ausgeübte Wirkung (so eher bei Austin und Searle), in unserem Beispiel: Dadurch, daß die Mutter ›A‹ sagt, warnt sie das Kind vor dem Betreten dieser Stelle.

Die Unterscheidung zwischen illokutiv und perlokutiv$_2$ ist nicht immer eindeutig; in der Regel kann sie durch den von Austin[24] vorgeschlagenen Test durchgeführt werden:

»in saying it I was warning him« – illokutiv (in dem Moment, wo ich es sagte, warnte ich ihn gleichzeitig)

»*by* saying it I convinced him« – perlokutiv (dadurch, daß ich es sagte, überzeugte ich ihn)

Im folgenden sollen einige Beispiele verdeutlichen, was unter Illokution und Perlokution zu verstehen ist:[25]

»Illokutive Akte	Allgemeiner perlokutiver Effekt
argumentieren, daß p	
begründen, daß p	
rechtfertigen, daß p	
beweisen, daß p	H ist davon überzeugt, daß p
folgern, daß p	
ableiten, daß p	
widerlegen, daß p	
entkräften, daß p	
zum Widerspruch führen, daß p	H ist davon überzeugt, daß nicht p
falsifizieren, daß p	

.
.
.

beglückwünschen	
gratulieren	
danken	H ist erfreut
loben	
Komplimente machen	

.
.
.

Wenn ein Examenskandidat durch eine knifflige Frage des Prüfers erfreut wird, obwohl der Prüfer den Kandidaten damit hereinlegen wollte, so ist das ein spezieller perlokutiver Effekt einer Examensfrage.«[26]

Aufgabe:

53. »Zwei Kinder spielen auf der Straße, als ein großer Hund angerannt kommt und sie anspringt. Die Kinder schreien. Die Besitzerin des Hundes sagt darauf: ›Der Hund beißt doch nicht!‹ Welche Art von illokutivem und perlokutivem Handeln intendiert die Hundebesitzerin mit ihrer Äußerung?«

Das Verb ist nicht die einzige grammatische Form, die die Funktion übernehmen kann, die Äußerung in einer bestimmten Weise auszurichten, vorauszuschicken, was der Hörer damit zu machen hat. Andere Wortarten, z. B. Adverbien, können für dieselbe Funktion verwendet werden, s. Kap. 12.3.3: Andere Wortarten (Nicht-Verben) in der Funktion ›illokutiver Indikator‹.[27]

Die drei folgenden Kapitel sollen das Funktionieren illokutiver Äußerungen darstellen.

12.3.1 Performative Verben

An den performativen Verben wie *befehlen, fragen, begrüßen, versprechen, taufen* usw., ist intuitiv einleuchtend, daß Sprechen zugleich ein Handeln ist. Denn sie beschreiben nicht nur mit sprachlichen Mitteln einen außersprachlichen Vorgang (wie es etwa beliebige andere Verben: *laufen, geben, lieben,* tun), sondern im sprachlichen Benennen dieses Vorgangs liegt zugleich sein Vollzug. Wenn ich sage: *er fliegt,* beschreibe ich damit eine außersprachliche Handlung; wenn ich aber sage: *ich begrüße Sie,* so beschreibe ich damit nicht nur eine Grußhandlung, sondern indem ich sie sprachlich benenne, konstituiere ich sie zugleich als sprachliche Handlung; *Benennen und Vollzug des Benannten fallen in den performativen Verben in eins zusammen.*

Performative Verben sind Verben, die unter bestimmten Umständen performativ gebraucht werden *können.* Der wichtigste Umstand ist: die Form im Präsens Indikativ 1. Person (Singular oder Plural) bzw. einige wenige äquivalente Formen (s. Kap. 12.3.2).

Ich verspreche dir, ... ist normalerweise performativ. *Ich versprach dir,* ... ist nicht performativ, sondern deskriptiv, ebenso: *Er verspricht dir,* ... Genauer gesagt: In den beiden letzten Äußerungen wird zumindest das Verb *versprechen* nicht performativ verwendet. Mit ihnen wird vielmehr über einen früheren Sprechakt des Versprechens berichtet bzw. eine Tatsachenbehauptung (»Es existiert/existierte ein solcher Sprechakt«) aufgestellt.

Der zweitwichtigste Umstand ist die Ernsthaftigkeit des Sprechens. Scherzhafte Versprechungen z. B. zählen nicht. In ihnen wird *Ich verspreche dir,* ... mit anderen Rede-Intentionen geäußert. Verben wie z. B. *laufen, essen, schneiden, anziehen* lassen sich dagegen niemals performativ gebrauchen. Das macht den Unterschied zwischen ihnen und Verben wie *versprechen, befehlen, empfehlen, raten* usw. und deren Besonderheit aus. Darum also nennt man sie performative Verben, nicht etwa deshalb, weil sie in jedem Sprechakt performativ verwendet würden.

Nun gibt es aber viele Äußerungen, die kein solches performatives Verb enthalten, z. B. *Das Wetter ist schlecht.*

Wie kann man behaupten, solche Äußerungen seien ebenfalls Sprechhandlungen? Indem man von der Annahme ausgeht, jeder Satz sei als abhängig von einem performativen Verb denkbar, und sei es nur *ich meine* oder *ich teile dir (als wirklich) mit.*

12.3.2 Explizit performative Formeln

Wir können nunmehr genauer auf die ›performativen Sätze‹, wie Habermas sie nennt, eingehen. Sie können implizit oder explizit sein.

Explizit performative Formeln (EPFn) sind Wendungen, deren sich der Sprecher bedient, um den Charakter einer Sprechhandlung explizit zu deklarieren (z. B. als Befehl, als Bitte, als Behauptung). Wunderlich[28] gibt die linguistische Struktur solcher explizit performativen Formeln an (ihre nicht formalisierte Beschreibung ist uns schon aus 12.3.1 bekannt):

»ich .... dir, daß ....
  VERB   SATZ
(z. B. *ich verspreche dir [hiermit], daß ich morgen komme*)
Alle EPFn stehen im Indikativ Präsens in der positiven Form; Subjekt: 1. Person (Singular oder Plural); Personobjekt (Dat. oder Akk.): 2. Person (Singular oder Plural). Die Partikel ›hiermit‹ kann ergänzt werden.
Gewisse Transformationen der angegebenen Struktur beeinflussen die kommunikative Funktion der EPF nicht, z. B. Passiv: *Es wird gebeten, die Tür leise zu schließen*; oder Permutation: *Wir warten hier, das versprechen wir euch.* (Ob man auch solche Ausdrücke als explizit performative Formeln bezeichnen sollte, wie Wunderlich es tut, bedürfte noch der Diskussion.)

Eine bestimmte EPF ist jedoch nicht für alle Situationen als Indikator einer bestimmten kommunikativen Funktion festgelegt, vgl.:

Ich frage dich, was du hier liest (Fragefunktion), dagegen: *Ich frage dich, ob du endlich die Klappe halten kannst* (Aufforderung);
oder:
Ich rate dir, mit der Bahn zu fahren (Ratschlag), dagegen: *Ich rate dir, zu verschwinden* (Drohung, jedenfalls häufig).

Die EPFn sind, wie aus den Beispielen ersichtlich, nicht immer hinreichend eindeutig, um die kommunikative Funktion anzugeben. Zum zweiten sind sie in normalen Gesprächen oft gar nicht anzutreffen. Demnach muß es noch andere Mittel mit derselben Funktion geben, d. h. noch andere Träger der Konventionalität von Sprechhandlungen: die illokutiven Indikatoren.

12.3.3 Andere Wortarten (Nicht-Verben) in der Funktion ›illokutiver Indikator‹

Die Äußerung eines Satzes wie *Du kannst das Fenster schließen* kann je nach Kontext verschiedene kommunikative Funktionen haben. Zur pragmatischen *Disambiguierung* (= Beseitigung bzw. Verringerung der Mehrdeutigkeit bezüglich der Sprecherintention) kann also einerseits der Situationskontext dienen, andererseits auch sprachliche Mittel, die dem Hörer sagen, wie er die Äußerung zu ›verwerten‹ hat, z. B.:

He, *du kannst das Fenster schließen.* (Aufforderung)
Du kannst bitte *das Fenster schließen.* (Aufforderung)
Du kannst mal *das Fenster schließen.* (Aufforderung)
Du kannst ja *das Fenster schließen.* (Ratschlag)
Du kannst bestimmt *das Fenster schließen.* (Versuch, den Hörer davon zu überzeugen, daß er eine bestimmte Fähigkeit besitzt oder daß eine bestimmte Handlung dem Hörer erlaubt ist.)
Du kannst das Fenster schließen, oder? (Frage nach der Information, ob der Hörer eine bestimmte Fähigkeit oder Entscheidungsbefugnis besitzt, oder Aufforderung mit Offenlassen einer Handlungsalternative.)
Ja, *du kannst das Fenster schließen.* (Erlaubnisgeben oder Bestätigung, daß der Hörer eine Fähigkeit besitzt oder daß eine Erlaubnis besteht.)
Nanu, *du kannst das Fenster schließen?* (Ausdruck der Überraschung, daß der Hörer eine bestimmte Fähigkeit besitzt.)

Die Beispiele zeigen, daß auch illokutive Indikatoren, die keine Verben sind, Träger illokutiver Akte sein können. Ihre linguistische Form ist (zumindest im Deutschen) häufig das Adverb, daneben auch die Interjektion. Aus der Gattung Adverbien sind es besonders die – gelegentlich zu Unrecht als unwesentlich angesehenen – sog. ›Modalpartikeln‹ (›Abtönungspartikeln‹). Daß sie eine wichtige kommunikative Funktion haben können, ist von seiten der Soziolinguistik ebenfalls festgestellt worden. Vergleichen wir eine Äußerung eines elaboriert Sprechenden mit ihren Varianten im restringierten[29] Code,

elaboriert: *Er kam nicht,* weil *er krank war.*
restringiert: *Er kam nicht, er war* ja *krank.*
oder: *Er kam nicht, er war* doch *krank.*

so stellen wir fest, daß im restringierten Code ein illokutiver Indikator die gleiche Funktion haben kann wie im elaborierten die Hypotaxe.[30] (Zu der Konsequenz, die diese Feststellung für Bernsteins These hat, s. Kap. 10.1.2.3.)

12.4 Pragmatische Universalien

Nach Habermas befaßt sich die Universalpragmatik mit allgemeinen Strukturen der Sprechsituation (s. Kap. 12.1), sog. »dialogkonstituierenden Universalien«[31]).

12.4.1 Systematisierung von Sprechakten

Für Habermas steht im Zentrum der pragmatischen Universalien der Sprechakt, der in seiner jeweiligen pragmatischen Intention festgelegt wird durch seinen performativen Satz bzw. durch das performative Verb, genauer: durch dessen Semantik. Die Vielzahl performativer Verben läßt sich semantisch-pragmatisch in einige größere Gruppen zusammenfassen – von daher sieht Habermas eine Möglichkeit, Sprechakte in ein System einzuordnen, dem als intersprachlich Gültigem (s. S. 55, 61, 184) der Status eines Universale zukommt.[32] Er unterscheidet vier Klassen von Sprechakten:

1. *Kommunikativa*, z. B. *sagen, fragen, antworten, zugeben, zitieren.* Sie dienen dazu, »den pragmatischen Sinn der Rede überhaupt anzusprechen, den »Sinn von Äußerungen qua Äußerungen« zu explizieren.

2. *Konstativa*, z. B. *beschreiben, mitteilen, erklären, voraussagen, deuten, versichern, bestreiten, bezweifeln.* Sie dienen dazu, »den Sinn der kognitiven Verwendung von Sätzen auszudrücken«. Sie explizieren den »Sinn von Aussagen qua Aussagen«.

3. *Repräsentativa*, z. B. *offenbaren, gestehen, preisgeben.* Sie dienen dazu, »den pragmatischen Sinn der Selbstdarstellung eines Sprechers vor einem Hörer anzusprechen«. Sie explizieren »den Sinn des zum Ausdruckbringens von Intentionen, Einstellungen, Expressionen des Sprechers«. Die von diesen performativen Verben abhängigen Sätze sind Intentionalsätze mit Verben wie *wissen, denken, meinen, hoffen, lieben, wollen* usw.

4. *Regulativa*, z. B. *befehlen, bitten, ermahnen, sich weigern, versprechen, vereinbaren, entschuldigen, vorschlagen.* Sie dienen dazu, den »Sinn der praktischen Verwendung von Sätzen auszudrükken«. Sie explizieren den »Sinn des Verhältnisses, das Sprecher/ Hörer zu Regeln einnehmen, die sie befolgen oder verletzen können«[33].

Diese Systematisierung von Sprechakten ist bei Habermas deswegen fundamental wichtig, weil auf ihr die ›ideale Sprechsituation‹ beruht

(s. Kap. 12.8). Die ideale Sprechsituation (oder ›ideale Redesituation‹, ›Diskurs‹, ›herrschaftsfreie Diskussion‹) ist der eigentliche Schlüsselbegriff der *Habermas*schen Pragmatik, dem bei ihm alle anderen pragmatischen Begriffe letztlich untergeordnet sind. Daher haben wir ihm im folgenden ein eigenes Kapitel gewidmet.

Den genannten vier Klassen von Sprechakten fügt Habermas noch eine fünfte hinzu: institutionelle Sprechakte, z. B. *begrüßen, danken, gratulieren, taufen, heiraten, wetten, verurteilen* usw. Diese letztere Klasse basiert auf konventionalisierten Situationen, sie »setzt Institutionen bereits voraus«[34]; die ersten vier Klassen hingegen bringen erst selbst Sprechsituationen hervor, weshalb nur sie (nicht dagegen die fünfte) von Habermas den pragmatischen Universalien zugerechnet werden.

Aufgabe:

54. Stellen Sie für jeden der folgenden Beispielsätze fest, welcher der vier Habermasschen Sprechakttypen vorliegt:

a) *Ich möchte aber doch meinen, daß es sich hier um eine geradezu skandalöse Situation handelt* ... (S. 141)

b) *Ich bin ebenfalls der Meinung, daß in den psychiatrischen Krankenhäusern noch sehr vieles zu tun ist.* (S. 145)

c) *... und dazu müßten wir einfach einmal feststellen:* ... (S. 151)
(Satz a) bis c) aus: Steger, H. et al.: Heutiges Deutsch, Bd. II. Disskussion: ›Sind Geisteskranke Stiefkinder der Gesellschaft?‹)

d) Robespierre: *Ich verlange, daß Legendres Vorschlag zurückgewiesen werde.* (S. 45)

e) Camille: *Ich wiederhole dir, du kannst ruhig sein.* (S. 38)
(Satz d) und e) aus: Büchner, G.: ›Dantons Tod‹.)

Habermas' Einteilung der Sprechakte ist nicht unumstritten. Mit einem Ausdruck, der zu den Repräsentativa gehört, nämlich *Ich verschweige dir nicht, daß* ...[35], bringe ich gegenüber meinem Kommunikationspartner zum Ausdruck, daß ich ihm offen, ohne Täuschung, ernsthaft (Qualität intersubjektiv ehrlicher Rede oder ›Wahrhaftigkeit‹[36] bei Habermas) eine Proposition mitteilen will. Er soll erkennen, daß ich ihm dabei nichts verheimliche. Das gleiche kann ich nun aber auch mit einem bloßen Kommunikativum – unter Verwendung von *sagen* –, indem ich entsprechende adverbiale Zusätze mache (z. B. *Ich sage dir ganz offen, daß* ...). Habermas sieht nicht die große Bedeutung der Adverbien für die Sinnkonstitution und Sinnerschließung. Und *mitteilen* wiederum ordnet Habermas unter die Konstativa ein. (Warum nicht ebenso wie *sagen* unter die Kommunikativa?) Habermas hat das Phänomen der Polysemie nicht in Betracht gezogen, die Tatsache, daß es Überschneidungsbereiche gibt; und manchmal ist seine Zuordnung eines Verbs zu einer Klasse (so bei *mitteilen*) sogar völlig arbiträr. Daraus folgt, daß die Pragmatik semantische Kategorien miteinbeziehen müßte, gerade für die schwierige Klassifizierung der Sprechakte, genauer: der für die Sprechakte wichtigsten Verben wie auch Adverbien beim Typ der einleitenden Hauptsätze. Dabei könnten Substitutionstests (Austauschproben), Permutationstests (Umstellproben), Deletionstests (Weglaßproben) (s. Kap. 8) und andere Proben und das Begriffsinventar der strukturellen Semantik (s. Kap. 9) eine große Rolle spielen. Semantik und Pragmatik sollten dabei zusammenwirken.

In einigen Fällen ist die semantische Bedeutung nicht mit dem pragmatischen Sinn identisch. *Es stimmt, daß* ... weist z. B. semantisch auf die Wirklichkeitsadäquatheit der Proposition (nach Auffassung des Sprechers) hin. Aber pragmatisch gesehen gesteht der Sprecher damit manchmal seinem Kommunikationspartner etwas zu: Er räumt ein, daß dieser recht hat. *Es stimmt, daß* ... wird dann konzessiv gebraucht. (Zu einem solchen Fall siehe am Schluß von Kap. 12.8: Aufgabe a, Zeile 25).

Dieses Beispiel zeigt, wie Semantik und Pragmatik bei einer detaillierten Klassifikation der Sprechakte zusammenwirken könnten: Nach der semantischen Abgrenzung (*Es stimmt, daß* ... gegenüber *Ich halte es für möglich, daß* ..., *Ich nehme an, daß* ... usw.) müßten die verschiedenen pragmatischen Verwendungsbedingungen im einzelnen angegeben werden.

Austin hatte vor Habermas eine *andere Einteilung der Sprechakte* vorgenommen.[37]

Die Frage einer überzeugenden und anhand linguistischer Tests nachweisbaren Klassifikation der Sprechakte (bei der durchaus Übergangs- und Mischtypen vorkommen könnten) ist also noch nicht gelöst. Es ist zu unterscheiden zwischen a) denknotwendigen pragmatischen Universalien in bezug auf die Wirklichkeit des Sprechhandelns. Sie könnten erschlossen werden aus den performativ verwendbaren Verben des Deutschen, des Englischen und des Französischen usw.; denn die Konstituierung pragmatischer Universalien muß auf den historischen Sprachen basieren, sie darf nicht von abstrakten Postulaten ausgehen; und b) den pragmatischen Universalien in der Habermasschen Konzeption, wie sie hier dargestellt ist.

Wir haben Habermas' Einteilung der Sprechakte dargelegt und zu bedenken gegeben, daß eine andere, eingehender linguistisch begründete Einteilung durchaus möglich wäre. Eine solche Einteilung wäre u. a. nützlich für die fachwissenschaftliche Basis eines Sprachunterrichts, der auf eine jeweils genau definierte kommunikative Kompetenz abzielt und es nicht bei global programmatischen Lernzielformulierungen bewenden läßt.

Ob eine Einteilung nach semantischen Kriterien völlig anders aussähe als Habermas' Klassifikation nach eher »pragmaphilosophischen« Kriterien oder ob sich teilweise Parallelen ergäben, bliebe abzuwarten.

Entsprechend ihrer postulierten intersprachlich-allgemeinen Gültigkeit stellt Habermas eine Beziehung zwischen performativ verankerten pragmatischen Universalien (d. h. zwischen Typen von Sprechakten) und philosophischen Kategorien her, und dies in folgender Weise:

Philosophische Problemstellung	Sprechakte
›Sein und Schein‹	Konstativa
›Wesen und Erscheinung‹	Repräsentativa
›Sein und Sollen‹	Regulativa

Auf die philosophischen Problemstellungen und die damit zusammenhängenden Beziehungen zwischen den Konstativa und der Wahrheit von Aussagen, den Repräsentativa und der Wahrhaftigkeit von Äußerungen, den Regulativa und der Richtigkeit von Handlungen können wir hier nicht eingehen. Der Argumentationsgang, durch den Habermas seine Klassifikation zu begründen sucht und mit dem er zum Begriff der idealen Sprechsituation (s. Kap. 12.8) gelangt, ist ein philosophischer, kein linguistischer. Festzuhalten bleibt nur: Das Zusammenwirken dieser drei fundamentalen Arten von Sprechakten ist nach Habermas notwendig, damit man zwischen einem ›wahren‹ und einem ›falschen‹ Konsensus unterscheiden kann. Im Konsensus, im Sich-Verständigen von mindestens zwei Sprechern/Hörern, liegt der pragmatische Sinn von Rede überhaupt.[38] Damit gehören die Sprechakte, die diese Unterscheidung pragmatisch repräsentieren, als dialogkonstituierende Universalien zu den Bedingungen jeder Kommunikation.[39]

12.4.2 Weitere Beschreibungselemente von Kommunikationssituationen

Der Sprechakt als weitgehend inhaltlich fundiertes Universale (s. Kap. 12.3.1) stellt nur *ein* Element der stets komplexen Sprechsituation dar. Andere pragmatische Universalien, d. h. rekurrierende Faktoren, die in die Beschreibung einer Kommunikation mit eingehen müssen, sind z. T. grammatikalisiert, d. h. an bestimmte Wortklassen gebunden; z. T. lassen sie sich nicht in linguistische Kategorien fassen. Sie können sowohl zur Beschreibung einer Kommunikation von einem extrakommunikativen Standpunkt aus dienen als auch »vom Sprecher selbst (sozusagen meta-kommunikativ) benannt werden«:[40]

»... die jeweilige Person des Sprechers, die jeweils angesprochene Person (oder Personen), die Zeit der Äußerung, der Ort des Sprechers, in bezug auf die Gesamtgruppe, in bezug auf den umgebenden Raum, den Wahrnehmungsraum des Sprechers, in dem der ihn umgebende Raum, der Angesprochene und die evtl. gleichzeitigen Handlungen oder Verhaltensweisen des Angesprochenen enthalten sind, die phonologisch-syntaktischen Eigenschaften der verbalen Äußerung, die phonetischen Eigenschaften der paralinguistischen[41] Begleitphänomene, die strukturellen Eigenschaften der außerverbalen[42] Äußerungsformen, die strukturellen Eigenschaften der begleitenden Handlungen des Sprechers, der vom Sprecher intendierte kognitive Inhalt der Äußerung, der im Rahmen einer pragmatikunabhängigen logischen Semantiksprache beschreibbar ist, die Intention des Sprechers:

Grammatikalisierte pragmatische Universalien sind: alle deiktischen Ausdrücke der PERSON: Personalpron. und ihre Ableitungen (Possessiva); der ZEIT: Tempusformen, Zeitadverbien wie *jetzt, morgen ...*; des ORTES: Demonstrativa (*der, das ...*), Ortsadverbien wie *hier, links*; Formen der Kontaktaufnahme wie Gruß, Vokativ usw., besondere honorative Formen; Wiedererwähnung von Rede (direkte und indirekte Rede), Formen der Redeeinleitung und des Redeabschlusses wie *ich will es dir erklären ..., ich habe dir hiermit alles gesagt, was ich weiß*, bestimmte grammatische Modi wie Frage, Imperativ, Konjunktiv, Optativ; Modaladverbien wie *augenscheinlich, vermutlich, möglicherweise, sicher* usw.

a) thematisch orientiert (Argumente klären wollen, den Angesprochenen überzeugen wollen, etwas in Erfahrung bringen wollen, seinen eigenen Standpunkt darlegen wollen usw.),
b) handlungsmäßig orientiert (gewisse Handlungen des Angesprochenen erreichen wollen, eigene vergangene Handlungen rechtfertigen oder erklären wollen, eigene gegenwärtige Handlungen deutlich machen wollen, einen allgemeinen Kontakt herstellen wollen, ein Kontaktbestreben des Angesprochenen abwehren wollen usw.),
c) ausdrucksmäßig orientiert (gewisse Gefühle und Emotionen ausdrücken wollen, wie Haß, Freude, Angst, Ärger, Zuneigung usw., Wunsch nach Bestätigung oder Solidarität durch den Angesprochenen usw.), die Voraussetzungen, die der Sprecher mitbringt:

a) allgemeine Voraussetzungen, die während des gesamten Kommunikationsverlaufs einigermaßen konstant bleiben: das Wissen des Sprechers (enzyklopädische Weltkenntnis, Bekanntschaft mit dem Thema, Kenntnis von Sprachen, Kenntnis der gesellschaftlichen Normen, Kenntnis der Biographie des Angesprochenen usw.),

die Fähigkeiten des Sprechers (Perzeptions- und Produktionsfähigkeit von Sprache, kognitive Fähigkeiten wie Kombination und Assoziation, Problemlösung, Abstraktion und Generalisierung, strukturelle Gliederung usw., Lernfähigkeit, Konzentrationsfähigkeit, Fähigkeit zur Einstellung auf einen Sprech- oder Handlungspartner, Fähigkeit, die eigene Rolle und Motivation sich bewußt zu machen usw.),
die allgemeine Motivation des Sprechers (seine Wünsche, Bedürfnisse, Interessen usw.«[43]

Hier wäre an weiteren Merkmalen noch einzufügen:

- »Rang der Kommunikationspartner im jeweiligen Kommunikationsakt: gleichberechtigt (›symmetrische Interaktion‹[44]) – bevorrechtigt (›komplementäre Interaktion‹)[45]
- sozioökonomische Voraussetzungen beider Kommunikationspartner (Rolle, Status, ökonomische Situation)[46]
- Öffentlichkeitsgrad des Kommunikationsaktes[47]

b) spezielle Voraussetzungen, die sich im Verlauf der Kommunikation verändern können: Annahmen über den Angesprochenen (Annahmen über dessen Wissen, Fähigkeiten und Motivation, über dessen Intention und Interesse, über dessen emotionale Gefühlslage, über dessen Erwartungen in bezug auf die Rolle des Sprechers, über dessen Verständnis der vorausgegangenen Äußerungen und Handlungen, über dessen Ermüdungszustand, Aufmerksamkeit usw.)[48],
Verständnis der vorausgegangenen Äußerungen und Handlungen,
Verständnis der eigenen Rolle,
an die Kommunikation geknüpfte eigene Erwartungen,
emotionale Gefühlslage,
Ermüdungszustand, Aufmerksamkeit usw.,
die mit der Äußerung etablierte Interrelation von Sprecher und Angesprochenem (der Sprecher versucht, den Angesprochenen zu etwas zu bewegen, der Sprecher führt ein gewisses Verständnis herbei, der Sprecher erzielt ein gewisses Interesse des Angesprochenen, der Sprecher befreit den Angesprochenen von gewissen Befürchtungen, der Sprecher stellt eine Norm auf, der Sprecher geht eine Verpflichtung ein usw.).«[49]

12.4.2.1 Referenzmittel[50]

In die von Wunderlich aufgestellte Liste pragmatischer Universalien aus 12.4.2, die – zusätzlich zum zentralen Sprechakt – zur Beschreibung jeden Kommunikationsaktes anwendbar sind, ist noch eine Differenzierung einzubringen. Sie bezieht sich auf die vier ersten Punkte: Person des Sprechers, Person des Hörers, Zeit und Ort. Bezugspunkt aller Verweise auf diese vier Elemente eines Kommunikationsaktes, d. h. Bezugspunkt der drei möglichen Arten von *Deixis*: lokal, temporal und personal, ist der »hier-jetzt-ich-Ursprung des Sprechers«[51]. Wo auf andere Orte – Zeiten – Personen verwiesen wird, müssen diese stets »relativ zu diesem Ursprung bestimmt werden«[52].

Beispiel für lokale Deixis: Gebrauch der im Dt. zugleich als Verbalpartikel fungierenden Richtungsadverbien *hinauf/herauf*, *hinaus/heraus* usw.
A: *Bitte, wirf mir den Schlüssel* heraus*! –* B: *Ich habe ihn doch schon* hinaus*geworfen.* (Wenn A draußen, B drinnen ist.)

Aufgabe:
55. Vergleichen Sie, welche Möglichkeiten das Frz. und das Engl. haben, um solche dt. Richtungspartikeln zu übersetzen. Beispielsätze:

1. *Bitte, wirf mir den Schlüssel heraus! – Ich habe ihn doch schon hinausgeworfen.*
   frz.: ?   engl.: ?
2. *Er trug den Koffer hinaus.*
   frz.: ?   engl.: ?
3. *Ein Vogel flog herein.*
   frz.: ?   engl.: ?
4. *Wer trägt die Getränke herauf?*
   frz.: ?   engl.: ?
5. *Sie galoppierten herein.*
   frz.: ?   engl.: ?

Die Referenzmittel dienen dazu, die Verbindung zwischen dem Text und der jeweiligen Wirklichkeit herzustellen.
Die Frage nach den Referenzmitteln lautet also etwa: Mit welchen sprachlichen Mitteln (Wortarten; Lexikonelementen) sorgt der Sprecher dafür, daß der Hörer versteht, »von welchen Teilen der Umwelt die Rede ist«? Und zusätzlich: Welche Regeln gelten jeweils für die Anwendung der einzelnen sprachlichen Mittel, z. B.: unter welchen Bedingungen darf ich zum Zwecke der Deixis ein Personalpronomen verwenden, unter welchen nicht?

Dabei ist zu unterscheiden zwischen *situationsabhängigen und situationsunabhängigen Referenzmitteln*, z. B. nach folgendem Schema:[53]

situationsabhängige Referenzmittel	situationsunabhängige Referenzmittel	
Hinweisgesten	Eigennamen	in Texten:
bestimmter Artikel	Kennzeichnungen	
Pronomina		Neueinführung von
Demonstrativa		Referenzobjekten:
Kennzeichnungen		unbestimmter Artikel
deiktische Ausdrücke		Zahlwörter
		Nullartikel
		Wiedererwähnung:
		Pro-Formen

Situationsabhängige Referenzmittel können nur verwendet werden, wenn das Referenzobjekt entweder sich im Wahrnehmungsraum von Sprecher und Hörer befindet oder bereits in sprachlicher Weise eingeführt wurde. So ist z. B. eine Sequenz: *Vorhin wollte dich die Dame besuchen. Heute abend kommt eine Dame nochmals vorbei.* abweichend, ebenso wie: *Vorhin wollten dich die Damen besuchen. Heute abend kommen einige Damen nochmals vorbei.* und *Vorhin wollten dich die Damen besuchen. Heute abend kommen Damen nochmals vorbei.* Der Verstoß beruht darauf, daß die Neueinführung eines Referenzobjektes außer durch Eigennamen durch den unbestimmten Artikel bzw. dessen Entsprechung im Plural (dt.: Null-Artikel: *Damen*, frz.: Plural des ›article partitif‹: *des dames*, engl.: *some: some ladies*) oder durch ein Zahlwort erfolgen kann. Erst im weiteren, für die anaphorische Rückverweisung auf dieses Objekt, darf ich mich des bestimmten Artikels (oder auch eines Demonstrativums; jedenfalls der sog. Pro-Formen) bedienen.

Aufgabe:

56. Kennzeichnen Sie im folgenden Text a) alle Neueinführungen, b) alle Textverweise (Rückverweisungen); nicht nur hinsichtlich der Wortart, sondern ggf. auch in lexikalisch-semantischer Hinsicht:

1 »Er war hier am Waldrand, dort war ein Transformatorenhäuschen, dort
2 war ein Milchstand, dort war ein Feld, dort waren ein paar Figuren / ... /.
3 Später bemerkte er, daß die Figuren auf dem Feld Gendarmen
4 mit Hunden waren.
5 Neben einem Brombeergebüsch, halb schon unter den Brombeeren, fand

6 Bloch dann ein Kinderfahrrad. Er stellte es auf. Der Sattel war ziemlich
7 hochgeschraubt wie für einen Erwachsenen. Im Reifen steckten einige
8 Brombeerstacheln, ohne daß deshalb aber die Luft ausgegangen war. In
9 den Speichen hatte sich ein Fichtenast so verfangen, daß er das Rad
10 blockierte. Bloch riß an dem Ast. Dann ließ er das Rad fallen in der
11 Meinung, die Gendarmen könnten von weitem in der Sonne die Reflexe
12 der Scheinwerferkappe sehen. Die Gendarmen waren aber schon mit
13 den Hunden weitergegangen.«[54]

Die Referenzmittel wurden hier im Rahmen der pragmatischen
Universalien, nicht im Kapitel ›Semantik‹, aufgeführt, weil sie als
lediglich zusätzliche Präzisierung der genannten Universalienliste
aufgefaßt werden können. In Kap. 12.4.2 wurde festgestellt, daß
gewisse pragmatische Universalien bestimmten grammatischen Formen zugeordnet sind; dabei kann für die Versprachlichung eines
Universale mehr als *eine* grammatische Form zur Verfügung stehen.
Daher kann Kap. 12.4.2.1 verstanden werden als Darstellung der
pragmatischen Distribution dieser einzelnen grammatischen Formen (Unter welchen Bedingungen wähle ich welche Form?).

12.5 Die Doppelstruktur umgangssprachlicher Kommunikation

»Wir können davon ausgehen, daß *Sprecher/Hörer in ihren Äußerungen Sätze
verwenden, um sich über Sachverhalte zu verständigen.* Die elementaren
Einheiten der Rede haben eine eigentümliche Doppelstruktur, in der sich das
spiegelt. Ein Sprechakt ist nämlich aus einem performativen Satz und einem
davon abhängigen Satz propositionalen Gehalts zusammengesetzt. Auch
wenn die performativen Bestandteile nicht ausdrücklich verbalisiert werden,
sind sie im Sprechvorgang stets impliziert; sie müssen daher in der Tiefenstruktur eines jeden Satzes auftreten.«[55]

	elementarer Sprechakt	
performativer Satz		abhängiger Satz propositionalen Gehaltes
ICH sagen (gegenüber) DU:		Peter morgen sein in Frankfurt
(WIR) (versichern) (IHR, SIE)		
(vermuten)		
(fragen)		
(auffordern)		
(versprechen)		
usw.		

Im Sprechakt können wir sowohl den performativen Satz als auch den abhängigen Satz in den verschiedensten Formen realisieren. Vor allem in reinen Behauptungssätzen wird der performative Satz meist getilgt; ebenso wird das DU oft getilgt, bzw. es erscheint je nach Verb als Dativ »dir« oder Akkusativ »dich« (bzw. unter pragmatischen Bedingungen, die wir hier nicht beschreiben wollten, als Dativ *Ihnen* oder Akkusativ *Sie*). So entstehen z. B., ausgehend vom vorangehenden Schema, in elementaren Sprechakten die folgenden Strukturen:

Peter wird morgen in Frankfurt sein. – Ich bin sicher: morgen ist Peter in Frankfurt. – Ich versichere dir: morgen ist Peter in Frankfurt. – Ich versichere dir, daß Peter morgen in Frankfurt ist/sein wird.
Ich nehme an, daß P. ... Vielleicht ist P. ... (etc.).
Ist Peter morgen in Frankfurt? – Sag mal, ist Peter morgen in Frankfurt? – Was meinst du: ob Peter morgen in Frankfurt ist?
Mach (= Bewirke), daß Peter morgen in Frankfurt ist/nach Frankfurt kommt. – Sag Peter, er soll morgen in Frankfurt sein. – (Wenn der Sprecher Befehle geben darf, in einem Kontext von Befehlen, die der Hörer weiterleiten soll):
... und Peter soll morgen in Frankfurt sein.
Ich verspreche dir: morgen ist Peter in Frankfurt. –
Ich verspreche dir, daß Peter morgen in Frankfurt ist. –

Die vorangegangenen Sprechakt-Beispiele haben z. T. die folgende Struktur:

»Der dominierende Satz enthält ein Personalpronomen der ersten Person als Subjektausdruck, ein Personalpronomen der zweiten Person als Objektausdruck und ein Prädikat, das mit Hilfe eines performatorischen Ausdrucks in Präsensform gebildet wird (Ich verspreche dir, daß ...). Der abhängige Satz enthält einen Namen oder eine Kennzeichnung als Subjektausdruck, der einen Gegenstand bezeichnet[56], und einen Prädikatausdruck für die allgemeine Bestimmung, die dem Gegenstand zu- oder abgesprochen wird. Der *dominierende Satz wird in einer Äußerung verwendet, um einen Modus der Kommunikation zwischen Sprechern/Hörern herzustellen; der abhängige Satz wird in einer Äußerung verwendet, um über Gegenstände zu kommunizieren.* In der elementaren Verknüpfung von performativem Satz und Satz propositionalen Gehalts zeigt sich die *Doppelstruktur umgangssprachlicher Kommunikation.*«[57]

Habermas gibt hier anhand eines häufigen (jedoch nicht einzig vorkommenden) Typus die linguistische Beschreibung dessen, was Watzlawick als den Inhalts- und den Beziehungsaspekt menschlicher Kommunikation bezeichnet: »Der Inhaltsaspekt vermittelt die ›Daten‹, der Beziehungsaspekt weist an, wie diese Daten aufzufassen sind.«[58] Der Beziehungsaspekt als »Kommunikation über eine Kommunikation«[59] stellt eine Metakommunikation dar. Habermas unterstreicht, daß Kommunikation nur dann zustande kommt, wenn mindestens zwei Subjekte gleichzeitig »beide Ebenen betreten«[60], die Inhalts- *und* die Beziehungsebene oder, in den Worten von Habermas,

»a) die Ebene der Intersubjektivität, auf der die Sprecher/Hörer *miteinander* sprechen, und b) die Ebene der Gegenstände, *über* die sie sich verständigen (wobei ich unter ›Gegenstände‹ Dinge, Ereignisse, Zustände, Personen, Äußerungen und Zustände von Personen verstehen möchte). Der dominierende Satz einer elementaren Äußerung dient dazu, den Modus der Kommunikation zu bestimmen und damit den pragmatischen Verwendungssinn für den abhängigen Satz festzulegen.«[61]

»Freilich sind die in elementaren Äußerungen auftretenden abhängigen Sätze keineswegs immer Aussagen. Aussagen im Sinne der Logik sind Sätze, die Tatsachen wiedergeben. Mit Aussagen verbinden wir also die doppelte Supposition, daß der Gegenstand, über den eine Aussage gemacht wird, existiert und grundsätzlich identifiziert werden kann, und daß das Prädikat, das dem Gegenstand zugesprochen wird, diesem auch tatsächlich zukommt. Nur Aussagen können als wahr oder falsch behauptet werden. Sie sind daher stets abhängig von assertorischen Äußerungen, nämlich einer Klasse von Sprechakten, bei denen der abhängige Satz im Sinne einer Behauptung, Mitteilung, Feststellung, Erzählung usw. verwendet wird.[62] Aber auch im Falle eines beliebigen anderen Sprechaktes (einer Frage, eines Befehls, einer Warnung, einer Enthüllung usw.) dürfen wir den jeweils abhängigen Sätzen, die, weil sie nicht assertorisch verwendet werden, keine Propositionen sind, gleichwohl einen propositionalen Gehalt zuschreiben; denn sie können jederzeit in Propositionen umgeformt werden. Bei wechselndem Modus der Kommunikation, beispielsweise der Umformung von Fragen in Befehle, von Befehlen in Geständnisse, kann der propositionale Gehalt identisch bleiben.«[63]

Der gleiche Inhalt kann also behauptet, erfragt, geleugnet, lediglich vermutet u. a. werden.

Aufgabe:
57. Welcher propositionale Gehalt bleibt im folgenden stets identisch?
a) »Ich versichere Ihnen, daß er seinen Namen geändert hat.« (Behauptung)
b) »Hat er (eigentlich) seinen Namen geändert?« (Frage)
c) »Ich nehme an, er hat seinen Namen geändert.« (Vermutung)
d) »Ich wünschte, er hätte seinen Namen geändert!« (Irrealer Wunsch)[64]

»Die elementare Einheit der Rede ist aus performativem und abhängigem Satz propositionalen Gehalts zusammengesetzt, weil Kommunikation, als eine Verständigung über Gegenstände, nur unter der Bedingung gleichzeitiger Metakommunikation, nämlich einer Verständigung auf der Ebene der Intersubjektivität über den bestimmten pragmatischen Sinn der Kommunikation, zustande kommt.«[65]

Die performative Analyse von elementaren Sprechakten ist schon vorgebildet in der Unterscheidung von *modus* und *dictum* im Mittelalter. Sie wurde u. a. von Bally[66] wieder aufgegriffen und von Seuren[67] in die generative Linguistik eingeführt. Ross[68] hat sie *expressis verbis* unter Berücksichtigung pragmatischer Ansätze neu formuliert, *aber* zugleich versucht, die gesamte Pragmatik in die generative *Semantik* zu integrieren. Über McCawley, einen anderen Vertreter der generativen Semantik, gelangte diese Konzeption zu Habermas, der sie in seine eigene Konzeption der Pragmatik integrierte.

Es darf freilich nicht übersehen werden, daß Grewendorf[69] gewichtige Einwände gegen die Argumente von Ross vorbringt, dessen Konzeption ja (über McCawley) auch Habermas' performative Analyse von Sprechakten angeregt hat. Aufgrund von Grewendorfs Einwänden lassen sich einige der Argumente von Ross zweifellos nicht mehr halten. Aber diese Einwände richten sich letztlich vor allem gegen die Tendenz der generativen Semantiker (Ross, McCawley, Lakoff u. a.), die Pragmatik als eigene Forschungsdisziplin in Frage zu stellen und sie als Ganzes der Semantik einzuverleiben. Habermas macht diesen Versuch nicht, sein Ansatz impliziert keineswegs eine Unterordnung der Pragmatik unter die Semantik, und eben darum gehen wir hier auch vorwiegend von ihm aus.

12.6 Sprechhandlungssequenzen

Die vorhergehenden Kapitel haben die Sprechhandlung in ihren konstitutiven Elementen untersucht; dabei wurde sie aber aus ihrem realen Kontext herausgelöst betrachtet. In Wirklichkeit kommt jede Sprechhandlung eingebaut in einen Handlungszusammenhang vor, andere (verbale und nicht verbale) Handlungen gehen ihr voraus oder schließen sich an sie an.[70]

Es gibt Sprechhandlungen, zu denen in konventionalisiertem Abfolgeschema Sprechhandlungen eines anderen Typs gehören, welche mit ihnen zusammen eine Sprechhandlungssequenz bilden, so bei Frage und Antwort, auch bei Grüßen – Gegengrüßen, Beschuldigen – Entschuldigen. Das gängigste Schema ist das von Frage und Antwort, so daß andere zweigliedrige Sprechhandlungssequenzen sich als Varianten davon auffassen lassen, z. B.

»Vorwerfen – Sich Rechtfertigen
Eine Autorität Befragen – Versichern
Bitten – Versprechen

Behaupten – Zustimmen«[71]
»Bitte um Erlaubnis – Einwilligung
Warnung – Akzeptieren der Warnung«.[72]

Bei solchen Handlungssequenzen kann das zweite Glied entweder in einem Akzeptieren oder in einem Zurückweisen bestehen. Die beiden letzten Beispiele hätten im Falle des Zurückweisens die Funktionen

Bitte um Erlaubnis – Ablehnung
Warnung – Ausschlagen der Warnung.[73]

Wird eine erwartete Folgehandlung nicht ausgeführt, so hat der Angesprochene kooperative Regeln verletzt, vorausgesetzt, die Handlung des Sprechers (Frage, Aufforderung usw.) war ihrerseits berechtigt.
Probeweises Akzeptieren ist als vorläufige Reaktion des Hörers möglich, z. B.

»A: *Wer ist eigentlich der Herr da drüben?*
B: *Wen meinst du denn?*
A: *Der gerade mit dem Mädchen im blauen Kleid flirtet.*
B: *Ach, das ist der neue Musiklehrer.*«[74]

›Probeweises Akzeptieren‹ bedeutet bei Wunderlich[75], daß B die erste Frage von A zu beantworten bereit ist, aber er braucht hierfür noch eine genauere Spezifizierung (z. B. hier, auf welchen ›Umweltreferenten‹ sich A mit seiner Frage bezieht), daher stellt er eine Nachfrage.
Doch ein Zurückweisen nach dem probeweisen Akzeptieren, d. h. nachdem B.s Rückfrage durch A beantwortet worden ist, würde ebenfalls eine Verletzung von Kommunikationsregeln darstellen. Statt der einfachen zweigliedrigen Struktur

A: Frage ———————————————————————— B: Antwort

hat die Sequenz bei probeweisem Akzeptieren dann die folgende Struktur

a: Frage _ B: Antwort
       └——— B: Nachfrage ——— A: Antwort ———┘

Bei Aufforderungen in Form von Befehlen, Verboten, Empfehlungen, Bitten, Warnungen usw. können die Dialogpartner durch ihr Sprechhandeln bereits kompliziertere Sequenzen hervorbringen (und hier deutet sich eine mögliche Brücke zwischen der linguistischen Pragmatik und den Dialogen auch in literarischen Texten an):[76]

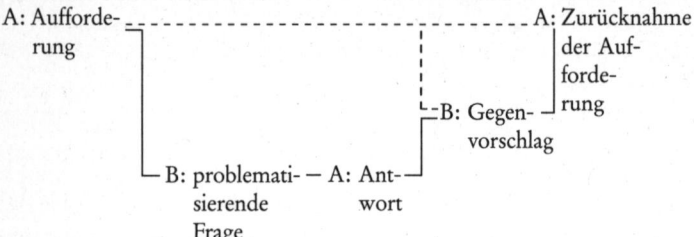

Ein Beispiel:

A: *Gib doch mal die Zeitung her!*
B: *Warum denn?*
A: *Ich möchte die Wettervorhersage lesen.*
B: *Die kommt doch auch gleich in der Tagesschau im Fernsehen.*
A: *Ach ja, dann kann ich sie mir auch dort anhören.*

B möchte offenbar im Augenblick A die Zeitung nicht geben, macht aber einen anderen Vorschlag, auf den hin A seine frühere Aufforderung zurückzieht. Eine Problematisierung, wie in *warum denn*, kann zur Folge haben, daß »Handlungen ausgeführt werden können, die ursprüngliche Handlungen wieder zurücknehmen«[77].

12.7 Sonderfälle von Sprechhandlungen

War bisher dargestellt worden, was über Sprechhandlungen allgemein ausgesagt wird, so soll jetzt auf Sonderfälle von Sprechhandlungen, die nur unter gewissen Umständen vorkommen, hingewiesen werden.

12.7.1 Mehrfachadressiertheit von Äußerungen[78]

Bsp.: Hans und Günter streiten, Robert ergreift Partei und sagt zu Hans: »Ich werde dich gegen Günter beschützen.« Damit ist Hans gegenüber ein Versprechen und zugleich Günter gegenüber eine Warnung oder Drohung ausgesprochen.

Hier werden zwei oder mehrere Sprechhandlungen gleichzeitig ausgeführt dadurch, daß eine Äußerung sich gleichzeitig an verschiedene Adressaten wendet (die entweder als direkt Angesprochene anwesend sind oder das direkte oder indirekte Publikum bilden).

12.7.2 Institutionalität von Sprechhandlungen[79]

Viele Sprechhandlungen sind in ihrer Form und Abfolge festgelegt durch organisierte soziale Institutionen wie Kirchen, Gerichtswesen, Behörden u. a. Die betreffenden Sprechhandlungen wie Taufen, Eheschließungen, Verurteilen, Ernennen fallen nicht in die Verantwortlichkeit des einzelnen, und entsprechend gehört auch die individuelle Aufrichtigkeit nicht mehr zu den Voraussetzungen für ihr Gelingen.

12.7.3 Pervertierung von Sprechhandlungen[80]

Nicht jede Verletzung von kommunikativen Konventionen kann als Pervertierung einer Sprechhandlung bezeichnet werden, sondern lediglich die Sprechhandlungen, die die wechselseitigen Verpflichtungen zwischen Sprecher und Hörer verletzen:

1. Gewaltsituationen: A zwingt B die Bedingungen der Kommunikation auf, ohne die eigenen Sprechhandlungen begründen zu müssen. Für Zuwiderhandlungen von B kündigt A Sanktionen an.

Beispiele: Befehle, Drohung, inquisitorische Fragen in Verhören, schimpfende Vorwürfe, die eine Rechtfertigung nicht zulassen.

2. Täuschung: A gibt B gegenüber eine Intention vor, die nicht seine wahre ist, oder übernimmt eine Verpflichtung, die er von vornherein nicht einzulösen beabsichtigt.

Beispiele: Lüge, Ausrede, Irreführung hinsichtlich Voraussetzungen oder möglicher Konsequenzen.

Die Täuschung ist nur A bewußt, die Gewaltsituation dagegen beiden Partnern.

Aufgaben:

58. Führen Sie unter Verwendung pragmatischer Kategorien eine Analyse und (implizit) einen Vergleich der folgenden drei Passagen aus ›Topaze‹ von Marcel Pagnol durch!

(Topaze und Tamise sind Lehrer in einem Internat, das von Monsieur Muche geleitet wird. Seine Tochter Ernestine ist ebenfalls Lehrerin dort.)

a) (Topaze hat Ernestine soeben ein Fläschchen mit roter Tinte, das sie ihn gebeten hatte, ihr zu leihen, als Geschenk überlassen.)

1 Ernestine: Merci, monsieur Topaze.

2 Topaze: Tout à votre service, mademoiselle ...

3 Ernestine: (elle allait sortir, elle s'arrête)

4 Tout à mon service? C'est une phrase toute faite, mais vous la dites
5 bien!

6 Topaze: Je la dis de mon mieux et très sincèrement ...

7 Ernestine: Il y a quinze jours, vous ne la disiez pas, mais vous étiez
8 beaucoup plus aimable.

9 Topaze: (ému) En quoi, mademoiselle?

10 Ernestine: Vous m'apportiez des boîtes de craie de couleur, ou des
11 calendriers perpétuels, et vous veniez jusque dans ma classe corriger
12 les devoirs de mes élèves ... Aujourd'hui, vous ne m'offrez plus de
13 m'aider ...

14 Topaze: Vous aider: Mais si j'avais sollicité cette faveur, me l'eus-
15 siez-vous accourdée?

16 Ernestine: Je ne sais pas. Je dis seulement que vous ne l'avez pas
17 sollicitée. (Elle montre le flacon et elle dit assez sèchement) Merci
18 tout de même ... (Elle fait mine de se retirer.)

19 Topaze: (très ému) Mademoiselle, permettez-moi ...

20 Ernestine: (sèchement) J'ai beaucoup de travail, monsieur Topaze
21 ... (Elle va sortir. Topaze, très ému, la rejoint.)

22 Topaze: (pathétique) Mademoiselle Muche, mon cher collègue, je
23 vous en supplie: ne me quittez pas sur un malentendu aussi complet.

24 Ernestine: (elle s'arrête) Quel malentendu?

25 Topaze: Il est exact que depuis plus d'une semaine je ne vous ai
26 pas offert mes services; n'en cherchez point une autre cause que ma
27 discrétion. Je craignais d'abuser de votre complaisance, et je re-
28 doutais un refus, qui m'eût été d'autant plus pénible que le plaisir
29 que je m'en promettais était plus grand. Voilà toute la vérité.

30 Ernestine: Ah? Vous présentez fort bien les choses ... Vous êtes beau
31 parleur, monsieur Topaze ... (Elle rit.)

32 Topaze: (il fait un pas en avant). Faites-moi la grâce de me confier
33 ces devoirs ...

34 Ernestine: Non, non, je ne veux pas vous imposer une corvée ...

35 Topaze: (lyrique) N'appelez point une corvée ce qui est une joie ...
36 Faut-il vous le dire: quand je suis seul, le soir, dans ma petite
37 chambre, penché sur ces devoirs que vous avez dictés, ces problèmes
38 que vous avez choisis, et ces pièges orthographiques si délicatement
39 féminins, il me semble (Il hésite puis, hardiment) que je suis encore
40 près de vous ...

41 Ernestine: Monsieur Topaze, soyez correct, je vous prie ...

42 Topaze: (enflammé) Mademoiselle, je vous demande pardon; mais
43 considérez que ce débat s'est engagé de telle sorte que vous ne pouvez
44 plus me refuser cette faveur sans me laisser sous le coup d'une im-
45 pression pénible et m'infliger un chagrin que je n'ai pas mérité.
46 Ernestine: (après un petit temps)
47 Allons, je veux bien céder encore un fois ... (Elle ouvre sa serviette
48 et en tire plusieurs liasses de devoirs, l'une après l'autre.)[81]
- Wie schätzt Ernestine Topaze ein?

- »Merci, monsieur Topaze. - Tout à votre service, mademoiselle« (Z. 1).
  Was für eine Art von Sprechhandlung liegt hier (nach Wunderlich,
  s. Kap. 12.6) vor? Was geschieht in den folgenden Repliken mit ihr?

- »Aujourd'hui, vous ne m'offrez plus de m'aider« (Z. 12/13)
  Interpretieren Sie diese Äußerung Ernestines unter pragmatischem
  Aspekt! (Vgl. Kap. 12.2.1.)

  Topaze: »Il est exact que ... services« (Z. 25–26)
- Wozu verwendet Topaze den dominierenden Satz (den einleitenden
  Hauptsatz), der semantisch gesehen Ernestine ein Signal mit der Bedeutung ›Das folgende ist zutreffend‹ gibt?
- Wann sagt man entsprechend im Deutschen »Es stimmt, daß ...« oder
  »Es ist richtig, daß ...«? Welche der folgenden illokutiven Indikatoren
  könnte man hier zur Verdeutlichung der Intention dem Hauptsatz hinzufügen: frz. *certes* (am Anfang des Hauptsatzes) oder *donc*? dt. *nämlich*
  oder *freilich* oder *schon*?
- Wie würden Sie die Interaktionsstruktur zwischen Topaze und Ernestine
  hinsichtlich der Watzlawickschen Unterscheidung *symmetrisch/komple-
  mentär* beschreiben?
- Welche Strategie verfolgt Ernestine mit und in ihrem sprachlichen
  und nichtsprachlichen Handeln? (s. besonders Z. 16–20; Z. 30–34 und
  Z. 47/48).

b) Nach dem Originaldialog Topaze–Ernestine folgt seine »Bewertung«
   durch beide Dialogpartner:
 1 Tamise: ... Il me semble que ça marche assez fort?
 2 Topaze: Et tu ne sais pas tout! (Confidentiel.) Tout à l'heure, elle
 3 m'a positivement relancé.
 4 Tamise: (étonné et ravi) Ah! bah?
 5 Topaze: Elle m'a reproché ma froideur, tout simplement.
 6 Tamise: (même jeu). Ah! bah?
 7 Topaze: Elle n'a pas dit ›froideur‹ bien entendu ... Mais elle me l'a
 8 fait comprendre, avec toute sa pudeur de jeune fille. Et j'ai obtenu
 9 qu'elle me confie encore une fois les devoirs des ses élèves.
10 Tamise: Elle a accepté?

11 Topaze: Les voici. (Il désigne les liasses de devoirs.) Les voici.
12 Tamise: Et alors, tu n'as pu faire autrement que lui avouer ta flamme?
13 Topaze: Non. Non. Oh! je lui en ai dit de raides, mais je ne suis
14 pas allé jusqu'à l'aveu.
15 Tamise: Non?
16 Topaze: Non.[82]

Verständnishilfen:
elle m'a relancé (Z. 3) »sie hat mir neuen Aufschwung gegeben«
je lui en ai dit de raides (Z. 13) (etwa:) »ich habe ihr einiges Gewagte gesagt«
– In welchen Wendungen zeigt sich die Einstellung, die Topaze dem Mädchen gegenüber hat?

– Wie gibt er seinen Dialog mit ihr wider? Wie deutet er ihre und seine eigenen Sprechhandlungen (s. z. B. *me l'a fait comprendre* [Z. 7/8], *j'ai obtenu que* [Z. 8/9] …)?
»Je lui en ai dit de raides« (Z. 13) – Wie war es wirklich, im Originaldialog?

– Warum stellt Topaze Tamise gegenüber den Originaldialog in dieser Weise dar?

– Die Pragmatik bzw. die Textlinguistik kennt den Typ der *redereferierenden Verben* und, ihm verwandt, den Typ der *rederesümierenden Verben*. Versuchen Sie an den Beispielen aus dem Text *elle m'a relancé* (Z. 3) …, *elle m'a reproché* (Z. 5), *elle a accepté* (Z. 10) das Funktionieren dieser Verben zu beschreiben. Finden Sie in dieser Passage noch andere solche Verben oder Verbalausdrücke?

– Beschreiben Sie die Sprechhandlungssequenzen
a) in dem von Topaze berichteten Dialog,
b) im Wechsel der Äußerung zwischen Topaze und Tamise.

c) Muche: (il ouvre la porte de la classe d'Ernestine)
1 Ernestine … viens ici … (Elle entre.) Est-il vrai que tu fasses corri-
2 ger tous tes devoirs par Topaze?
3 Ernestine: Oui, c'est vrai.
4 Muche: Pourquoi?
5 Ernestine: Parce que c'est un travail qui me dégoûte. Cette classe
6 enfantine, j'en ai horreur. Pendant que d'autres se promènent avec
7 des manteaux de fourrure, je reste au milieu de trente morveux …
8 Tu crois que c'est une vie?
9 Muche: C'est la vie d'une institutrice.
10 Ernestine: Puisque je la supporte, tu n'as rien à dire. Et si je trouve
11 un imbécile qui corrige mes devoirs, je ne vois pas en quoi je suis

12 coupable ...
13 Muche: Je ne te reproche pas de faire faire ton travail par un autre. Le
14 principe même n'est pas condamnable. Mais pour quelle raison cet
15 idiot fait-il ton travail?
16 Ernestine: Parce que je le fais marcher.
17 Muche: Ouais ... Tu ne lui as rien donné en échange?
18 Ernestine: Rien.[83]

Verständnishilfen:
dégoûter (Z. 5) »anwidern, anöden«
morveux (Z. 7) »Rotznase«
supporter (Z. 10) »ertragen«
imbécile (Z. 11) »Dummkopf«
faire marcher qn. (Z. 16) »jemanden an der Nase herumführen«
en échange (Z. 17) »als Gegenleistung«

- In welchen Wendungen kommt Ernestines und ihres Vaters Einschätzung
  von Topaze zum Ausdruck?

- Welche Interaktionsstruktur liegt dem Dialog zwischen Vater und Tochter zugrunde: symmetrisch oder komplementär?

- Was ist innerhalb dieser Dialogsituation der pragmatische Sinn von
  Ernestines Äußerung: *Parce que c'est un travail qui me dégoûte ... trente
  morveux* (Z. 5–7)?

- Wie ist Ernestines Frage an ihren Vater: *Tu crois que c'est une vie?* (Z. 8),
  pragmatisch gemeint?

Diese Aufgabe dürfte gezeigt haben, daß die sprachliche Pragmatik
nicht nur den Linguisten interessiert, sondern auch dem Literatur-
wissenschaftler wertvolle Kategorien für die Textinterpretation an
die Hand geben kann.

12.8 Der ›Diskurs‹ bei Habermas

Das sprachliche Handeln geschieht stets in einer bestimmten Gesellschaft und kann nicht getrennt von ihr ›rein linguistisch‹ beschrieben werden. Die linguistische Analyse der Sprechhandlungen und
die soziologische und psychologische Analyse gesellschaftlicher Situationen müssen einander also ergänzen. Dabei dürfen die Sprechhandlungen, z. B. innerhalb eines *Dialogs* zwischen den Sprechern
A und B, aber nicht einseitig als von ihrer sozialen Situation total

determiniert ausgelegt werden. Ich kann durch mein Sprechen neue Situationen hervorbringen. Ich kann mich sogar von meiner sozialen Situation und von meiner momentanen Rolle distanzieren (die *Rollendistanz* gehört zu einer kommunikativen Kompetenz; sie ist zwar bei den meisten Sprechern nicht vorhanden, sollte aber, da sie den Diskurs antizipiert und da sie wechselseitige Vorurteile abzuschwächen hilft und ein besseres ›Zuhören‹ und hörerbezogeneres, ›hörergerechteres‹ Sprechen ermöglicht, als ein übergeordnetes Lernziel in Schule, Erwachsenenbildung usw. angestrebt werden). Ich kann, da ich über Sprache verfüge, im Dialog mit B und gemeinsam mit B über unsere soziale Situation und über die Art und Weise, wie wir uns sprechend in bestimmten Rollen verhalten, reflektieren. Zugleich ist es uns möglich, nach den *Gründen* unseres sprachlichen und nichtsprachlichen Handelns zu fragen und andererseits auf solche Fragen wie: »Warum hast du das getan? Warum hast du dich nicht anders verhalten?«, mit *Rechtfertigungen* zu antworten.[84] Handeln ist – im Gegensatz zum bloßen Verhalten – »an eine mögliche Rechtfertigung und damit an die Möglichkeit zu sprechen gebunden«[85]. Die *Problematisierungen* handlungsleitender Normen, wie auch die Problematisierungen von Meinungen, nennt Habermas *Diskurs*. In ihnen können wir uns der uns zuvor unbewußten oder nur halb bewußten Abhängigkeiten und Zwänge, unter denen wir in unseren Sprechhandlungen stehen, *bewußt* werden. Habermas unterscheidet zwei Formen der Kommunikation: *kommunikatives Handeln* und *Diskurs*.

Das *kommunikative Handeln* ist sprachlich vermittelte Interaktion, z. B. gibt A an B einen Befehl, eine Warnung, ein Versprechen, trägt ihm eine Bitte vor, äußert eine Vermutung, eine Frage, einen Wunsch ihm gegenüber. Hier sind also die *performativen Sätze* wichtiger als der propositionale Gehalt. Jene sind »für den Interaktionszusammenhang ... konstitutiv«, dieser dagegen kann in all diesen Fällen der gleiche sein.[86] Der *Diskurs* ist eine sachliche Diskussion zwischen A und B (und evtl. C, D ...), in der der *propositionale Gehalt* zum Thema des Dialogs wird. Sie hat zum Ziel, ein Einverständnis (Konsens), das im kommunikativen Handeln naiv vorausgesetzt werden kann, im Diskurs aber problematisiert wird, durch Argumente wiederherzustellen[87] als einen neuen Konsens, der aus gemeinsamer Wahrheitssuche und Verständigung hervorgegangen ist. Mittels dieser *Argumente* soll untersucht werden: Ist der propositionale Gehalt wahr oder falsch? Ist er so, wie A ihn formuliert hat, vielleicht nur halb richtig, und müssen wir den propositionalen Gehalt (z. B. »daß die Ehe eine christliche Institution ist«)[88] gemeinsam umzuformulieren versuchen, damit er wirklichkeitsadäquater wird? Der propositionale Gehalt wird im Diskurs also (in der herkömmlichen Diskussion: von einem Diskussionsteilnehmer, der gleichsam den Anstoß gibt) in Frage gestellt. Der Geltungsanspruch, den z. B. A für eine Proposition erhebt, wird erschüttert. (Eine Diskussion beginnt ja im Prinzip immer mit einer von A vorgebrachten behauptenden These in bezug auf einen bestimmten propositionalen Gehalt: *Ich behaupte, daß ...* und einer von B eingebrachten Gegenrede: *Ich widerspreche dem, daß ...*) Die performativen Sätze steuern zwar auch hier oft das sprachliche Handeln der Diskussionspartner, aber im Mittelpunkt steht der propositionale Gehalt.

Nun ist aber ein Diskurs im Sinne von Habermas nicht einfach mit einer faktischen sachlichen Diskussion identisch. Habermas siedelt den Diskurs in einer idealen, zwangfreien Sprechsituation unter wirklich (und nicht nur während des ›Ritus‹ der Sachdiskussion) *gleichberechtigten* Sprechern an (»*herrschaftsfreie Diskussion*«[89]).

Das bedeutet für alle möglichen Beteiligten »eine symmetrische Verteilung der Chancen, Dialogrollen wahrzunehmen«[90] und »Sprechakte zu wählen und auszuüben«[91].

Hier wird deutlich, warum Habermas die vier Typen von Sprechakten einführt (s. Kap. 12.4.1) und ihnen den Status pragmatischer Universalien zuspricht. Nur mit ihrer Hilfe ist der Entwurf der idealen Sprechsituation möglich: nur dann nämlich, wenn

1. alle Gesprächsteilnehmer die gleiche Chance haben, Kommunikativa zu verwenden (d. h. Kommunikation zu eröffnen sowie sie »durch Rede und Gegenrede, Frage und Antwort zu perpetuieren«[92]),
2. alle die gleiche Chance haben, Konstativa zu verwenden (d. h. Deutungen, Behauptungen, Erklärungen und Rechtfertigungen aufzustellen),
3. alle die gleiche Chance haben, Repräsentativa zu verwenden (»Gegenseitigkeit ungekränkter Selbstdarstellung«[93]),
4. alle die gleiche Chance haben, Regulativa zu verwenden (»Gleichverteilung der Chancen, zu befehlen und sich zu widersetzen, zu erlauben und zu verbieten ...«[94]).

Habermas charakterisiert die ideale Sprechsituation »nicht durch Persönlichkeitsmerkmale idealer Sprecher, sondern durch strukturelle Merkmale einer Situation möglicher Rede«, eben durch die Symmetrie der oben benannten Chancen. Habermas projiziert den

Diskurs in eine Welt, in der der einzelne weder – unbewußt oder be-wußt – Angst vor seinem Gesprächspartner noch Vorurteile ihm ge-genüber hat, noch ihm Vorschriften machen will. Es ist eine Welt ohne Alltagssorgen und Alltagszwecke, ohne Leistungsprinzip und Konkurrenzdruck, eine Diskussion völlig frei von Imponiergehabe, von jenen Tricks der Diskussionsführung, mit denen man für das eigene Interesse und Prestige Unliebsames ausklammert, eine Dis-kussion, in der es überhaupt keinen »Warencharakter der mensch-lichen Beziehungen«[95] gibt. Es geht nur um *gemeinsame Wahrheits-findung* (etymologisierend könnte man sagen: um *Ko*operation, nicht um *Dis*kussion). Das ist die Welt der platonischen Dialoge (freilich nur annähernd, denn in ihnen hat Sokrates eine lenkende Funktion). Es ist zugleich die Welt des ›Gesprächs‹ im idealistischen Sinne des Wortes, »offen, vertrauensvoll und mitteilsam«, in wech-selseitigem »Entgegenkommen«[96]. Aber diese aus der Antike stam-mende Gesprächs-Konzeption hat bei Habermas eine aufklärerische, rationale und in Begriffen der modernen Linguistik ausgesprochene Richtung erhalten. Habermas beschreibt nicht nur, er fordert etwas: Durch die Aufklärung über unser Sprechhandeln, durch eine Erzie-hung, die auf Kritikfähigkeit und Kooperationsbereitschaft zielt, sollen wir dazu fähig sein, zwangfrei miteinander zu kommunizie-ren. Wer diese Ziele bejaht, die schon lange bestehen und von Habermas lediglich durch Einbeziehung der Linguistik verdeutlicht wurden, ist aufgerufen, in seinem eigenen kommunikativen Verhal-ten erste Schritte dahin zu versuchen. Enttäuschungen werden nicht ausbleiben. Denn der Diskurs im Sinne von Habermas bleibt ein Fernziel[97], eine Utopie, ein Ideal[98].

Mehrere Fragen schließen sich daran an. Geht Habermas so weit zu behaupten, wir könnten trotz aller politischen, wirtschaftlichen, technischen wie auch psychologischen Zwänge die Gesellschaft, in der wir leben und handeln, mittels der problematisierenden Diskurse allmählich verändern und dadurch die Mündigkeit und Herrschaftsfreiheit unserer Existenz erreichen? Hält er allen Ernstes nicht nur einen wirklich herrschaftsfreien Diskurs für möglich, sondern sogar eine Gesellschaftsveränderung, die gleichsam nicht von Revolutionsvorstellungen geleitet wird, sondern von der schritt-weisen Veränderung unseres Bewußtseins in *hic et nunc* geführten Gesprächen? Und glaubt er, daß solche diskursähnlichen Gespräche (und eine entsprechende Erziehung zur Mündigkeit) darauf auch unser alltägliches kommunikatives Sprechhandeln verändern könn-ten, also nicht in einem abstrahierenden, philosophischen, gleichsam

›schöngeistigen‹ Raum verblieben, ohne je die alltäglichen Interaktionen und Handlungen zu beeinflussen?

Das sind Fragen, die uns zum Kern der Konzeption von Habermas führen. (Denn Habermas' Entwurf einer Theorie der kommunikativen Kompetenzen ist die *Basis* für seine soziologische Handlungstheorie, eine »kritische Theorie der Gesellschaft«, die wir in dem vorliegenden Rahmen natürlich nicht weiterverfolgen können.[99])

Was die Beantwortung dieser Fragen betrifft, drückt sich Habermas sehr vorsichtig aus (und sehr kompliziert, das sei nebenbei vermerkt). Aber aus seinen Schriften geht hervor, daß er im Prinzip die obigen Fragen – und zwar einschließlich der letzten – bejahen würde. Hinter dem Entwurf der Theorie der kommunikativen Kompetenz steht in der Tat eine rationalistische Utopie. Doch wenn wir uns von einem landläufigen (bequemen) Utopie-Begriff lösen, der Utopien von vornherein als Phantastereien ohne jeglichen Appellcharakter wegschiebt, dann sind Utopien Ideale, denen durchaus gesellschaftliche Relevanz zukommt.

Teilverwirklichungen von Idealen zählen für die Geschichte, und sie sind allemal möglich, wo die Ideale gesellschaftlichen Bedürfnissen entsprechen. Rousseaus ›*Émile ou de l'éducation*‹ war zu seiner Zeit auch ein utopischer Entwurf; trotzdem hat er der Entwicklung der Pädagogik sehr wichtige Impulse gegeben. Der Wert einer Utopie mißt sich nicht am Grad ihrer Verwirklichung; Utopien sind Maxima mit Appellcharakter, als solche unerreichbar, aber wir können uns ihnen im Handeln und damit auch im sprachlichen Handeln annähern.

Damit ist implizit die Frage beantwortet, warum Habermas sich mit Pragmatik befaßt. Er folgt nicht bloß deskriptiv einem wissenschaftlichen Interesse, er will darüber hinaus zu einem bestimmten Handeln erziehen. Die Beschäftigung mit linguistischer Pragmatik soll zur Verwirklichung emanzipatorischer Ziele führen, zum repressionsfreien Sprechen, zum Thematisieren der Handlungsnormen und Einstellungen, zum Artikulieren seiner Interessen und zu ihrer sprachlichen Verteidigung befähigen.

Daß die praktische Anwendung der Pragmatik, ihre didaktische Umsetzung, allerdings noch ganz am Anfang steht, das muß hier als Warnung vor Illusionen deutlich gesagt werden. Was jedoch jedem jetzt schon möglich ist, das ist das Hinwirken auf eine annähernd ideale Sprechsituation in der eigenen Umwelt, etwa als Vorgesetzter, als Lehrer, als Eltern, als Gesprächspartner in den verschiedensten Konstellationen der sprachlichen Interaktion im Alltag.

Inzwischen hat die linguistische Forschung die Untersuchung dessen, was bei sprachlichem Handeln tatsächlich geschieht, noch einen Schritt weiter vorangetrieben, und zwar aus der Kritik an der Sprechakttheorie heraus. Dieser wird vorgeworfen, daß sie sich nur mit einzelnen, isolierten Sprechakten befaßt und diese zu monologisch (nur aus der Perspektive des Sprechers) sieht; sie kann das interaktionale und prozeßhafte Wesen des dialogischen Handelns nicht erfassen, eine Beschreibung von Dialogen ist nicht möglich. Zweitens bleibt sie zu sehr bei einzelsprachlichen Beschreibungsmöglichkeiten stehen (s. vor allem die performativen Verben), statt eigenständige handlungstheoretische Kategorien zu erarbeiten. Diese Schwächen fallen deswegen nicht gleich ins Auge, weil die Sprechakttheorie – und das ist der dritte Kritikpunkt – fast nur mit konstruierten Beispielen arbeitet, kaum empirische Untersuchungen anstellt, so daß viele konstitutiven Bedingungen und Strukturen menschlicher Interaktion noch gar nicht erfaßt werden können.

Von verschiedenen Richtungen der amerikanischen Soziologie ausgehend, hat sich in den folgenden Jahren die *Konversationsanalyse* (*»conversational analysis«* von H. Sacks u. a.) entwickelt, deren Fragestellungen in der Linguistik (vor allem in Deutschland) aufgegriffen wurden. Sie ist eine mehr empirisch orientierte Analyse realer sprachlicher Kommunikation mit dem Ziel, allgemeine Strukturen und Regularitäten des formal-organisatorischen Aufbaus von Dialogen (z. B. Dialogeröffnung, Organisation des Sprecherwechsels u. ä. und ihres inhaltlichen Ablaufs (*»Dialogsteuerung«*) zu erforschen.[100]

Zusammenfassung

Wir sind hier der Frage nach den *Funktionen* von Sprache und nach dem *Funktionieren* von Sprache nachgegangen. Vor allem mit der zweiten Frage haben wir uns befaßt und als Antworten darauf die strukturalistische Sprachwissenschaft und die gTG vorgestellt.

Beide Ansätze gehen aus vom Zeichencharakter der Sprache: davon, daß Sprache aus einer Ausdrucks- und einer Inhaltsseite besteht. Die Frage nach dem Funktionieren von Sprache läßt sich auch folgendermaßen paraphrasieren: Wie hängen Ausdrucks- und Inhaltsseite der Sprache zusammen?

Der Strukturalismus ist ein Programm zur Sprachbeschreibung, genauer: zur Beschreibung des jeweiligen Sprachsystems *(langue)*, das einer Menge untersuchter *parole*-Äußerungen zugrunde liegt. Die Analyse dieser *parole*-Äußerungen wird vollzogen durch Segmentieren und Klassifizieren.

Die Beschreibung eines Sprachsystems erstreckt sich auf seine verschiedenen Ebenen, die wir in der Reihenfolge abgehandelt haben, wie die Geschichte der neueren Sprachwissenschaft sie durchlaufen hat: Zuerst wurden die Begriffe des de Saussureschen Strukturalismus auf der Ebene der Phonologie exemplifiziert (Opposition, festgestellt durch Kommutationsprobe; Varianten; das Inventar usw.). Da Sprache sich in mündlicher und in schriftlicher Form manifestieren kann, sind wir im Rahmen der Phonologie auch auf die orthographische Repräsentation der lautlichen Einheiten eingegangen.

Dann wurde der strukturalistische Begriffsapparat auf die nächstgrößeren Einheiten der Ausdrucksseite übertragen: auf die Ebene der Morphologie. Was an den Phonemen, den kleinsten bedeutungsunterscheidenden Einheiten einer Sprache, erarbeitet worden ist, ließ sich analog auf die Morpheme, die kleinsten Einheiten mit Bedeutung (= die kleinsten sprachlichen Zeichen) anwenden.

Der nächste Schritt führte auf die Ebene der Syntax, zur strukturalistischen Analyse der Sätze in unmittelbare Konstituenten.

Bis dahin hatte sich die strukturalistische Sprachwissenschaft beschränkt auf die Ausdrucksseite der Sprache. Diese wurde auf verschiedenen Ebenen als strukturiert beschrieben. Die Strukturiertheit nimmt ihren Ausgang von den distinktiven phonologischen Merkmalen; diese bündeln sich nach je einzelsprachlichen Kombinationsregeln zu den Phonemen zusammen. Deren Gesamtheit ist das Phoneminventar der betreffenden Sprache. Auf der Basis des Phoneminventars konstituiert sich das Morpheminventar; Morpheme sind ja, rein ausdrucksseitig gesehen, nichts anderes als Phonemkombinationen, die nach den Kombinationsregeln der betreffenden Sprache zusammengefügt sind. Morpheme treten zusammen zu Satzkonstituenten, und aus diesen bauen sich, wieder nach einzelsprachlich verschiedenen und hierarchischen Strukturplänen, die Sätze auf.

Zur vollständigen Beschreibung eines Sprachsystems gehören auf allen Ebenen die paradigmatische und die syntagmatische Achse. Die paradigmatische findet ihren Ausdruck in den Inventaren: Sie geben an, welche Elemente in dem betreffenden Sprachsystem zueinander in Opposition stehen. Die syntagmatische Achse ist in den Kombinationsregeln verkörpert, durch die die Verwendung der Elemente der Inventare in Äußerungen geregelt wird.

Der Konzentration auf die Ausdrucksseite (Phonologie, Morphologie, Syntax) – gleichsam einer Anfangsetappe der ›significant‹-Lastigkeit‹ der modernen Sprachwissenschaft – folgt das Interesse an der Inhaltsseite: die Semantik. Es wird gefragt, wieweit die Strukturiertheit der Ausdrucksseite ihre Entsprechung auf der Inhaltsseite hat. Daraus erwachsen verschiedene Ansätze struktureller Semantiken.

Der Strukturalismus geht aus von einem räumlich, soziokulturell und stilistisch einheitlichen Sprachsystem. Dies ist eine methodologisch begründete Idealisierung, die zu modifizieren ist durch die Realität der diatopischen, diastratischen und diaphasischen Subsysteme innerhalb einer historischen Einzelsprache.

Bei den bisher zusammengefaßten Fragestellungen handelt es sich um verschiedene Ausformungen des Strukturalismus, also der Sprach*beschreibung*. Eine (aus dem Strukturalismus selbst erwachsene) Alternative dazu bildet die gTG, ein Programm der Sprach*erzeugung*. Zog der taxonomische Strukturalismus von der *parole* ausgehend Rückschlüsse auf die zugrunde liegende *langue*, so geht das generative Modell aus von der Kompetenz des idealen Sprechers. Es sucht deren Regelapparat – zumindest in Chomskys ursprünglicher Fassung seiner Grammatik – so vollständig nachzubilden, daß es damit die Performanz des idealen Sprechers simulieren kann, d. h. das Hervorbringen von Äußerungen, die auf den verschiedenen Ebenen der Sprache (Syntax bzw. Morphosyntax – Semantik – Phonologie) grammatikalisch korrekt sind.

Mit der von der gTG nachgebildeten linguistischen Kompetenz ist das Sprachverhalten von Sprechern und Hörern in Kommunikationssituationen noch nicht erschöpfend erklärt; hinzu kommt ihre kommunikative Kompetenz: die Fähigkeit, grammatikalisch korrekte und zugleich situationsadäquate Äußerungen zu generieren. Diese Fähigkeit ist Gegenstand der linguistischen Pragmatik. Auch der sprachliche Stil eines Sprechers hat mit dieser Fähigkeit zu tun (daher habe ich auch – obschon Stil weit eher zum Gegenstandsbereich der Literaturwissenschaft gehört – einige wenige linguistisch beschreibbare Aspekte dieses Phänomens dargestellt).

Schlagwortartig grob vereinfachend, könnte man vorschlagen, die Entwicklung der Sprachwissenschaft von de Saussure zur Pragmatik in einem Schema von drei Etappen darzustellen:

signifiant → signifiant + *signifié* → signifiant + *signifié* + Situation

1.   2.   3.

Mit den sog. pragmatischen Universalien hat die linguistische Pragmatik möglichst vollständig eine Liste der Beschreibungselemente von Redesituationen erarbeitet. Damit ist eine Beschreibung der kommunikativen Kompetenz von Sprechern möglich (und als Folge daraus eine Formulierung von Lernzielen, die diese kommunikative Kompetenz miteinbeziehet).

Wenn wir die beiden eingangs formulierten Fragen wieder aufgreifen, kann die linguistische Pragmatik als ein (interdisziplinärer, aber u. a. auch sprachwissenschaftlicher) Ansatz angesehen werden, der zur Beantwortung von beiden beiträgt: zur Erklärung des Funktionierens von Sprache, indem sie die linguistische Kompetenz um die kommunikative Kompetenz ergänzt; zur Erklärung der Funktion(en) von Sprache durch den Entwurf von Habermas' Diskurs. Das damit angestrebte Ideal ist für Habermas die herrschaftsfreie Kommunikation; gelingt es uns – selbst als kommunikativ kompetenten Sprechern/Hörern – auch nicht immer, uns diesem anzunähern, so gilt doch – gemäß der Herkunft der Pragmatik aus der Sprechakttheorie – immer und essentiell der Handlungsaspekt des Sprechens: Mittels Sprechens handeln wir, führen wir (annäherungsweise) Diskurssituationen herbei, d. h., durch Sprechen konstituieren oder verändern wir letztlich Wirklichkeit.

ANHANG

Anmerkungen

Anmerkungen zu Kap. 1

1 Swift 1974, S. 262–263.
2 Hayakawa 1939, zitiert nach der deutschen Übersetzung (o. J.), S. 13–16.
3 Terminus von Schlieben-Lange 1973, S. 15. In dem dortigen Zusammenhang ist allerdings etwas anderes gemeint: gemeinsame Sprache als Mittel für eine Gruppe, sich gegen andere, anderssprachige Gruppen abzugrenzen.
4 Persönliche Kommunikationssituationen, d. h. Kommunikationssituationen, die zwei oder zumindest eine deutlich abgegrenzte Anzahl von individuellen Sprechern/Hörern umfassen, stellen zwar den am unmittelbarsten in die Augen springenden Fall praktischer Sprachverwendung dar, aber bei dem Thema ›*Mr. Mits and the Words*‹ (wie die Überschrift des auszugsweise zitierten Kapitels im englischsprachigen Original lautet) geht es nicht um Mr. Mits' Konfrontation mit einem persönlichen Kommunikationspartner, sondern mit mehr oder weniger anonymen ›Wörtern‹, die seine Umwelt ausmachen.
5 Handke 1972, S. 112–119, S. 126, S. 151.
6 Dieser Überzeugung entsprang in mythischen Kulturen der sog. Namenszauber. Vgl. auch das Märchen vom Rumpelstilzchen: »Oh, wie gut, daß niemand weiß, / daß ich Rumpelstilzchen heiß'!«
7 Siehe auch Hayakawa 1964, S. 10–12. Sprache wird auch als notwendige Bedingung für die Erhaltung der Art dargestellt, die Entstehung der Sprache aus dem darin implizierten Zwang zur Kooperation erklärt bei: Friedrich Engels 1920, Marx/Engels, Werke, Bd. 20.
8 Hayakawa (o. J.), S. 10, S. 12.
9 Coseriu 1970a, S. 23.

Anmerkungen zu Kap. 2

1 Dennoch muß, im Sinne der Prager Strukturalisten, auch der Linguist sich diese Frage stellen, da sonst seine Beschreibung des Sprachsystems letztlich unverbindlich hinsichtlich ihrer Anwendbarkeit bleibt.
2 Kap. 2.1 referiert im wesentlichen den Aufsatz Jakobsons 1960a. Wie-

wohl erst 1960, nach Jakobsons Emigration in die USA, verfaßt, zeigt der Aufsatz deutlich den Einfluß des Russischen Formalismus, besonders was die »poetische Funktion« der Sprache betrifft.

Hierzu und zu anderen Konzeptionen der Sprachfunktionen s. Große 1976. Im Mittelpunkt von Großes Ausführungen steht vor allem eine von ihm selbst entworfene neue Theorie der Textfunktionen.

3 Hayakawa 1964, S. 74.
4 Ebd., S. 75.
5 Ebd.
6 Ebd., S. 84.
7 In der Informationstheorie wird die Metasprache auch beschrieben als die »Sprache des externen Beobachters einer Kommunikationskette« (so z. B. bei Meyer-Eppler 1959).
8 Bünting 1970, S. 19.
9 *Ethnolinguistik* bezeichnet die Richtung in der Sprachwissenschaft (besonders der amerikanischen), die den Zusammenhang zwischen Sprache und soziokulturellen Gegebenheiten erforscht.
10 Sprache eines nordamerikanischen Stammes der Puebloindianer im Staate Arizona.
11 Whorf [1]1963 ... 1971, S. 84–86.
12 Ebd., S. 79 f.
13 Gipper 1972.
14 Auf der südenglischen Halbinsel Wales gesprochen.
15 Whorf [1]1963 ... 1971, S. 15.
16 Mounin 1968, S. 81.
17 Humboldt 1835, passim.
18 Weisgerber 1962.
19 Mounin 1968, S. 83.
20 Wygotski 1964; Piaget 1945.
21 Mounin 1968, S. 80.

Anmerkungen zu Kap. 3

1 Vgl. Barthes 1967.
2 Mounin 1968, S. 40.
3 Über v. Frischs Beobachtungen an Bienen s. Hörmann 1970, S. 25 ff.
4 Näheres zum Begriff ›System‹ s. Kap. 4.
5 Apresjan 1971, S. 81.
6 Ebd., S. 82.
7 De Saussure 1969, S. 157.
8 Die strukturalistische Sprachwissenschaft geht grundsätzlich von der gesprochenen, nicht von der geschriebenen Sprache aus (Primat der Lautkette, s. S. 63 f.). Hierzu sowie zu der hier angewandten Notierung

der gesprochenen Form in ›Lautschrift‹ (phonologische Transkription)
s. Kap. 5: Phonetik/Phonologie.

9 De Saussures Beispielwort ist lateinisch *arbor* ›Baum‹.

10 De Saussure 1969, S. 98: »Le signe linguistique unit non une chose et un nom, mais un concept et une image acoustique.«

11 Ogden/Richards ¹1923, passim.

12 Hier ist ›Symbol‹ im Sinne der amerikanischen Semiotik verwendet, bedeutet also schlechthin Zeichenkörper (s. Kap. 3.1.1.3).

13 Die französischen Bezeichnungen sind aus Ullmann (1952), die englischen aus Lyons (1971) entnommen.

14 Hörmann 1967, S. 167.

15 Bühler 1934.

16 De Saussure führt Unveränderlichkeit, Veränderlichkeit und Linearität als diejenigen Eigenschaften auf, die nur das sprachliche Zeichen aufweist (De Saussure 1969, S. 104–113). Was die Linearität betrifft, dürfte diese Einschränkung wohl zutreffen; dagegen kann man von (relativer) Unveränderlichkeit und (gelegentlich tatsächlich geschehenden) Veränderungen auch bei nichtsprachlichen Zeichen (z. B. bei gewissen Verkehrszeichen) sprechen.

17 Nach Hörmann 1970, S. 56.

18 Bloomfield 1967.

19 Ulrich 1972, S. 20 f.

20 Ebd.

21 Ebd.

22 Harris ⁶1963.

23 Weitere Auswirkungen hatte die behavioristische Psychologie durch die Lerntheorie von Skinner, die in seinem Werk ›*Verbal Behavior*‹ (1957) dargestellt ist und zur Grundlage für das sog. Programmierte Lernen geworden ist.

24 Bloomfield 1967, S. 23–27.

25 Ebd., S. 22.

26 Vgl. Wunderlich 1974, S. 313. Diesen Literaturhinweis, wie überhaupt den Hinweis auf die »kooperative« Komponente des S-R-Modells, verdanke ich Frank-A. Bödeker.

27 Die strukturalistische Sprachwissenschaft wird, nach einem ihrer zentralen Begriffe, auch als *Systemlinguistik* bezeichnet.

Anmerkungen zu Kap. 4

1 Die strukturalistischen Grundprinzipien finden sich z. T. vor de Saussure vorbereitet in der Sprachwissenschaft des 19. Jahrhunderts, z. B. bei Hermann Paul 1880 und bei Georg von der Gabelentz 1891 (vgl. dazu Coseriu 1967 und Coseriu 1969, Kap. 10.7).

2 De Saussure 1969, S. 38.

3 Martinet 1970, S. 9.

4 Als Zusammenfassung aus de Saussure 1969, S. 30–38 (Übersetzungen und zusätzliche Paraphrasierungen von mir).

5 Ebd., S. 36 ff.

6 Ebd., S. 30: »(La langue) est un trésor déposé par la pratique de la parole dans les sujets (parlants).«

7 Bierwisch 1966, S. 81.

8 Ulrich 1972, S. 117.

9 Ebd., S. 113.

10 Ebd.

11 De Saussure 1969, S. 125 ff.

12 Ebd., S. 120 und 122.

13 De Saussure 1969, S. 126: »Le déplacement d'une pièce est un fait absolument distinct de l'équilibre précédent et de l'équilibre subséquent. Le changement opéré n'appartient à aucun de ces deux états: or les états sont seuls importants.«

14 Ebd., S. 115.

15 Das 2. bis 8. Beispiel sind entnommen aus: Digeser 1973. Zu Homophonie, Homographie, Homonymie s. auch Kap. 9: Asymmetrie des Sprachzeichens.

16 Zur Rechtschreibreform des Dt. s. auch Orthographiekapitel.

17 Also Homographie ohne Homophonie.

18 »... un système de moyens d'expression appropriés à un but« (zit. aus: Helbig 1973, S. 49).

19 Vgl. Heeschen 1972, Kap. 3.1.3, das eine kritische Bewertung des Funktionsbegriffs der Prager enthält.

20 De Saussure 1969, S. 169.

21 Helbig 1973, S. 62.

22 Hjelmslev: Prolegomena, zit. aus: Helbig 1973, S. 69.

23 Helbig 1973, S. 70.

24 Ebd., S. 63.

Anmerkungen zu Kap. 5

1 Bühler et al. ²1971, S. 46, und: Lexikon der Germanistischen Linguistik, Bd. I, S. 96.

2 Die Terminologie, die zur phonetischen Beschreibung von Sprachlauten bereitsteht, ist nicht einheitlich (z. B. trifft man für *Plosiv* auch *Okklusiv* = ›Verschlußlaut‹ an, für *Frikativ* auch *Spirant* oder auch die *Spirans*, u. a.). Die vorliegenden Matrixdarstellungen stützen sich auf: Bühler et al. 1971, S. 48, und auf Rothe 1972, S. 25 und S. 65.

3 Näheres zum Knacklaut s. bei Junktur, Kap. 7.

4 Nach Rothe 1972, S. 65. – Zum Vergleich der *Phonemsysteme* zweier Sprachen s. Kap. 5.4.2: Phoneminventar. In den beiden Matrices auf

dieser Seite geht es nur um die im Dt. und im Frz. feststellbaren verschiedenen Konsonanten. Die Frage, ob sie jeweils verschiedene Phoneme sind, wird hier noch nicht gestellt.

5 Nach Bühler et al. 1971, S. 49.

6 Hier wäre einzugehen auf die grundlegende wissenschaftstheoretische Unterscheidung zwischen *Hermeneutik* und *Analytik*, die sich jedoch nicht so kurz abhandeln läßt, daß dies im Rahmen einer knappen Einführung in die Linguistik möglich wäre. Nur einige Grundbegriffe, die bereits nach dem bisher Erarbeiteten verständlich sein werden, seien angedeutet: Unter analytischer Vorgehensweise (die als typisch für die Naturwissenschaften angesehen wird) versteht man das Ausgehen von der Anschauung, vom Phänomen, das rein empirisch beobachtet wird, noch ohne vorgefaßte Kategorien. Erst auf dem Weg über die Empirie gelangt diese Vorgehensweise – mit verschiedenen Zwischenstadien – zu einer Theoriebildung.

Bei der hermeneutischen Vorgehensweise dagegen (die vorwiegend den Geisteswissenschaften zugeschrieben wird) steht am Anfang ein Vorverständnis, eine *Hypothese*, die es durch die jetzt erst folgende Beobachtung am Objekt zu *verifizieren* oder zu *falsifizieren* (= als richtig oder falsch zu erweisen) gilt.

Zur Problematisierung dieser Zweiteilung ist zu bedenken, daß auch das rein analytische Beobachten des Objekts stets bereits geleitet ist von einem – hermeneutischen – Vorverständnis. (Statt einfach von »analytischen Wissenschaften« spricht man auch von »analytischen Wissenschaften mit hermeneutischen Randbedingungen«.) Man bringt immer schon eine vorhergehende Orientierung mit, *was*, welche Aspekte einen an dem Objekt interessieren oder anders gesagt: woraufhin man abstrahieren will. Denn jede Erhebung von Daten abstrahiert ja bereits von soundso vielen ebenfalls an dem Objekt vorhandenen »Eigenschaften«; sie geschieht immer unter einem bestimmten Aspekt. Z. B. wird bei der Beschreibung der Getreidearten der Botaniker andere Kategorien untersuchen als der Landwirt oder der Wirtschaftsexperte, den z. B. eher Artgewicht und Hektarertrag interessieren (Beispiel aus Mounin/Pelz, Kap. 8.2).

Die Phonetik (als Quasi-Naturwissenschaft) beschreibt die Sprachlaute bereits mit den Kategorien, die die Phonologie für ihre sich daran anschließende Auswertung braucht: artikulatorische (evtl. auch akustische) Züge dieser Laute, die es ermöglichen, sie nachher als Varianten ein und desselben Phonems oder als Varianten zweier verschiedener Phoneme zu klassifizieren.

Die Phonologie hingegen formuliert als Ausgangspunkt eine Hypothese, z. B.: »Ich behaupte, daß [o] und [ɔ] im Dt. zu zwei verschiedenen Phonemen gehören.« Ob diese Hypothese richtig oder falsch ist, muß durch einen empirischen, also analytischen »Versuch« herausgefunden werden; in unserem Fall besteht er in der Kommutationsprobe.

283

Die »Versuchsanordnung« ist bereits geleitet von einem hermeneutischen Vorverständnis. Die Ergebnisse der Phänomenanalyse gehen ihrerseits wiederum durch Rückkoppelung in die Hypothese ein, die dadurch verifiziert/falsifiziert wird (in unserem Beispiel falsifiziert). Durch solchen »bewußt vollzogenen Wechsel zwischen Datenanalyse und theoretischer Reflexion« (Bünting 1971, S. 16) gelangt man von der Hypothese zur Theoriebildung.

7 Bühler et al. 1971, S. 64.

8 S. Kap. 4.1.

9 Coseriu 1970a; darin: »System, Norm und Rede«, S. 50 ff.

10 Nach Pötters/Alsdorf-Bollée, S. 23.

11 Müller 1975, S. 116 ff.

12 Große 1971, S. 30.

13 De Saussure 1969, S. 114.

14 Lyons 1971, S. 43.

15 Ebd., S. 42.

16 Beispiel nach Bühler et al. 1971, S. 73.

17 Bünting 1971, S. 66.

18 Hier ist an die sog. Auslautverhärtung im Dt. zu denken: / d /, / b /, / g / am Silbenende werden [t], [p], [k] gesprochen.

19 Ein Phonem ›null‹ (Schreibung meist / ø /) ist als Element jedes Phoneminventars zu notieren.

20 Aufgabe nach: Bühler et al. 1971, S. 69.

21 Ebd., S. 67.

22 Nach Klein ³1968, S. 44.

23 Zur heute verbreiteten Entphonologisierungstendenz von / ạ / : / ɑ / und / ɛ̃ / : / œ̃ / s. Kap. 5.3.2.

24 Z. B. kamen in einem französischen Diktat in einer deutschen Unterprima die folgenden Fehler vor: lampidité statt limpidité, répondre statt répandre, la nance statt l'annonce ...

25 Ebd.: (ils) raisonnaient statt (ils) résonnaient.

26 Terminus bei Martinet 1970, Kap. 3–40.

27 Whorf 1963, S. 25.

28 Spalte 3 muß (nach Überprüfung am tatsächlichen engl. Wortschatz) wohl bedeuten: r kann mit allen links aufgezählten Konsonanten kombiniert werden, l nur mit g, k, f, b. (š steht für das Phonem ʃ).

29 Das Restliche ggf. nachzulesen in: Whorf 1963, S. 22–28.

30 Rothe 1972, S. 33.

31 Mounin 1968, S. 109 (Übersetzung von mir).

32 Malmberg 1970, S. 64 ff.

33 Über das Dreikonsonantengesetz und seine Korrekturen und Präzisierungen bei verschiedenen Phonetikern s. Klein ³1968, S. 90–99, und Rothe 1972, S. 80-84.

34 Beispiele aus: Klein ³1968, S. 95 f.

35 Ähnlich taucht im Deutschen bei manchen Sprechern in Wörtern mit

Konsonantenhäufungen ein *i* auf, z. B. *Milch* [milç], [ˈmiliç], *Strolch* [ʃtrɔlç], [ˈʃtrɔliç].

36 Dies ist vor allem bei der Assimilation der Fall. Inwiefern auch Dissimilation als Artikulationserleichterung aufgefaßt werden kann, versucht Palmer (1972, S. 66) am Vergleich mit dem Klavierspiel plausibel zu machen: Es ist anstrengend, mehrere Male hintereinander mit demselben Finger dieselbe Taste anzuschlagen, daher lernt man im Klavierunterricht, bei mehrfacher Wiederholung eines Tones mit verschiedenen Fingern abzuwechseln.

37 Bzw. Rothe 1972, passim: ›Phonematisierung von Varianten‹.

38 Nach Bußmann 1990.

39 S. Kap. 4.4.

40 Neben der Abhängigkeitshypothese wird – zunehmend seit Mitte der 70er Jahre – auch mehrfach die Auffassung vertreten, daß beide Systeme autonome Züge tragen. Siehe hierzu z. B. Strobel-Köhl 1994, S. 9 f.

41 Oder auch Ziffern, z. B. *3* für das Wort *drei* usw.

42 Nach Strobel-Köhl 1994, S. 5 f.

43 Lewandowski 1984, S. 372.

44 In der Unterscheidung in eineindeutige, mehreindeutige, einmehrdeutige und mehrmehrdeutige Beziehungen folge ich Felixberger/Berschin 1974, S. 102.

45 Grapheme werden meist zwischen spitzwinkligen Klammern (Spitze nach außen gerichtet) notiert. Daneben gibt es auch andere Notierungen, z. B. als Großbuchstaben (im Gegensatz zu Phonemen = Kleinbuchstaben).

46 Auslautverhärtung des Deutschen, s. Kap. 5.4.3.3.

47 S. Kap. 5.2: Distributionsanalyse der beiden *ch*-Varianten im Deutschen.

48 Auch als / ae / transkribiert.

49 *Badische Zeitung* vom 2. 12. 1995.

50 Daß ein weniger komplexes System zunächst »lernerfreundlicher« ist, steht außer Zweifel, doch ist damit ja nur einer der verschiedenen Aspekte erfaßt, die das Problem einer sprachlichen Reform aufweist.

51 Zugegeben, *vers*$_1$ (der Vers) und *vers*$_2$ (gegen, Präposition) unterscheiden sich in der Schreibung nicht, aber die Zugehörigkeit zu ganz verschiedenen morphologischen Paradigmata/Wortarten beugt einer Verwechslung im Kontext vor.

52 Natürlich gibt es auch im Dt. und im Engl. solche Fälle, z. B. dt. / vaːl /$_1$, / vaːl /$_2$ »Wahl«; »Wal«; / hart /$_1$, / hart /$_2$ »hart« (Adjektiv); »(er) harrt«; / fiːl /$_1$, / fiːl /$_2$ »viel«; »(er) fiel«; engl. / θruː /$_1$, / θruː /$_2$ »through«; »(he) threw«; / dɪə /$_1$, / dɪə /$_2$ »dear«; »deer« (Rotwild); / njuː /$_1$, /njuː /$_2$ »new«; »(he) knew« – aber sie sind nicht so zahlreich wie im Frz.

53 Zu Homonymie s. auch Kap. 9.6: Asymmetrie des Sprachzeichens.

1 In Martinets Terminologie wird für das kleinste Sprachzeichen (also für das Morphem) die Bezeichnung *Monem* gebraucht (von griech. *monos* ›ein‹).

2 Auch diachronisch sieht Martinet das *économie*-Prinzip am Werke: Es erklärt für ihn zahlreiche Erscheinungen des Sprachwandels wie Analogiebildungen, Assimilationen, Entphonologisierung von Varianten u. a. Diesem Streben nach geringstmöglichem Aufwand sind allerdings Grenzen gesetzt durch die Gegenkraft: das Streben danach, die eigene Äußerung inhaltlich möglichst unversehrt beim Hörer ankommen zu lassen. (So erklärt sich, daß i. a. unsere artikulatorischen Schlampereien in der mündlichen Kommunikation und unsere Unleserlichkeit in der schriftlichen nicht ganz unkontrolliert ins Kraut schießen.)

3 Bei Martinet heißen sie *Lexeme*.

4 Nicht immer: Es gilt z. B. nicht für die Tempusmorpheme beim Verb (wie dt. *-te* in *sagte*; frz. *-ait* in *attendait*; engl. *-ed* in *looked*).

5 Martinet nennt die grammatikalischen Morpheme einfach *Morpheme*. (Nicht verwechseln: ›Morphem‹ bei Martinet ist nicht gleich ›Morphem‹ nach der amerikanischen Terminologie! Wir verwenden hier die amerikanische, weil sie insgesamt die verbreitetere ist.)

6 So nach Martinet. Für die grammatikalischen Morpheme stimmt die Charakterisierung ›geschlossenes Inventar‹; für die lexikalischen im Prinzip ›offenes Inventar‹, aber es gibt darin kleinere Teilsysteme, die nicht offen, sondern geschlossen sind, z. B. die Monatsnamen und die Wochentage.

7a–c Bühler et al. 1971, S. 75.

8 Was die Distribution dieser beiden Allomorphe betrifft, s. Kap. 6.5.1: frei/gebunden.

9 Aus: Gleason 1955.

10 Nach Bühler et al. 1971, S. 78.

11 Z. T. nach Bühler et al. 1971, S. 74 f.

12 Ebd., S. 90.

13 Zur Wortbildung im Frz. s. auch: Gauger, H.-M.: Die durchsichtigen Wörter im Französischen. Ein Beitrag zur Wortbildung. In: Gauger 1976.

14 Chevalier et al. 1964, S. 49–57.

15 Einschließlich der Untergruppe Eigenname → gattungsbezeichnendes Substantiv → Verb, z. B. *Hoover* (Name eines Herstellers von Staubsaugern) → *hoover* ›Staubsauger‹ → *to hoover* ›staubsaugen‹. Ebenso: *Lord Sandwich* → *sandwich* ›belegtes Brot‹ → *to sandwich (in)* ›einzwängen‹.

16 Hesse 1943.

17 Der frz. Typ *cigarette-filtre*, *timbre-poste* entspricht nur scheinbar der deutschen Zusammensetzungsmöglichkeit. Auch dieser Typ folgt dem Muster 1. Determiniertes, 2. Determinierendes, vgl. *cigarette-filtre* ›Filterzigarette‹.

18 Beispiel aus Coseriu 1970c, S. 104 ff.

19 Letzteres z. B. in der Duden-Grammatik (1966).

20 Ebd., S. 71.

21 J. W. v. Goethe, Balladen: Der untreue Knabe (1774).

22 Im Partizip Perfekt *enteisent* z. B. auf dem Etikett von Mineralwasser-flaschen anzutreffen.

23 Das frz. Präfix *re-* ist inhaltlich in vielen Ableitungen so abgeblaßt, daß keinerlei Bedeutungsopposition mehr besteht zwischen Simplex (= einfachem Verb) und Präfix plus Simplex, z. B. *lever, relever:*

lève le couvercle
relève le couvercle   ›Heb den Deckel hoch!‹

24 Siehe Malblanc 1961, passim; Vinay-Darbelnet 1968, passim.

25 Das Englische kommt bei beiden Beispielen ohne *chassé-croisé* aus: a) ... *flew in*, b) *limped away*. Doch bei anderen Präfixverben wird auch das Englische das Schema
dt. Präfix → engl. Verb,
dt. Verb → engl. Transposition
bestätigen, etwa in dem schon genannten Beispiel *sie erschwamm sich die Medaille* → *she won the medal by swimming*.

26 Zum *chassé-croisé* allgemein, auch bei anderen Wortarten, s. Malblanc 1961, passim. Wir haben das *chassé-croisé* nur deskriptiv komparatistisch (dt.-frz.) dargestellt, weil diese Beschreibung als Grundlage einer praktischen Anwendung, nämlich der Übersetzung, ausreicht. Bei Malblanc wird versucht, die Strukturunterschiede zwischen Deutsch und Französisch (nicht nur in dieser Wortart, sondern als durchlaufende Tendenz seiner ›stylistique comparée‹ im Sinne der idealistischen Sprachwissenschaft zu psychologisieren: Sprachstruktur als Ausdruck des ›National-charakters‹.

27 Eine solche Syntaxtheorie ist z. B. die Dependenzgrammatik (s. Kap. 8); auch die Syntax von Martinet (1970, Kap. 4) stellt als einzig unabdingbaren Teil des Satzes den *noyau prédicatif* (wörtlich: ›prädikativer Kern‹, ›die Prädikatsgruppe‹) heraus, der sich in den meisten Fällen in der Wortart Verb konkretisiert.

28 Grevisse 1959, S. 759: »L'*adverbe* est un mot invariable que l'on joint à un verbe, à un adjectif ou à un autre adverbe pour en modifier le sens ...«

29 Noch genauer wäre *Substantiv*-Prädeterminanten.

Anmerkungen zu Kap. 7

1 Martinet 1969, S. 311.

2 Vgl. Rothe 1972, S. 37.

3 Es gibt verschiedene Möglichkeiten der Einteilung; unbestritten ist auf jeden Fall, daß es einerseits Akzent als Element der *langue*, andererseits

als Element der *parole* gibt. Ich folge bei dieser Einteilung Klein [3]1968, S. 35 ff.

4 Hierzu: Rothe 1972, S. 36, Anm. 76: »Meistens führt man auch die englischen Paare vom Typ / ˈkɔntent / ›Inhalt‹ vs. / kənˈtent / ›zufrieden‹ u.a.m. in diesem Zusammenhang an. Hier kommt aber fast immer zur Akzentopposition das Variantenspiel beim nicht akzentuierten Vokal als weiteres Differenzierungsmerkmal hinzu (im obigen Beispiel [ɔ] : [ə]).«

5 Vgl. dazu Marchand 1969, S. 20 ff.

6 Das betrifft nicht alle Vokale der Äußerung gleich nachdrücklich, vielmehr ist nur wichtig, ob sich nach der am stärksten hervorgehobenen Silbe der Ton nicht mehr senkt (= Frage) oder ob die Intonationskurve danach (gleichgültig dann im einzelnen, wie) absinkt. Vgl.

Georg hat Kartóffeln zu Mittag gegessen?

Georg hat Kartóffeln zu Mittag gegessen.
(Nach: Isačenko/Schädlich 1970)

7 Rothe 1972, S. 39.
8 Nach: Malmberg 1967, S. 92.
9 Rothe 1972, S. 43.
10 S. auch Kap. 5.1.1. Notierung des ›Knacklautes‹: + oder ?.

Anmerkungen zu Kap. 8

1 Neben dem Satzbegriff, der sich in dieser Weise aus den Morphemen herleitet, gibt es auch einen selbständigeren, der das Produzieren von Sätzen erklärt als ein »Hineinfüllen« von lexikalischem Material in Muster, die vorgegeben sind. Die Kombination solcher Muster untereinander erfolgt regelhaft.

2 Als Einführung in die Textlinguistik wird empfohlen: Gülich/Raible 1977; Kallmeyer et al. [2]1977; Kalverkämper 1981; evtl. auch Dressler 1973 (wiewohl weniger gründlich als die drei anderen).

3 Kontrovers bewertet wird ja z. T. immer noch (vgl. Anm. 1), ob der Satz als Einheit der *langue* oder der *parole* angehört (s. de Saussure 1969, Deuxième partie V, 2: Les rapports syntagmatiques).

4 Funkkolleg Sprache I, S. 174.
5 Ebd.
6 Bloomfield 1967, S. 170.

7 Ein ebenfalls nicht auf den Inhalt rekurrierender Satzbegriff ist der von Glinz. Er weist auf die Doppeldeutigkeit des Wortes Satz hin:
1. ›Satz‹ = »das Stück Text, das von Punkt zu Punkt (oder Ausrufezeichen oder Fragezeichen) läuft und das durch Großschreibung des ersten Wortes zusätzlich gekennzeichnet wird. Es handelt sich um eine *Einheit für das Lesen*« und eine Interpunktionseinheit. Zusätzlich charakterisiert Glinz diese Leseeinheit intonatorisch (Stimmsenkung und mögliche Pause am Satzende).
2. ›Satz‹ = »grammatische Einheit /.../, nämlich das Stück Text, das auf *einer* Verbalstruktur beruht ...« Hierfür schlägt Glinz die Bezeichnung *Proposition* vor. Eine Proposition ist »als grammatisch gegliederte Einheit aus Verb + Satzgliedern aufgebaut«. (Ein Satz kann demnach mehrere Propositionen enthalten – eben dann, wenn er mehr als einen verbalen Kern enthält.)
(Nach einem Vortrag von H. Glinz in Freiburg i. Br. 1980; Zitate aus dem dort ausgeteilten Paper.)
8 Malblanc 1961.
9 Auch: *Verschiebeprobe*. Nicht zu verwechseln mit dem *Kommutationstest*. Der Kommutationstest dient zum Feststellen paradigmatischer Beziehungen (welche anderen Elemente hätten in dieser Umgebung noch stehen können?), der *Permutationstest* dient zum Feststellen syntagmatischer Beziehungen.
10 Beispiele nach: Funkkolleg Sprache I, S. 189.
11 Z. B. Wells 1947.
12 Z. B. von Hockett [12]1967, passim.
13 Fries [1]1952, passim.
14 Im Bereich der deutschen Linguistik wurde Tesnières Dependenzmodell rezipiert und weiterentwickelt z. B. durch G. Helbig, J. Erben, H. Brinkmann.
15 Tesnière 1959, S. 102.
16 Ebd., S. 125.
17 Beispiel aus Funkkolleg Sprache I, S. 193.
18 Helbig/Schenkel [2]1971, S. 76.
19 Gauger/Oesterreicher/Windisch 1981, S. 228.
20 Über Tesnière hinaus weiterführend und problematisierend sind z. B. Brinker 1977, S. 93–118; Helbig/Schenkel [2]1971, S. 11–76.
21 Funkkolleg Sprache I, S. 194.
22 Ebd.
23 Chomsky 1965, S. 14 (in der deutschen Übersetzung).
24 So O. Szemerényi in einem Vortrag in Freiburg (hier aus dem Gedächtnis sinngemäß wiedergegeben).
25 Chomsky 1965, S. 13 (in der deutschen Übersetzung).
26 Jedenfalls in Chomskys Fassungen der Theorie bis 1973.
27 Fanselow/Felix [3]1993, Bd. 1, S. 7.
Auf den zweiten Teil der Frage, nämlich auf das Thema Spracherwerb

nach Chomskys Theorie, kann ich nicht eingehen, um die Darstellung nicht zu sehr zu komplizieren.

28 Darstellungsweise nach Bünting 1971, S. 154 ff.

29 Chomsky 1957.

30 Ebenso erkennt man in den drei Typen von Transformationen in Kap. 8.5.2 (Substitution, Permutation, Tilgung) *Bezeichnungen* aus der Konstituentenstrukturgrammatik.

31 Bechert et al. 1970, S. 39.

32 Chomsky 1965.

33 Um das Verhältnis von Syntax und Semantik bzw. um ihr Interagieren geht es auch z. B. in der *Kasusgrammatik* von Fillmore (Fillmore 1968; ders. 1977), auf die hier zumindest hingewiesen sei. Es gibt Bereiche, wo syntaktische *und* semantische Aspekte in Betracht zu ziehen sind, z. B. gibt es in einem Satz semantische Rollen wie Agens, Patiens, Rezipient, Instrument usw., für deren Verteilung auf die morphologischen (= syntaktischen) Kasus unterschiedliche Zuordnungen möglich sind; so kann etwa das Subjekt die Agens-Rolle, aber auch die Patiens- oder die Rezipienten-Rolle innehaben (letzteres in Sätzen wie *Er bekommt einen Brief*).

34 Bünting 1971, S. 135.

35 Bußmann 1990, Stichwort ›Transformationsgrammatik‹.

36 Fodor/Katz 1964.

37 Fanselow/Felix [3]1993, Bd. 1, S. 78.

38 Ebd.

39 Chomsky 1972.

40 Chomsky 1973.

41 Bußmann 1990, Stichwort ›Transformationsgrammatik‹.

42 Fanselow/Felix [3]1993, Bd. 1, S. 173.

43 Ebd.

44 Ebd., S. 142.
Näheres hierzu, insbesondere auch zu der Unabhängigkeit der Sprachfähigkeit/des Spracherwerbs von den restlichen kognitiven Funktionen, s. ebd., S. 199 ff.

45 Ebd. Eine Gegenposition zu der Modularitätsthese besagt, daß die menschliche Kognition nicht »aus autonomen aufgabenspezifischen Modulen aufgebaut« (Fanselow/Felix ebd.) ist, sondern »ein einheitliches System von kognitiven Prinzipien und Strategien« (ebd.) zur Verfügung hat, das für die Lösung *sämtlicher* kognitiver Aufgaben und Probleme zuständig ist.

46 In meiner äußerst vereinfachten Darstellung verzichte ich auf weitere in der REST ebenfalls wichtige Themen wie die Behandlung *anaphorischer Prozesse (Pronominalisierung, Reflexivierung)* und die Einführung von »*Spuren*« in der Oberflächenstruktur (im Zusammenhang mit der Umstellung von NPs).

47 Chomsky 1981.

48 Bußmann 1990, Stichwort ›Rektion‹.
49 Siehe Kap. 8.3.
50 Fanselow/Felix ³1993, Bd. 1, S. 171.
51 Z. B. im Hinblick auf die Rolle der »angeborenen Ideen« und der Universalien bei Chomsky, auf die ich hier aus Raumgründen nicht eingegangen bin.
52 Als Einführung, die die Entstehung der gTG vor dem Hintergrund des Strukturalismus darstellt, ist geeignet: Bierwisch ²1969. Ausführlichere Darstellungen der gTG: dt. Bechert et al. 1970; Coseriu 1968; Fanselow/Felix ³1993; Haegeman ²1994; Linke et al. 1991; engl.: Chomsky 1957; ders. 1965; ders. 1972; ders. 1973; Jacobs/Rosenbaum 1968; Radford 1981; frz.: Ruwet ²1968.

Anmerkungen zu Kap. 9

1 Abzuheben von der sog. Allgemeinen Semantik (›general semantics‹), die, hauptsächlich vertreten durch A. Korzybski und S. I. Hayakawa (beide USA), eher interdisziplinär zwischen Philosophie, Linguistik, Psychologie und Soziologie anzusiedeln ist. Ihr Hauptanliegen ist es, das Zusammenleben der Menschen zu optimieren. Sie stellt Möglichkeiten zur pragmatisch orientierten Analyse von Sprachäußerungen dar und will damit erziehen zu kritischer Haltung gegenüber manipulativem Sprachgebrauch.
2 Siehe Kap. 3.2.1.3 – Vgl. Szemerényi 1971, S. 125 f.
3 Nach Geckeler 1973, S. 2 f.
4 Bünting 1971, S. 162 f.
5 Coseriu 1970c, S. 105.
6 Geckeler 1973, S. 3.
7 Coseriu 1967.
8 De Saussure 1969, S. 156 ff.
9 Ebd., S. 160.
10 Und natürlich auch für die Ausdrucksseite der Sprache: Ein Phonem hat eine bestimmte Variationsbreite, die determiniert ist durch das, was es (im System) umgibt, d. h.: durch die anderen Phoneme, zu denen es *(per definitionem)* in Opposition steht. Z. B. hat das dt. Phonem / o: / eine größere Variationsbreite als das frz., wie eine Skizze des betr. Artikulationsbereichs zeigt:

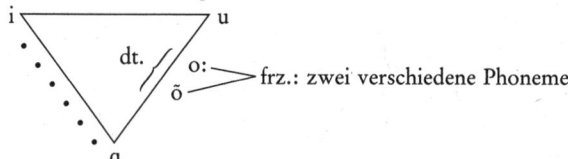

Das dt. Phonem / o: / darf, ohne seine Eindeutigkeit zu gefährden, variieren von [o:] bis [ō], das frz. / o / nicht, weil es in einem anderen Oppositionsgefüge steht.

Der Begriff *valeur* wird von de Saussure auf die Inhalts- *und* die Ausdrucksseite wie auch auf das sprachliche Zeichen als Ganzes bezogen, s. de Saussure 1969, 2. Teil, Kap. 4, §§ 2–4.

11 Daneben ist die *valeur* eines Zeichens auch syntagmatisch bestimmt durch »das, was ihm vorangeht und/oder was darauf folgt«, s. de Saussure 1969, S. 171; vgl. Kap. 9.1.3: Kontextbedeutung.

12 Ulrich 1972.

13 Ebd.

14 Beispiel nach Ulrich 1972.

15 Ebd.

16 De Saussure 1969, S. 173 ff.

17 Nach de Saussure 1969, S. 175.

18 *Synonyme* sind sprachliche Zeichen mit gleichem Inhalt, aber verschiedenem Ausdruck (s. Kap. 9.6). Totale Synonymie gibt es kaum, das läßt sich durch beliebige Beispielsätze, in denen man ein Synonym für das andere substituiert, nachprüfen. Z. B.: *Trink doch einen Glühwein, das ist gut gegen Grippe/Influenza!* – Entsprechend frz. *la grippe/l'influenza*, engl. *flu/influenza*.

19 *Paronyme* = Wörter mit lediglich lautlicher Ähnlichkeit.

20 Nach Geckeler 1973, S. 10.

21 *Antonym* = Bezeichnung des Gegenteils, z. B. ist *häßlich* das Antonym von *schön*.

22 Wandruszka 1970.

23 Trier 1931.

24 Matoré 1951.

25 Guiraud 1969.

26 De Saussure 1969, S. 160.

27 Trier 1931, S. 1.

28 Ebd.

29 Ebd., S. 2.

30 S. hierzu etwa Wunderli, Peter, in: Festschrift Horst Geckeler 1996, S. 793 f.: Nur der Kernbereich eines Wortfeldes ist unbestreitbar, während es zum Rande hin immer verschwommener wird.

31 Trier 1931, S. 5.

32 Die beiden Beispielsätze unter 3) aus: Klein/Strohmeyer (o. J.).

33 Coseriu 1970a, S. 37 f.

34 Ähnlich Porzig [4]1967.

35 Coseriu 1967. Die lexikalischen Solidaritäten sind *ein* Manifestationsbereich der Coseriuschen Norm; andere Beispiele ihres Wirkens, auf der Ebene der Phonetik/Phonologie, s. Kap. 5.3.1 und 5.4.3.4.

36 Große 1970, S. 33.

37 Beispiel nach Mounin 1968, S. 160.

38 Geckeler 1973, S. 30 f.

39 Aus: Pottier 1967, zitiert nach Geckeler 1973, S. 31 (Übersetzung ins Deutsche von mir).

40 Korrektur an Pottiers Matrix: *pouf* muß bei s_2 ein Minus haben, nicht Plus (*le pouf* ist ein Sitzkissen *ohne* Beine!). Dann umfaßt das Archisemem nur das Sem s_4 (›zum Sitzen‹). Das zugehörige Archilexem *siège* wird davon nicht berührt.

41 Vgl. Trier 1931.

42 Geckeler 1973, S. 33.

43 Aber was in Anm. 29b über das Wortfeld gesagt wird, gilt – das ist eine der Hauptaussagen der sog. *Prototypensemantik* – auch für das einzelne Lexem (s. hierzu z. B. Kleiber 1993).

44 Ullmann 1957.

45 Leisi 1971, S. 116.

46 Leisi weist auf seine Nähe zu Wittgensteins *meaning is use* hin (Leisi 1971, S. 116).

47 Leisi 1971, S. 117.

48 Ebd.

49 Der nicht gleich einer strukturalistischen Opposition ist.

50 Leisi 1971, S. 117

51 Ebd.

52 Ebd., S. 121.

53 Ebd., S. 117.

54 Nach Wartburg [3]1970, S. 118 f.

55 Aufgabe 42. nach: Große 1970, S. 54.

56 Die folgenden Textbeispiele stammen aus Rabelais 1956, zitiert nach Große 1970, S. 54.

57 Vgl. Gauger/Oesterreicher/Windisch 1981, S. 49. Grundlegend zur Onomasiologie: Quadri 1952.

58 Nach Coseriu 1968.

59 Geckeler 1973, S. 7.

60 Ulrich [2]1975, S. 23.
Zum Bedeutungswandel immer noch grundlegend: Ullmann [4]1969.

61 Auf *crétin/chrétien* wird im folgenden noch eingegangen werden (Dubletten).

62 Beispiele für alle vier Typen des Bedeutungswandels überwiegend aus Klein/Plate [4]1966, S. 94–96.

63 Auch hierzu viele interessante Beispiele in Klein/Plate [4]1966, passim.

64 Im vorliegenden Rahmen kann jedoch nicht näher auf sie eingegangen werden.

65 Auf die Themen *Erbwort – Lehnwort* sowie die schwierige Abgrenzung zwischen *Lehnwort* und *Fremdwort* soll hier nicht näher eingegangen werden.

66 Daneben gibt es noch andere Typen von Dubletten, z. B. aus verschiedenen Kasus einunddesselben Substantivs, etwa:

lat. Nominativ *companio* > frz. *copain*
lat. Akkusativ *companionem* > frz. *compagnon*
oder: lat. Nominativ *homo* > frz. *on* (Pronomen)
lat. Akkusativ *hominem* > frz. *homme*
(Auch im Dt. bilden *man* und *Mann* eine Dublette.)

67 Auch hier kann nicht näher auf den historischen und geistesgeschicht-
   lichen Kontext (Humanismus; die Pléiade usw.) eingegangen werden.

68 Von Wandruszka als *Polymorphismus* bezeichnet, siehe Wandruszka
   1969 und ders. 1971. Gauger 1976, S. 114 f., weist auf einen anderen
   Begriff von ›Asymmetrie des Sprachzeichens‹ hin.

69 1. *vere₁* ›wahrhaftig‹ (Adverb von *verus*)
   und *vere₂* ›im Frühling‹ (Ablativ von *ver*) sind homonym;
   2. *equum* ›Pferd‹ (Akkusativ von *equus*)
   und *aequum* ›billig, angemessen‹ sind homophon;
   3. *et₁* ›und‹
   und *et₂* ›auch‹ sind homonym. (Trotz inhaltlicher Verwandtschaft ver-
   bietet sich die Chrakterisierung als polysem – s. Kap. 9.6: Polysemie –,
   da es sich um verschiedene Wortarten, also eindeutig um zwei Wörter
   handelt: *et₁* ist Konjunktion, *et₂* Adverb.)

70 Sowie andere Doppelbezeichnungen von Pflanzen und Tieren, auch im
   Frz. und im Engl.:
   dt. *Margerite, Wucherblume; Scharbockskraut, Feigwurz; Karotte, Möhre,
   Gelbe Rübe; Rote Rübe, (rote) Bete; Baumläufer, Kleiber; Dompfaff,
   Gimpel; Distelfink, Stieglitz; Spatz, Sperling; Ur, Auerochs;*
   frz. *pissenlit, dent-de-lion* ›Löwenzahn‹; *moineau, passereau* ›Spatz‹;
   porte-queue, machaon ›Schwalbenschwanz‹ (Schmetterlingsart);
   engl. *pink, carnation* ›Nelke‹; *pansy, heartsease* ›Stiefmütterchen‹; *potato
   beetle, Colorado beetle* ›Kartoffelkäfer‹; *donkey, ass* ›Esel‹;
   oder auch verschiedene (regional distribuierte) Berufsbezeichnungen im
   Deutschen: *Metzger, Fleischer, Schlachter; Flaschner, Klempner; Tischler,
   Schreiner; Wagner, Spengler; Schornsteinfeger, Kaminfeger; Briefträger,
   Postbote.*

71 Lorenzer, A.: Über den Gegenstand der Psychoanalyse. Frankfurt 1973;
   zitiert bei: Kopperschmidt 1973, S. 41.

72 Siehe Kap. 2.1.

73 Priestley (o. J.).

74 Hervorhebungen von mir.

75 Giraudoux 1952 (deutsche Übersetzung 1967).

Anmerkungen zu Kap. 10

1 Schlieben-Lange 1973, S. 26, S. 73.

2 Coseriu 1970d, S. 32.

3 Ebd.

4 Ebd.
5 Coseriu 1970d, S. 32 f.
6 Wandruszka 1971, S. 8.
7 Pei 1966, S. 67, zitiert nach: Glinz 1970, S. 82.
8 Ebd.
9 Glinz 1970, S. 78.
10 Leisi [4]1967, S. 168.
11 Nicht im Sinne Coserius: Norm = das ›Normale‹, s. Kap. 5.3.1.
12 Schlieben-Lange 1973, S. 73 f.
13 In diesem Zusammenhang fällt auch der große Publikumserfolg dialekt-sprachlicher (Bühnen-)Literatur auf, angefangen mit Franz Xaver Kroetz, inzwischen gefolgt von Thomas Strittmatter, Werner Schwab, Tankred Dorst, Gerald Kusz u. a.
14 Fourquet 1968, S. 571.
15 Schlieben-Lange 1973, S. 77 f.
16 Glinz 1970, S. 74.
17 Ebd.
18 Glinz 1970, S. 75.
19 Dittmar 1973; Hager/Haberland/Paris 1973; Niepold 1971; Schlieben-Lange 1973.
20 Martinet 1970, S. 25.
21 Schlieben-Lange 1973, S. 44.
22 Also vorwiegend beiordnende (koordinierende) Konjunktionen, nicht unterordnende (subordinierende).
23 Nach Hager/Haberland/Paris 1973, zitiert aus: Schlieben-Lange 1973, S. 45.
24 Nach Niepold 1971, S. 15.
25 Nach Hager/Haberland/Paris 1973, zitiert aus Schlieben-Lange 1973, S. 46.
26 Ebd.
27 Bühler 1971; Dittmar 1973: Kap. 1; Fischer 1971; Hager/Haberland/ Paris 1973; Niepold 1971, S. 25–31; Schlieben-Lange 1973, S. 47 ff.
28 Dittmar 1973: Kap. 3.
29 Schulz 1973.
30 Schlieben-Lange 1973, S. 76.
31 Klein [3]1968, S. 18.
32 Beispiele aus: Klein [3]1968, S. 18 f.
33 Schlieben-Lange 1973, S. 76.
34 Ebd.
35 Ein Beispiel für das Französische: Haudricourt/Juilland 1949.
36 Diese können nach verschiedenen Gesichtspunkten zusammengefaßt werden (= mehrere Modelle der Gliederung der Romania), z. B.:

Französisch
Frankoprovenzalisch } Galloromania
Provenzalisch }
Rätoromanisch   I. Westromania
Spanisch
Katalanisch } Iberoromania
Portugiesisch }
Norditalienisch
Mittel- und Süditalienisch
Dalmatisch   II. Ostromania
Rumänisch
Sardisch   III. Sardinien

Eine andere Einteilung ist die nach *Zentral-* und *Randromania*, die sich auf den Unterschied ›erhaltend/erneuernd‹ stützt: Die Zentralromania weist, vor allem im Wortschatz, viele Neuerungen gegenüber dem klass. Latein auf, die Randromania nicht. s. Kontzi 1978.

37 Für das Frz.: Wartburg [9]1969; Wartburg 1950; Wartburg [3]1970; Tagliavini [5]1969; Lüdtke 1968; Kontzi 1978; Vidos 1968. Für das Dt.: Eggers 1963–1969; Moser [6]1969; v. Polenz [9]1978. Für das Engl.: Trevelyan 1966; Baugh 1935; Leisi 1969.

38 Wie in Anm. 37 angegeben.

39 Hier ist es für den Romanisten interessant, die sehr verschiedenen Verhältnisse in Frankreich und in Italien miteinander zu vergleichen.

Anmerkungen zu Kap. 11

1 Auch wenn wir uns damit »unterkomplex« verhalten (Gauger 1995, S. 19), d. h. dem Phänomen Stil in seiner Komplexität nicht gerecht werden.

2 Sandig 1995, S. 28.

3 Ebd.

4 Gauger 1995.

5 Ebd., S. 19.

6 Spitzer, Leo: Stilstudien. I. Sprachstile. II. Stilsprachen. München 1928, [2]1961. Spitzers Werk umfaßt außerdem eine Vielzahl von Aufsätzen (viele davon Stilanalysen literarischer Texte).
Über Spitzer, Benedetto Croce und Karl Vossler als die wichtigsten Vertreter der sog. idealistischen Philologie informiert u. a. Aschenberg 1984.

7 Aschenberg 1984, S. 74.

8 Spitzer, »Les études de style et les différents pays«, S. 23 (zitiert nach Aschenberg 1984, S. 75).

9 Ebd.

10 In dem gegebenen Kontext mußte auf wichtige weitere Begriffe, Metho-

den usw. von Spitzer verzichtet werden (z. B. auf den »hermeneutischen Zirkel« seiner Stilanalyse).

11 Mounin (passim), z. B. in Mounin 1971, S. 172.

12 Ebd., S. 176 ff: *Le style comme élaboration.*

13 Spillner 1974, S. 32.

14 Mounin 1971, S. 171 f.

15 »Norm« in der Stilistik darf nicht gleichgesetzt werden mit dem Normbegriff Coserius (s. Kap. 5); vielmehr ließe sich vermutlich sagen, daß Coserius Norm in der Bezugsnorm der Stiltheoretiker enthalten ist, aber nur im Sinne einer Teilmenge.

16 Spillner 1974, S. 37.

17 Ebd., S. 38.

18 R. M. Rilke: Die Weise von Liebe und Tod des Cornets Christoph Rilke. Frankfurt 1912.

19 Riffaterre 1971. Die folgenden Ausführungen zu zentralen Begriffen der Stilistik von Riffaterre folgen stark verkürzt Spillner 1974, Kap. 4.8.

20 Spillner 1974, S. 52.

21 Das erste der beiden Beispiele aus: Macheiner 1994.

22 Ebd.

23 ›Bekannt‹ – ›nicht bekannt‹, ›vorerwähnt‹ – ›neu eingeführt‹ u. ä. spielen in der Textlinguistik eine wichtige Rolle. Wir gehen hier auf die Textlinguistik nicht näher ein, denn das würde ein eigenes Kapitel erfordern. Vgl. auch ›*Thema – Rhema*‹ in Kap. 8.

24 Beispiel aus Ullmann, Stephen: Style in the French Novel. Cambridge 1957, S. 151 (zitiert nach Zimmer 1978, S. 70 f.).

25 Begründungen von Ullmann (zitiert bei Zimmer 1978, S. 70; hier leicht abgewandelt wiedergegeben).

Anmerkungen zu Kap. 12

1 Nach: Habermas/Luhmann 1971, S. 101.

2 Beispiele aus: Schlieben-Lange: Akademiebericht (o. J.).

3 Habermas/Luhmann 1971, S. 101 ff.

4 Ebd., S. 102.

5 Habermas, zitiert bei Leist in: Wunderlich 1972, S. 65.

6 Vgl. Kap. 8.1.

7 Peirce 1932

8 Morris 1938

9 Wiederaufgenommen von Ogden und Richards im sog. *semiotischen Dreieck* (s. Kap. 3).

10 Zum Verhältnis von Pragmatik–Semantik–Syntax vgl. auch Schwarze 1975, S. 30 ff.

11 Badura 1971, S. 39.

12 In diesen Fällen wird im schriftlichen Sprachgebrauch, z. B. in Briefen,

Briefen, häufig statt eines Fragezeichens ein Punkt, evtl. ein Ausrufezeichen gesetzt. Mittels der Interpunktion wird so unterstrichen, daß es sich nicht um ›echte‹ Fragen handelt.

13 Das folgende Beispiel ist entnommen aus: Funkkolleg Sprache II 1973, S. 113 ff.; s. auch: Schmidt 1963, S. 30 ff., und Große 1974, S. 19 f.

14 Wunderlich 1972, S. 13 ff.

15 Ebd., S. 32.

16a–c Ebd.

17 Nach: Steger 1973. Es ist zu unterscheiden zwischen dem sozialen und dem situativen Rang der Kommunikationspartner.

18 Bei Wunderlich einfach »illokutive Äußerungen« genannt. Aber da im Sinne der Sprechakttheorie jede Äußerung eine Illokution hat, nennen wir den hier behandelten Typ lieber »explizit illokutiv«.

19 Wunderlich 1970, S. 29. Die vorliegenden Ausführungen stützen sich im wesentlichen auf Wunderlich. Auf die Sprechakttheorie Austins und Searles soll hier nur am Rande eingegangen werden, da in den Unterscheidungen zwischen lokutiv, illokutiv, perlokutiv bei Austin, Searle, Strawson, Cohen u. a. leichte Differenzen in den Abgrenzungen vorkommen, die in einer Darstellung für Anfänger eher verwirren würden.

20 Austin 1962, S. 94: »The act of ›saying something‹ in this full normal sense I call ... the performance of a locutionary act ...«

21 Maas/Wunderlich 1972, S. 120.

22 Zu Senderintention vs. Textfunktion s. Große 1974, S. 20 f.

23 Maas/Wunderlich ³1974.

24 Austin 1962, S. 109.

25 Ehrich/Saile, in: Wunderlich 1972, S. 274.

26 Ebd., S. 275.

27 Wunderlich 1970, S. 29; Maas/Wunderlich 1972, S. 121.

28 Wunderlich 1972, S. 16.

29 Zu den Begriffen *elaboriert/restringiert* s. Kap. 10: Soziolinguistik.

30 Hypotaxe = Satzunterordnung, Anknüpfen von Nebensätzen an einen Hauptsatz mittels Konjunktion(en). Gegenteil: Parataxe = Beiordnung.

31 Habermas/Luhmann 1971, S. 109 ff.

32 Systematisierungen für sprachliche Handlungen gehen zurück auf die Sprechhandlungstheorie von Austin (1961) und Searle (1969) und auf die Ordinary Language Philosophy im Gefolge von Wittgenstein (1960).

33 Habermas/Luhmann 1971, S. 111 ff.

34 Ebd., S. 113.

35 Ebd., S. 112.

36 Ebd., S. 131 ff.

37 Austin 1962, S. 147–163; dt. Übersetzung S. 163–180.
Hauptunterschiede zwischen Austins und Habermas' Einteilung der Sprechakte (was Austin mit seinen Termini meint, braucht uns dabei hier nicht zu interessieren):

Austin	Habermas
Verdictives	⎫ Institutionelle Sprechakte (nicht zu den
Behabitives	⎭ pragmatischen Universalien gezählt)
Exercitives {	Regulativa
Commissives	Repräsentativa
Expositives {	Konstativa
	Kommunikativa
–	(Operativa)

Nur bei einer einzigen Klasse, den Repräsentativa, besteht also volle Übereinstimmung. Austin wie Habermas rechnen *wollen, beabsichtigen, versprechen, sich verpflichten* usw. zur selben Klasse. Aber ihre Definitionen dieser Klasse weichen bereits wieder voneinander ab. Noch andere Klassifikationen von Sprechakten finden sich z. B. bei Searle 1973; ders. 1975; Wunderlich 1975, S. 77 ff.

38 Siehe Kap. 12.8.
39 Habermas/Luhmann 1971, S. 114.
40 Wunderlich 1970.
41 *Paralinguistisch* sind nach Wunderlich »alle Phänomene der Intonation (Hinzufügung der Verfasserin: außer in den Fällen, wo sie bedeutungsunterscheidend ist – dort ist sie nicht paralinguistisch, sondern »linguistisch«, s. Kap. 7), besonders Tonhöhen- und Lautstärkenverlauf, Sprechrhythmus, Pausengliederung, Akzentuierung, die Bestandteile der lautlichen Form der Äußerung sind und als solche etwa auf einem Tonband festgehalten werden können« (Wunderlich 1970, S. 14).
42 Als *außerverbale Ausdrucksmittel* bezeichnet Wunderlich »begleitende Gesten, Gesichts- und Körpermimik, Körperhaltung, ... Tränen usw. ...« (Wunderlich 1970, S. 15).
43 Nach: Wunderlich 1970, S. 14 und S. 20.
44 Watzlawick et al. ⁴1974, S. 68 ff.
45 Ebd.; Steger 1973, S. 249.
46 Schmidt, S. J. 1973, S. 235.
47 Nach: Steger 1973, S. 249.
48 Zu erweitern um »Annahmen über die Annahmen des Angesprochenen« (und Annahmen wieder über diese – usw.). A fragt sich nicht nur: »Was denkt, weiß, will ... B?«, A fragt sich auch: »Was denkt B, daß ich denke, weiß, will ...?« *Und* A fragt sich: »Was denke ich nach B.s Ansicht über *dessen* Denken, Wissen, Wollen ...?«) usw. Mit anderen

Worten: Ein sehr wichtiger Faktor ist die *Sprecherkalkulation der Hörer-erwartung* (bzw. Lesererwartung) und des *Hörer-* (bzw. Leser-) *Vorwissens* und der wechselseitigen Annahmen (davon hängt die Art und Weise des Sagens, die mitgeteilte Informationsmenge u. a. ab). Wichtig ist ebenfalls, wie der *Hörer bzw. Leser* den Sprecher bzw. Autor *einschätzt* und von welchen Erwartungen er sich, ihm selbst vielleicht gar nicht bewußt, von vornherein beim Hören oder bei der Lektüre steuern läßt. Davon hängt besonders die Aufnahmefähigkeit des Hörers bzw. Lesers und damit dessen *Interpretation* ab, die u. a. stark von der Reizfilterwirkung bestimmt wird. Ein Beispiel hierfür: Große 1974, S. 149–152. Zur grundlegenden Bedeutung der wechselseitigen ›Antizipation von Erwartungen‹ für den Verstehensprozeß, genauer: die intersubjektive Sinnkonstitution, s. Habermas 1971, bes. S. 192. Hier eröffnet sich ein weiteres, auch für den Linguisten interessantes Gebiet: Die ›Verben und Adverbien der Erwartung‹ im Deutschen, Französischen und Englischen sind bisher noch nicht zusammenhängend untersucht worden, obgleich sie für die Kommunikation eine große Bedeutung haben und daher z. T. in ihrem Auftreten hochfrequent sind.

49 Wunderlich 1970, S. 20.
50 Sie werden als Gegenstand der *Referenzsemantik* in der Fachliteratur auch gelegentlich im Rahmen der Semantik behandelt (so z. B. in: Funkkolleg Sprache II 1973, S. 102–112).
51 Bühler 1934, S. 102. Aussprache [ˈdaiksis]; das zugehörige Adjektiv *deiktisch* kann sowohl [ˈdaiktiʃ] als auch [deˈiktiʃ] ausgesprochen werden.
52 Funkkolleg Sprache II 1973, S. 110.
53 Funkkolleg Sprache II 1973, S. 104. Zu den Pro-Formen s. Dressler 1972, S. 22–42.
54 Handke 1970, S. 47.
55 Habermas/Luhmann 1971, S. 104.
56 Subjekt kann hier auch *ich* oder *du* sein (Anmerkung von mir).
57 Habermas 1971, S. 104 f. Weiteres hierzu s. Große 1974, bes. S. 52 bis 88. Während Habermas die dominierenden Sätze gemäß seiner Konzeption der Pragmatik gruppiert, unterscheidet Große semantisch zwischen Ausdrücken der Tatsächlichkeit, der Möglichkeit, der positiv oder negativ wertenden Stellungnahme, des Willens, des Verpflichtetseins und der Notwendigkeit. Davon werden die durch eine besondere Semantik und Syntax ausgezeichneten institutionellen Akte wie *taufen, ernennen zu, bezeichnen als* getrennt.
58 Watzlawick et al. ⁴1974, S. 55.
59 Ebd. Dies ist allerdings nur *ein* Verständnis des recht vieldeutigen Ausdrucks *Metakommunikation*.
60 Habermas 1971, S. 105.
61 Ebd., S. 105; S. 110: »Der pragmatisch wichtigste Teil des Sprechakts ist der performative Satz.«

62 Die Abhängigkeit läßt sich auch syntaktisch zeigen (s. hierzu: Große 1974, S. 91 Anm.; in der letzten Zeile ist *me* zu ergänzen).

63 Habermas 1971, S. 105 f.

64 Englische Beispiele s. Seuren 1969, S. 117 (zitiert nach: Große 1974, S. 53).

65 Habermas 1971, S. 106.

66 Bally [2]1944.

67 Seuren 1969.

68 Ross, J.: On Declarative Sentences. In: Jacobs/Rosenbaum 1970.

69 Grewendorf 1972.

70 Der auf Vorhergehendes und zugleich auf Sichanschließendes verweisende Charakter sprachlicher Handlungen wird bereits im amerikanischen Strukturalismus (Bloomfield) betont, allerdings hat dort Sprache – ganz im Widerspruch zur Sprechhandlungstheorie – lediglich mediative Funktion: nicht handelnd, sondern nur handlungsvermittelnd; nicht Sprechen als Handeln, sondern Sprechen als Ersatz für unmittelbares Handeln, d. h. als Vermittler eines durch Sprechen herbeigeführten nonverbalen Handelns.

71 Wunderlich 1972, S. 25.

72 Nach: Große 1974.

73 Ebd., S. 217.

74 Dialogbeispiel aus: Wunderlich 1972, S. 27.

75 Nicht bei Utz Maas; dessen Definition von *probeweisem Akzeptieren* s. in: Wunderlich 1972, S. 23 Anm.

76 Wunderlich 1972, S. 27 f.

77 Ebd., S. 28.

78 Ebd., S. 36 f.

79 Ebd., S. 37 ff.

80 Ebd., S. 40 ff.

81 Pagnol 1930, S. 13–16.

82 Ebd., S. 37 f.

83 Ebd., S. 83 f.

84 Habermas 1971, S. 116.

85 Maas/Wunderlich [3]1974, S. 192.

86 Habermas 1971, S. 213.

87 Ebd., S. 115.

88 Vgl. hierzu den von Rath (1973, S. 169–195) und von Große (1974, S. 517–528) untersuchten Meinungsaustausch zum Thema Ehe.

89 Habermas 1971, S. 138.

90 Ebd., S. 139.

91 Ebd., S. 137.

92 Ebd., S. 138.

93 Ebd., S. 138 f.

94 Ebd., S. 139.

95 Duhm [10]1974, passim.

96 Luther 1970, S. 339. Habermas' Charakterisierung der idealen Sprechsituation (Habermas 1971, bes. S. 138 f.) scheint nur auf den ersten Blick
eine völlig andere zu sein. Das liegt daran, daß er a) *handlungsbezogen*
und b) ohne Scheu vor Fremdwörtern seine Konzeption formuliert.
Doch dem Sinne nach ergeben sich überraschend viele Übereinstimmungen, auch wenn bei Luther der Akzent mehr auf der persönlichen
Begegnung, bei Habermas mehr auf einer weitgehend inexistenten, erst
zu realisierenden und dann allgemeinen Kommunikations- und Lebens-
form liegt.

97 Ähnlich äußert sich Habermas selbst: 1971, S. 140.

98 Auch Wunderlich (1970) gibt als Einwand gegen die ideale Sprechsituation zu bedenken, daß sie nicht realisierbar ist.

99 Habermas 1971, S. 141, letzte drei Sätze.

100 Literatur zur Einführung in die Konversationsanalyse: Henne/Rehbock
1979; zur Definition und zu den Forschungszwecken: Dittmann 1979
(Einleitung); exemplarische Überblicksdarstellung der Fragen und
Analyseschritte von der klassischen Sprechakttheorie und der linguisti-
schen Pragmatik bis zu den Forderungen der Konversationsanalyse:
G. Schoenthal in: Dittmann 1979.

Lösungsvorschläge zu den Aufgaben

Aus Kap. 2.2:

1. *Je* vais *à l'école.* – *Ich* gehe *zur Schule.*
Il est allé à cheval. – Er ist geritten.
Il faut aller *par le train.* – *Man muß mit dem Zug* fahren.
Elle est allée *à Paris.* – *Sie ist nach Paris* gefahren (oder: gereist).

Je voudrais acheter quelques fleurs. – *Ich möchte ein paar* Blumen *kaufen.*
J'aime les fleurs *du pommier.* – *Apfel*blüten *gefallen mir.*

Take *an umbrella.* – Nimm *einen Schirm mit.*
Would you please take *that letter to the post-office?* – *Könntest du bitte diesen Brief zur Post* bringen?
das Streben nach Glück – *the pursuit of* happiness
Ich wünsche dir Glück! – *I wish you* good luck.

2. Nur wenn eine Sprachgemeinschaft den Begriff ›Unkraut‹ in einer eigenen sprachlichen Benennung besitzt, werden ihre Angehörigen diese Kategorie in der außersprachlichen Wirklichkeit wahrnehmen können. Wo die Sprache kein solches Einteilungsprinzip der Pflanzenwelt in ›nützliche Pflanzen‹ / ›unnütze Pflanzen‹ anbietet, haben ihre Benutzer nicht die Möglichkeit, Pflanzen wie z. B. Kornblume, Kamille und Brennessel, die nach anderen Gesichtspunkten völlig verschieden sind, als zusammengehörig (eben aufgrund ihrer Bewertung als ›unnütz‹) zu klassifizieren.

3. a) expressiv, b) Strukturierung der Gedanken, c) appellativ, d) expressiv (eher als: referentiell; dagegen in *Herr A. fragt seinen Nebenmann in der Straßenbahn, wie das Wahlergebnis war*, würde die referentielle Funktion dominieren), f) poetisch, g) phatisch.

Aus Kap. 3.1.1.3:

4. Beispiele für Symbole:

 ›Bäckerei‹

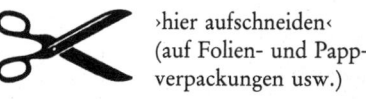 ›hier aufschneiden‹ (auf Folien- und Pappverpackungen usw.)

 ›Vorsicht! Vieh überquert!‹

 ›Radfahrweg‹ u.v.a.

Beispiele für Zeichen:
auf Wasserhahnen: rote Markierung ›warmes Wasser‹
                              blaue Markierung ›kaltes Wasser‹
♂ ›männliches Lebewesen‹, ♀ ›weibliches Lebewesen‹ (in der Biologie)

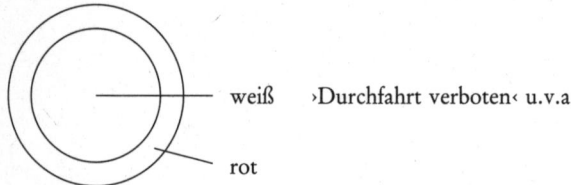 weiß   ›Durchfahrt verboten‹ u.v.a.

rot

Aus Kap. 5.2:

5. 1. Frz.: Minimalpaare *coter* / kɔte / : / *côté* / kote /
                              Paul / pɔl / : / *Paule* / pol /,
   also sind / o / : / ɔ / zwei verschiedene Phoneme.
   Engl.: [o] und [ɔ] differenzieren kein Minimalpaar, sind also Allophone ein und desselben Phonems / o /.
2. Frz.: Minimalpaare *eau* / o / : / *on* / õ /
   sot, saut, sceau / so / : / *son, sont* / sõ / u. a.
   also sind / o / : / õ / zwei verschiedene Phoneme.
   Engl.: [o] und [õ] differenzieren kein Minimalpaar, also sind [o], [õ]
   und [ɔ] (s. 1.) Allophone ein und desselben Phonems /o/ (wie im Dt.).
6. Distribution von [s], [ʃ], [z] im Koreanischen:
   Anlaut: vor dunklem Vokal [s], vor hellem Vokal [ʃ]
   Inlaut: nach Nasalkonsonant [z], nach / t / dagegen [ʃ]

Aus Kap. 5.4.1:

7. Minimalpaare:

dt.	frz.	engl.
bitten / bieten	mettre / lettre	book / books
Sache / Sachen	cher / cherchent	sick / thick
blau / Bau	livre / ivre	then / than
	mon / mes	live / leave
	son / saut	whistle / will

Aus Kap. 5.4.2:

8. Minimalpaare: Oppositionen:

Minimalpaare	Oppositionen
lená / lemá	n : m
lená / tená	l : t
lená / pená	l : p
pebá / pená	b : n
pebá / pedá	b : d
nedá / medá	n : m
nedá / pedá	n : p
tená / pená	t : p
pelá / pedá	l : d

Durch Segmentation erhaltene Phone: [n], [m], [l], [t], [p], [b], [d], [e], [á].
[e] und [á] differenzieren keine Minimalpaare. Sie sind zudem artikulatorisch ähnlich und in komplementärer Distribution: also kombinatorische Varianten eines Vokalphonems / [e], [á] /.
Entsprechend [t] und [d] (Distribution: [t] im Anlaut, [d] in allen
anderen Stellungen) und [p] und [b] (Distribution: [p] im Anlaut, [b] in
allen anderen Stellungen).
Phoneminventar: / m /   / [t], [d] /
               / l /

/ [e], [á] /
/ n /   [p], [b] /

9. Konsonantensystem

des Dt.

p b	t d		k g		
f v		ç x			
	s z	ʃ ʒ			
m	n	ŋ			
l r		j h			

des Frz.

p b t d		k g			
f v					
	s z	ʃ ʒ			
m	n	ɲ			
l r		j			

☐ = dt. Phonem, das im Frz. keine Entsprechung hat.
⌐⌐ = frz. Phonem, das im Dt. keine Entsprechung hat.

305

10. Zu einem Vokaldreieck

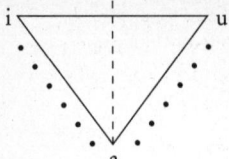

mit nur einem a-Phonem

11. *Kind* / kint /

12. Für die Phonologie ist an den Lauten nur das von Belang, was von ihnen übrigbleibt bei Anwendung der abstraktiven Relevanz, d. h. unter Absehung von sämtlichen sprecher- und situationsindividuellen physikalischen Eigenschaften eines geäußerten Lautes. Mit anderen Worten: Man gewinnt ein Phonem als das allen seinen realisiert vorliegenden plus seinen potentiellen Varianten Gemeinsame dadurch, daß man nach dem Prinzip der abstraktiven Relevanz aus den verschiedenen Varianten das zugrunde liegende ›Lautmuster‹, eben das Phonem, erschließt.

Aus Kap. 5.4.3.3:

13. Im Dt. kann im Auslaut kein stimmhafter Verschlußlaut auftreten (Auslautverhärtung). Die Opposition / g / : / k /, die in anderen Positionen vorliegt (z. B. Minimalpaare *Gabel/Kabel;* [sich] *balgen/Balken; Lage/Lake*), ist im Auslaut neutralisiert. Im Auslaut tritt automatisch das Archiphonem / K / ein, das / g / und / k / unter sich subsumiert. Es ist das Bündel distinktiver phonologischer Merkmale, die die beiden Phoneme / g / und / k / gemeinsam haben (also: konsonantisch, plosiv, velar).

14. Kombinatorische Varianten des Phonems / t /.

15. Positionsbeschränkung.

16. Fakultative Varianten des Phonems → / ε / (= kurzes e).

17. a) Die dt. Phoneme / s / : / z / stehen in Opposition zueinander. Diese wird in bestimmten Positionen neutralisiert: Im Anlaut kann nur / z /, im Auslaut nur / s / auftreten.

b) Im Frz. stehen die Phoneme / s / : / z / in jeder Position in Opposition zueinander.

c) Im Engl.: wie im Frz.

18. a) / ø / und / œ / unterscheiden sich nur durch das Merkmal ›Offenheit‹. Sie stehen im Frz. in Opposition zueinander (s. Minimalpaare

wie *jeune* / ʒœn / : *jeûne* / ʒøn / und [ils] *veulent* / vœl / : *veule*, das
beide Aussprachen hat: [vøl] und [vœl]). Diese Opposition ist im
(Silben-)Auslaut neutralisiert: Dort kann nur das geschlossene / ø /
auftreten bzw. das Archiphonem / Œ /, bei dem der Merkmals-
gegensatz offen/geschlossen keine Rolle mehr spielt.

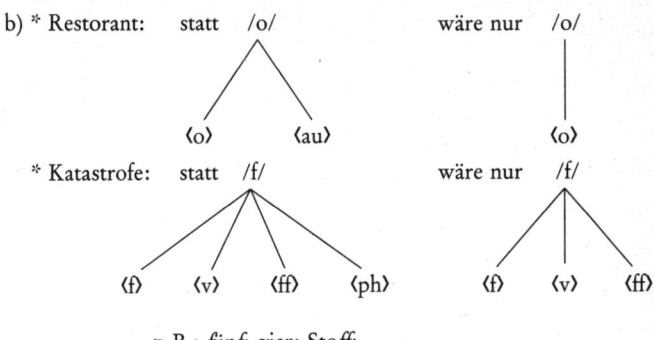

b) * Restorant: statt   /o/   wäre nur   /o/

                      ⟨o⟩   ⟨au⟩   ⟨o⟩

* Katastrofe: statt   /f/   wäre nur   /f/

   ⟨f⟩   ⟨v⟩   ⟨ff⟩   ⟨ph⟩   ⟨f⟩   ⟨v⟩   ⟨ff⟩

          z. B.: *fü*nf; *v*ier; Sto*ff*;
          Katastro*ph*e

aber das wäre immer noch eine Einmehrdeutigkeit.

Aus Kap. 6.3.1:

19. h – ›mein‹ ⎫ Allomorphe des adjektivischen Possessivpronomens
     k – ›mein‹ ⎬ 1. Pers. Sing.
                  (= Morphemvarianten)
     a – ›dein‹   ~ 2. Pers. Sing.
     aw – ›dein‹   (= Morphemvarianten)
     s – ›sein‹   ~ 3. Pers. Sing.
     y – ›sein‹   (= Morphemvarianten)
Es sind jeweils kombinatorische grammatikalische Morphemvarianten.
Distribution: die jeweils erstgenannte Form vor konsonantischem An-
laut, die andere vor vokalischem Anlaut.

20. Für das Phonem: b), d)
     für das Morphem: e).

21. a) / ər / ist ein Morph in:
     großer ⎫ – / ər /₁
     neuer₁ ⎬ ist Adjektivflexionsmorphem:
               1. Mask. Nom. Sing.
               in der Umgebung
               ›unbestimmter Artikel … Substantiv mask. Sing.‹,
               z. B. *ein großer Mann,*

2. mask. / fem. / neutr. Gen. Plur.
   in der Umgebung ›0 (= Null) ... Substantiv‹
   z. B. *die Namen großer Männer / Frauen / Gebäude.*

dieser ⎱ – / ər /$_2$
meiner ⎰ ist Flexionsmorphem für Pronomina
   (Mask. Nom. Sing.)

neuer$_2$ ⎱ – / ər /$_3$
größer ⎰ ist Steigerungsmorphem für Adjektive (Komparativ)
   (*neuer*$_1$ und *neuer*$_2$ sind Homonyme)

Lehrer ⎱ – / ər /$_4$
Fahrer ⎰ ist Ableitungsmorphem für sog. *nomina actorum*
   (Sing.: *nomen actoris* = Substantiv, das einen Täter be-
   zeichnet) aus verbalen lexikalischen Morphemen.

Bohrer ⎱ – / ər /$_5$
Öffner ⎰ ist, wie – / ər /$_4$, Ableitungsmorphem für Substantive
   aus verbalen lexikalischen Morphemen. Doch die
   Substantive mit – / ər /$_5$ bezeichnen Geräte, Hilfsmittel zur Ausführung der in dem Verbmorphem genannten Verrichtung.

Eier – / ər /$_6$
   ist Flexionsmorphem zur Pluralbildung von Substantiven (genauer: *ein* Allomorph dieses grammatikalischen Morphems, das auch noch andere Allomorphe
   hat, z. B. *-e: Hefte, Schweine ...; -n: Tassen, Sachen,
   ... u. a.; s. Kap. 6.2)
   / ər / ist bedeutungslose Phonemfolge in *Schwester,
   Kammer, unter, Puder.*

b) / œːr / ist ein Morph in:
*chass*eur ⎫ – / œːr /$_1$
*migrat*eur ⎪ ist Ableitungsmorphem für *nomina actorum* aus ver-
*enchant*eur ⎬ balen lexikalischen Morphemen. (Wo ein solches *no-
*voyag*eur ⎭ men actoris* ein anderes Substantiv näher bestimmt,
   kann es entweder als attributives Adjektiv oder als
   substantivische Apposition aufgefaßt werden. Übersetzung ins Dt. meist adjektivisch, z. B. *un sourire en-
   chanteur – ein bezauberndes Lächeln*).

*douc*eur – / œːr /$_2$
   ist Ableitungsmorphem für (feminine) eigenschafts-
   bezeichnende Substantive aus Adjektiven.

*su*eur – / œːr /$_3$
   ist Ableitungsmorphem für Substantive aus verbalen
   lexikalischen Morphemen. (Es ist nicht identisch mit –
   / œːr /$_1$. – / œːr /$_1$ bildet *maskuline* Täter-Substan-
   tive: *chasseur* ›Jäger‹ = ›einer, der jagt‹; – / œːr /$_3$ bildet *feminine* Substantive, die sog. effizierte Objekte

ausdrücken, d. h. die ›Produkte‹, die entstehen, wenn die in dem verbalen Lexem ausgedrückte Tätigkeit vollzogen wird. Z. B. *suer* ›schwitzen‹, *la sueur* ›das, was dabei entsteht‹ = ›der Schweiß‹.)

*bon*heur   – / œ:r /$_4$
ist gebundenes lexikalisches Morphem mit der Bedeutung ›Schicksal‹ (von dem lat. Etymon *augurium* ›Vorzeichen‹. Das h in der Graphie entstand durch Kontamination mit *heure* ›Stunde‹, s. folgendes!).
Daß *bonheur* auf der Morphemebene segmentierbar ist, zeigt der Kommutationstest *bonheur* / *malheur* einerseits, *bonheur* / *bonhomme* oder andere Beispiele andererseits.

*h*eure   / œ:r /$_5$
ist freies lexikalisches Morphem mit der Bedeutung ›Stunde‹.
/ œ:r / ist bedeutungslose Phonemfolge in *sœur, leur*.

c)   / ə / ist ein Morph in:

higher
faster   – / ə /$_1$
lower$_1$ ist Steigerungsmorphem wie in a) dt. – / ər /$_3$
lower$_2$ – / ə /$_2$
ist Ableitungsmorphem für Verben aus Adjektiven (*low* ›niedrig‹ → *to lower* ›niedriger machen‹, d. h. ›herunterlassen, senken‹)

singer
driver   – / ə /$_3$
teacher   ist Ableitungsmorphem wie in a) dt. – / ər /$_4$
(tin-)opener   – / ə /$_4$
rubber   ist Ableitungsmorphem wie in a) dt. – / ər /$_5$
/ ə / ist bedeutungsloses Phonem in *silver, finger, master*.

22. Homonymes Morph: a)
Allomorph: c)

23. Kombinatorische grammatikalische Allomorphe. Distribution: *le* vor konsonantischem Anlaut, *l'* vor vokalischem Anlaut.

24. Homonyme Morphe

25. a) *nutz, nütz*: fakultative lexikalische Allomorphe
bin, seid: kombinatorische lexikalische Allomorphe
b) *œil, yeux*: kombinatorische lexikalische Allomorphe
-ez in *venez*
und   das gleiche Morphem in zwei verschiedenen syntagmatischen Umgebungen.
-ez in *veniez*

c) / –s /
/ – z /
/ –iz /   } Allomorphe des Pluralmorphems für Substan-
/ –ø / (= null) } tive (also kombinatorische grammatikalische
/ –ən /   } Allomorphe)
/ –s / in *books*
und / –s / in *he writes* } homonyme Morphe

Aus Kap. 6.4:

26. a) Alle lexikalischen Morpheme, die Verbstämme sind, z. B. *sing, schreib, fahr, nehm-, arbeit.*
b) Z. B. die Konjugationsendungen und die Personalpronomina der 1. und 2. Pers. Sing. und der 1., 2. und 3. Pers. Plur. Oder Substantive, die dem lexikalischen Morphem / geb- / als Subjekt vorangehen können, oder Modalverben: ich *gebe,* sie *geben,* Kühe *geben Milch, wir* möchten *geben,* usw.

27. Syntagmen

a)	eːr	is-	-t	˙ɛpfəl		
	ziː	kaof-		˙kuːxən		

b)	hi	həz	˙teik	-ən	ə	˙buk
			fə˙gɔt			˙kiː

c)	lə	turist	mõt	la	ry
	le			le	mõtaɲ
	–	il			

Aus Kap. 6.5.2:

28. *nachlesbar*: Ableitung aus dem lexikalischen Morphem *les-* durch Präfix (bzw. Partikel) *nach-* und Suffix *-bar.*
unprofessoral: Ableitung aus dem lexikalischen Morphem *Professor* durch Suffix *-al* und (Negations-)Präfix *un-.*
(sich etwas) ersitzen: Ableitung aus dem Verb *sitzen* (= lexikalisches Morphem + grammatikalisches Morphem) durch Präfix *er-.*
Unentflohbarkeit: Ableitung aus dem lexikalischen Morphem *Floh* durch 1. (privatives) Präfix *ent-,* 2. (eine Möglichkeit ausdrückendes) Suffix *-bar,* 3. (substantivierendes) Suffix *-keit,* 4. (negierendes) Präfix *un-.*
Unübersetzbarkeit: Ableitung aus dem lexikalischen Morphem *setz* durch 1. Präfix *über-,* 2. Suffix *-bar,* 3. Suffix *-keit,* 4. Präfix *un-.*

310

29. Das betonte Präfix wird in den einfachen Tempora abgetrennt, das unbetonte nicht.

30. Das Frz. ist *oxyton*, d. h. endsilbenbetont. Der Akzent liegt automatisch stets auf der letzten Silbe eines *groupe rythmique*, so daß es strenggenommen gar keinen Wortakzent, nur einen ›Satzakzent‹ (besser: ›Sprechgruppenakzent‹) gibt.

31. a) Akzent, b) Tonhöhe, c) Akzent, d) Junktur, e) Akzent, f) Akzent, g) Akzent, h) Junktur.

32. a) frz. *Le monsieur qui aimait fumer sa pipe, par de beaux soirs d'été, dans son petit jardin bien tenu qui se trouvait derrière la maison, était là aussi aujourd d'hui.*
engl.: *The man who liked to smoke his pipe in his nice and tidy little garden behind his house on fine summer evenings was there also today.*
Im Frz. und im Engl. ist der Relativsatz akzeptabler als im Dt., da das Prädikat unmittelbar auf das Subjekt folgt, während es im Dt. erst nach den langen Adverbialbestimmungen steht.

b) frz. *Nous sommes arrivés à un pré d'un vert frais, qui s'étendait jusqu'à la lisière lointaine de la forêt et qui était tout couvert de fleurs multicolores, et peuplé par des insectes de toutes sortes.*
engl.: *We came to a fresh green meadow which reached up to the far-off border of the wood and was covered with flowers of all colours and swarming with various kinds of insects.*
Im Frz. und im Engl. höherer Akzeptabilitätsgrad als im Dt., da das Determinierte (= das Bestimmte: *pré / meadow*) sämtlichen bzw. den meisten determinierenden (= bestimmenden) Teilen der Äußerung vorangeht, während es im Dt. erst ganz am Schluß folgt (›... *Wiese*‹).

33a.

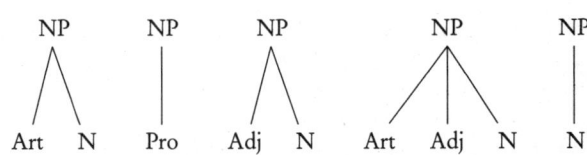

33b. a)

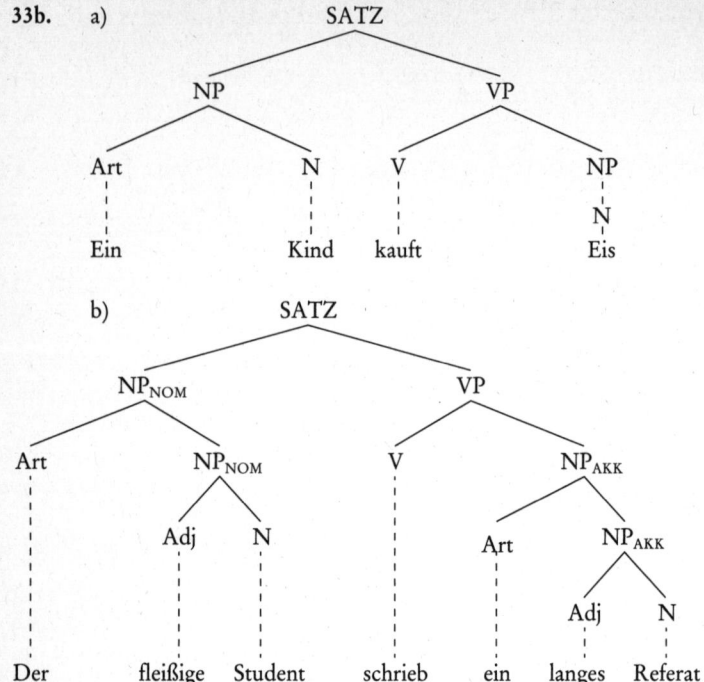

b)

bzw. nichtbinär:

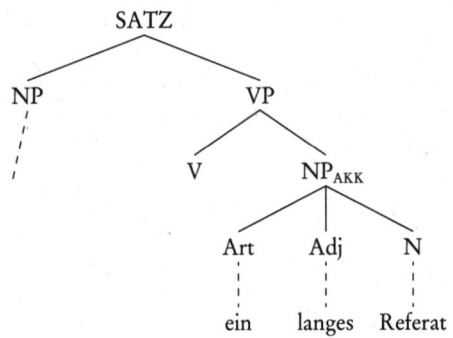

Aus Kap. 8.3:

34. a)

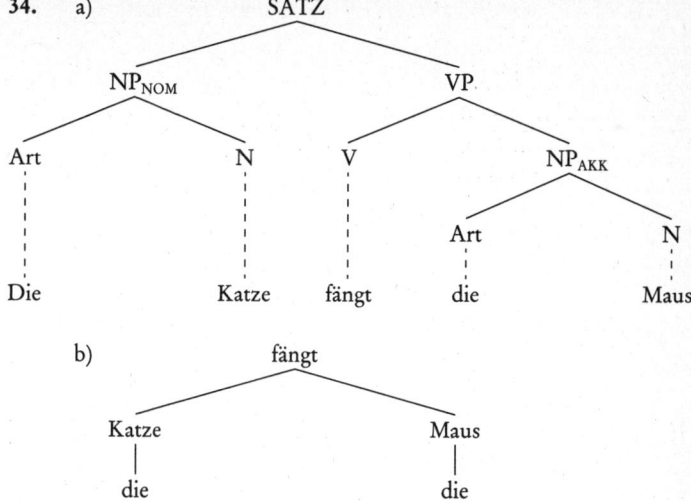

b)
```
              fängt
            /        \
        Katze        Maus
          |            |
         die          die
```

Aus Kap. 8.5:

35. Lösung kommt im anschließenden Text des Kapitels

Aus Kap. 8.5.1:

36. Etwa: 1. Es ist nicht schwer zu beschreiben, was Linguistik ist (tut usw.) 2. Die Linguistik liefert einfache, leicht verständliche Beschreibungen.

Aus Kap. 8.5.2.1:

37. a)

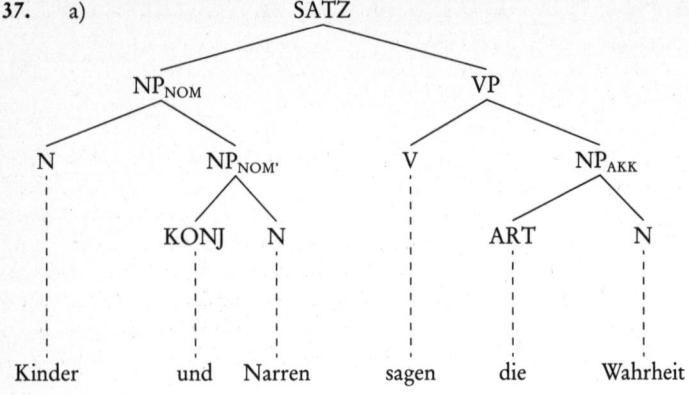

b)

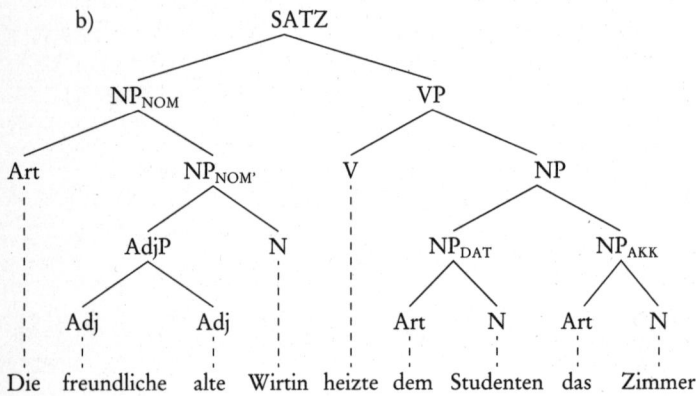

oder, nicht streng binär:

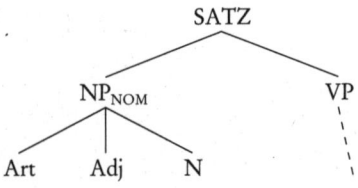

314

38. *Signification* = *Bezeichnung* ist das Bezugnehmen auf einen Umweltreferenten mittels eines Sprachzeichens.
Die *valeur* dieses Sprachzeichens wird bestimmt durch das betr. Sprachsystem. Z. B.:
dt. *Nehmen Sie diese* Blumen!
und frz. *Prenez ces* fleurs! – die *signification-Bezeichnung* – der *Umweltreferent* ist beide Male gleich.
Dagegen ist die *valeur* von frz. *fleur* umfassender als die von dt. *Blume*, weil *Blume* eingegrenzt wird durch *Blüte*, das es (im System) noch neben sich hat. Je größer die *valeur* eines Zeichens, desto mehr verschiedene Umweltreferenten können damit bezeichnet werden: mit frz. *fleur* alles das, was im Dt. mit *Blume* und mit *Blüte* bezeichnet werden kann (z. B. dt. *Ich liebe* Blumen. – frz. *J'aime* les fleurs; aber auch dt. *Apfelblüten* – frz. *les fleurs du pommier*).

39. Das »Stück Umwelt«, das sich zusammensetzt aus einmal »Teil der höheren Pflanzen, der der geschlechtlichen Fortpflanzung dient«, und zum anderen »Teilmenge des gesamten Pflanzenreichs (im Gegensatz etwa zu Bäumen, Sträuchern usw.)« wird im Frz. durch ein »pauschales« Sprachzeichen *fleur* abgedeckt, eine nicht näher unterteilte »Großmasche« im »Netz« dieser Sprache. Das Dt. dagegen bietet seinen Sprachteilhabern für dieses »Stück Umwelt« eine zusätzliche Unterscheidungskategorie an – für das sprachliche Benennen, aber (so jedenfalls die Vertreter von beiden Teilthesen der Sapir-Whorf-Hypothese) auch bereits für das kognitive Umwelterkennen.

40./41. (Für die Aufgaben aus Kap. 9.2 und Kap. 9.3.1.3 sollen hier keine Lösungsvorschläge angeboten werden, da sie vor allem als Anregung zur eigenen Benutzung der angegebenen Nachschlagewerke gedacht sind.)

42.

16. Jh.	20. Jh.
desjeuner	petit déjeuner
disner	déjeuner
	dîner
soup(p)er	souper

Inhaltlicher Strukturwandel.

43. Bis zum 16. Jh. hatte *chef* die Bedeutungen 1. ›Kopf‹, 2. ›oberes Ende, Spitze, von etwas‹, 3. ›der (die, das) Erste, Wichtigste‹, 4. ›der Führer, der Chef‹ (s. Kap. 9.6: Polysemie, was bedeutet, daß ein Wort mehrere, aber untereinander verwandte Bedeutungen hat).

Lat. *testa* hieß ursprünglich ›Tonscherbe‹, auch ›Schildkrötenpanzer‹, dann vulg.lat. metaphorisch-scherzhaft verwendet ›Kopf‹.

Neben dem afrz. ›Normalwort‹ *chef* zur Bezeichnung des Kopfes existierte *tête* mit der gleichen denotativen Bedeutung. Seit dem 16. Jh. ist *tête* das Normalwort für ›Kopf‹. *Chef* hat nur noch seine anderen Bedeutungen beibehalten. Es hat eine sog. Bedeutungsverengung erfahren. Ein Teil des Gegenstandsbereiches, den es bis zum 16. Jh. abdeckte, wurde ab da an *tête* abgetreten.

Aus Kap. 9.5.2:

44. 1a) *Haus* ›Gebäude‹, ›zum Wohnen‹
  1b) *Haus* ›Gesamtheit der Einwohner eines solchen Gebäudes‹
  2a) *bois* ›Ansammlung von Bäumen (als bestimmter Landschaftstyp)‹
  2b) *bois* ›Bäume (oder Teile von Bäumen) als Brennmaterial‹
  3a) *dinner* ›Mahlzeit‹, ›abends‹
  3b) *dinner* ›(Haupt-)Mahlzeit‹

45. a) Onomasiologie – Semasiologie – Semasiologie – Onomasiologie – Onomasiologie – Onomasiologie.
  b) Onomasiologie ~ Sprecher
  (Er will von einer ›Sache‹ sprechen und muß auswählen, welcher *signifiant* dafür passend ist; er fragt sich: Wie drücke ich es aus?)
  Semasiologie ~ Hörer
  (Er fragt sich: Was meint der Sprecher mit diesem *signifiant*? Häufig: welche der verschiedenen möglichen Bedeutungen kommt hier in Frage?)

Aus Kap. 9.6:

46. 1. le bijoutier pare les cous
    le maître d'armes pare les coups
    la couturière parle et coud
  2. il est énorme et m'embête
    il est énormément bête
    il est ténor mais m'embête
  3. On ne peut parler de l'art sans penser à la Grèce.
    … lard … graisse

47. sechs:

cinq
sain(s)
ceint(s) ⎫
sein ⎬ / sɛ̃ /
seign ⎭
saint

48. Fliegende Flugzeuge können gefährlich sein.
Das Fliegen (= Lenken) von Flugzeugen kann gefährlich sein.

49. a) *the blind* ›die Blinden‹ (substantiviertes Adjektiv, Plural) und *the blind* ›der Rolladen‹ (vgl. dt. ›die Sonnen*blende*‹) sind homonym.
   b) *bill* ›Rechnung‹
   und *Bill* (männlicher Vorname) sind homonym.

Aus Kap. 10.1.2.1:

50. *Pauker:* Schülersprache
verhoffen (›Stehenbleiben des Wildes‹): Jägersprache
irre / echt: Soziolekte bestimmter Generationen.
(*irre* war ›Modewort‹ der Jugendlichengeneration der zwanziger und dreißiger Jahre, *echt* und *voll* als Intensivierungsadverbien sind es bei den heutigen Jugendlichen.)
Endlösung (›geplante Vergasung aller Juden‹): Soziolekt der Machthaber des Dritten Reiches
keilen (›als neues Mitglied für eine Studentenverbindung anwerben‹): Soziolekt der Verbindungsstudenten
reffen (›einen Teil des Segels zusammenschnüren‹): Seemannssprache
Schweiß (›Blut‹): Jägersprache
Pons, Schlauch (›dt. Ausgabe eines fremdsprachlichen, im allgemeinen lat., literarischen Textes‹): Schülersprache
Salamander (ungefähr: ›gefülltes Glas, zum Anstoßen = ›Reiben‹ ›bereit‹): Soziolekt der Verbindungsstudenten
steiler Zahn (›flottes, hübsches Mädchen‹): generationsgebundener Soziolekt
Wandlung: Soziolekt der Angehörigen der katholischen Kirche
Kimmung: (›Luftspiegelung auf dem Meer‹): Seemannssprache
Fux (›Student in den ersten Jahren seiner Zugehörigkeit zu einer Verbindung‹): Soziolekt der Verbindungsstudenten
Visite: Krankenhaussoziolekt
Affe (›Tornister‹): Pfadfinder- bzw. Soldatensoziolekt
Wachtel (›Aufseher‹): Soziolekt der Gefängnisinsassen

51. a) *irre / echt / voll; Endlösung; Schweiß; Schlauch; Salamander; steiler Zahn; Wandlung; Visite; Affe; Wachtel*
    b) *Pauker; verhoffen; reffen; Kimmung*
    c) *keilen; Pons, Schlauch, Salamander; Wandlung; Fux*

52. Siehe Bemerkung zur Aufgabe 40/41.

Aus Kap. 12.3:

53. »Die Frau intendiert als illokutiven Akt: Die Kinder verstehen, daß die Frau den Hund für ungefährlich hält, und sie verstehen den zugleich enthaltenen Vorwurf, daß die Frau ihr Schreien für ungerechtfertigte Ängstlichkeit hält. Als perlokutiven Akt intendiert die Frau: Die Kinder werden überzeugt davon, daß der Hund ungefährlich ist, sie hören auf zu schreien und lassen sich das Anspringen des Tieres gefallen.« (Maas/ Wunderlich 1972, S. 121)

Aus Kap. 12.4:

54. a) Repräsentativum
    b) Repräsentativum
    c) Konstativum
    d) Regulativum
    e) Kommunikativum
    Die Sprechakttheorie (und auch Habermas' Einteilung) läßt sich mit konstruierten Beispielsätzen häufig besser belegen als an empirisch gewonnenen, tatsächlich angetroffenen Sprachäußerungen. Zu diesbezüglicher Kritik an der Sprechakttheorie s. Kap. 11.8, letzten Abschnitt.

55. Siehe Bemerkung zur Aufgabe 40/41.

Aus Kap. 12.4.2.1:

56. a) Neueinführungen:
    Z.1: *ein* Transformatorenhäuschen (unbestimmter Artikel)
    Z.2: *ein* Milchstand (unbest. Artikel)
    Z.2: *ein* Feld (unbest. Artikel)
    Z.2: *ein paar* Figuren (Zahlwort)
    Z.3: Gendarmen (Nullartikel)
    Z.4: mit Hunden (Nullartikel)
    Z.5: *ein* Brombeergebüsch (unbest. Artikel)
    Z.6: *ein* Kinderfahrrad (unbest. Artikel)

Z.8: *einige* Brombeerstacheln (Zahlwort)

Z.9: *ein* Fichtenast (unbest. Artikel)

b) Textrückverweisungen:

Z.1: *am* Waldrand (bestimmter Artikel)

(Es handelt sich, wie ersichtlich, um eine Stelle aus einem Roman, die nicht Textanfang ist, daher *am Waldrand* bereits als Rückverweisung zu verstehen.)

Z.1 und Z.2: *hier; dort* (viermal) (deiktische Adverbien)

Z.3: *er* (Personalpronomen)

Z.3: *die* Figuren auf *dem* Feld (bestimmter Artikel)

Z.5: *den* Brombeeren (best. Artikel; deswegen möglich, weil die *Brombeeren* schon durch das zusammengesetzte Substantiv *Brombeergebüsch* eingeführt sind)

Z.6: *er* (Personalpronomen)

Z.6: *der* Sattel (best. Artikel. Der Sattel ist noch nicht explizit sprachlich vorerwähnt, aber implizit als Teil der vorerwähnten »Sache« ›Fahrrad‹).

Z.7: *im* Reifen (best. Artikel, s. Bemerkung zu *Sattel*)

Z.8: *die* Luft (best. Artikel, s. Bemerkung zu *Sattel*)

Z.9: *den* Speichen (best. Artikel, s. Bemerkung zu *Sattel* und *Reifen*)

Z.9: *das* Rad (best. Artikel, s. ebenfalls *Sattel* usw.)

Z.10: *dem* Ast (best. Artikel. Bei Wiedererwähnung des *Fichtenastes* von Z.9 – zusammengesetztes Substantiv – genügt das einfache Substantiv, ohne Determinierendes. Hierzu s. Kap. 6.5.2: Wortbildung).

Z.10: *das* Rad (best. Artikel. *Rad* gegenüber *Kinderfahrrad* ist zu erklären wie *Ast* gegenüber *Fichtenast*)

Z.11: *die* Gendarmen (best. Artikel)

Z.11: *die Reflexe* (best. Art.)

Z.12: *der* Scheinwerferkappe (best. Art.)

Z.12: *die* Gendarmen (best. Artikel)

Z.13: *den* Hunden (best. Artikel)

⎫
⎬ (Erklärung wie bei *Sattel* usw.)
⎭

57. Propositionaler Gehalt: *Er hat seinen Namen geändert.*

Aus Kap. 12.7:

58. a) – eine konventionalisierte Sprechhandlungssequenz:

Dank – Antwort auf Dank.

In den folgenden Repliken wird der zweite Teil dieser konventionalisierten Formel, dieser »phrase toute faite«, in seiner wörtlichen Bedeutung bewußt gemacht und konkretisiert auf die Beziehung der beiden Protagonisten hin. – Indirekte Sprechhandlung: In der Form einer *Feststellung* wird der Intention nach eine *Aufforderung* vorgebracht (etwa: »Ja, bieten Sie mir doch bitte heute wieder Ihre Hilfe an!«)

- Mit der Wendung »*Il est exact que* ...« räumt Topaze ein, daß Ernestine in ihrer Darstellung der Fakten, wie sie sich von außen gesehen präsentieren, recht hat, zugleich kündigt er aber indirekt an, daß er eine Richtigstellung an der Interpretation ebendieser Fakten vornehmen möchte.

- Mit Wendungen wie »*Es stimmt, daß* ...« wird dem Dialogpartner zunächst und scheinbar recht gegeben, aber nur um ihn im folgenden um so überzeugender berichtigen zu können.

- frz. *certes*; dt. *freilich* oder *schon*

- Komplementär; Ernestine ist der beherrschende Teil, der über Topaze verfügt; Topaze hängt von ihren Launen, ihren Entscheidungen ab.

- Ernestine möchte erreichen, daß Topaze die Hefte für sie korrigiert. Sie spricht diese Absicht aber nicht offen aus, sondern täuscht das Gegenteil vor: Als Topaze sich bereit erklärt, für sie zu korrigieren, tut sie, als wolle sie es ihm nicht erlauben. Dadurch bewirkt sie, daß sich die tatsächlich vorliegende Interaktionsstruktur für Topaze gerade umgekehrt darstellt: In Wirklichkeit ist sie diejenige, die eine Gefälligkeit von ihm erwartet, aber sie manövriert ihn in die Position des Bittenden. So schlägt sie zwei Fliegen mit einer Klappe: Topaze nimmt ihr die Mühe des Korrigierens ab, und zugleich wird durch die Dankbarkeit, die er darüber empfindet, daß er das darf, seine Ergebenheit Ernestine gegenüber noch vertieft.

b) Z.5: »*Elle m'a reproché ma froideur*«

Z.7/8: »*... avec toute sa pudeur de jeune fille*«

Z.8/9: »*j'ai obtenu que* ...« (Topaze hält Ernestine für spröde)

Z. 13/14: »*... mais je ne suis pas allé jusqu'à l'aveu*« (Er will Ernestines »*pudeur de jeune fille*« auf keinen Fall überrumpeln.)

- Topaze schildert sich als den Werbenden, der zwar mit Rücksicht auf Ernestines ›*pudeur*‹ behutsam vorgeht, aber seines erreichbar geglaubten Erfolges gewiß ist. Ernestines Äußerung in Z. 7/8 von Text a) deutet er als indirekte Liebeserklärung, ihre in Z. 9 von Text b) berichtete Sprechhandlung als Beweis ihrer mädchenhaften Zurückhaltung.

- Topaze war der kläglich Bettelnde, Ernestine brachte ihn mit skrupellos berechnender Dialogführung genau dahin, wo sie ihn haben wollte. Topaze will nicht sein Gesicht verlieren; es ist schmeichelhafter, vor dem Kollegen in der Rolle des männlichen Eroberers dazustehen als in der des Hausknechtes fürs Heftekorrigieren.

- Rederesümierende Verben fassen eine direkte Rede zusammen, indem sie nur deren Ergebnis, deren Wirkung auf eine und in einer oder mehreren an einer Kommunikationssituation beteiligten Person(en) bezeichnen. Andere solche Ausdrücke:

Z. 7/8: »elle m'a fait comprendre«;

Z. 9: »elle me confie ... les devoirs«;

Z. 12: »avouer«; Z. 16/17: »je ne suis pas allé jusqu'à l'aveu«.

Sprechhandlungssequenzen:

a) – Z. 9/10 ff.: Frage – Antwort; Z. 32 ff./47: Bitte – Erfüllung der Bitte

b) Z. 1–3: Frage – Antwort

Z. 4/5: Rückfrage – Ergänzende Information

Z. 6–8: Weitere Rückfrage – Weitere ergänzende Information

Z. 8–11: Mitteilung – Frage (die weitere Information heischt)
Beantwortung der Frage (deiktisch durch Hinweis auf die Situation)

Z. 12–14: Frage – Antwort

Z. 15/16: (Sich vergewissernde Rück-)Frage –
(Vergewissernde, bestätigende) Antwort

c)– Z. 11: »un imbécile«

Z. 14/15: »cet idiot«

Z. 16: »je le fais marcher«

auch Z. 5: »Parce que c'est un travail qui me dégoûte« (Für Ernestine ist demnach Topaze jemand, an den man eine Arbeit, die einem selber zuwider ist, abschieben kann)

– Symmetrisch

– Ernestines Heftigkeit scheint sich gegen ihre Tätigkeit als Internatslehrerin, gegen ihre Schulklassen und andererseits – neidisch – gegen die anderen, besser gestellten Frauen zu richten, ist aber im Grunde intendiert als Vorwurf gegen den Vater, der ›schuld‹ ist an der Existenz des Internats und zumindest deshalb schuld ist an ihrem Beruf.

In der vorliegenden Dialogsituation ist ursprünglich Ernestine im Unrecht (sie läßt ihre Klassenarbeiten von jemand anderem korrigieren), daher muß sie auf Vorwürfe von ihrem Vater gefaßt sein. Um diesen zuvorzukommen – Angriff ist die beste Verteidigung –, geht sie selbst zum Angriff über, d. h., sie macht dem Vater zuerst die oben beschriebenen Vorwürfe.

Diese gipfeln in der rhetorischen Frage Z. 8. Rhetorische Fragen sind indirekte Sprechhandlungen: Form der Frage, Intention der Feststellung (oder Aufforderung oder anderes). An unserem Beispiel: »Tu crois que c'est une vie?« Form der Frage, Intention der Feststellung, hier des vernichtenden Urteils »Ce n'est décidément pas une vie« oder dgl.

Lachen ist gesund. Sprachwitz und Linguistik

Und wer Linguistik gelernt hat, weiß hier sogar, *worüber* er lacht ...

A: Was gibt drei mal sieben?
B: Einundzwanzig.
A: Falsch – ganz, ganz feinen Sand!

Die Hausherrin: »Minchen, wenn wir Gäste haben, servieren Sie bitte die Karpfen mit einer Zitrone im Maul!«
Große Einladung mit vielen Gästen. Minchen trägt die Karpfen auf – eine Zitrone zwischen den Zähnen ...

Lehrer: »Nenn mir mal einen griechischen Dichter, Hans!«
Hans: »Achilles.«
Lehrer: »Na, Achilles war doch kein Dichter.«
Hans: »Aber er ist doch durch seine Ferse berühmt geworden.«

Lehrer: »Was stellst du dir unter einer Hängebrücke vor, Petra?«
Petra: »Wasser.«

»Was ist *analog*?«
»Die Vergangenheit von ›Anna lügt‹, Herr Lehrer!«

Die Ehefrau kommt nach Hause und erzählt ihrem Mann freudestrahlend:
»Endlich habe ich einen traumhaft schönen Hut gefunden!«
Darauf der Ehemann: »Schön, daß du ihn gefunden hast. Gekauft hätte ich dir nämlich keinen.«

Der Lehrer besucht mit seiner Klasse eine Gemäldegalerie. Vor dem Bild Friedrichs des Großen auf dem Totenbett fragt er seine Schüler:
»Wißt ihr eigentlich, woran Friedrich der Große gestorben ist?«
Antwortet Bernhard: »Das steht doch unten dran: Nach einem Stich von Menzel!«

Warum streuen die Ostfriesen Pfeffer auf den Fernsehapparat? – Damit das Bild schärfer wird.

Die freundliche ältere Dame:
Wie heißt du, mein Junge?
– Müller.
Und dein Alter?
– Auch.

Breitmaulfrosch beim Fotografen; er will ein Paßbild machen lassen.
Fotograf: »Sagen Sie bitte mal ›Konfitüre‹.«
Breitmaulfrosch: »Marmelade.«

– »Was machst du für ein Gesicht?«
»Ich hab beim Rennen Geld verloren.«
»Geschieht dir recht! Was hat ein erwachsener Jud zu rennen? Geh
langsam!«
(Dieser und die folgenden acht Witze aus: Landmann, Salcia: Jüdische
Witze, München: dtv 1963.)

– Ein russischer Jude kommt in eine kleine deutsch-jüdische Gemeinde und
wundert sich, wie klein das Bethaus ist. »Da geht doch niemals die ganze
Gemeinde hinein!« sagt er zum Synagogendiener. Dieser erklärt: »Es ist so:
würde je die ganze Gemeinde hineingehen, so würde sie natürlich niemals
hineingehen. Da aber nie die ganze Gemeinde hineingeht, geht die ganze
Gemeinde ohne weiteres hinein.«

– Gott zum König Ahab: »Wenn du nicht ablässest von deinen Sünden,
dann schicke ich dir eine große Dürre.«
Ahab: »Schade. Eine kleine Dicke wäre mir lieber.«

– Berel, Nichtschwimmer, plätschert im seichten Fluß – plötzlich gerät er in
eine tiefe Stelle und brüllt um Hilfe.
Schmerel: »Berel, was schreist du?«
»Ich habe keinen Grund!«
»Wenn du keinen Grund hast – was schreist du dann?«

– »Herr Kommerzienrat, Ihr Herr Sohn studiert in Wien? Was wird er sein,
wenn er fertig ist?«
»Ich fürchte: ein alter Jude.«

– Frau Pollak zeigt den Gästen ihre Villa. Eines der Zimmer ist völlig
ausgeräumt. In der Mitte steht einzig ein riesiger eiserner Käfig. Die Gäste
wundern sich. Darauf Frau Pollak: »Ja, wissen Sie, mein Mann ist auf einer
Spanienreise und will uns einen echten Murillo von dort mitbringen.«

– Gnädige Frau, unten ist ein Herr, der auf den Perser reflektiert.«
Frau von Pollak, die den Teppich annonciert hat, im Augenblick aber nicht
daran denkt: »Geschichten! Nehmen Sie einen Putzlappen und wischen Sie
es auf!«

– Ich sag Ihnen, was ich für Ärger hab mit die Antisemiten! Also: Am
Montag früh war auf der Schwelle von mei Geschäft ä Haufen. Ich hab mir
gedacht – hältst lieber's Maul drüber! Am Dienstag wieder so ä Haufen. Ich

hab mir wieder gesagt – schluckst es herunter! Am Mittwoch wieder. Da war ich schon bös und hab mir gedacht: Da wird sich die Polizei hereinlegen müssen! Aber am Donnerstag, wie da wieder so ä Haufen auf der Schwelle lag, hab ich die Geduld verloren und hab gewußt: Das wird e Fressen fürn Staatsanwalt!«

– (Zwei Juden begegnen sich irgendwo, im Dritten Reich.)
»Heil Hitler!«
»Bin ich ein Psychiater?«

Aus einem Zeitungsbericht über die durch Polizeieinsatz erfolgte Räumung eines Eros-Centers: »Nach knapp dreistündigem Polizeieinsatz waren alle Nutten ausgezogen.«

Aus einer Sammlung von Schülerstilblüten:
– Mit zehn Jahren ist Bach vollweise.
– 1707 heiratete er seine weibliche Cousine.
– Bei den Opern ist die Musik das maßgebende (sic!), während Wagner mehr mit dem Ton schaffte.
– Wagner schuf die Arie ab.
(Aus: Suder, Alexander: ... und Wagner schuf die Arie ab. München: Süddeutscher Verlag 1967)

– Kurz nach dem Kriege, als die Schweizer Grenze wieder geöffnet war, ging ein Pater nach »drüben«, um die gestattete Freimenge einzukaufen. Außerdem kaufte er 20 Tafeln Schokolade, die er in seinen weiten Ärmeln versteckte. Auf die Frage des Zöllners, was er eingekauft habe, meinte er treuherzig: »Die Freimenge und 20 Tafeln Schokolade.« Der Beamte fragte weiter, wo er die habe. »Eine habe ich gegessen und den Rest unter den Armen verteilt.« Er durfte passieren.

– »Könnt ihr mir das Morgengrauen erklären, Kinder?« fragt der Lehrer in der Schule. Fritz meldet sich: »Das Morgengrauen isch des Grauen, des uns morgens befällt, wenn mir in die Schul müsse.«
(Aus: Konradsblatt. Wochenzeitung für das Erzbistum Freiburg. 59. Jahrgang/1975)

– »Mama, der Kurtchen hat mir mein Butterbrot runtergeworfen!«
»Mit Absicht?«
»Nein, mit Marmelade.«

– »Fräulein, haben Sie Kalbshaxen?«
»Ja.«
»Wie können Sie denn damit gehen?«

Der Lehrer rüttelt Uwe aus der letzten Reihe wach.
»Weißt du, was du bist?«
»Jawohl, Herr Lehrer: ein aufgeweckter Schüler!«

– Zwei Hollywood-Produzenten bewundern den Star einer Show.
1. Produzent: »I should like to know who made her dress?«
2. Produzent: »The police, I suppose.«

– »Last night I was sitting quietly in my room, when there was suddenly a tap on the door.«
»Well, well – these plumbers nowadays ...«

Policeman: »Excuse me, sir, your dog's been chasing a man on a bicycle.«
Man: »Ridiculous, constable, my dog can't ride a bicycle.«
(Feilhauer, Angelika/Ehrhardt, Cornell [Hrsg.]: Englisch lernen mit Witzen. Ravensburg 1987)

Man: »Can I have a parrot for my son, please?«
Pet-shop owner: »Sorry, sir, we don't swop.«
(Ebd.)

Teacher: »Sally, can you give me two pronouns?«
Sally: »Who, me?«
Teacher: »Correct.«
(Ebd.)

Ken: »Last night I had to open the door in my pyjamas.«
Ben: »That's a funny place to have a door.«
(Ebd.)

Teacher: »What is the outside of a tree called?«
Girl: »I don't know.«
Teacher: »Bark, girl.«
Girl: »Woof woof.«
(Ebd.)

Judge: »Order, order in court!«
Prisoner: »I'll have a ham sandwich.«
(Ebd.)

James, showing a poodle puppy to his friend, said, »I just got this poodle for my girl-friend.«
»That was a good trade.«
(Ebd.)

How many feet are in a yard?
That depends on how many people there are in the yard.
(Ebd.)

A man went into a furniture shop and said that he wanted to buy a mattress.
»Spring mattress, sir?« asked the manager.
»No«, said the customer. »One I can use all year round.«
(Ebd.)

»Have you ever seen a duchess?«
»Yes – it's the same as an English ›s‹!«
(Ebd.)

– Quelle différence y a-t-il entre un cendrier et une théière?
– Le cendrier c'est pour des cendres, et la théière c'est pour mon thé.
  (Hamelin, Daniel: Les nouveaux qui-colle-qui? Paris 1976)

– Quel est le seul chauffeur de France à qui l'on ordonne de lire lorsqu'il
  conduit?
– C'est le chauffeur du président de la République, qui lui dit, à chaque fois
  qu'il remonte en voiture: »A l'Elysée.«
  (Ebd.)

– Dans le cadre de l'année de la femme, quelle décision a prise le gouverne-
  ment français?
– Le système décimal sera transformé en système des six femelles.
  (Ebd.)

Un jeune Noir congolais se présente dans une entreprise pour y demander
un emploi de bureau. Le directeur du personnel lui dit:
– Dans quelle branche voulez-vous travailler?
  Alors l'autre, furieux, lui répond:
– Non, mais dites donc, vous! Faites attention, hein? Ne soyez pas inju-
  rieux! Nous autres aussi, on peut travailler sur des chaises, comme les
  Européens … On n'est pas des singes!
  (Nègre, Hervé: Dictionnaire des histoires drôles, J à Z. Paris 1973)

… Alles Linguistik, oder?

Literaturverzeichnis

Linguistische Wörterbücher

- Bußmann, Hadumod: Lexikon der Sprachwissenschaft. Stuttgart ²1990.
- Dubois, Jean: Dictionnaire de linguistique. Paris 1973.
- Lewandowski, Theodor: Linguistisches Wörterbuch. 3 Bände. Heidelberg ⁶1994.
- Marouzeau, Jean: Lexique de la terminologie linguistique – français, allemand, anglais, italien. Paris ³1961.
- Pei, Mario: Glossary of Linguistic Terminology. New York/London 1966.
- Ulrich, Winfried: Wörterbuch Linguistische Grundbegriffe. Kiel ²1975.

Literatur zu den behandelten Gebieten

Apresjan, Juri D.: Ideen und Methoden der modernen strukturellen Linguistik (dt. Übersetzung). München 1971.

Aschenberg, Heidi: Idealistische Philologie und Textanalyse. Zur Stilistik Leo Spitzers. Tübingen 1984.

Austin, John Langshaw: How to Do Things with Words. Cambridge (Mass.) 1962 (dt. Übersetzung: Zur Theorie der Sprechakte; dt. Bearbeitung von Eike von Savigny. Stuttgart 1972).

Badura, Bernhard: Sprachbarrieren. Zur Soziologie der Kommunikation. Stuttgart-Bad Cannstatt 1971.

Bally, Charles: Linguistique générale et linguistique française. Bern 1932, ²1944.

Barthes, Roland: Système de la mode. Paris 1967.

Bartsch, Renate/Vennemann, Theo (Hrsg.): Linguistik und Nachbarwissenschaften. Kronberg/Taunus 1973.

Baugh, Albert C.: A History of the English Language. New York/London 1935.

Baum, Richard: ›Dependenzgrammatik‹. Tesnières Modell der Sprachbeschreibung in wissenschaftsgeschichtlicher und kritischer Sicht. Tübingen 1976.

Baumgärtner, Klaus/Steger, Hugo, et al.: Funkkolleg ›Sprache‹. Eine Einführung in die moderne Linguistik. 2 Bde. Frankfurt/M. 1973.

Bechert, Johannes/Clément, Danièle/Thümmel, Wolf/Wagner, Karl-Heinz: Einführung in die generative Transformationsgrammatik. Linguistische Reihe 2. München 1970.

Bernstein, Basil: Soziale Struktur, Sozialisation und Sprachverhalten. Aufsätze 1958–1970 (übersetzt aus dem Engl. von einem Pädagogenkollektiv an der Universität Frankfurt). Amsterdam 1970.

Ders.: Theoretical Studies towards a Sociology of Language (dt. Übersetzung von Gerd Habelitz: Studien zur sprachlichen Sozialisation. Düsseldorf 1972).

Bierwisch, Manfred: Strukturalismus. Geschichte, Probleme und Methoden. In: Kursbuch 5, 1966, ²1969, S. 77–152.

Bloch, Oscar/Wartburg, Walther von: Dictionnaire ótymologique de la langue française. Paris 1968.

Bloomfield, Leonhard: Language. New York 1935, Reprint 1967.

Brinker, Klaus: Modelle und Methoden der strukturalistischen Syntax. Eine Einführung. Stuttgart/Berlin/Köln/Mainz 1977.

Bühler, Hans: Die Sprachbarrierentheorie von Basil Bernstein. Zum Forschungsstand der Soziolinguistik. In: Zeitschrift für Pädagogik 17, 1971, S. 471–481.

Bühler, Hans/Fritz, Gerd/Herrlitz, Wolfgang/Hundsnurscher, Franz/Insam, Bernd/Simon, Gerd/Weber, Heinrich (= Bühler et al.): Linguistik I. Lehr- und Übungsbuch zur Einführung in die Sprachwissenschaft. Tübingen 1970, 2., durchges. Aufl. 1971.

Bühler, Karl: Sprachtheorie. Die Darstellungsfunktion der Sprache. Jena 1934, ²1965.

Bünting, Karl-Dieter: Einführung in die Linguistik. Frankfurt/M. ³1973.

Busse, Winfried/Dubost, Jean-Pierre: Französisches Verblexikon. Die Konstruktion der Verben im Französischen. Stuttgart 1977.

Carnap, Rudolf: Introduction to Semantics. Cambridge 1942.

Chevalier, Jean-Claude/Blanche-Benveniste, Claire/Arrivé, Michel/Peytard, Jean: Grammaire Larousse du français contemporain. Paris 1964. Ed. rev. et corr. 1979.

Chomsky, Noam: Syntactic Structures. Janua Linguarum 4, The Hague 1957 ... ⁷1968.

Ders.: Aspects of the Theory of Syntax. Cambridge (Mass.) 1965 ... ³1966 (dt. Übersetzung: Aspekte der Syntax-Theorie. Frankfurt/M. 1969).

Ders.: Cartesianische Linguistik. Aus dem Englischen übersetzt von Richard Kruse. Tübingen 1971.

Ders.: Studies on Semantics in Generative Grammar. The Hague 1972.

Ders.: Conditions on Transformations. In: Anderson, S./Kiparsky, P. (Hrsg.): A Festschrift for Morris Halle. New York 1973, S. 232–286.

Ders.: Lectures on Government and Binding. Dordrecht 1981.

Coseriu, Eugenio: Pour une sémantique diachronique structurale. In: Travaux de linguistique et de littérature 2, I. 1964, S. 139–186.

Ders.: Lexikalische Solidaritäten. In: Poetica I, 1967, S. 293–303.

Ders.: Georg von der Gabelentz et la linguistique synchronique. In: Word 23 (1967), S. 74–100.

Ders.: Les structures lexématiques. In: Zeitschrift für frz. Sprache und Literatur, Beiheft 1 (Neue Folge), 1968, S. 3–16.

Ders.: Einführung in die strukturelle Linguistik. Vorlesung gehalten im Wintersemester 1967/68 an der Universität Tübingen. Autorisierte Nachschrift besorgt von Gunter Narr und Rudolf Windisch. Tübingen 1969.

328

Ders.: Sprache – Strukturen und Funktionen. 12 Aufsätze zur Allgemeinen und Romanischen Sprachwissenschaft. In Zusammenarbeit mit Gunter Narr und Rudolf Windisch, hrsg. von Uwe Petersen. Tübingen/Stuttgart 1970a.

Ders.: »System, Norm und Rede«. In: Ders. 1970a, S. 45–59.

Ders.: Einführung in die Transformationelle Grammatik. Vorlesung gehalten im SS 1968 an der Universität Tübingen. Autorisierte Nachschrift besorgt von Gunter Narr und Rudolf Windisch. Tübingen 1970b.

Ders.: Bedeutung und Bezeichnung im Lichte der strukturellen Semantik. In: Hartmann, Peter/Vernay, Henri (Hrsg.): Sprachwissenschaft und Übersetzen. München 1970c.

Ders.: Einführung in die strukturelle Betrachtung des Wortschatzes. Tübingen 1970d.

Digeser, Andreas: Lese-Erschwernis oder neue Syntax? Der funktionale Wert der Großbuchstaben. In: Ders. (Hrsg.): Groß- oder Kleinschreibung? Beiträge zur Rechtschreibreform. Göttingen o. J.

Dittmann, Jürgen: Wissenschaftstheoretische Prolegomena zu einer kommunikationsorientierten Sprachtheorie. In: Deutsche Sprache 3 (1965), S. 2–20.

Ders. (Hrsg.): Arbeiten zur Konversationsanalyse. Tübingen 1979.

Dittmar, Norbert: Soziolinguistik. Exemplarische und kritische Darstellung ihrer Theorie, Empirie und Anwendung. Mit kommentierter Bibliographie. Frankfurt/M. 1973.

Der Große Duden, Grammatik der deutschen Gegenwartssprache. Hrsg. von der Dudenredaktion unter der Leitung von Paul Grebe. Mannheim 1959 … [4]1984.

Dressler, Wolfgang: Einführung in die Textlinguistik. Tübingen 1972, 2., durchges. Aufl. 1973.

Dubois, Jean/Dubois-Charlier, Françoise: Éléments de linguistique française: Syntaxe. Paris 1970.

Duhm, Dieter: Angst im Kapitalismus. Lampertheim 1972 … [10]1974.

Eggers, Hans: Deutsche Sprachgeschichte. 4 Bände. Reinbek 1963–1977.

Ehrich, Veronika/Saile, Günter: Über nicht-direkte Sprachakte. In: Wunderlich 1972, S. 255–287.

Elcock, William Denis: The Romance Languages. London 1960.

Erben, Johannes: Deutsche Grammatik. Ein Leitfaden. Frankfurt/M. 1968 … 1971.

Fanselow, Gisbert/Felix, Sascha W.: Sprachtheorie. 2 Bde. Bd. 1: Grundlagen und Zielsetzungen. Bd. 2: Die Rektions- und Bindungstheorie. Tübingen [1]1987, [3]1993.

Felixberger, Josef/Berschin, Helmut: Einführung in die Sprachwissenschaft für Romanisten. München 1974.

Fillmore, Charles: The case for case. In: Bach, E./Harms, R. T. (Hrsg.): Universals in linguistic theory. New York 1968, S. 1–88.

Fischer, Geerd: Sprache und Klassenbindung. Die Bedeutung linguistischer Kodes im Sozialisationsprozeß. Hamburg 1971.

Fodor, J. A./Katz, J. J. (Hrsg.): The Structure of Language. Readings in the Philosophy of Language. Englewood Cliffs 1964.

Fourquet, Jean: Le langage et les groupes humains. In: Martinet 1968, S. 571–596.

Fries, Charles Carpenter: The Structure of English. An Introduction to the Construction of English Sentences. London 1957.

Frisch, Karl v.: Über die »Sprache« der Bienen. Eine tierpsychologische Untersuchung. Jena 1923.

Gabelentz, Georg von der: Die Sprachwissenschaft, ihre Aufgaben, Methoden und bisherigen Ergebnisse. 1891. Durchgesehener Nachdruck der 2. Auflage von 1901. Tübingen 1969.

Gamillscheg, Ernst: Französische Bedeutungslehre. Tübingen 1951.

Gauger, Hans Martin: Sprachbewußtsein und Sprachwissenschaft. München 1976.

Ders.: Über Sprache und Stil. München 1995.

Ders.: Was ist eigentlich Stil? In: Stickel, Gerhard (Hrsg.) 1995, S. 7–26.

Ders./Oesterreicher, Wulf/Windisch, Rudolf: Einführung in die romanische Sprachwissenschaft. Darmstadt 1981.

Geckeler, Horst: Strukturelle Semantik des Französischen. Tübingen 1973.

Ders./Dietrich, Wolf: Einführung in die französische Sprachwissenschaft. Ein Lehr- und Arbeitsbuch. Berlin 1995.

Gilliéron, Jules/Edmont, Edmond: Atlas linguistique de la France (= ALF). 9 Bde. Paris 1902–1910.

Gipper, Helmut: Gibt es ein sprachliches Relativitätsprinzip? Untersuchungen zur Sapir-Whorf-Hypothese. Stuttgart 1972.

Gleason, Henry A.: Workbook in Descriptive Linguistics. New York 1955.

Glinz, Hans: Linguistische Grundbegriffe und Methodenüberblick. Bad Homburg v. d. H. 1970.

Grammaire générale et raisonnée ou La Grammaire de Port Royal. Éd. critique présentée par Herbert E. Brekle. Nouvelle impression en facsimilé de la 3e éd. de 1676. Bd. I. Stuttgart 1966.

Greimas, A. J.: Sémantique structurale. Recherche de méthode. Paris 1966.

Grevisse, Maurice: Le Bon Usage. Grammaire française avec des remarques sur la langue française d'aujourd'hui. Gembloux/Paris 1936 ... [11]1980.

Grewendorf, Günther: Sprache ohne Kontext. Zur Kritik der performativen Analyse. In: Wunderlich 1972, S. 144–182.

Große, Ernst Ulrich: Semantik und Lexikographie. Skriptum für Seminarteilnehmer. Offset-Druck. Freiburg 1970.

Ders.: Altfranzösischer Elementarkurs. München 1971, [2]1975.

Ders.: Texttypen. Linguistik gegenwärtiger Kommunikationsakte. Stuttgart/Berlin/Köln/Mainz 1974 (Preprint).

Ders.: Text und Kommunikation. Stuttgart 1976.

Gülich, Elisabeth/Raible, Wolfgang: Linguistische Textmodelle. München 1977.

Dies. (Hrsg.): Textsorten. Differenzierungskriterien aus linguistischer Sicht. Frankfurt/M. 1972; Wiesbaden [2]1975.

Guiraud, Pierre: La sémantique. Paris 1969.

Gumbrecht, Hans Ulrich/Pfeiffer, K. Ludwig (Hrsg.): Stil. Geschichten und Funktionen eines kulturwissenschaftlichen Diskurselements. Unter Mitarbeit von Armin Biermann, Thomas Müller, Bernd Schulte, Barbara Ullrich. Frankfurt 1986.

Habermas, Jürgen/Luhmann, Niklas: Theorie der Gesellschaft oder Sozialtechnologie – Was leistet die Systemforschung? Frankfurt/M. 1971.

Haegeman, Liliane: Introduction to Government and Binding Theory. Oxford, U.K./Cambridge, Mass. [2]1994.

Hager, Frithjof/Haberland, Hartmut/Paris, Rainer: Soziologie + Linguistik. Die schlechte Aufhebung sozialer Ungleichheit durch Sprache. Stuttgart 1973.

Harris, Zellig S.: Methods in Structural Linguistics. Chicago 1951 ... [7]1966. (Neuer Titel: Structural Linguistics.)

Haudricourt, André/Juilland, Alphonse: Essai pour une histoire structurale du phonétisme français. The Hague 1949, [2]1970.

Hayakawa, S. I.: Language in Thought and Action. New York 1939 ... [6]1964 (dt. Übersetzung und hrsg. von Günther Schwarz: Semantik. Sprache im Denken und Handeln. 4., völlig überarb. Aufl. Darmstadt o. J.).

Heeschen, Claus: Grundfragen der Linguistik. Stuttgart/Berlin/Köln/Mainz 1972.

Helbig, Gerhard: Geschichte der neueren Sprachwissenschaft. Unter dem besonderen Aspekt der Grammatiktheorie. Leipzig 1971, München [2]1973.

Helbig, Gerhard: Einführung in die Valenztheorie. In: Helbig/Schenkel 1969, S. 9–68.

Helbig, Gerhard/Schenkel, Wolfgang: Wörterbuch zur Valenz und Distribution deutscher Verben. Leipzig 1969, [2]1971.

Henne, Helmut/Rehbock, Helmut: Einführung in die Gesprächsanalyse. Berlin/New York 1979.

Heringer, Hans-Jürgen: Einige Ergebnisse und Probleme der Dependenzgrammatik. In: Der Deutschunterricht 22/1970, Heft 4, S. 42–98.

Hjelmslev, Louis: Omkring sprogteoriens grundlaeggelse. Kopenhagen 1943 (engl. Übersetzung: Prolegomena to a Theory of Language. Indiana 1953 ... Madison [3]1963).

Hockett, Charles F.: A Course in Modern Linguistics. New York 1958 ... [12]1967.

Hörmann, Hans: Psychologie der Sprache. Berlin/Heidelberg/New York 1967, [2]1977.

Hoinkes, Ulrich (Hrsg.): Panorama der Lexikalischen Semantik. Festschrift zum 60. Geburtstag von Horst Geckeler. Tübingen 1996.

Holtus, Günter/Metzeltin, Michael/Schmitt, Christian (Hrsg.): Lexikon der romanischen Linguistik (= LRL). Bd. V, 1: Französisch/Le français. Tübingen 1990.

Humboldt, Wilhelm von: Über die Verschiedenheit des menschlichen Sprachbaues und ihren Einfluß auf die geistige Entwicklung des Menschengeschlechts. Berlin 1836, Bonn 1960.

Iordan, Jorgu: Einführung in die Geschichte und Methoden der romanischen Sprachwissenschaft. Ins Deutsche übertragen, ergänzt und teilweise neu bearbeitet von Werner Bahner. Berlin 1962.

Isačenko, Aleksandr Vasilij/Schädlich, Hans Joachim: A model of standard German intonation. The Hague 1970. (Dt.: Untersuchungen über die deutsche Satzintonation. Übersetzt von John Pheby.)

Jaberg, Karl/Jud, Jakob: Der Sprachatlas als Forschungsinstrument. Kritische Grundlegung und Einführung in den Sprach- und Sachatlas Italiens und der Südschweiz. Halle (Saale) 1928.

Jackendoff, R.: Semantic interpretation in generative grammar. Cambridge, Mass. 1972.

Jacobs, Roderick/Rosenbaum, Peter S.: English Transformational Grammar. Waltham (Mass.)/Toronto/London 1972.

Jakobson, Roman: Linguistics and Poetics. In: Sebeok, T. A. (Hrsg.): Style in Language. 1960a, S. 350–377.

Ders./Fant, Gunnar C./Halle, Morris: Preliminaries to Speech Analysis. The Distinctive Features and their Correlates. Cambridge (Mass.) 1951 ... ⁷1967.

Ders./Halle, Morris: Fundamentals of Language. Janua Linguarum I. The Hague 1956 (dt. Übersetzung: Grundlagen der Sprache, Berlin 1960b).

Kallmeyer, Werner et al.: Lektürekolleg zur Textlinguistik. Bd. 1: Einführung. Bd. 2: Reader. Frankfurt 1974, ²1977.

Kalverkämper, Hartwig: Orientierung zur Textlinguistik. Tübingen 1981.

Katz, Jerrold J./Fodor, Jerry A.: The Structure of a Semantic Theory. In: Language 39 (1963), S. 170–210.

Kleiber, Georges: Prototypensemantik. Eine Einführung. Tübingen 1993.

Klein, Hans-Wilhelm: Phonetik und Phonologie des heutigen Französisch. München 1963 ... 3., durchges. Aufl. 1968, ⁶1982.

Klein, Hans Wilhelm/Plate, Rudolf: Französische Wortkunde auf sprach- und kulturgeschichtlicher Grundlage. Ein Hilfsbuch für Studium und Unterricht. München ⁴1966.

Ders./Strohmeyer, Fritz: Französische Sprachlehre. Stuttgart o. J.

Knoop, Ulrich: Die Begriffe ›Unendlichkeit‹ und ›Kreativität‹ in der Theorie der generativen Transformationsgrammatik – eine kritische Analyse. In: Deutsche Sprache 2 (1974), S. 11–31.

Koerner, E. F. K.: Hermann Paul and Synchronic Linguistics. In: Lingua 29 (1972), S. 274–307.

Kontzi, Reinhold (Hrsg.): Zur Entstehung der romanischen Sprachen. Darmstadt 1978.

Kopperschmidt, Josef: Allgemeine Rhetorik. Einführung in die Theorie der persuasiven Kommunikation. Stuttgart/Berlin/Köln/Mainz 1973.

Ders.: Argumentation. Stuttgart/Berlin/Köln/Mainz 1980.

Lakoff, G.: On generative semantics. In: Steinberg, D. D./Jakobovits, L. A. (eds.): Semantic. Cambridge 1971, S. 232–296.

Lausberg, Heinrich: Romanische Sprachwissenschaft. Berlin 1956 ff.

Leisi, Ernst: Der Wortinhalt. Seine Struktur im Deutschen und im Englischen. Heidelberg 1952 ... ⁴1971.

Ders.: Das heutige Englisch, Wesenszüge und Probleme. Heidelberg ⁷1985.

Leist, Anton: Zur Intentionalität von Sprechhandlungen. In: Wunderlich
1972, S. 59–98.

Lexikon der Germanistischen Linguistik (= LGL). Herausgegeben von
Althaus, Peter/Henne, Helmut/Wiegand, Herbert Ernst. 3 Bde. Tübingen 1973; zweite, vollständig neu bearbeitete und erweiterte Aufl. 1980.

Linke, Angelika/Nussbaumer, Markus/Portmann, Paul R.: Studienbuch
Linguistik. Tübingen 1991.

Lüdtke, Helmut: Geschichte des romanischen Wortschatzes. 2 Bde. Freiburg 1968.

Luther, Wilhelm: Sprachphilosophie als Grundwissenschaft. Heidelberg
1970.

Lyons, John: Introduction to Theoretical Linguistics. Cambridge 1968.
Reprinted 1969 (twice), 1971 (dt. Übersetzung von Werner und Gerda
Abraham: Einführung in die moderne Linguistik. München 1971).

Maas, Utz/Wunderlich, Dieter: Pragmatik und sprachliches Handeln. Mit
einer Kritik am Funkkolleg ›Sprache‹. Frankfurt/M. 1972 ... ³1974.

Macheiner, Judith: Das grammatische Varieté oder Die Kunst und das
Vergnügen, deutsche Sätze zu bilden. Frankfurt 1991.

Malblanc, Alfred: Stylistique comparée du français et de l'allemand. Paris
1961.

Malmberg, Bertil: Structural Linguistics and Human Communication. Ber-
lin/Heidelberg usw. 1967.

Ders.: La Phonétique. Paris ⁸1970.

Marchand, Hans: The Categories and Types of Present-Day English Word-
Formation. Wiesbaden 1960, 2., erw. Aufl. München 1969.

Martinet, André: Éléments de linguistique générale. Paris 1960 ... ⁶1970 (dt.
Übersetzung von Anna Fuchs: Grundzüge der allgemeinen Sprachwissenschaft. Stuttgart 1963 ... ⁵1970).

Ders. (Hrsg.): Le langage. Paris 1968.

Ders. (Hrsg.): La linguistique. Guide alphabétique. Paris 1969.

Ders.: Économie des changements phonétiques. Bern 1955, ²1964.

Matoré, Georges: Le vocabulaire et la société sous Louis-Philippe. Genève/
Lille 1951.

McCawley, J. B.: The role of semantics in a grammar. In: Bach/Harms
(eds.): Universale in Linguistic Theory. 1968, pp. 125–169.

Meier, Harri: Die Entstehung der romanischen Sprachen und Nationen.
Frankfurt/M. 1941.

Meyer-Eppler, Wilhelm: Grundlagen und Anwendungen der Informationstheorie. Neu bearbeitet und erweitert von G. Heike und K. Löhn. Berlin/
Heidelberg/New York ²1969.

Moles, A. A./Vallancien, B. (éds.): Communications et langages. Paris
1963.

Morris, Charles W.: Foundations of the Theory of Signs. International Encyclopedia of Unified Science, Bd. I, Nr. 2, Sonderdruck. Chicago/London/Toronto 1938 ... [12]1966.

Moser, Hugo: Deutsche Sprachgeschichte. Stuttgart [4]1969.

Mounin, Georges: Clefs pour la linguistique. Paris 1968.

Ders.: Schlüssel zur Linguistik. Aus dem Französischen übertragen und bearbeitet von Heidrun Pelz. Hamburg 1978.

Müller, Bodo: Das Französische der Gegenwart. Varietäten, Strukturen, Tendenzen. Heidelberg 1975.

Nida, Eugene A.: Morphology. The Descriptive Analysis of Words. Ann Arbor 1946 ... [10]1967.

Niepold, Wulf: Sprache und soziale Schicht. Berlin [1]1970, [2]1971.

Ogden, Charles Kay/Richards, Ivor Armstrong: The Meaning of meaning. London [1]1923 ... [10]1969.

Palmer, Leonhard Robert: Descriptive and Comparative Linguistics. A critical introduction. London 1972.

Paul, Hermann: Prinzipien der Sprachgeschichte. Halle 1880 ... [5]1920.

Peirce, Charles Sanders: Collected Papers. 8 vol. Ed by Charles Hartshorne and Paul Weiss. Cambridge 1932–1958 (dt. Ausgabe: Schriften. Mit einer Einführung hrsg. von Karl-Otto Apel – aus dem Amerikanischen von G. Wartenberg. Frankfurt/M. 1967).

Piaget, Jean: Le langage et la pensée chez l'enfant. Neuchâtel 1923 ... [7]1968 (dt. Übersetzung von Nicole Stöber: Sprechen und Denken des Kindes. Düsseldorf 1972).

Piepho, Hans-Eberhard: Kommunikative Kompetenz als übergeordnetes Lernziel im Englischunterricht. Dornburg/Frickhofen 1974.

Pilch, Herbert: Phonemtheorie I (= Bibliotheca Phonetica I). Basel/New York 1964, 2., verbes. Aufl. 1968.

Ders.: Empirical Linguistics. München 1976.

Pötters, Wilhelm/Alsdorf-Bollée, Annegret: Sprachwissenschaftlicher Grundkurs für Studienanfänger Französisch. Materialien zur Einführung in die französische Sprachwissenschaft. Tübingen [2]1975.

Polenz, Peter von: Geschichte der deutschen Sprache. Erweiterte Neubearbeitung der früheren Darstellung von Hans Sperber. [9]1978.

Porzig, Walter: Das Wunder der Sprache. Bern 1950 ... [4]1967.

Pottier, Bernhard: Présentation de la linguistique. Fondements d'une théorie. Paris 1967.

Ders.: Vers une sémantique moderne. In: Travaux de linguistique et de littérature 2, I. 1964, S. 108–137.

Quadri, Bruno: Aufgaben und Methoden der onomasiologischen Forschung. Bern 1952.

Rath, Reiner: Zur linguistischen Beschreibung kommunikativer Einheiten in gesprochener Sprache. In: Linguistik und Didaktik 4, 1973, S. 169 bis 185.

Rensch, Karl Heinz: Ferdinand de Saussure und Georg von der Gabelentz. Übereinstimmungen und Gemeinsamkeiten dargestellt an der langue-parole-Dichotomie sowie der diachronischen und synchronischen Sprachbetrachtung. In: Phonetica 15 (1966), S. 32–41.

Riffaterre, Michael: Essais de stylistique structurale. Paris 1971.

Rothe, Wolfgang: Phonologie des Französischen. Einführung in die Synchronie und Diachronie des französischen Phonemsystems. Berlin 1972, ²1978.

Ruwet, Nicolas: Introduction à la grammaire générative. Paris 1967, ²1968.

Sandig, Barbara: Tendenzen der linguistischen Stilforschung. In: Stickel, Gerhard (Hrsg.) 1995, S. 27–61.

Sapir, Edward: Language. New York 1921 (dt. Übersetzung und Bearb. von Conrad P. Homberger: Die Sprache. München 1961).

Saussure, Ferdinand de: Cours de linguistique générale, postum hrsg. von Charles Bally und Albert Sechehaye. Lausanne/Paris 1916 ... ³1969 (dt. Übersetzung von Hermann Lommel: Grundfragen der allgemeinen Sprachwissenschaft. Berlin 1931, ³1967).

Schlieben-Lange, Brigitte: Soziolinguistik und linguistische Pragmatik. In: Akademieberichte Nr. 13, Akademie für Lehrerfortbildung. Dillingen o. J.

Dies.: Soziolinguistik. Eine Einführung. Stuttgart/Berlin/Köln/Mainz 1973, ⁷1978.

Dies.: Linguistische Pragmatik. Stuttgart 1975, ²1979.

Dies.: Für eine historische Analyse von Sprechakten. In: Sprachtheorie und Pragmatik. Akten des 10. Linguistischen Kolloquiums Tübingen 1975, Bd. 1. Tübingen 1975, S. 113–119.

Schmidt, Siegfried Josef: Texttheorie. Probleme einer Linguistik der sprachlichen Kommunikation. München 1973.

Schmidt, Wilhelm: Lexikalische und aktuelle Bedeutung. Ein Beitrag zur Theorie der Wortbedeutung. Berlin 1963.

Schoenthal, Gisela: Sprechakttheorie und Konversationsanalyse. In: Dittmann 1979, S. 44–72.

Schulz, Gisela: Die Bottroper Protokolle – Parataxe und Hypotaxe. München 1973.

Schwarze, Christoph: Einführung in die Sprachwissenschaft. Kronberg/Ts. 1975.

Searle, John R.: Speech Acts. An essay in the philosophy of language. Cambridge 1969.

Ders.: Linguistik und Sprachphilosophie. In: Bartsch/Vennemann 1973, S. 113–125.

Ders.: A Classification of Illocutionary Acts. In: Language in Society 5 (1975), S. 1–23.

Seuren, Pieter A. M.: Operators and Nucleus. A Contribution to the Theory of Grammar. Cambridge 1969.

Shannon, C. E./Weaver, W.: The Mathematical Theory of Communication. Urbana 1949.

Skinner, B. F.: Verbal Behavior. New York 1957.

Spillner, Bernd: Linguistik und Literaturwissenschaft. Stilforschung, Rhetorik, Textlinguistik. Stuttgart 1974.

Steger, Hugo: Soziolinguistik. In: Althaus, Hans Peter/Henne, Helmut/ Wiegand, Herbert Ernst (Hrsg.): Lexikon der Germanistischen Linguistik, Bd. II. Tübingen 1973, S. 245–254.

Stickel, Gerhard (Hrsg.): Stilfragen. Jahrbuch des Instituts für Deutsche Sprache Mannheim. Berlin 1995.

Strobel-Köhl, Michaela: Die Diskussion um die »ideale« Orthographie. Das Beispiel der Kreolsprachen auf französischer Basis in der Karibik und des Französischen im 16. und 20. Jahrhundert. Tübingen 1994.

Tagliavini, Carlo: Le origine delle lingue neolatine. Introduzione alla filologia romanza. Bologna ⁵1969 (dt. Übersetzung von Reinhard Meisterfeld und Uwe Petersen: Einführung in die romanische Philologie. München 1973).

Tesnière, Lucien: Éléments de Syntaxe structurale. Paris 1959, deuxième éd. revue et corr. 1965.

Trevelyan, George Macaulay: History of England. London 1926. New impression London 1966.

Trier, Jost: Der deutsche Wortschatz im Sinnbezirk des Verstandes. Geschichte eines sprachlichen Feldes. Heidelberg 1931.

Trnka, Bohumil/Vachek, J., u. a.: Prague Structural Linguistics. In: Philologica Pragensia, I. Prag 1958, S. 33–40.

Trubetzkoy, Nikolaj S.: Grundzüge der Phonologie. Prag 1933 ... Göttingen ⁴1967.

Ullmann, Stephen: Précis de sémantique française. Bern 1952 ... ⁴1969.

Vidos, B. E.: Handboek tot de Romaanse taalkunde. Nimwegen 1956 (dt. Übersetzung von Georg Roellenbleck: Handbuch der romanischen Sprachwissenschaft. München 1968).

Vinay, J.-P./Darbelnet, J.: Stylistique comparée du français et de l'anglais. Paris 1968.

Wandruszka, Mario: Sprachen – vergleichbar und unvergleichlich. München 1969.

Ders.: Interlinguistik: Umrisse einer neuen Sprachwissenschaft. München 1971.

Wartburg, Walther von: Einführung in die Problematik und Methodik der Sprachwissenschaft. Tübingen 1943 ... 3., durchges. Aufl. 1970.

Ders.: Évolution et structure de la langue française. Bern 1946 ... ¹⁰1971.

Ders.: Die Ausgliederung der romanischen Sprachräume. Bern 1950.

Watzlawick, Paul/Beavin, Janet H./Jackson, Don D.: Pragmatics of Human Communication. A Study of Interactional Patterns, Pathologies and Paradoxes. New York 1967 ... ⁴1974 (dt. Übersetzung: Menschliche Kommunikation. Formen, Störungen, Paradoxien. Bern 1969).

Weinrich, Harald: Thesen zur Textsorten-Linguistik. In: Gülich/Raible (Hrsg.) 1972: S. 161–169.

Ders.: Sprache in Texten. Stuttgart 1976.

Weisgerber, Johannes Leo: Grundzüge der inhaltbezogenen Grammatik. Düsseldorf 1962.

Wells, Rulon S.: Immediate Constituents. In: Language 23, 1947, S. 81 bis 117.

Weydt, Harald: Noam Chomskys Werk. Kritik – Kommentar – Bibliographie. Tübingen 1976.

Whorf, Benjamin Lee: Language, Thought and Reality. Ed. by John B. Carroll. Cambridge (Mass.) 1956 (bestehend aus acht Aufsätzen, geschrieben ab 1936 – dt. Übersetzung und hrsg. von Peter Krausser: Sprache – Denken – Wirklichkeit. Reinbek bei Hamburg 1963).

Wiegand, Herbert Ernst: Metakommunikation. In: Germanistische Linguistik 1979.

Wittgenstein, Ludwig: Schriften Bd. I Tractatus logico-philosophicus; Tagebücher 1914–1916; Philosophische Untersuchungen. Frankfurt/M. 1960.

Wunderlich, Dieter: Die Rolle der Pragmatik in der Linguistik. In: Der Deutschunterricht 22, 1970, Heft 4, S. 5–41.

Ders. (Hrsg.): Linguistische Pragmatik. Frankfurt/M. 1972, [2]1975.

Ders.: Grundlagen der Linguistik, Reinbek bei Hamburg 1974.

Ders.: Studien zur Sprechakttheorie. Frankfurt/M. 1976.

Wygotski, Lew Semjonowitsch: Denken und Sprechen (übersetzt von Gerhard Sewekow). Frankfurt/M. 1969 ... [3]1971 (russisches Original 1934).

Zimmer, Rudolf: Stilanalyse. Romanistische Arbeitshefte 20. Tübingen 1978.

Quellen, aus denen Beispieltexte entnommen wurden

Büchner, Georg: Sämtliche Werke. Bd. I. Darmstadt 1967.

Giraudoux, Jean: Contes. Erzählungen (zweisprachige Ausgabe; dt. Übersetzung von Ulrich Friedrich Müller. Ebenhausen bei München 1967).

Grass, Günter: Hundejahre. Roman. Neuwied am Rhein/Berlin 1963.

Handke, Peter: Die Angst des Tormannes beim Elfmeter. Frankfurt/M. 1970.

Ders.: Stücke I. Frankfurt/M. 1972.

Hesse, Hermann: Das Glasperlenspiel. Berlin/Frankfurt/M. 1943 (frz. Übersetzung: Le jeu des perles de verre. Traduit par Jacques Martin. Paris 1955 – engl. Übersetzung: Magister Ludi. Translated by Mervyn Savill. New York 1949).

Pagnol, Marcel: Topaze. Paris 1930.

Priestley, John Boynton: An Inspector Calls. Ed. by Kurt Schrey. Paderborn o. J.

Proust, Marcel: À la recherche du temps perdu – Paris 1913 ..., 1954.

Rilke, Rainer Maria: Die Weise von Liebe und Tod des Cornets Christoph Rilke. Frankfurt/M. 1912.

Steger, Hugo et al. (Hrsg.): Heutiges Deutsch. Texte gesprochener deutscher Standardsprache. Mehrere Bände. München 1974 (hier benutzt: Bd. I und II).

Swift, Jonathan: Gulliver's Travels. 1726 ... Reprint [4]1960 (dt. Übersetzung Franz Kottenkamp: Gullivers Reisen. Berlin/Weimar 1974).

Sachregister

Personenregister